经以修己
社会尚未
贺教方印
走大改向项目
成生玉器

季羡林

教育部哲学社会科学研究重大课题攻关项目

"十三五"国家重点出版物出版规划项目

中国新生代农民工收入状况与消费行为研究

RESEARCH ON THE INCOME AND CONSUMPTION BEHAVIOR OF THE NEW GENERATION OF MIGRANT WORKERS IN CHINA

金晓彤 等著

中国财经出版传媒集团

经济科学出版社
Economic Science Press

图书在版编目（CIP）数据

中国新生代农民工收入状况与消费行为研究/金晓彤等著.
—北京：经济科学出版社，2019.12
教育部哲学社会科学研究重大课题攻关项目
"十三五"国家重点出版物出版规划项目
ISBN 978 – 7 – 5218 – 1089 – 9

Ⅰ.①中… Ⅱ.①金… Ⅲ.①民工 – 经济收入 – 研究 – 中国②民工 – 消费水平 – 研究 – 中国　Ⅳ.①F323.6②F126.1

中国版本图书馆 CIP 数据核字（2019）第 278956 号

责任编辑：杨　洋
责任校对：隗立娜
责任印制：李　鹏

中国新生代农民工收入状况与消费行为研究
金晓彤　等著
经济科学出版社出版、发行　新华书店经销
社址：北京市海淀区阜成路甲 28 号　邮编：100142
总编部电话：010 – 88191217　发行部电话：010 – 88191522
网址：www.esp.com.cn
电子邮箱：esp@esp.com.cn
天猫网店：经济科学出版社旗舰店
网址：http://jjkxcbs.tmall.com
北京季蜂印刷有限公司印装
787×1092　16 开　22.5 印张　430000 字
2019 年 12 月第 1 版　2019 年 12 月第 1 次印刷
ISBN 978 – 7 – 5218 – 1089 – 9　定价：78.00 元
（图书出现印装问题，本社负责调换。电话：010 – 88191510）
（版权所有　侵权必究　打击盗版　举报热线：010 – 88191661
QQ：2242791300　营销中心电话：010 – 88191537
电子邮箱：dbts@esp.com.cn）

课题组主要成员

首席专家 金晓彤

主要成员 （以姓氏笔画为序）

闫 超　李 允　李 杨　李 茉
李俊伟　杨 潇　周 爽　赵太阳
聂盼盼　崔宏静　韩 成

编审委员会成员

主　任　吕　萍
委　员　李洪波　柳　敏　陈迈利　刘来喜
　　　　樊曙华　孙怡虹　孙丽丽

总　序

哲学社会科学是人们认识世界、改造世界的重要工具，是推动历史发展和社会进步的重要力量，其发展水平反映了一个民族的思维能力、精神品格、文明素质，体现了一个国家的综合国力和国际竞争力。一个国家的发展水平，既取决于自然科学发展水平，也取决于哲学社会科学发展水平。

党和国家高度重视哲学社会科学。党的十八大提出要建设哲学社会科学创新体系，推进马克思主义中国化、时代化、大众化，坚持不懈用中国特色社会主义理论体系武装全党、教育人民。2016年5月17日，习近平总书记亲自主持召开哲学社会科学工作座谈会并发表重要讲话。讲话从坚持和发展中国特色社会主义事业全局的高度，深刻阐释了哲学社会科学的战略地位，全面分析了哲学社会科学面临的新形势，明确了加快构建中国特色哲学社会科学的新目标，对哲学社会科学工作者提出了新期待，体现了我们党对哲学社会科学发展规律的认识达到了一个新高度，是一篇新形势下繁荣发展我国哲学社会科学事业的纲领性文献，为哲学社会科学事业提供了强大精神动力，指明了前进方向。

高校是我国哲学社会科学事业的主力军。贯彻落实习近平总书记哲学社会科学座谈会重要讲话精神，加快构建中国特色哲学社会科学，高校应发挥重要作用：要坚持和巩固马克思主义的指导地位，用中国化的马克思主义指导哲学社会科学；要实施以育人育才为中心的哲学社会科学整体发展战略，构筑学生、学术、学科一体的综合发展体系；要以人为本，从人抓起，积极实施人才工程，构建种类齐全、梯队衔接的高校哲学社会科学人才体系；要深化科研管理体制改革，发挥高校人才、智力和学科优势，提升学术原创能力，激发创新创造活力，建设中国特色新型高校智库；要加强组织领导、做好统筹规划、营造良好学术生态，形成统筹推进高校哲学社会科学发展新格局。

哲学社会科学研究重大课题攻关项目计划是教育部贯彻落实党中央决策部署的一项重大举措，是实施"高校哲学社会科学繁荣计划"的重要内容。重大攻关项目采取招投标的组织方式，按照"公平竞争，择优立项，严格管理，铸造精品"的要求进行，每年评审立项约40个项目。项目研究实行首席专家负责制，鼓励跨学科、跨学校、跨地区的联合研究，协同创新。重大攻关项目以解决国家现代化建设过程中重大理论和实际问题为主攻方向，以提升为党和政府咨询决策服务能力和推动哲学社会科学发展为战略目标，集合优秀研究团队和顶尖人才联合攻关。自2003年以来，项目开展取得了丰硕成果，形成了特色品牌。一大批标志性成果纷纷涌现，一大批科研名家脱颖而出，高校哲学社会科学整体实力和社会影响力快速提升。国务院副总理刘延东同志做出重要批示，指出重大攻关项目有效调动各方面的积极性，产生了一批重要成果，影响广泛，成效显著；要总结经验，再接再厉，紧密服务国家需求，更好地优化资源，突出重点，多出精品，多出人才，为经济社会发展做出新的贡献。

作为教育部社科研究项目中的拳头产品，我们始终秉持以管理创新服务学术创新的理念，坚持科学管理、民主管理、依法管理，切实增强服务意识，不断创新管理模式，健全管理制度，加强对重大攻关项目的选题遴选、评审立项、组织开题、中期检查到最终成果鉴定的全过程管理，逐渐探索并形成一套成熟有效、符合学术研究规律的管理办法，努力将重大攻关项目打造成学术精品工程。我们将项目最终成果汇编成"教育部哲学社会科学研究重大课题攻关项目成果文库"统一组织出版。经济科学出版社倾全社之力，精心组织编辑力量，努力铸造出版精品。国学大师季羡林先生为本文库题词："经时济世　继往开来——贺教育部重大攻关项目成果出版"；欧阳中石先生题写了"教育部哲学社会科学研究重大课题攻关项目"的书名，充分体现了他们对繁荣发展高校哲学社会科学的深切勉励和由衷期望。

伟大的时代呼唤伟大的理论，伟大的理论推动伟大的实践。高校哲学社会科学将不忘初心，继续前进。深入贯彻落实习近平总书记系列重要讲话精神，坚持道路自信、理论自信、制度自信、文化自信，立足中国、借鉴国外，挖掘历史、把握当代，关怀人类、面向未来，立时代之潮头、发思想之先声，为加快构建中国特色哲学社会科学，实现中华民族伟大复兴的中国梦做出新的更大贡献！

教育部社会科学司

序

2010年1月，在国务院发布的中央一号文件《中共中央国务院关于加大统筹城乡发展力度进一步夯实农业农村发展基础的若干意见》中，首次使用了"新生代农民工"的提法。新生代农民工作为逐渐替代老一代农民工的新一族，他们是已经成为联系农村和城市的重要纽带，对我国的城乡统筹发展起着重要作用。因此，关注新生代农民工群体已成为政府与社会各界的共识。然而，如果追溯现有的对"新生代农民工"问题的研究主要是从社会学的角度关注新生代农民工的就业状况、社会保障、劳动关系、城市认同等，鲜有关注其消费行为的研究。而新生代农民工作为农民工群体中的新生力量，有着与老一代农民工不同的成长环境和人生诉求，他们的教育程度更高，务农经验却很少，相对于农村生活而言，他们更加喜欢城市的生活环境和生活方式，甚至有着美好的"城市梦"，希望真正地融入城市社会。他们不仅注重工资的高低，而且也注重福利待遇、工作环境以及未来的人生发展愿景。加之大众传媒和通信技术的快速发展使他们快速地接收到现代文明的熏陶，形成了多元的价值观与开放式的新思维，也使得他们很自然地受到城市同龄青年的示范性消费的影响，进而表现出有别于老一代农民工的消费行为，也有别于城市同龄青年的特异性消费行为。该书站在经济学、消费者行为学和社会学等多学科融合的视角，展开对新生代农民工收入与消费行为的全方位研究，显示出了明显的学术价值与实践意义。

吉林大学商学院金晓彤教授是我早年的优秀的博士毕业生之一，她长期致力于消费与消费者行为问题的研究，曾获得教育部哲学社会科学研究重大课题攻关项目、国家社会科学基金重点项目、国家自然科学基金面上项目、国家社会科学基金一般项目、教育部新世纪优秀人才支持计划项目、教育部人文社科基金项目和教育部留学回国人员项目等的资助，这些研究项目均是以消费与消费者行为为主题的。该书就是在完成教育部哲学社会科学研究重大课题攻关项目"中国新生代农民工收入状况与消费行为研究"的基础上，进行较大修改和补充后撰写而成的。该书涵盖的内容主要包括：第一，基于对新生代农民工的收入的制约因素分析，对在不同区域务工和不同行业务工的新生代农民工的收入水平进行了全面分析，提出了提升新生代农民工收入的现实路径；第二，对新生代农民工消费行为与收入的关系进行深入研究，从新生代农民工身份的特殊性入手，对新生代农民工消费行为的悖反性、外显性与内隐性、炫耀性消费行为以及文化消费行为进行了深入分析，在此基础上探讨群际对比中的新生代农民工消费行为差异，全面地诠释了新生代农民工的群际独特性、消费差异性、消费二元性消费行为的独特之处；第三，对基于社会认同需要、基于社会排斥应对、基于社会地位获取和基于面子意识诉求的新生代农民工的消费行为进行了实证研究，完整地诠释了新生代农民工基于不同消费诉求与应对的典型性消费行为。

《中国新生代农民工收入状况与消费行为》一书的学术创新价值主要体现在以下三个方面：

（1）创新性地对"新生代农民工群体"的边界给出了非常清晰的界定。在本课题组进行这一研究课题之前，已有国内学者对于"新生代农民工"的内涵加以界定，但研究中发现，以往的概念界定都存在着明显的边界不清的问题。故该课题组基于学界已有的研究范式，课题组对新生代农民工的界定主要是根据人口学变量给定，该课题对新生代农民工的界定是"在1980年以后出生，户籍身份在农村，在农村长大，且在进入城市务工前没有接受过高等教育，现已进入城市务工或经商的农村流动人口。"这种界定方式的优点在于符合当前社会大众的认知，当前社会大众普遍是依据户籍身份在界定群体类型，因此这种界定方式有利于课题组在现有社会情境下快速地确定研究对象，并能通过大众视角的群体划定来更加确切地分析和解读新生代农民工群体的行为特征、收入状况和消费选择。这一概念内涵边界的厘定对于相关研究具有十分重要的学术价值。在此基础上课题组对于新生代农民工的特性研究，主要通过新生代农民工的消费行为和消费动机来反映。成长并生活于消费社会的个体，其特点大多可以通过消费的选择和动机表现出来。因此，课题组专门针对新生代农民工在衣食住行各类消费内容上的消费选择和消费动机来进行研究。这一研究结论对于引导新生代农民工科学合理消费理念的确立具有十分重要的现实意义。

（2）研究视点上的创新：以往在研究新生代农民工消费行为分析时多以宏观数据分析为主，对其消费行为仅仅进行了总体性、概括性的研究，但研究的深度与广度都没有充分地展开。这一研究的逻辑与方法都缺少严密性。同时通过文献回顾，可以发现，还鲜有针对新生代农民工消费的影响因素研究，学者们的分析多从消费行为特征、消费行为的符号意义、消费与认同的关系等方面进行零星的研究。本书通过经济学、消费者行为学、社会学、心理学等的研究方法，深入挖掘新生代农民工消费需求的特异性，获取影响新生代农民工消费行为的内在因素和外在因素，并对新生代农民工进行分群消费的研究，为科学、客观地解释分析数据结果提供依据。这构成了研究的另一创新之处。

（3）研究观点上的创新：从已有的研究来看，主要集中在对个体的分析，从新生代农民工这一群体的特征展开研究，而没有从社会结构、相关政策展开研究，从政策层面上，如何保证农民工群体的收入水平，建立一种合理的收入分配机制，这种收入状况对消费行为的影响，本书的研究从一定程度上填补了这一研究的空白，提出了一系列有价值的创新性观点：第一，人力资本积累是新生代农民工区域收入相对差异形成的关键因素，因此要重视对新生代农民工进行人力资本的开发。政府提供技能培训补贴，支持新生代农民工积累拓展性人力资本，逐渐消除无技能上岗现象，并逐步实现新生代农民工工作类型的"去体力化"或"去农民工化"，促进新生代农民工实现基于人力资本积累的职业向上流动，鼓励农民工凭借自身的人力资本进行自雇就业、返乡创业。同时，各地政府对新生代农民工人力资本的投资要根据地区经济发展需求和社会文化特点适当调整，人力资本投资要根据实际需要各有侧重。短期来讲，更加需要拓展性资本积累的地区政府要为新生代农民工提供充足的技能培训和等级认证机会，而对于学历和资格证书没有形成就业门槛的地区，则应该更加侧重务工经验的积累和技术等级的提升，但从长远来看，各地要从全方位进行人力资本的持续开发。第二，社会资本是新生代农民工区域收入相对差异形成的重要因素，因此要鼓励新生代农民工重视社会资本的积累和维系，开拓社会关系网，实现社会资本积累对就业渠道的扩展作用。这其中就政府方面而言，有关部门应该提供更多的交流交往机会，利用工会、同乡会等方式为新生代农民工提供建立关系网路的平台，同时在各类技能培训中，开设社会网络开拓与维护的相关讲座，使他们确立社会资本积累和维系的意识，鼓励新生代农民工扩展交往圈子、增进相互交流、获取多方社会支持，为新生代农民工尽快融入新的城市，在城市中实现社会资本的积累提供有效的导引与保障。就新生代农民工自身而言，他们应该在工作和生活中注重社会网络的开拓和维护，建设自己的人际关系网，并通过社会网络的建立来学习知识、分享经验，由此促进共同进步，最终提升自身的务工收入，使自己快速融入新的城市社会。再者要在体制上为新生代农民工提供平等的就业机会，创造公正的就业环境，打破传统的户籍制度对就业门槛的限制，消除他们在寻找务工机会和提升收入水平过程中的户籍约束，为新生代农民工务工收入的提高提供制度上的支持和保障。同时，政府要进一步调整收入分配结构，将新生代农民工问题纳入城市化发展的重要地位上，为其提供就业和创业上的税收优惠。另外，各地政府要加大城镇化建设，尤其是中西部地区，要在提高产业发展和产业集聚方面加大力度促进新生代农民工的就近转移，逐步提升新型城镇化建设的水平，补充新生代农民工的就业机会，从而达到区域的协调发展和区域内新生代农民工收入差异的逐步缩小。第三，务工地与返乡的炫耀性消费、地位消费、文化消费等是新生代农民工所表现出的有别于其他群体的独特的行为，从某种程度上来讲，甚至表现出与其群体特征不相称的一种"悖逆"特征。为此，政府、社会都有"责任"帮助新生代农民工自身确立理性的消费观念，更多地将消费支出用于发展性的文化消费上面，更快地提升自身素质，以便于更好地在城市立足。这些观点对于政府相关部门制定相应政策以及相关企业有针对性地开发新生代农民工真正需要的产品具有一定的参考价值。

  总揽全书的基本架构和主要内容，足见作者对所研究课题的历史与最新发展动态有深刻的了解和把握，对现实中的热点问题具有相当的敏感性和洞察力，具有扎实的专业理论基础和相当强的独立科研能力。当然，该书也存在一些不足之处，但瑕不掩瑜，这仍是一部颇有理论深度和现实意义的学术著作。希望该书能够对我国新生代农民工问题的深化研究有所借鉴。

吉林大学经济学院

宋冬林

2019 年 8 月 6 日

摘　要

伴随着中国工业化、城市化进程的快速发展，中国的大批农村剩余劳动力涌进城市，形成了一个特殊的群体——农民工，据2018年农民工监测调查报告数据显示，截至2018年末，农民工总量达到2.88亿人。广泛分布于加工制造业、建筑业、采掘业、服务业等行业，占到从业人员的50%以上，他们发挥着中国城市发展的主力军作用。近年来，新生代农民工作为农民工的新生力量逐渐成为连接农村与城市的新兴纽带。新生代农民工进城打工的首要目标是收入，这是他们在城市能够长久立足的主要依靠，更是事关农民增收和缩小城乡收入差距的重大问题。同时他们也怀揣着追求人生发展的"城市梦"，希望真正地融入城市生活。但是由于他们受城市和农村双重生活环境、差异性生存文化的影响，他们在生活观念、消费形式上不可避免地呈现出既不同于老一辈农民工，也不同于同龄城市青年的独特性。因此，新生代农民工的收入与独特的消费行为成为值得深入探讨的现实问题。

查阅现有有关新生代农民工问题的研究多是集中于关注新生代农民工的生存状态、权益保护、城市融入等问题，鲜有针对其收入与消费问题深入地研究。有鉴于此，本书结合经济学、消费者行为学和社会学等相关学科的理论，采用文献追溯、问卷调查、焦点小组访谈等多种科学严谨的研究方法，基于前人的研究，创新性地提出了边界清晰的新生代农民工的定义，紧紧围绕着设定的两大主题——中国新生代农民工收入、中国新生代农民工消费行为展开问题的研究。首先，从不同区域和不同行业入手研究新生代农民工的收入状况与制约因素，通过对新生代农民工收入影响因素的实证分析，提出了提升新生代农民工收入的现实路径；其次，从新生代农民工消费的基本状况与存在问题、区域差异等方面阐释新生代农民工消费行为与收入的关系，尤其对新生代农民工消费行为的悖反性、外显性与内隐性、炫耀性等方面的特异性表现进行了深入分析，并对群际对比中的新生代农民工消费行为差异进行了全面分析，很好地刻画了新生代农民工消费行为的独特之处；最后，基于不同消费诉求与应对的新生代农民工的典型性消费行为进行实证研究。

综合上述这些研究内容，本书得出了一系列有价值的研究结论：第一，就职于不同区域与不同行业的新生代农民工的收入水平与其务工地的经济发展水平、行业本身的平均工资水平有着客观的联系，此外，人力资本积累和社会资本积累构成了新生代农民工区域收入和行业收入相对差异的重要影响因素。因此，提升新生代农民工的收入水平要靠政府、用人单位以及新生代农民工自身的合力方可达到预期目标。但从根本上讲，提升新生代农民工收入的根本路径在于提高新生代农民工的人力资本价值。第二，新生代农民工消费的基本状况与其务工的区域有着某种天然的必然联系，而其在消费行为方面所表现出的悖反性、外显性与内隐性、炫耀性等方面的特异性以及群际对比中的消费行为独特性完全是源于受城市和农村双重生活环境、差异性生存文化的影响的结果。第三，新生代农民工之所以会选择基于社会认同需要、基于社会排斥应对、基于社会地位获取等不同消费诉求与应对而做出不同的消费行为选择，是由于新生代农民工与老一辈农民工进城打工的目的最为不同之处就在于他们不仅仅是为了增加收入，而且是在更深的层次上实现他们对主体性的塑造，追求城市消费方式以融入城市社会，获取城市居民的接纳。面对社会认同危机的威胁和社会认同建构的压力，新生代农民工需要选择一种快捷见效的方式来解决这种矛盾，以实现对城市社会的融入。

综上所述，本书的研究内容不仅有助于从微观层面弥合新生代农民工收入与消费问题的空白，而且研究结论对于政府采取切实有效的措施增加农民工的收入水平具有重要的参考价值。同时，对于企业开发新生代农民工消费市场、设计与实施与之契合的营销策略也具有重要的决策参考价值。

Abstract

With the rapid development of industrialization and urbanization in China, a large number of rural surplus labor force have been transferred to cities, forming a special group—migrant workers. Using the data from "migrant workers monitoring survey" in 2018, the total number of migrant workers reached 288 million by the end of 2018. The migrant workers play a major role in Chinese urban development, widely distributed in manufacturing, construction, extractive, service and other industries, accounting for more than 50% of the employees. In recent years, as a new force among them, new generation migrant workers have gradually become a new link between rural and urban areas. Income is the primary goal of new generation migrant workers. It is not only related to their long-term foothold in city, but also concerned with increasing farmers' income and narrowing urban-rural income gap. In addition to caring about income, new generation migrant workers also hope to truly integrate into urban life. Due to the influence of dual environment and different living culture in urban and rural areas, they inevitably show uniqueness in viewpoint of life and consumption pattern which are different from the traditional migrant workers and the urban youth of the same age. Therefore, to conduct a research on the unique consumption behavior within new generation migrant workers is necessary.

Most of the existing research on new generation migrant workers focuses on the survival status, rights protection, urban integration and other questions, few studies pay attention to income and consumption. In view of this, this book combines the theories of economics, consumer behavior and sociology, adopting many scientific and rigorous research methods combined with literature review, questionnaire survey and group interviews, to innovatively propose the definition of new generation migrant workers with clear boundaries and research closely surrounding two major themes—the income of new generation migrant workers in China and the consumption behavior of new generation migrant workers in China. Firstly, this book studies the situation and constraints of new generation migrant workers' income from different regions and different industries and proposes the realistic path of increasing the income through the empirical analysis of the influencing factors of income; Then, it explains the relation between consumption behavior and income of new generation migrant workers from the basic situation of consumption, existing problems of consumption and regional differences of consumption. Especially, this book deeply analyzes on intergroup differences and the characteristics of new generation migrant workers' consumption behavior, such as abnormality, Explicitness, Implicitness, Ostentation. Finally, based on different consumption motivations, this book makes empirical analysis of the typical consumption behavior of new generation migrant workers.

Based on the above studies, this book draws a series of valuable conclusions: Firstly, the income of new generation migrant workers is objectively related to the level of economic development in their workplaces and the average wage of the industry itself. In addition, the accumulation of human and social capital are important factors which affecting the relative difference of regional income and industry income of new generation migrant workers. Therefore, the income improvement of new generation migrant workers depends on the joint efforts of the government, employers and new generation migrant workers themselves. However, from the basic point of view, the major solution to increase their income is to improve their human capital value. Secondly, the basic consumption situation of new generation migrant workers is naturally and inevitably related to the regions where they work. The intergroup differences and characteristics of new generation migrant workers' consumption behavior, such as abnormality, Explicitness, Implicitness, Ostentation are entirely due to the dual influence of urban and rural areas. Third, the reason why new generation migrant workers make different consumer behavior choices based on different consumer demands and responses, such as social identity needs, social exclusion response, social status acquisition, is that the purpose of new generation migrant workers to work in cities is different from that of traditional migrant workers. They are not only in pursuit of higher income, but also hope to achieve a deeper shaping of subjectivity, integrate into the city and obtain recognition from urban residents. Faced with the threat of social identity crisis and the pressure of social identity construction, new generation migrant workers need to choose an effective way to solve this contradiction, that is, to achieve their goals in the way of consumption.

In conclusion, the research from this book not only helps to fill the blank between income and consumption of new generation migrant workers at the micro level, but also has significant value for the government to take effective measures to increase the income of migrant workers. At the same time, it also has great value for enterprises to develop the market of new generation migrant worker, to design and implement marketing strategy.

目 录

导论　1

第一编

中国新生代农民工的收入研究　15

第一章 ▶ 新生代农民工的收入状况与制约因素分析　17

　　第一节　研究问题的提出　17
　　第二节　新生代农民工不同区域务工地的收入差异状况与制约因素　18
　　第三节　新生代农民工不同行业的收入差异状况与制约因素　37

第二章 ▶ 新生代农民工收入的提升路径研究　48

　　第一节　研究问题的提出　48
　　第二节　新生代农民工收入综合影响因素的实证分析　50
　　第三节　提升新生代农民工收入的路径选择　60

第二编

中国新生代农民工的消费行为研究　67

第三章 ▶ 新生代农民工消费行为与收入的关系分析　69

　　第一节　新生代农民工收入/消费的基本状况与存在的问题　69

第二节　新生代农民工消费行为的区域差异分析　72
第三节　新生代农民工消费行为与收入的关系　86

第四章 ▶ 新生代农民工消费行为的特异性分析　103

第一节　新生代农民工消费行为的悖反性分析　103
第二节　新生代农民工消费行为的外显性与内隐性分析　113
第三节　新生代农民工消费行为的炫耀性特征分析　119

第五章 ▶ 新生代农民工群际对比的消费差异分析　128

第一节　群际独特性——发展需求下的新生代农民工消费行为　128
第二节　消费差异性——新生代农民工与同龄城市青年消费差异比较　143
第三节　消费二元性——新生代农民工与同龄城市青年消费行为的差异本源　153

第三编

中国新生代农民工基于不同消费诉求与应对的典型性消费行为实证研究　167

第六章 ▶ 基于社会认同需要的新生代农民工消费行为分析　169

第一节　问题提出与主要内容　169
第二节　理论推演与研究假设　175
第三节　研究设计与研究结果　186
第四节　研究结论与研究贡献　198

第七章 ▶ 基于社会排斥应对的新生代农民工消费行为分析　205

第一节　问题提出与主要内容　205
第二节　理论回顾与文献综述　209
第三节　理论推演与研究假设　214
第四节　研究设计与研究结果　217
第五节　研究结论与启示　223

第八章 ▶ 基于社会地位获取的新生代农民工消费行为分析　227

　　第一节　问题提出与主要内容　227
　　第二节　理论回顾与文献综述　231
　　第三节　理论推演与研究假设　236
　　第四节　研究设计与研究结果　241
　　第五节　研究结论与启示　247

第九章 ▶ 基于面子意识诉求的新生代农民工消费行为分析　251

　　第一节　问题提出与主要内容　251
　　第二节　理论回顾与文献综述　255
　　第三节　理论推演与研究假设　263
　　第四节　研究设计与方法选择　265
　　第五节　数据分析与假设检验　269
　　第六节　研究结论与探讨　276

附录　280
参考文献　295
后记　321

Contents

Introduction 1

Part I
Research on the income of New Generation Migrant Workers in China 15

Chapter 1 Analysis on the Income Situation and Constraints of New Generation Migrant Workers 17

1.1 Background 17
1.2 The Income Gap and Constraints of New Generation Migrant Workers in Different Regions 18
1.3 The Income Gap and Constraints of New Generation Migrant Workers in Different Industries 37

Chapter 2 Research on the Way to Increase Income of New Generation Migrant Workers 48

2.1 Background 48
2.2 Empirical Analysis on the Influencing Factors of Income of New Generation Migrant Workers 50
2.3 Suggestions on the Ways to Increase Income of New Generation Migrant Workers 60

Part II

Research on the Consumption Behavior of
New Generation Migrant Workers in China   67

Chapter 3   Analysis on the Relation between Consumption Behavior and Income of New Generation Migrant Workers   69

3.1   The Basic Situation and Existing Problems of the Income/Consumption of New Generation Migrant Workers   69

3.2   The Consumption Difference of New Generation Migrant Workers in Different Regions   72

3.3   The Relation between Consumption Behavior and Income of New Generation Migrant Workers   86

Chapter 4   Analysis on the Specificity of Consumption Behavior of New Generation Migrant Workers   103

4.1   Analysis on Abnormality of Consumption Behavior of New Generation Migrant Workers   103

4.2   Analysis on Explicitness and Implicitness of Consumption Behavior of New Generation Migrant Workers   113

4.3   Analysis on Ostentation of Consumption Behavior of New Generation Migrant Workers   119

Chapter 5   Analysis on Consumption Differences in the Intergroup Contrast of New Generation Migrant Workers   128

5.1   Intergroup Uniqueness: Consumption Behavior of New Generation Migrant Workers under the Needs of Development   128

5.2   Consumption Differences: A Comparison between New Generation Migrant Workers and Urban Youth of the Same Age   143

5.3   Consumption Duality: The Source of the Difference of Consumption Behavior between New Generation Migrant Workers and the Urban Youth of the Same Age   153

Part III

Empirical Analysis of the Typical Consumption Behavior of New Generation Migrant Workers in China Based on Different Needs and Responses 167

Chapter 6 Analysis on Consumption Behavior of New Generation Migrant Workers Based on the Needs of Social Identity 169

6.1 Background and Main Ideas 169
6.2 Theoretical Deduction and Research Hypothesis 175
6.3 Research Design and Results 186
6.4 Research Conclusion and Contribution 198

Chapter 7 Analysis on Consumption Behavior of New Generation Migrant Workers Based on Social Exclusion 205

7.1 Background and Main Ideas 205
7.2 Theories and Literature Review 209
7.3 Theoretical Deduction and Research Hypothesis 214
7.4 Research Design and Results 217
7.5 Research Conclusion and Enlightenment 223

Chapter 8 An Analysis on Consumption Behavior of the New Generation Migrant Workers Based on Social Status Acquisition 227

8.1 Background and Main Ideas 227
8.2 Theories and Literature Review 231
8.3 Theoretical Deduction and Research Hypothesis 236
8.4 Research Design and Results 241
8.5 Research Conclusion and Enlightenment 247

Chapter 9 Analysis on Consumption Behavior of New Generation Migrant Workers Based on Face Consciousness 251

9.1 Background and Main Ideas 251
9.2 Theories and Literature Review 255
9.3 Theoretical Deduction and Research Hypothesis 263
9.4 Research Design and Method 265

9.5　Data Analysis and Hypothesis Testing　269
9.6　Research conclusion and Discussion　276

Appendix　280
References　295
Postscript　321

导　论

一、研究背景与研究现状

（一）研究背景

消费是人类社会永恒的话题。消费不仅仅是一种经济现象，而且也是一种复杂的和综合性的经济、社会、政治、心理、文化现象。消费是一面镜子，它不但可以反映出经济体系中某个部分的运行机制，而且也折射出文化过程和社会生活中的许多"秘密"。从社会的角度看，消费具有不可磨灭的社会属性，它是联结个人与社会的重要纽带之一。

改革开放以来，中国社会发生了翻天覆地的变化。中国的城市社会由"生产性社会"逐步转变为"消费性社会"。随着生产力水平的提高，中国已经实现了从生活必需品时代向耐用消费品时代的转型。伴随着我国工业化、城市化进程的展开，大批农村剩余劳动力涌进城市，形成了一个特殊的群体——农民工。农民工是我国社会转型期出现的一个特殊群体，是改革开放以来不可忽视的新型劳动大军。民工潮足以被认为是中国历史上也是世界历史上，一次规模最宏大的社会流动，这也是世界各国城市化过程中速度最快的一次移民活动。2008年11月，国务院新闻办发布官方数据，中国农民工数量为2.3亿人，成为仅次于农民的我国第二大劳动力群体，其数量超过了城市工人。据此，2010年1月31日，中央发布一号文件《关于加大统筹城乡发展力度进一步夯实农村发展基础的若干意见》首次提出了"新生代农民工"的概念。国家统计局的统计资料指出，截至2018年末全国农民工总量为2.88亿人。农民工广泛存在于国民经济的各个行业，其中加工制造业占从业人员的27.9%，建筑业占18.6%，在环境卫生、家政、餐饮等服务业中达50%以上。① 各地的调查研究表明，农民工的代际转换正在不断深化，新生代农民工作为崭新的社会群体的轮廓日渐清晰。第一代农民工随着年龄的增长，面对高强度的工作和越来越快的生活节奏以及国家强力度的惠农政策的推广，他们中的一部分陆续返回农村。而出生于20世纪80年代以后的农民工陆续流入城市，成为农民工群体的主要力量。据国家统计局公布的数据，全国外出打工的农民工中，新生代农民工即"80后""90后"的农民工占农民工总数的60%以上。可见，新生代农民工已经成为农民工群体的主体，他们规模庞大、分布广泛，已经成为政府、社会共同关注的焦点之一。而收入既是农民工进城打工的首要目标，也是他们在城市能够长久立足的主要依靠，更是事关农民增收和缩小城乡收入差距的重大问题。研究影响农民工收入的主要因素，揭示其中的政策含义，具有重要的研究意义。新生代农民工作为我国工人阶级队伍的重要组成部分，同时他们是联系农村和城市的重要纽带，对我国城乡统筹发展起着重要作用。同时，不同的成长环境使新生代农民工在生活方式、价值观以及对生活和工作的预期上都表现出与第一代农民工的巨大差异。新生代农民工与上一代农民工相比，他们文化程度相对高、眼界宽、工作期望高、务农经历少、工作耐力低。他们在城市就业与收入状况如何？他们该通过怎样的路径寻求到提升收入的途径？从这一意义上来看，深入研究新生代农民工的收入状况与收入提升路径具有重要的理论意义和应用价值。

新生代农民工身处消费社会中，他们的消费行为明显地区别于他们的父辈。新生代农民工的消费现状反映了他们的消费倾向和未来的消费走向。他们的消费观反映了他们的生活现状和价值取向。研究新生代农民工的消费行为，了解这一代农民工的消费行为和消费方式，总结其消费行为的独特之处，发现其消费过程中存在的问题，并提出相应的对策建议，以便引导他们科学合理消费，让他们更好地在城市里生活，真正融入城市生活，为新生代农民工群体树立健康向上、科学合理的消费方式提供参考。从这一意义上来看，对这一群体的消费行为的研究，有助于丰富消费经济学和消费者行为学的理论。有利于弥补对新生代农民工消费方面研究的不足，并对丰富有关农民工消费与消费行为的相关理论研究均具有重要的学术价值与应用价值。

（二）研究现状

新生代农民工问题是当前社会关注的焦点和研究的热点问题之一，根据对现有文献的回溯可见，经济学、管理学、社会学、人口学、城市学、法学专业的学

---

① 中国国家统计局2019年4月29日发布《2018年农民工监测调查报告》。

者分别从各自学科的角度对新生代农民工问题进行了研究，这些研究主要集中在新生代农民工的权益保护、社会保障、子女教育、社会流动、政治参与、犯罪问题、市民化进程等方面，并已取得相当丰富的研究成果。从总体上看，这些成果多以新生代农民工的经济社会结构为分析视角，而从收入与消费的角度对新生代农民工消费行为、消费结构、消费文化进行的研究还相对不足。在此，本书从农民工收入和消费现状出发，总结相关研究成果，并主要针对新生代农民工的收入和消费特点对既有研究成果做如下简要评述：

1. 农民工收入和消费现状

我国农民工收入总体上呈现比较低的状态。主要体现为收入水平低，收入增长缓慢，收入来源具有极大的不确定性，缺乏社会保障，其收入增长率随年龄变化较大。农民工具有非市民、非农民的第三元特征。虽然相比未进行劳动力转移的农民而言，农民工的收入要高一些，但与城市职工相比，他们的工资水平还要低得多（于丽敏与王国顺，2009），农民工与城市职工收入的变动曲线，逐渐呈现出越来越大的"喇叭"型。据统计，近30年来，城市职工的收入已从年均600元提高到24 000元，增长了40余倍，而农民工的收入多年来变化却不大（赵振华，2009）。同时，农民工务工具有很大的临时性和高流动性，其打工的主要目的是赚取临时性收入以弥补农业收入的不足（蒋万胜、张凤珠，2011）。此外，要特别指出的一点是，农民工群体的收入增长率随年龄而呈现的变化比较大，在农民工群体中，16～30岁的年轻农民工占了总人数的一半以上，而整个农民工群体的平均收入水平和收入增长率均呈现随年龄增长，而且先增加后减少的趋势，目前收入水平最高的是31～35岁年龄段农民工，其次是36～45岁年龄段及26～30岁年龄段；收入增长率最高的年龄段是31～35岁，增长率为47.70%，45岁以后收入增长率迅速下降（韩靓与原新，2009）。这一现状也表明，新生代的年轻一代农民工，其收入水平将有更大的增长潜力，而这同时也将成为他们进行消费的重要基础。

作为城镇、农村居民之外的消费"第三元"，农民工在消费方面存在着巨大的潜力。随着社会的发展，这股巨大的潜力又多是来源于年轻一代的新生代农民工。研究发现农民工的消费存在着这样几个特点：一是储蓄倾向较高，调查显示，农民工收入中，近1/3会用于储蓄，他们对未来的收入有着不稳定的预期，而降低当期消费恰是他们抵御失业等不可预期事件的重要方式。二是在农民工的消费支出中，用于自身享受型消费、休闲娱乐方面的消费所占比重较大，而用于精神方面消费和自身教育方面的消费较少。三是大多数农民工在消费观念和行为上有"向城里人看齐"的特征，他们的消费观念和消费行为比较复杂，往往徘徊在保守和开放之间。四是恩格尔系数比较低，只有16.63%。农民工群体的消费行为之所以呈现出这样的新特点，代际转移在这其中起到了非常重要的作用，学者于丽敏、王国顺（2009）关于农民工收入和消费的研究中，实证分析所调查的所有农民工里，年龄在 20 岁以下的占 19%，20～30 岁的占 61%，30～40 岁的占 16%，30 岁以上的占 4%；可见，农民工的庞大群体中，新生代力量已经逐渐成为主要的构成部分，新生代农民工正日益转变为消费潜力的重要启动者。

2. 新生代农民工收入和消费特点

20 世纪 90 年代后期以来，农民工已不再是一个高度同质的群体，已经产生代际分化。有关数据显示，截至 2018 年末全国农民工总量为 2.88 亿人，其中新生代农民工已占外出农民工总数的近 60% 以上。经济学家、社会学家普遍认为，由于生长时代、自身素质等不同，第一代农民工与第二代农民工以 1980 年为界，在就业、生活等方面的境遇和要求也必然具有不同特点或差异（卢志刚与宋顺锋，2006）。特别是在收入水平、收入来源、消费水平和消费结构上，新生代农民工都呈现出一些不同于第一代农民工的特点。

新生代农民工的收入情况与第一代农民工有着很大的区别。但当前有关新生代农民工收入特点的研究尚不丰富，仅有的对于新生代农民工收入的相关研究中，所得出的结论也存在很大差异。学者钱雪飞（2010）在研究中，总结了新生代农民工收入的特点：第一，新生代农民工的收入水平比第一代农民工低，新生代农民工的月收入和每小时收入均低于第一代农民工，新生代农民工的月收入平均是第一代农民工的 81.96%，平均比第一代农民工低 289.82 元；第二，新生代农民工处于收入下层的比例高，处于收入上层的新生代农民工比例比第一代农民工要低 4.46%，而处于收入中下层、中上层的两代农民工比例基本相当；第三，新生代男农民工比第一代男农民工的月收入低，女农民工月收入不存在代际差异；但新生代农民工群体内部，收入不存在性别差异；第四，文化程度高的新生代农民工月收入比文化程度低的新生代农民工高。学者韩靓、原新（2009）的实证研究则发现，随着年龄的变化，新生代农民工的收入增长幅度要大于第一代农民工。另外，学者唐有财（2009）的研究发现，新生代农民工与城市居民的收入尚有很大的差距，但是相对他们的父辈则有了一定的提高，这些收入也使得他们在城市具备了一定的消费能力。得出以上不同的结论，很大部分原因可能是受到学者们问卷调查的规模和地区差异的影响，因此，关于新生代农民工收入问题的研究还有待进一步完善，以比较准确地反映我国新生代农民工收入的真实情况。

相比于新生代农民工的收入问题，消费行为在这一新生力量中的特点得到了研究者们相对较多的关注。现有学者的研究表明，新生代农民工的消费呈现典型的矛盾性：一方面，他们努力在城市消费以实现身份认同并融入城市；另一方面，他们又会尽可能储蓄以汇钱回家。这种矛盾性还体现在他们对城乡态度的矛盾性上，他们愿意定居城市，但也不排斥返回农村（唐有财，2009）。新生代农民工的消费之所以呈现复杂性，很大程度上可能是受到了"空间隔离"的影响，一方面，他们保持节俭并尽量汇款回家以维持与家庭相关的社会关系再生产；另一方面，他们又追求城市消费方式以融入城市，通过消费重造主体性（谢培熙与朱艳，2011）。在具体的消费体现方面，谭深（2004）在研究中发现，与第一代农民工以"经济型"为目的不同，新生代农民工已经转变为"经济型+生活型"，即外出打工不仅是为了赚钱、维持生活、贴补家用等经济目的，而且是为了摆脱务农和农村的生活方式，追求城市的生活方式。新生代农民工将大多部分比例的收入在城市消费了，根据唐有财（2009）的分析发现，有5%的新生代农民工入不敷出，另外，他们将平均49.5%的收入花在了城市；而家庭消费转移至城市以及打破集体消费领域的制度性歧视以有利于其融入城市（谢培熙与朱艳，2011）。从消费项目上看，吃住、穿着、通信、娱乐和医疗等都有相当比例的开支（王梦怡与姚兆余，2014）。王美艳（2017）在研究中发现新生代农民工家庭在吃住、穿着、生活用品及服务、交通通信、文化娱乐和其他用品及服务消费，均比第一代农民工家庭高，其中，生活用品及服务消费、交通通信消费高出的幅度均超过50%，文化娱乐消费高出的幅度更是超过60%。那么，到底新生代农民工的消费呈现一种怎样的状态与特点是一个非常值得研究的现实问题。

3. 新生代农民工收入和消费的影响因素

（1）关于新生代农民工收入的影响因素。通过文献检索可见，学者们专门针对新生代农民工收入影响因素进行分析的研究还比较少见。其中，仅有学者钱雪飞（2010）根据对1 012名城乡迁移农民工进行的问卷调查，对比研究了新生代农民工和第一代农民工在收入上的差别，她对于新生代农民工收入影响因素的多元回归分析结果表明，基于自身因素中的性别、受教育年限、已外出年数、工作因素中的现在职业、签订合同情况、每天工作小时、每周工作天数、每天加班小时、工作是否稳定、生活负担因素中的进城后每月生活费用支出增加。社会因素中的对农民工是否公平、在城市中自己的社会地位、在老家自己的社会地位共13个变量进行回归分析，证明这些因素对新生代农民工收入有影响作用。另外，学者罗峰、黄丽（2011）和孙立、仝时（2011）分别验证了人力资本因素对于新生代农民工收入的影响。

尽管针对新生代农民工这一新生力量群体收入问题的影响因素分析并不多见，但是，以往研究中，在不区分代际特征的情况下，以整个农民工全体作为研究对象的收入影响因素分析并不少见。这些研究，同样可以对新生代农民工收入影响因素的分析提供重要的借鉴：第一，人力资本是影响农民工收入水平的重要因素，人力资本水平较低影响了农民的非农就业，素质低下的农村劳动力严重地制约着我国农村改革的深化、农村经济的发展及农民收入的提高,农村劳动力流动能提高其收入,教育对劳动力从农村到城市的永久迁移的作用很显著(董海军与风笑天,2003;闫淑敏与张生太,2003;张冬平与白菊红,2003;赵耀辉,1997)。第二,性别、年龄等其他自身因素也使农民工群体的收入水平呈现不同状态(韩靓与原新,2009;卢志刚与严于龙,2006)。第三,与工作相关的因素,如工作性质变动、工作持续时间、求职方式变动以及刚进城时收入、打工时间、劳动合同状况等因素对农民工收入增长作用显著(韩靓与原新,2009;卢志刚与严于龙,2006;刘林平与张杨珩,2007)。

(2)关于新生代农民工消费的影响因素。新生代农民工的消费行为呈现出自有的特点,那么哪些因素影响了新生代农民工在消费上的差异呢?目前,还鲜有针对新生代农民工消费的影响因素展开研究,学者们多从消费行为特征、消费行为的符号意义、消费与认同的关系等方面进行分析(唐有才,2009;孙超骥与郭兴方,2010;肖金平,2010;谢培熙与朱艳,2011)。为此,对于学者关于整个农民工群体的消费影响因素分析,本书做以下综述:

第一,关于农民工消费行为的特征及其影响因素分析。钱雪飞(2008)对南京市578名农民工进行调查与分析,结果显示"农民工消费在收入中的所占的比例较高,消费水平和质量与城市居民相比,虽处于底层,但自我满意度较高,并且内部出现了一定程度的分化"。他简要分析了影响农民工消费模式的主要社会性因素,并为改善农民工消费现状提供思路。孟慧(2007)对农民工的消费行为与社会认同的关系进行了研究,对在中国城市化背景下农民工消费方式的二元性特征及其所反映的身份认同困境进行了深入的研究和探讨。提出了要将消费认同理论置于整个社会城市化的宏观背景之下的观点,这有助于我们进一步深化消费认同理论,全面把握我国城市化进程。王劲松(2007)从社会学的视角,指出农民工的消费行为是伴随着农民工群体在城市的出现而产生的,其消费行为受农村传统的消费观念和城市居民的消费观念的双重影响,农民工的消费行为在社会参与、社会地位方面处于边缘,通过家庭利他主义的消费行为,农民工建立了自己的消费观念。严翅君(2007)对长三角江苏省八城市的农民工进行了调查研究,得出随着经济的发展和整体消费水平的提高,农民工的消费方式也发生了重要的变化,消费结构由简单转变为复杂,消费工具正从传统转变为现代,消费行为正从保守转向开放,消费心理正从保守转向前卫。

第二,关于农民工消费结构的特征及其影响因素分析。李海峰(2008)通过对城市农民工家庭消费结构的调查,指出在城市农民工家庭消费以食品支出和房租为主,在农村,农民工家庭主要以食品支出、子女教育、人情交往费用为主,同时根据实际数据分析表明,农民工家庭在城市与在农村的消费支出的比例大约为 2∶1。陶树果 (2008) 对上海农民工家庭消费的二元性进行了分析，论述了来沪新生代农民工家庭消费结构二元性的表现、特征、原因，并分析消费结构二元性带来的社会效应。李晓峰、王晓方 (2008，2010) 等采用计量经济学的方法，运用扩展线性支出系统 (ELES)，对北京九城区的消费结构进行模型估计，并从基本需求、边际消费倾向、需求收入弹性三方面对北京九城区的农民工的消费结构进行了详细分析。于丽敏 (2010) 对农民工消费行为的二元性进行了分析，指出农民工在食物支出、衣着支出、住房支出、休闲娱乐支出方面具有鲜明的二元性，并指出收入、不确定性、社会保障体系不健全、户籍限制成了农民工消费行为二元性的影响因素。在此基础上提出了促进农民工消费的对策和建议。

第三，关于农民工消费观念的特征及其影响因素分析。张兆伟 (2008) 在对某高校新生代农民工的实证研究的基础上，通过分析这一群体的社会认同现状，考察他们符号消费的特征表现、动因、影响来论证符号消费与社会认同之间的关系。肖伟 (2008) 对长沙市 4 个区的农民工的调查，对"80 后"和"80 前"的农民工的消费观念进行对比研究得出"80 后"农民工比"80 前"农民工的观念更新更快、更现代、更前卫。分析并论述了农民工消费观念变迁的自我因素、市民化程度因素、社会消费环境因素、榜样因素等诸多影响因素，并且指出农民工消费观念转变的深远影响。

第四，关于农民工群体的消费行为与其他群体的消费行为比较研究。严慧、夏辛萍 (2006) 通过对武汉市进城农民工与城市下岗职工这两个不同群体的消费行为特点的比较，分析这两个群体消费行为的差异，以及产生差异的原因，并分析了怎样实现农民工消费行为的城市性。发现农民工群体的消费行为总体上虽然不具有城市性，但是其中一部分农民工的消费行为已经带有了城市色彩。较高层次岗位的农民工和新一代农民工的消费行为的城市色彩较浓一些。农民工消费行为城市性在很大程度上是他们在城市的适应性的反映。

综合以上各位学者的研究成果可见，前人的研究对本研究均具有可资借鉴之处，但不可否认的是，查阅已有研究文献，我们发现：不论在新生代农民工的收入方面，还是其消费与消费行为方面均尚存在一些有待研究的问题，具体阐述如下：

第一，以上的分析反映了新生代农民工这一群体在收入和消费上的独特表现。但不难发现，这些研究还缺乏系统性，而且实证分析也不多见。而仅有的实证分析，由于受到样本调查的地域和规模限制，得出的结论也不统一，不能代表整个新生代农民工群体的收入和消费特征，因此对于新生代农民工的收入和消费特点的研究，还需要通过系统的大规模调查来予以完善，以准确地呈现这一群体在收入和消费上的特点。

第二，由上述分析可见，对于新生代农民工收入的影响问题，还鲜有相关的研究，现在仅有的研究也比较缺乏体系和深度。尽管学者们都比较重视人力资本对农民工收入的影响，但相关研究还缺少系统性的分析研究，而对于其他关于新生代农民工的自身因素和工作方面的因素分析，也还有待进一步深入。据于此，本书试图从理论、实证两方面系统地重点分析人力资本对新生代农民工收入的影响，并对人力资本影响新生代农民工收入增长机制做一些理论上的探索，希望人力资本投资能成为新生代农民工收入增长的一个突破口。另外，在对于其他方面因素的研究中，本书将通过大规模的调查作为分析基础，对各类影响因素进行更为深入的分析，以此来探寻收入特征背后的深层原因。

第三，基于以上分析可以发现，现有文献中关于新生代农民工消费方面的研究并不多见，而已有研究又多从比较宽泛的视角进行描述性的理论分析，或者旨在探求新生代农民工消费的社会意义，更加鲜有相关的实证分析。据此，从经济学的视角出发，具体分析新生代农民工消费的经济意义，具体分析各类因素对新生代农民工消费水平和消费结构等内容的影响，进一步发掘影响背后的深层原因，并依此给出相应的政策建议，这些在未来研究中，还都非常必要。因此，本书将针对这些研究缺口，对新生代农民工消费上的影响因素分析做相应的补充。

基于此，本书对上述问题设计了较为完善的研究体系，并由此展开一系列相关研究，相关的研究内容将在后面各章逐一展开。

二、研究思路与研究方法

（一）研究思路

农民工是改革开放以来中国经济改革和制度变迁的产物，是中国从计划经济向市场经济、从农业社会向工业社会、从传统社会向现代社会转变过程中出现的特有的社会现象。农民工为我国的工业化、城市化、现代化建设做出了巨大的贡献，已经成为现代化建设的一支重要力量。农民工开拓了农民就业和增收的主渠道，缓解了农村劳动力大量过剩的矛盾，增加了农民收入，减缓了城乡之间和地区之间收入差距的进一步扩大。农民工流动促进了生产要素的合理配置和优化组合，降低了工业化的成本，增加了国民经济积累。农民工还是先进文化和现代城市文明的传播者，促进了农民的现代化。随着社会的发展和变迁，农民工群体开始发生代际更替，新生代农民工已经成为农民工群体的主体。与第一代农民工相比，由于他们的成长环境已发生了很大的变化，他们的世界观、人生观、价值观与他们的父辈有很大的不同，因而他们的消费观念、消费行为也表现出显著的差异。新生代农民工既是城市的生产者，也是消费者。身处消费社会中，他们有其独特的消费观念、消费结构、消费行为。为此，本书的主要思路概括为：（1）全面分析新生代农民工收入状况，阐释新生代农民工收入的影响因素，指出制约新生代农民工收入的因素是多方面的，既有体制方面的，也有用人单位方面的，更有其自身的因素。人力资本是制约新生代农民工收入增长的主要因素，进而深入研究人力资本影响新生代农民工收入增长的机制。（2）通过对新生代农民工消费的基本状况的分析，科学地对新生代农民工消费变动趋势进行预测，指出新生代农民工消费对我国经济发展产生一定的影响。（3）通过对新生代农民工消费的总体状况的考察，全面了解新生代农民工消费水平与消费结构，解读新生代农民工消费现状的原因，对不同区域的新生代农民工消费进行比较研究，提出引导新生代农民工科学合理消费的建议。（4）通过对新生代农民工消费行为总体特征的描述，深入分析新生代农民工消费行为的影响因素，选取新生代农民工基于不同消费动机的消费行为进行深入研究，如基于文化适应诉求的新生代农民工消费行为分析、基于社会认同需要的新生代农民工消费行为分析、基于社会排斥应对的新生代农民工消费行为分析、基于社会地位获取的新生代农民工消费行为分析、基于面子意识诉求的新生代农民工消费行为分析等。（5）考察新生代农民工收入与其消费行为的关系，阐明收入对其消费行为将产生重要影响，最终提出提升其工资水平与引导其消费行为的对策建议。

（二）研究方法

根据所设定的研究目标，本书采用理论分析与实证分析相结合、普适性研究与特定研究相结合、一般情况刻画与特定因素挖掘相结合、深度访谈与问卷调研相结合的研究方式。具体来说，本书的研究方法涉及以下内容：首先，在回顾已有文献的基础上，提出本书总体的研究思路与各个子研究方向，在不同子研究中，又以充分的文献回顾为基础，提出了相应的变量关系与研究假设；而后，为了完成对新生代农民工收入及消费现状的把握，本书先后展开两次大规模的问卷调研与若干小型问卷调研活动。其中，第一次大型问卷调研针对新生代农民工的收入与消费情况展开，调研覆盖全国 31 个省的 198 个城市，共发放问卷 5 000 份①，经回收及甄别得到有效问卷 4 268 份，使课题组对新生代农民工收入及消

---

① 本书是教育部哲学社会科学研究重大课题攻关项目"中国新生代农民工收入状况与消费行为研究"的成果，项目组依托该项目的支持展开大样本问卷调查，调查样本一部分由经过调研培训的大学本科生在假期返乡途中或在家乡协助完成，采用便利抽样的方法，每人负责三份在不同行业就业的新生代农民工问卷，并对调研过程进行录音，同时记录访谈对话。由于经过调研培训的大学本科生来自不同区域，这样获得的问卷样本既在一定程度上兼顾了调查样本在所属行业、务工地点、收入水平、消费情况等方面的代表性，又保证了问卷发放、填答及回收全过程的真实性和有效性。

费的相应情况有了充分把握。在此基础上，另针对收入及消费主题设计了第二次大规模调研，第二次大型调研不仅针对新生代农民工群体展开，另选取了两大对照群体，即第一代农民工与同龄城市务工青年，从群际对比的角度挖掘新生代农民工收入及消费的特殊性。与此同时，在针对特定的研究主题时分别设计了与研究主旨相一致的小型问卷调研，针对特定问题展开了深入探讨。也恰恰是我们在进行大样本搜集的同时，针对新生代农民工群体的一些独特性消费行为而进行的细化研究，就不可避免地再次发放小样本问卷，并且每一次根据特定研究问题的特定需要来发放相应数量的问卷，以保证特定问题研究的科学合理性。在数据处理部分，研究采用了包括描述性统计分析、信度分析、效度分析、分层回归分析等多种实证分析方法，并针对不同研究内容进行了多项相关检验。为了保证研究的严谨性与科学性，在下面具体研究内容介绍中，仍会对相应的研究方法进行阐述。

三、结构安排与主要内容

本书主要结合经济学、消费者行为学心理学和社会学等相关学科的理论，针对我国新生代农民工这一特殊群体进行研究，通过对新生代农民工的收入与消费的基本状况进行概括性描述，包括收入水平、消费观念、消费水平、消费结构等，全面分析新生代农民工的生存状态与消费过程中存在的问题以及出现问题的原因，最终提出引导新生代农民工科学合理消费的对策建议。为此，本书分成"三编""九章"展开问题的研究，具体阐释如下：

（1）第一编"中国新生代农民工的收入研究"包括两章内容，即第一章"新生代农民工的收入状况与制约因素分析"和第二章"新生代农民工收入的提升路径研究"。全面分析新生代农民工的收入水平与收入结构，具体包括新生代农民工收入构成、新生代农民工收入的统计描述及其特征、新生代农民工收入现状、新生代农民工不同区域务工地的收入差异状况与制约因素、新生代农民工不同行业的收入差异状况与制约因素等相关内容；系统地分析影响新生代农民工收入增长的因素，指出自身因素、工作因素、生活负担因素、社会资本因素均构成对新生代农民工收入的影响，但人力资本是制约新生代农民工收入增长的最主要因素，进而深入研究人力资本影响新生代农民工收入增长的机制，探析人力资本的信息获取能力，以及人力资本与配置能力、人力资本与生产能力、劳动力素质与收入的相关关系，并利用大样本调研所获取的数据进行人力资本对新生代农民工收入影响的实证分析，进而提出提升中国新生代农民工收入的路径选择。

（2）第二编"中国新生代农民工的消费行为研究"包括三章内容，即第三章"新生代农民工消费行为与收入的关系分析"、第四章"新生代农民工消费行为的特异性分析"和第五章"新生代农民工群际对比的消费差异分析"。通过从新生代农民工消费的基本情况入手,分析新生代农民工消费行为的基本情况与尚存问题,进一步对比区域差异造成的新生代农民工消费差异现状,并在此基础上,得出新生代农民工收入与消费之间的作用关系。鉴于新生代农民工群体的特殊性,本书针对新生代农民工消费中体现出的悖反性、外显与内隐性、炫耀性及取向性等消费特异性分别展开了细致研究,深度挖掘了新生代农民工的消费特色。最后,本书选取了近似群体进行对比研究,在群际对比中进一步指出新生代农民工群体作为生活在城市的特殊群体所表现出的消费行为的特殊性,并全面分析了其消费的基本状况、存在的问题与成因的分析。第二编的研究内容从纵向判断新生代农民工消费水平与消费结构变化的关系;明确新生代农民工消费结构优化导向;指出增加新生代农民工文化消费对其收入具有逆向作用机制。因此,研究提出要发挥新闻媒体的引导作用,加强对新生代农民工消费观的教育和引导,充分发挥家庭在引导新生代农民工合理消费中的重要作用,同时政府应为新生代农民工的学习培训提供条件,提倡建设节约型社会文化,为新生代农民工合理消费提供良好的社会环境,完善社会保障制度,为新生代农民消费提供制度保障。

(3) 第三编"中国新生代农民工基于不同消费诉求与应对的典型性消费行为实证研究"包括四章内容,即第六章"基于社会认同需要的新生代农民工消费行为分析"、第七章"基于社会排斥应对的新生代农民工消费行为分析"、第八章"基于社会地位获取的新生代农民工消费行为分析"和第九章"基于面子意识诉求的新生代农民工消费行为分析"。通过大样本调研对新生代农民工消费行为总体特征进行描述的基础上,选取了新生代农民工城市生活中比较典型性的消费行为进行了实证研究。

第六章"基于社会认同需要的新生代农民工消费行为分析"以社会认同作为切入点,探究新生代农民工消费行为选择的形成机制。该部分的研究表明:第一,社会认同对于个人价值观和参照群体影响对炫耀性消费行为的影响具有部分调节作用。我们通过深度访谈和问卷调查发现,大多数新生代农民工对于农民身份具有排斥或者回避的态度,而且绝大部分的被访者不接受"农民工"的称谓。城市居民的排斥和冷漠,以及在迁徙、居住、工作和求学等方面受到长期的制度性歧视,使得许多新生代农民工具有极低的社会认同感。即使是持有谦让守分和克勤克俭等价值观的新生代农民工,在缺乏社会认同感的情况下,也需要通过外在商品和服务的消费来提升形象和获得尊重。而对于那些具有物质主义和自我实现价值观的新生代农民工,本身就将公开的炫示消费作为获得人生乐趣的途径。该研究结果发现无论较高或较低的社会认同,持有物质主义和自我实现价值观的新生代农民工都会进行炫耀性消费行为。同时,实证结果也表明,城市居民作为新生代农民工的主要参照群体,对新生代农民工的炫耀性消费行为产生了重要影响。对于具有低社会认同感的新生代农民工来说,参照群体是获得商品和服务的相关信息的重要渠道,而他们的炫耀性消费行为在更多情况下也是为了求得尊重和接纳。在低社会认同的状态下,信息性影响和功利性影响对新生代农民工炫耀性消费行为的作用更加明显地体现出来,而社会认同在价值表达性影响对炫耀性消费行为的促进过程中没有起到显著的调节作用。第二,个人价值观能够影响新生代农民工炫耀性消费行为。我们在深度访谈和问卷调查中发现,许多新生代农民工依然恪守安守本分、与人无争的谦让守分价值观和工作勤奋、生活节俭的克勤克俭价值观,"谦让守分"和"克勤克俭"价值观推崇自律和节制的理念,在这些传统价值观的作用下,必然会抑制张扬的炫耀性消费行为。而持有"物质主义"和"自我实现"价值观的新生代农民工或者是将对物质的占有作为美好生活的象征和人生追求的目标,或者有着强烈的成功愿望,希望通过自身价值的展现而达到更加满意的生活状态。新生代农民工在这些现代价值观的作用下更加崇尚炫耀性的消费方式。第三,参照群体影响能够影响新生代农民工炫耀性消费行为。炫耀性消费行为具有"向下渗透"模式,即高收入群体通过示范效应,使低收入群体模仿其消费行为,从而参照群体影响必然会对炫耀性消费行为产生显著的促进作用。本书发现由于参照群体能为消费者提供可供炫耀的商品信息,城市居民作为新生代农民工最主要的参照群体已经成为其消费行为的重要商品信息来源。同时,新生代农民工为了迎合城市居民群体,获得城市居民的肯定和接纳,免受歧视,新生代农民工会在消费选择或决策中被迫遵从城市居民的某些消费规范和标准。新生代农民工也会通过仿照城市居民的某些消费行为来表现自我,实现自我提升,使其更加接近理想中的自我,即参照群体的信息性影响、功利性影响和价值表达性影响对新生代农民工的炫耀性消费行为都具有促进作用。

第七章"基于社会排斥应对的新生代农民工消费行为分析"以社会排斥为出发点,引入自尊和城市融入意愿的作用机制,从多学科交叉的角度,对新生代农民工的炫耀性消费意愿展开深入研究,这在研究视角和研究内容上都是对炫耀性消费的有益补充。该研究在一定程度上反映出了新生代农民工真实的生存状况以及他们不合理的消费方式及这种非理性的消费模式背后所蕴含的深层原因,并为解决这些问题以及为农民工树立正确的消费观和加快城镇化进程提出了相应的对策,有利于全面小康社会的构建。研究表明:第一,在新生代农民工群体中,农民工感知到的社会排斥越强烈,他们的炫耀性消费意愿也越强烈。新生代农民工由于在受教育程度、收入和社会地位等方面与城市居民存在一定的差异,因此在城市的生存过程中他们会感受到来自一些城市人的歧视和排斥,而为了减少这种排斥感，获得城市人的认可和尊重，他们会通过增多自身在炫耀性消费方面的支出来满足自己对身份地位的需求。第二，新生代农民工感知的社会排斥部分地刺激其自尊感，进而影响到其炫耀性消费。新生代农民工在城市生存的过程中，感知到的这种社会排斥会对其自尊造成伤害，使其自尊感降低，而炫耀性消费恰恰可以帮助新生代农民工弥补受伤的自尊，起到肯定自我的作用。第三，新生代农民工的城市融入意愿越强烈，越会加强社会排斥对炫耀性消费意愿的正向影响。新生代农民工虽然在城市融入过程中面临着各种困难，但是他们有着强烈的城市融入意愿，他们渴望在城市扎根，渴望融入城市生活，渴望获得市民认同，这种强烈的意愿促进了农民工的炫耀性消费。

第八章"基于社会地位获取的新生代农民工消费行为分析"立足于营销学和社会学的双重研究视角，从新生代农民工的地位消费行为这一现象入手，梳理城市认同、城市融入意愿、地位消费意愿、社会比较信息关注度的构建关系，探究城市认同对新生代农民工地位消费意愿的影响机理。新生代农民工作为连接农村与城市的新兴枢纽，受城市和农村双重生活环境、区别性生存文化的影响，在生活观念、消费形式上不可避免地呈现出与自我身份不匹配的消费现象，他们作为城市的中低端收入群体，更倾向于关注城市群体的消费趋势，时时跟踪热门品牌的潮流信息，不惜背负高额的物资负担，借助外表化的品牌追逐自我包装，以期获取市民的认同，借以融入城市群体之中。由此可见，新生代农民工地位消费行为的特殊性不仅仅来源于其自身的选择，更深层次的是社会机制运行背后的潜在问题。简言之，新生代农民工当下的生存模式、消费观念、消费形式是城市和农村生活环境碰撞的结果，其身上带有"城市居民"和"农村群体"的双重消费烙印。本书旨在揭示这一消费行为产生的内在机制。研究表明：第一，城市认同是新生代农民工地位消费行为的有效刺激源，地位消费现象背后是新生代农民工渴望城市认同的社会化因素；第二，城市融入意愿在城市认同影响地位消费这一作用机制中发挥中介作用，新生代农民工对城市认同度越高，越正向刺激其城市融入意愿，进而促使其通过地位消费这一外显化模式达到目的；第三，社会比较信息关注度对城市融入意愿与地位消费行为之间的关系具有显著调节作用，社会比较信息关注度越强的个体，其城市融入意愿对地位消费行为的影响越明显。可见，新生代农民工地位消费现象是普遍存在的，该"悖反性"消费现象背后充斥的是一种非理性的消费心理，而社会各界应加深对其产生缘由的理性认知，并在行动上加以引导。具体言之，对农民工个体而言，应树立正确的消费观，努力提升自我，应认识到仅仅依靠外显化的消费模式的改变，并不能从根本上融入城市，而应更多地致力于自我基础技能的储备；对企业而言，应充分认识该群体的消费潜力，拓展企业目标客户群，加强企业社会责任建设；对政府而言，应加大举措保障农民工的城市融入意愿的实现，合理解决"城乡二元体制"发展中的深层问题，构筑和谐健康社会。

第九章"基于面子意识诉求的新生代农民工消费行为分析"在借鉴前人研究基础之上，从社会学、营销学与心理学的交叉视角下，针对新生代农民工返乡炫耀性消费这一普遍现象，梳理面子意识、地位需求、权力距离等对其返乡炫耀性消费意愿的影响，并深入探究新生代农民工面子意识对其返乡炫耀性消费的影响机理。通过问卷调查，并运用SPSS18.0统计软件验证该研究理论模型中各个构念间的路径关系，得出以下富有价值的研究结论：（1）面子意识是新生代农民工返乡炫耀性消费的有效刺激源，返乡炫耀性消费现象背后是新生代农民工想要面子和怕丢面子的社会化因素；（2）地位需求是面子意识影响新生代农民工返乡炫耀性消费的中介变量，新生代农民工面子意识越强烈，越会正向地刺激其地位需求，进而促进其进行返乡炫耀性消费；（3）权力距离对新生代农民工面子意识与地位需求之间的关系具有显著的调节作用，权力距离越高的个体，其面子意识对地位需求正向影响越强。基于该研究结论，对于新生代农民工群体而言，应当树立正确的消费观念，努力提升自己的知识文化水平，应当深切地认识到想要彻底地摆脱农民群体，融入城市群体，需要不断地增加自我知识技能储备，而不仅仅是依靠外显型炫耀性的消费品；对于企业来讲，应充分地认识到新生代农民工这一群体的消费潜力，开发出适合这一群体消费特点的商品，并需要加强社会责任建设，正确地引导新生代农民工群体的消费行为；对于国家来讲，需要合理解决中国"城乡二元体制"发展中出现的问题，积极引导新生代农民工树立正确地融入城市群体的观念，为构建社会主义和谐社会而努力。

第一编

中国新生代
农民工的
收入研究

第一章

新生代农民工的收入状况与制约因素分析

第一节 研究问题的提出

影响新生代农民工进城打工的因素有很多，例如不想一辈子待在农村，想到城市"见见世面"；赚取更多的工作收入；追求更好的自我成长和发展的平台；学习一些新技术武装自己，以便回家乡创业等，而其中获得工作收入是新生代农民工进城打工的首要目标。

当前，新生代农民工的收入水平，与城镇在职职工相比，工资还有较大差距。新生代农民工进城后，由于政府劳动部门对他们没有确定工资级别，只能由老板和用工单位来决定他们的报酬。在这种没有标准的情况下，又由于他们工作的类型往往是比较简单的体力劳动，其劳动所得的报酬大约只相当于城镇正式职工的一半，甚至更少。在经济快速发展的背景下，农民工的工资收入增长却表现出增长迟缓的状态，卢锋（2012）通过对中国农民工工资走势进行分析发现，伴随着经济现代化进程的加快，国民生产总值的提高，农民工的工资水平却增长缓慢，在有些地区甚至出现负增长。

尽管相比于城镇职工，新生代农民工的收入还比较低，但却远远高于农民收入。这也是他们走出农村，来到城市工作生活的最主要缘由，由于城市的工作能够带来比农业生产更高的收入，所以尽管新生代农民工面临着低于城镇职工的工资水平,甚至一些与城镇职工"同工不同酬"的现实,他们还是愿意来到城市。

进入城市的新生代农民工与第一代农民工相比,在收入水平上呈现出众多差异:从总体上看,新生代农民工的收入水平普遍低于第一代农民工;从收入层级结构上看,与第一代农民工相比,新生代农民工处于收入上层的比例较低,而处于收入下层的比例却较高。然而随着年龄的增长,新生代农民工的收入增加幅度却要大于第一代农民工[①]。

而在新生代农民工的群体内部,收入水平的差异主要体现在不同文化程度、有无技术等人力资本因素的差别上。文化程度越高,新生代农民工的收入水平就越高,而拥有技术、管理能力的新生代农民工,其收入水平也要更高一些,而且其收入的增长速度也越快。

由以上分析可知,新生代农民工的收入差异不仅表现在与第一代农民工及城镇职工的对比上,同时还表现在其群体内部不同个体之间的差异,而这些差异不仅是由整体的宏观形势所引起的,同时也是由于新生代农民工的内在因素所造成的。由此可见,新生代农民工的收入状况不容乐观,存在多种制约因素影响其收入的提高,但其具体的表现还有待于我们进行大样本的实际调查,并进行深入的科学分析方可做出符合实际的判断。目前,关于新生代农民工收入问题的相关研究,大多聚焦于总体的宏观数据,未曾做进一步的细化研究,因此,本书以新生代农民工的不同务工区域及不同行业为切入点,着重探讨新生代农民工的收入状况及其相应的收入制约因素,为进一步实现收入提升提供可供借鉴的对策与建议。

第二节 新生代农民工不同区域务工地的收入差异状况与制约因素

2016年的政府工作报告中指出,有序推进农业转移人口市民化是新型城镇化建设的重要内容。目前,新生代农民工已经成为我国城镇化建设的主体力量,他们的工作和生活事关城镇化的质量和进程。近年来,农民工的收入问题逐渐得到广泛关注,学者们从不同视角对农民工收入水平的现状和收入提升的路径进行探讨。在收入总体状况方面,俞玲(2012)对农民工低收入现象进行了经济学的解析,认为自身人力资本贫乏产生的能力弱势和劳动力市场的不平等对待产生的制度弱势分别是导致农民工收入低下的内在和外在原因;孔荣、王欣(2013)探

---

① 本课题组调研所得结论。

索了农民工收入质量的内涵,指出农民工收入数量飙升与质量滞后的不对称性分别体现在充足性、稳定性、结构性、成本性和知识性几个维度上;黄日华、段欣(2014)探讨了城市流迁就业新格局下的农民工收入问题,研究结果表明了农民工收入边际效用影响力正在下降,农民工的社会待遇不公、幸福感低下的境遇正在改善,新生代农民工就业的行业选择性增强。在收入增长的模式探讨中,彭清华、蔡秀玲(2012)在包容性发展视角下对农民工"准市民"化的收入增长模式转变进行研究,指出农民工应转变收入增长模式,使收入增量达到地位维持或地位提升的收入要求;叶静怡、王琼(2013)研究了农民工的自雇佣选择模式及收入的影响因素,研究发现了自雇佣者有更高的收入,能力、社会资本、物质资本是影响农民工自雇佣务工模式的重要因素。在收入的相关影响研究中,孟颖颖、邓大松(2011)的研究发现农民工城市融合中存在着"收入悖论"现象,收入水平在融合初期和中期对融合有正效应,但在融合后期则没有显著影响;焦克源、张彦雄(2011)在研究中表明,由于收入地区差异的存在,西部地区的农民工选择在东部地区城市务工,而实际上获得的收入却更低,这一困境不利于留守老人的养老保障。在农民工收入与城市职工的收入差异方面,田丰(2010)使用布朗分解方法进行了收入差距解析,并发现单位之间的收入差异是总体收入差异的主要部分,而入职户籍门槛是阻碍农民工进入公有制单位并获取较高收入的重要原因;邢春冰(2008)发现了农民工的平均劳动收入水平显著低于城镇职工,并利用 Oaxaca - Blinder 方法证明了收入差异中有 90% 左右是由劳动者的特征差异造成的,价格差异所导致的收入差异仅为 10%。在收入的影响因素方面,学者们在研究中分别检验了包括文化程度、不同层次的培训、打工时间、身体健康状况在内的人力资本因素对农民工收入的影响(苏群与周春芳,2005;马金平与周勇,2013);社会资本因素例如社会网络、社会关系再建构、同乡聚集对农民工职业阶层收入水平的影响(李树茁等,2007;任锋与杜海峰,2011;张春泥与谢宇,2013);心理资本对农民工工资水平的影响(徐建役等,2012);同时现有研究还涉及合同期限、工作转换、流动、工作稳定性等务工状态方面的因素对收入的影响(周井娟,2008;吕晓兰,2013;黄乾,2010;李睿与田明,2013)。

随着新生代农民工逐渐成为城市建设的主力军,现有研究也逐渐关注到这一特定群体的收入问题。例如张笑秋(2011)以参照点依赖为视角分析新生代农民工"民工荒"的成因,发现新生代农民工的收入低于城市同龄同期群的收入,与参照群体相比,他们感知到在就业机会和社会保障方面存在不公平;李培林、田丰(2011)在研究中发现,新生代农民工的收入会通过生活压力影响到他们的社会态度和行为,收入水平高低对社会态度的影响是通过改变人们遇到社会问题所带来的压力大小的变化而实现的。在收入的影响因素方面，学者们多基于人力资本理论对新生代农民工的收入水平进行分析，这些分析大都忽略了社会资本的影响，而在人力资本因素的考察中，不同学者的研究结果也呈现出不同的结论，各人力资本因素对新生代农民工收入的影响方向不一、大小不同，例如王丽（2013）证明了受教育程度的正向作用，而孙立、仝时（2011）则认为教育资本的影响不显著；罗峰、黄丽（2011）证明了培训是影响非农收入的最主要因素，而钱雪飞（2010）则认为进城前参加培训能够显著增加第一代农民工的收入，但对新生代农民工的收入提升作用并不显著，同时教育年限、进城后的培训都没有起到显著影响。这种不一致的研究结果之所以出现，一方面是因为受到了样本量大小的影响，另一方面也是由于现实存在的地域差异所致，因此还需要在更大范围内进行问卷调查和实证检验。而回顾现有文献，尚未有研究从全国范围内进行多区域的大样本调查，新生代农民工收入的区域差异和影响因素还有待进一步的检验和解释。

为了弥补以上研究缺口，本书通过组织大规模的问卷调查获得关于新生代农民工务工收入的第一手资料，采用 EViews6.0 和 SPSS18.0 分析软件对数据进行实证分析和检验，先后对新生代农民工收入水平的区域差异和影响因素的区域差异进行比较分析，从而利用实证数据对以往学者的小样本、小范围的相关研究重新验证，给出统一性的结论，并对可能存在的区域差异做出更全面的解释，以便更为科学系统地探讨新生代农民工的收入状况并据此为提高新生代农民工的务工收入水平提出更加切实可行的政策建议。

一、调研设计与样本分布

由于新生代农民工与第一代农民工在人口统计、就业及收入等相关信息存在的差异已经得到学术界的一致认同，仅以《全国农民工监测调查报告》作为分层抽样依据将不利于新生代农民工独有特点的挖掘，加之目前并未有针对新生代农民工细化的官方统计信息作为可靠依据。因此，本书依托教育部哲学社会科学研究重大课题攻关项目"中国新生代农民工收入状况与消费行为研究"，根据所选取的定义严格限定调研对象的选择范围，即"1980 年以后出生，户籍身份在农村，并且在进城务工前的持续教育经历中，没有系统接受过高等教育，现已进入城市务工或经商的农村流动人口"（金晓彤与杨潇；2015），进行大样本的问卷调研，以大样本数据作为分析依据，以便于尽量避免抽样不均对研究结果造成的影响。为了进一步保证研究的准确性，课题组大规模举办以"新生代农民工收入状况和消费行为"为主题的社会调研方法的专项培训，在保证调研质量的情况下进行多次大规模问卷调研活动。调研在2013年1月至4月进行,范围覆盖全国31个省市的198个城市,共发放问卷5 000份,回收问卷4 575份,其中有效问卷4 268份,有效率为93.3%。在被调查的4 268名新生代农民工中,从事餐饮住宿行业的新生代农民工人数最多,数量达1 081人,占比25.3%,建筑业和其他服务业人数分别排在第二和第三位,占比16.4%和15.6%,在行业分布中,从事电子行业的新生代农民工有202人,占比4.8%,尽管所占比例不大,但是相比于第一代农民工而言,对电子行业的涉及是新生代农民工知识技能提升的表现,同时,从事家政环卫业的新生代农民工仅占调研人数的7.6%,这也是新生代农民工区别于其父辈务工选择的表现。从来源地看,本次调研的调查对象中,来自东北地区的人数最多,为1 884人,中部地区、东部地区次之,分别为861人和808人,西部地区最少,有715人。这些调查对象分布在全国31省的198个城市中,其中在东北地区和东部地区的务工者最多,分别有1 931人和1 436人,西部地区和中部地区的务工者较少,分别为551人和350人。为进一步考察各地区新生代农民工的流动态势,我们计算了各地区新生代农民工的流入流出比,可以发现,东部地区的比值最高,为1.78∶1,东北地区基本持平,为1.02∶1;西部地区的流入流出比为0.77∶1,中部地区最低,为0.41∶1,结果显示,东部地区是新生代农民工务工选择的集中地区,这一结果与2015年《全国农民工监测调查报告》中全体农民工分布状况一致。被调查者在人力资本、社会资本方面的特征描述如表1-1所示。

表1-1 描述性统计分析

年龄	频数（人次）	百分比（%）	资格证书数	频数（人次）	百分比（%）
14~17岁	138	3.2	无	3 169	74.3
18~21岁	1 200	28.1	1个	696	16.3
22~27岁	2 048	48.0	2个	269	6.3
28~32岁	882	20.7	3个	86	2.0
性别			4个	35	0.8
男	2 489	58.3	5个	7	0.2
女	1 779	41.7	6个	6	0.1
健康状况			拜年人数		
健康	3 858	90.4	30人及以内	2 837	66.5

续表

健康状况			拜年人数		
一般	384	9.0	31~60人	780	18.3
较差	26	0.6	61~90人	179	4.2
学历			91~120人	172	4.0
小学及以下	351	8.2	121~150人	66	1.5
初中	2 072	48.6	151~180人	130	3.0
高中或中专	1 845	43.2	181人及以上	104	2.5
务工时间			当地亲友数		
1~3年	2 072	48.5	10人及以内	3 265	76.5
4~6年	1 341	31.4	11~20人	541	12.6
7~9年	520	12.2	21~30人	158	3.7
10~12年	256	6.0	31~40人	86	2.0
13~15年	53	1.3	41~50人	75	1.8
15年以上	26	0.6	51~60人	45	1.1
技能数			61人及以上	98	2.3
无	1 460	34.2	外地亲友数		
一项	1 651	38.7	10人及以内	2 798	65.6
两项	855	20.0	11~20人	752	17.6
三项或以上	302	7.1	21~30人	258	6.0
技术等级			31~40人	121	2.8
没有等级	1 572	36.8	41~50人	113	2.7
初级	1 228	28.8	51~60人	85	2.0
中级	1 290	30.2	61人及以上	141	3.3
高级	178	4.2			

资料来源：本书整理。

一般而言，收入的区域差异可以通过绝对区域差异和相对区域差异两项指标来体现。前者反映的是不同区域间收入等级水平的差异，即直观地反映不同区域间收入水平的差距。区域收入的绝对差异在很大程度上受制于经济发展水平，因此在进行区域比较研究过程中，容易掩盖住微观层面个体因素的影响。相对差距则用以反映区域间收入的增长差异，体现了内在性的区域收入差异，其变动趋势并不直接受各地区原有收入发展基数的影响。本书对于调研对象所在区域的划分，采用《中国统计年鉴》的分类方法，按照东部地区、中部地区、西部地区和东北地区四大区域对新生代农民工的收入状况进行区域差异分析。

二、新生代农民工收入的绝对区域差异分析

本书对新生代农民工收入水平的区域差异分析将同时涉及绝对收入差异和相对收入差异，以便于全面系统地反映新生代农民工的收入状况。具体而言，本书首先计算各地区新生代农民工收入水平的极差、标准差及平均差，以此来分析新生代农民工收入水平的绝对区域差异。同时计算各地区新生代农民工收入水平的相对平均离差、极值差率、极均值差率、相对差距系数、变异系数、对数变异系数、基尼系数来反映新生代农民工收入水平的相对区域差异。

极差，$R = Y_{max} - Y_{min}$，即总体单位变量中，最大值与最小值间的离差，此变量可用来说明变量的变动幅度和范围，在本书中即指调研所涉及的各区域新生代农民工个体中，最高收入与最低收入间的差距。

标准差，$s = \sqrt{\dfrac{\sum_j (y_j - \bar{y})^2}{N}}$，用以反映各地区新生代农民工的收入水平与区域调研样本总体均值的偏离程度，标准差越大，说明地区间新生代农民工收入水平的绝对差异越大。

平均差，$D = \dfrac{\sum_i^n |y_j - \bar{y}|}{n}$，用以表示各地区收入水平与平均收入水平离差的期望值，平均差越大，意味着区域内不同地区新生代农民工的收入水平的分布愈分散，收入存在的差距越大。

本次调研结果显示（见表 1-2），东部地区新生代农民工收入水平的极差是 99 800 元，中部地区为 19 800 元，西部地区为 11 700 元，东北地区则为 15 800 元。这一结果表明，东部地区新生代农民工收入水平的极差最大，即其最高收入与最低收入间的差距最大。同时，各区域新生代农民工收入标准差计算结果表明，东部地区的标准差最高，达到 4 722.06；西部地区最低，标准差为 1 419.30，而中部地区和东北地区的收入标准差分别为 1 994.95 和 1 627.52。同时，表示收入水

平分散程度的平均差也显示出东部地区最高，西部地区最低，东北地区和中部地区分居第二和第三的排序，这一结果表明，此次调研中，东部地区新生代农民工的收入绝对差距最大，而西部地区最小，东北地区及中部地区新生代农民工的收入绝对差距处于中间位置。

表1-2　　　　新生代农民工收入水平的绝对区域差异

项目	指标	东部地区	中部地区	西部地区	东北地区
绝对差异	极差（元）	99 800	19 800	11 700	15 800
	标准差	4 722.06	1 994.95	1 419.30	1 627.52
	平均差	1 507.16	1 302.57	1 051.95	1 094.62

资料来源：本书整理。

在绝对区域收入差异的比较中，新生代农民工的群体收入差距与各地区的经济发展状况是一致的。具体而言，东部地区经济发展水平高、速度快、区域内整体收入差距大，在东部地区务工的新生代农民工，其收入差距态势符合东部地区的整体特征；相对而言，西部地区经济发展水平低，发展速度迟缓，区域内整体收入差距小，而于此务工的新生代农民工，其务工收入的差距也同样呈现出与西部地区整体发展状况相一致的表现，这一原因同样可以解释东北地区和中部地区的绝对收入差距状况。

三、新生代农民工收入的相对区域差异分析

为控制各地区收入发展基数的影响，本书在绝对区域差异之后进行新生代农民工相对收入的区域差异分析：

相对平均离差，$Dr = \frac{1}{n}\sum_{i=1}^{n}\left|\frac{y_i - \bar{y}}{\bar{y}}\right|$，即区域内各地区收入水平与收入均值的离差与平均收入水平之比的期望值，用以表示区域内各地区收入水平的相对分散情况。

极值差率，$Ir = \frac{y_{max}}{y_{min}}$，是指特定经济指标的最大值与最小值之间的比率，在本书中即各区域最高收入与最低收入间的比率，用以反映地区内相对差异的最大变动幅度。

极均值差率，$Irm = \frac{y_{max}}{\bar{y}}$ 或者 $Irm = \frac{\bar{y}}{y_{min}}$，即特定经济指标最大值与均值的比率

或者是均值与最小值间的比率，在本书中用来反映各地区内新生代农民工的收入偏离平均值的程度。

相对差距系数，$\text{Ivr} = \left(1 - \dfrac{y_{max}}{y_{min}}\right) \times 100\%$，是根据极值差率计算得出的测量指标。Ivr 取值为 0~100，数值越大，表明新生代农民工所在区域内收入水平的内在偏差越大。

变异系数，$CV = \dfrac{\sqrt{\dfrac{1}{n}\sum_{i=1}^{n}(y_i - \bar{y})^2}}{\bar{y}}$，即在标准差的基础上，计算其与区域新生代农民工收入的均值之比。

对数变异系数，$CV\ln = \dfrac{\sqrt{\dfrac{1}{n}\sum_{i=1}^{n}(\ln y_i - \ln \bar{y})^2}}{\bar{y}}$，即在变异系数基础上，对新生代农民工务工收入进行对数转换，以此来强调低收入新生代农民工群体和低收入地区务工收入转移的重要性。

基尼系数，本书利用洛伦兹曲线计算基尼系数，用以表示区域内的收入分配平均程度，洛伦兹曲线偏离对角线越远，基尼系数越趋近于 1，说明区域内收入分配越不平均。

相对区域差异分析结果表明（见表 1-3）：第一，中部地区的相对平均离差最大，东部地区次之，东北地区居第三，西部地区最小，这说明中部地区收入水平相对分散程度最大。第二，东部地区的极值差率最大，中部地区次之，东北地区第三，西部地区最低，说明东部地区相对差异变动幅度最大。第三，东部地区的极均值差率最高，中部地区次之、东北地区第三、西部地区最低，说明东部地区新生代农民工的收入偏离平均值的程度最大。第四，东部地区的相对差距系数最大，中部地区次之，东北地区第三，西部地区最低，这说明东部地区新生代农民工收入水平的区域内在偏差最大。第五，东部地区的变异系数最大，其次为中部地区，东北地区第三，西部地区最小，对数变异系数计算结果则显示中部地区的对数变异系数最大，而后依次为东部地区、东北地区、西部地区，这两项指标的分析结果表明东部地区和中部地区新生代农民工的收入相对差异更大。第六，利用洛伦兹曲线计算各地区的基尼系数发现，中部地区的洛伦兹曲线偏离对角线最大（见图 1-1），基尼系数最高，东部地区第二，东北地区第三，西部地区最低，这说明中部地区新生代农民工的收入最不平均，西部地区相对较好，东部地区和东北地区的收入不均状况居中。

表1-3　　　　　　新生代农民工收入水平的相对区域差异

项目	指标	东部地区	中部地区	西部地区	东北地区
相对差异	相对平均离差	0.4419	0.4581	0.3630	0.3923
	极值差率	500	100	40	80
	极均值差率	29.32	7.03	4.14	5.73
		17.05	14.22	9.66	13.95
	相对差距系数（%）	99.8	99.0	97.5	98.75
	变异系数	1.3845	0.7016	0.4897	0.5833
	对数变异系数	0.5446	0.6532	0.5067	0.5138
	基尼系数	0.3140	0.3224	0.2544	0.2735

资料来源：本书整理。

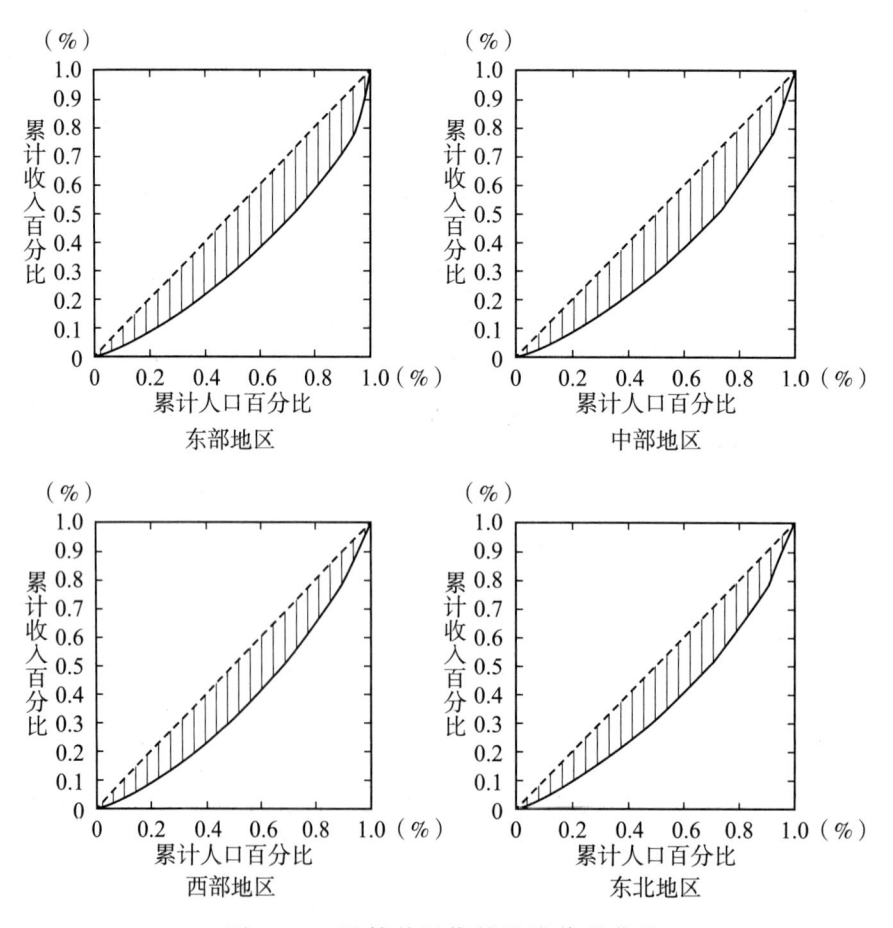

图1-1　计算基尼指数的洛伦兹曲线

总体上看，区域绝对差异分析结果显示，东部地区新生代农民工的绝对收入差距最大，西部地区最小，中部地区及东北地区新生代农民工的绝对收入差距处于中间位置，这与各地区的经济发展状况相一致，即由于各地区受到不同经济增长速度、经济发展基数及物价水平等因素的影响，使得新生代农民工的区域内绝对收入差异呈现上述排序，这一结果清晰地反映了经济水平对区域收入差异的影响。而在相对区域差异分析中，东部地区和中部地区均显示了较大的区域内务工收入差异，其次为东北地区和西部地区，相对差异分析与绝对差异分析结果并不完全一致，因此仅仅以地区经济发展水平作为区域收入差异的解释原因是片面的，在经济发展水平的宏观因素背后，新生代农民工收入差异的产生还会受到多方面个体微观因素的影响。因此在微观层面上进一步进行各地区新生代农民工务工收入的影响因素比较分析，以此厘清各区域内收入差异产生的原因是十分必要的。

四、不同区域新生代农民工收入的影响因素分析

不同区域内新生代农民工收入的绝对差异和相对差异并不相同，为进一步透视差异产生的原因，本书将聚焦于新生代农民工个人微观层面的两大重要因素，即从人力资本和社会资本两个方面对其收入水平的影响因素进行深入分析。近年来，随着知识经济兴起，人力资本在收入中的决定性作用日益明显，而且，随着劳动者受教育程度差距的不断拉大，其收入水平之间的差距也会越来越明显。人力资本是劳动者质量的反映，是由凝聚在劳动者身上具有经济价值的技术、知识、能力、健康等素质所构成的。以往有很多研究证明了人力资本对收入提升的显著影响作用（苏群与周春芳，2005；张银与李燕萍，2010；王李，2012），还有一些学者则进一步探讨了人力资本的具体测量变量的影响作用，包括：教育、健康状况、工作经验、培训等（罗锋与黄丽，2011；Djomo & Sikod，2012；Hossain & Lamb，2012）。虽然，现有的研究成果为人力资本与新生代农民工务工收入之间的关系提供了理论依据，但值得指出的是，这些研究却忽略了在人力资本积累过程中的各项具体内容对个体收入提升情况的影响方式的差异可能带来的影响。

具体而言，人力资本对新生代农民工务工收入的影响应该体现在两个层面上。第一个层面体现为务工前及务工过程中原初性或自发性的人力资本积累，本书将其称为基础性人力资本，其中包括受教育水平、外出务工年限、健康水平等因素，这一层面的人力资本积累在新生代农民工进城务工之前已经完成，几乎不受后期文化消费和投资的影响，而且，在新生代农民工群体内部的差异并不显

著，基本上呈现出群体同一性的特征，对于新生代农民工收入的影响是具有群体稳定性的特点的。第二个层面的人力资本的积累则体现为一种能动性的投资和累积过程（Neagu，2012），是在新生代农民工进入城市之后，经由自主能动的教育型文化消费支出所形成的人力资本积累，本书将其称为拓展性人力资本，这一层次的人力资本在很大程度上会受到新生代农民工自我认知和自主学习意愿的影响，因此，在新生代农民工群体内部，这一层次的人力资本会呈现出很大的组内差异，此种差异同样会反映在务工收入上。

本书所考虑的另外一个重要的影响因素是社会资本，它是与群体成员相联系的现实资源与潜在资源的总和（Bourdieu，1983），这些资源可为群体成员个体所用，并借此为其行动提供支持。社会资本对个体收入的作用一直是学术界关注的重要议题。例如罗宾逊和西尔斯等（Robison & Siles et al.，2011）以1980年、1990年和2000年的美国统计数据为基础，实证检验了社会资本对美国家庭收入分配的重要影响（Robison & Siles et al.，2011），同时也有学者开始关注社会资本对收入不平等的影响（Ram，2013）。此外，国内还有学者针对低收入群体，探讨了社会资本与个体及家庭收入之间的关系，例如叶静怡与周晔馨（2010）以北京地区农民工为调查对象，探讨了社会资本转换对农民工收入的重要作用。周晔馨（2012）专门针对中国农户的社会资本和收入状况进行了实证检验，并指出资本欠缺和回报欠缺问题普遍存在于低收入农户中。目前已有不少学者开始关注新生代农民工社会资本的相关问题，尽管如此，多数研究还是集中于对新生代农民工社会资本与其市民化、社会融入及择业创业之间关系的探讨（郭维家与蒋晓平等，2008；罗竖元与李萍，2011；丁冬与傅晋华等，2013），而对于社会资本与新生代农民工务工收入之间关系的探讨并不多见，本书将基于大样本调查数据对二者的关系进行实证检验。

（一）模型和变量选取

收入水平的区域差异分析结果表明，不同区域内新生代农民工务工收入的绝对差异和相对差异并不相同。为进一步分析差异产生的原因，本书聚焦于新生代农民工个人层面，进行不同区域内新生代农民工收入水平的影响因素分析，主要采用拓展后的（Mincer）模型，将人力资本和社会资本测量指标纳入新生代农民工收入水平的影响因素分析框架中。该模型是分析人力资本私人收益率的经典模型，主要考察个人特征对收入的影响作用。同时，该模型在开展比较性研究方面也具有特殊意义。建立的模型如下：

$$\ln Y = \alpha_i + \beta_1 X_{1i} + \beta_2 X_{2i} + \beta_3 X_{3i} + \beta_4 X_{4i} + \beta_5 X_{5i} + \beta_6 X_{6i} + \beta_7 X_{7i} + \beta_8 X_{8i} + \beta_9 X_{9i} + \beta_{10} X_{10i} + \varepsilon_i$$

其中，Y 是新生代农民工的当前务工月收入，回归中对其作对数处理。X_1 到 X_7 是对人力资本项目的测量，本书在现有人力资本的测量方式基础上，将新生代农民工的人力资本积累分为两个层面，一是基础性人力资本，即务工前及务工过程中原初性或自发性的人力资本积累，包括年龄（X_1）、健康状况（X_2）、学历（X_3）、务工时间（X_4）四个项目；二是拓展性人力资本积累，即在新生代农民工进入城市之后，经由自主能动的学习、培训所形成的人力资本积累，包括新生代农民工在务工之后所习得的技能数（X_5）、达到的技术等级（X_6）和获得的资格证书数（X_7）。X_8 到 X_{10} 是对社会资本的测量，本书采用边燕杰（2005）的春节拜年网测量法，测量新生代农民工在春节时主动或被动通过电话、短信、上门拜年联系的人数（X_8），由此来了解新生代农民工所拥有的社会网络规模，这种测量方法在我国具有较好的适用性（王卫东，2009；尉建文与赵延东，2011）；同时我们调查新生代农民工具有当地户口的亲戚朋友数目（X_9）和具有外地户口的亲戚朋友数目（X_{10}）（叶静怡与周晔馨，2010），以此实现在地缘意义上对新生代农民工的社会资本积累状况及其作用方式的区分，从而更加全面地考察新生代农民工对社会资本的利用情况。

（二）回归结果分析

本书的重点在于检验不同地区新生代农民工的务工收入会受到哪些因素的影响，在建立影响因素的回归方程时，考虑到所选各项影响因素中很可能出现某一因素或某些因素随着解释变量观测值的变化会对新生代农民工的务工收入产生不同的影响（何晓群，2001），即导致回归模型中异方差现象的存在，其将会导致普通最小二乘法对参数估计的有效性大大降低，为了避免这种情况的出现，在本书的设计中，将优先对各影响因素进行残差图分析和等级相关系数的计算（孙晓素，2005），以此诊断异方差问题，并在此基础上运用加权最小二乘法对调研数据进行回归分析，以便更为准确地判断新生代农民工务工收入水平的影响因素及各因素的影响程度。

1. 东部地区新生代农民工务工月收入的影响因素分析

为了更加准确地检验各项因素对新生代农民工务工收入的影响，我们将预先检验模型中是否存在异方差问题。首先利用普通最小二乘法建立收入对数与人力资本和社会资本各项因素的回归方程，然后根据回归方程所得残差画出残差图，结果显示，经由普通最小二乘法估计后的残差明显地随 Y 的预测值及年龄（X_1）的增加而增加，说明回归方程中存在异方差问题。为进一步判别普通最小二乘法回归中是否存在异方差问题，我们在研究中计算了等级相关系数，即计算残差绝对值与各自变量的相关系数（见表1-4），并据此选择加权变量。

表1-4　　　　　等级相关系数（东部地区）

指标	X_1	X_2	X_3	X_4	X_5	X_6	X_7	X_8	X_9	X_{10}
Absε	0.091**	0.001	0.016	0.013	-0.060*	-0.051	-0.001	0.084**	-0.090**	0.041

注：** 表示在0.01的水平上显著，* 表示在0.05的水平上显著。
资料来源：本书整理。

由表1-4可见，残差的绝对值与X_1的相关系数最大（$\beta=0.091$，$P<0.01$），因此选择X_1，即新生代农民工的年龄作为加权变量来构造权函数，利用加权最小二乘法进行回归。

表1-5给出了利用加权最小二乘法进行回归分析的结果。这里使用加权最小二乘法回归模型，各项影响因素中健康、学历和当地户口亲友数对因变量不存在显著影响，其他各项因素均对东部地区新生代农民工的务工月收入有显著影响。具体而言，人力资本因素中，年龄的影响系数最高（$\beta_1=0.164$，$P<0.01$），务工时间的影响居第二位（$\beta_4=0.131$，$P<0.01$），第三为所获证书数目（$\beta_7=0.112$，$P<0.01$），之后依次为技术等级、技能数。学历、健康的影响不显著，这一结果异于以往研究，可能是基于两个原因。首先，由于新生代农民工群体的人均年龄在35岁以下，整体健康状况良好，内群体差异不大，因此健康的影响不显著。其次，因为新生代农民工的学历都是高中或中专及以下，受教育期间所学的内容均属于基础性知识，相比于技能、技术等级以及资格证书，学历对于收入无法起到直接影响，同时在东部地区，新生代农民工一般集中于加工制造行业，这类工作对于学历的要求不高，而早入行更利于技能的熟练和升级，如此才能获得更高的收入，因此学历没能起到预想中的显著作用。在社会资本的三个因素中，拜年人数对东部地区新生代农民工的务工月收入具有正向影响（$\beta_{10}=0.092$，$P<0.01$），这说明社会网络的宽度对于东部地区新生代农民工的务工收入具有提升作用；同时外地户口亲友数的正向作用显著（$\beta_9=0.076$，$P<0.05$），而当地户口亲友数的影响不显著（$\beta_8=0.005$，$P>0.05$），这很可能是因为具有外地户口的亲友能在务工过程中为新生代农民工提供更为直接的经验和技术支持，而在东部地区城市中，具有当地户口的亲友一般会有更多机会从事与新生代农民工不同层次的工作，这些人对于提升新生代农民工的务工收入缺乏直接性的帮助。

表 1-5　　　　　　　加权最小二乘法回归结果（东部地区）

指标	模型拟合		标准化系数		t
	调整后 R^2	F 值	B	标准误	
（常数）					58.896**
年龄（X_1）			0.164	0.029	5.763**
健康（X_2）			0.038	0.024	1.533
学历（X_3）			-0.067	0.025	-2.671
务工时间（X_4）			0.131	0.029	4.507**
技能数（X_5）	0.152	26.696***	0.068	0.027	2.485*
技术等级（X_6）			0.076	0.027	2.809**
证书数目（X_7）			0.112	0.028	4.059**
当地户口亲友数（X_8）			0.005	0.031	0.173
外地户口亲友数（X_9）			0.076	0.030	2.531*
拜年人数（X_{10}）			0.092	0.028	3.246**

注：*** 表示在 0.001 的水平上显著，** 表示在 0.01 的水平上显著，* 表示在 0.05 的水平上显著。

资料来源：本书整理。

总体而言，东部地区新生代农民工务工收入的影响因素中，在人力资本方面，年龄和务工时间两项基础性人力资本有显著作用，各拓展性人力资本项目均有显著影响；在社会资本方面，主要受拜年人数和外地户口亲友数的影响。以上诸多项目的影响表明新生代农民工个体间有较大的资本积累差异，这在很大程度上解释了东部地区相对收入差距的产生。其中学历的作用不显著，表明了当前东部地区农村基础教育的边际收益率低下，而拓展性人力资本是个体收入提升的关键因素，这有利于促进新生代农民工实现基于人力资本积累的职业向上流动。

2. 中部地区新生代农民工务工月收入的影响因素分析

首先针对中部地区的数据进行异方差诊断，画出残差图并计算等级相关系数（见表1-6）。残差图显示使用最小二乘法计算的残差值是随机分布的，并未呈现出一定的趋势，同时等级相关系数表显示各变量与残差的绝对值之间不存在显著的相关关系，这表明利用普通最小二乘法对中部地区的数据进行回归分析不存在异方差问题。

表1-6　　　　　　　　等级相关系数（中部地区）

指标	X_1	X_2	X_3	X_4	X_5	X_6	X_7	X_8	X_9	X_{10}
Absε	0.057	0.119	-0.006	0.087	0.065	-0.018	0.111	0.051	0.037	0.028

资料来源：本书整理。

由于中部地区数据不存在异方差问题，因此本书对中部地区的新生代农民工务工月收入的相关数据进行普通最小二乘法回归分析，回归结果见表1-7。

表1-7　　　　　　普通最小二乘法回归结果（中部地区）

指标	模型拟合		标准化系数	t
	调整后 R^2	F值	B	
（常数）				20.847**
年龄（X_1）			0.064	1.050
健康（X_2）			0.069	1.342
学历（X_3）			-0.039	-0.733
务工时间（X_4）			0.275	4.438**
技能数（X_5）	0.160	28.277**	0.129	2.406*
技术等级（X_6）			0.166	3.017**
证书数目（X_7）			0.159	2.920**
当地户口亲友数（X_8）			-0.063	-1.182
外地户口亲友数（X_9）			0.122	2.157*
拜年人数（X_{10}）			0.153	2.694**

注：** 表示在0.01的水平上显著，* 表示在0.05的水平上显著。
资料来源：本书整理。

回归分析结果表明，在人力资本各因素中，务工时间、技术等级、证书数目及技能数分别对中部地区新生代农民工的务工收入起到正向的影响，影响系数依次降低（$\beta_4 = 0.275$，$P < 0.01$；$\beta_6 = 0.166$，$P < 0.01$；$\beta_7 = 0.159$，$P < 0.01$；$\beta_5 = 0.129$，$P < 0.05$），其他人力资本项目作用不显著。这一结果一方面表明了拓展性人力资本对中部地区新生代农民工务工收入的重要意义，同时从这一结果也可以看出，中部地区新生代农民工的就业门槛较之东部地区要更高，就业机会并不充足，因此使得证书数目、技能数、技术等级成为获得高收

入务工机会的必要前提。在社会资本因素中,拜年人数和外地户口亲友数对中部地区新生代农民工的务工收入有显著的正向影响($\beta_{10} = 0.153$,$P < 0.01$;$\beta_9 = 0.122$,$P < 0.05$),而当地户口亲友数作用不显著,与东部地区具有相同的作用结果。

总体上说,中部地区新生代农民工的务工收入,在人力资本因素方面,主要受务工时间和拓展性人力资本因素的影响;在社会资本方面,中部地区同时受拜年人数和外地户口亲友数的影响。这一结果反映了中部地区的新生代农民工面临较高的就业门槛,就业机会不充足,中部地区的新生代农民工在务工后能否加大在人力资本上的自主投资,决定着其务工收入水平的高低,因此中部地区要重视新生代农民工拓展性人力资本的积累,以此跨过就业门槛,消除无技能上岗现象,并逐步实现工作类型的转变,凭借自身的人力资本进行自雇就业、返乡创业,以便应对就业机会不足的问题。同时,社会资本因素的显著影响是解释中部地区务工收入差异较大的重要原因,这显示了社会网络开拓与维系对提升收入的重要性。

3. 西部地区新生代农民工务工月收入的影响因素分析

同样,对西部地区的数据进行异方差诊断,画出残差图并计算等级相关系数(见表1-8)。残差图显示使用最小二乘法计算的残差值是随机分布的,并未呈现出一定的趋势,同时等级相关系数表显示各变量与残差的绝对值之间不存在显著的相关关系,这表明利用普通最小二乘法对西部地区的数据进行回归分析不存在异方差问题。

表1-8   等级相关系数(西部地区)

指标	X_1	X_2	X_3	X_4	X_5	X_6	X_7	X_8	X_9	X_{10}
Absε	-0.39	-0.026	0.054	-0.005	-0.008	-0.028	-0.002	-0.019	-0.078	0.082

资料来源:本书整理。

对西部地区数据采用普通最小二乘法进行回归,分析结果表明(见表1-9),在人力资本各因素中,务工时间、年龄、证书数目、技能数、健康状况及技术等级分别对西部地区新生代农民工的务工收入起到正向的影响($\beta_4 = 0.164$,$P < 0.01$;$\beta_1 = 0.160$,$P < 0.01$;$\beta_7 = 0.121$,$P < 0.01$;$\beta_5 = 0.117$,$P < 0.05$;$\beta_2 = 0.092$,$P < 0.05$;$\beta_6 = 0.089$,$P < 0.05$),唯有学历一项作用不显著,这可能是因为学历在西部地区新生代农民工群体内部的组内差异不大,被调查的对象当中,在西部地区务工的新生代农民工学历基本一致,因此对收入的影响并不显著。同时,健康状况的影响显著,说明西部地区新生代农民工用工单位的人员选

择中，健康状况是标准之一，这同时显露出西部地区新生代农民工的务工层次还比较低，体力劳动占比相对要大。在社会资本因素中，拜年人数和外地户口亲友数对西部地区新生代农民工的务工收入有显著的正向影响（$\beta_{10} = 0.149$，$P < 0.01$；$\beta_9 = 0.087$，$P < 0.05$），而当地户口亲友数作用不显著，这一结果与东部地区和中部地区的检验结果一致。

表1-9　　　　　　普通最小二乘法回归结果（西部地区）

指标	模型拟合		标准化系数	t
	调整后 R^2	F 值	B	
（常数）				37.886**
年龄（X_1）			0.160	3.343**
健康（X_2）			0.092	2.260*
学历（X_3）			0.050	1.154
务工时间（X_4）			0.164	3.370**
技能数（X_5）	0.233	15.414**	0.117	2.545*
技术等级（X_6）			0.089	1.995*
证书数目（X_7）			0.121	2.671**
当地户口亲友数（X_8）			0.008	0.184
外地户口亲友数（X_9）			0.087	1.993*
拜年人数（X_{10}）			0.149	3.306**

注：** 表示在0.01的水平上显著，* 表示在0.05的水平上显著。
资料来源：本书整理。

综上所述，西部地区新生代农民工的务工收入，在人力资本因素方面，基础性人力资本对务工收入有很大的影响，而拓展性人力资本的影响相对较小；在社会资本方面，务工收入主要受拜年人数和外地户口亲友数的影响。这一结果表明西部地区新生代农民工务工收入的差异在很大程度上还依赖于原初性、自发性的人力资本积累，而基础性人力资本在新生代农民工个体间的差异并不会太大，这在一定程度上可以解释西部地区务工收入相对差异最小的原因。另外，西部地区新生代农民工的拓展性人力资本尽管影响显著，但并非决定收入分层的最主要因素，整体的人力资本积累水平还很低，这会影响到整个地区内个体收入提升的水平高低和机会多寡,因此加强拓展性人力资本的积累,重视新生代农民工作类型的"去体力化"和"去农民工化",是西部地区在人力资本开发方面的重要内容。

4. 东北地区新生代农民工务工月收入的影响因素分析

对东北地区的数据进行回归方程的诊断,画出残差图并计算等级相关系数(见表1-10)。分析结果显示,残差明显地随Y的预测值及年龄(X_1)的增加而增加,说明存在异方差问题。同时,等级相关系数计算结果显示残差的绝对值与年龄X_1的相关系数最大($\beta = 0.090$,$P < 0.001$),因此选择X_1,即新生代农民工的年龄作为权重变量构造权函数,使用加权最小二乘法进行回归。

表1-10　　　　　等级相关系数(东北地区)

指标	X_1	X_2	X_3	X_4	X_5	X_6	X_7	X_8	X_9	X_{10}
Absε	0.090**	-0.003	-0.007	0.024	0.035	0.019	0.042	0.061*	0.033	0.005

注:**表示在0.01的水平上显著,*表示在0.05的水平上显著。
资料来源:本书整理。

表1-11给出了利用加权最小二乘法进行回归的分析结果。在人力资本各因素中,务工时间、年龄、技术等级、技能数、健康状况分别对东北地区新生代农民工的务工收入起到正向的影响($\beta_4 = 0.159$,$P < 0.01$;$\beta_1 = 0.145$,$P < 0.01$;$\beta_6 = 0.106$,$P < 0.01$;$\beta_5 = 0.091$,$P < 0.01$;$\beta_2 = 0.091$,$P < 0.01$),学历与证书数目的作用不显著,这表明学历和资格证书并没有对东北地区的新生代农民工形成就业门槛,他们的收入水平更加取决于务工经验、技能等级等实操性的人力资本积累。在社会资本因素中,拜年人数和当地户口亲友数对东北地区新生代农民工的务工收入有显著的正向影响($\beta_{10} = 0.089$,$P < 0.01$;$\beta_7 = 0.062$,$P < 0.05$),而外地户口亲友数作用不显著,这一结果和其他三地的实证结果有很大不同,主要是因为在东北地区的文化中,人们更为看重基于地缘意识形成的社会关系,认同"远亲不如近邻",依赖"近邻"并同时为近邻提供"依赖",因此,在这样的文化氛围中,新生代农民工可以从这些社会关系的经营和积累中受益,并最终反映在自身收入的提升上。而对外地户口社会关系并没有给予足够的重视,因此对务工收入的影响并不显著。

表 1 – 11　　　　　　　加权最小二乘法回归结果（东北地区）

指标	模型拟合		标准化系数		t
	调整后 R^2	F 值	B	标准误	
（常数）					59.59**
年龄（X_1）			0.145	0.025	5.770**
健康（X_2）			0.091	0.023	4.033**
学历（X_3）			-0.005	0.023	-0.234
务工时间（X_4）			0.159	0.025	6.337**
技能数（X_5）	0.140	29.669***	0.091	0.024	3.739**
技术等级（X_6）			0.106	0.024	4.427**
证书数目（X_7）			0.047	0.024	1.930
当地户口亲友数（X_8）			0.062	0.023	2.672*
外地户口亲友数（X_9）			0.013	0.027	0.500
拜年人数（X_{10}）			0.089	0.027	3.300**

注：*** 表示在 0.001 的水平上显著，** 表示在 0.01 的水平上显著，* 表示在 0.05 的水平上显著。

资料来源：本书整理。

总体而言，东北地区新生代农民工的务工收入，在人力资本因素方面，主要受到基础性人力资本的影响，同时技能数和技术等级的影响显著；在社会资本方面，主要受拜年人数和当地户口亲友数的影响。其中，常用于表示人力资本的学历和资格证书并没有对东北地区的新生代农民工形成就业门槛，东北地区新生代农民工的收入水平更加取决于务工经验、技能等级等实操性的人力资本积累，一方面体现了东北地区相对宽松的就业门槛限制，另一方面也在一定程度上反映出东北地区劳动力市场还欠发达、规模尚不足的现状，因此从短期看，东北地区应该侧重新生代农民工务工经验的积累和技术等级的提升，但长远来讲还要从全方位进行人力资本开发。另外，东北地区新生代农民工对社会资本因素的重视呈现出与其他三个地区不同的结果，主要是受到了地域文化的影响，社会资本的积累呈现出独特的区域特征，但是积累的水平和利用率低下，还有待进一步的开拓和利用。

综上所述，通过分析新生代农民工收入水平的区域绝对差异和相对差异，并具体探讨各区域人力资本与社会资本因素对收入的不同影响，得出如下结论：

不同区域内新生代农民工的收入水平存在差异。一方面，这种差异体现在区域内的收入绝对差异上，各区域的经济水平和发展状况可以为绝对差异提供解释，不同地域的区位特点、开放程度、产业政策及市场运作机制是造成区域收入绝对差异的宏观原因；另一方面，在控制地区发展基数后，不同区域内新生代农民工的收入水平仍存在显著的相对差异，这主要根源于不同个体的资本积累差异。我国新生代农民工的人力资本与社会资本存在现实的区域差异，进而导致了务工收入的区域差异。在人力资本方面，农村基础教育的边际收益率还很低下，拓展性人力资本是解释东部地区和中部地区收入差异较大的主要原因，也是个体收入提升的关键因素，而西部地区和东北地区新生代农民工的收入还主要决定于基础性人力资本，资本积累的水平还很低。总体来看，与社会资本相比，人力资本对新生代农民工的务工收入有更大的影响，这一点不同于主要依赖社会资本就业的第一代农民工（赵耀辉，1997；张新岭等，2007），社会资本积累的水平有助于解释中部地区较高的相对收入差异，但大多数地区新生代农民工对社会资本的积累和利用水平都还很低。

第三节　新生代农民工不同行业的收入差异状况与制约因素

伴随着我国工业化、城市化进程的快速发展，大批农村剩余劳动力已经涌入城市，形成了在我国劳动力系统中必不可少的一个特殊群体——农民工，这是我国社会转型期出现的一个具有中国特色的特殊群体，他们盖起了城市星罗棋布的高楼大厦，建设了城乡之间纵横交错的道路桥梁，制造了畅销海内外的优质产品，支撑了城市基本的生活服务。可以说，农民工是改革开放以来不可忽视的新型劳动大军。而随着时间的迁移，农民工内部也出现了代际分化，新生代农民工正在逐渐地取代第一代农民工，成为中国工业化进程中的一个不可或缺的组成部分。

一、研究背景与研究设计

有关农民工收入影响因素的研究一直以来都是学术界的热点话题。有学者从微观影响因素入手，研究发现农民工的户口状况、年龄、在本岗位的时间、经验、文化程度、企业的所有权形式以及合同有效期长度等均对其收入有显著影响（卢志刚与宋顺锋，2006）；随后，又有学者从人力资本入手探究了人力资本与农民工收入之间的关系,研究发现文化程度、培训及打工时间等因素会显著影响农民工的收入水平(刘林平与张春泥,2007);除此之外,也有学者认为农民工的社会资本对其收入的作用更为显著(赵延东,2002;赵延东与王奋宇,2002)。然后,从对以往研究成果的追溯中,我们不难发现目前研究所存在的一些空白点:(1)以往对农民工收入影响因素的研究多数是以农民工整个群体作为研究对象,极少有研究会针对新生代农民工这个特殊群体进行单独的分析;(2)大多数的研究聚焦于农民工的整体平均水平来阐释农民工收入的影响因素,却很少关注不同行业之间的收入差距并进行比较。竞争性劳动力市场理论认为由于市场对该行业产品的需求程度,以及该行业的劳动复杂程度、工作强度、工作环境等非货币特征的不同所致,不同行业的收入水平及其影响因素当然会存在着一定的差异。因此,对影响不同行业新生代农民工收入主要因素的差异研究也就显得尤为重要。只有准确把握不同行业收入差异的成因,才能全面地了解新生代农民工的收入状况,这对探讨提升新生代农民工收入水平的途径有着重要的理论意义和实践指导价值。

本书通过组织大规模的问卷调查获得了关于新生代农民工务工收入的第一手资料。调研数据覆盖了全国31个省区市的198座城市,共发放问卷5 000份,回收问卷4 575份,其中有效问卷4 268份,有效率为93.3%(其具体的描述性统计信息见表1-1)。研究采用SPSS18.0分析软件对数据进行实证分析和检验,先后对新生代农民工收入水平进行行业的差异比较以及收入影响因素的行业差异分析,旨在对新生代农民工的收入状况进行更为科学系统地探讨,进而提出提升新生代农民工务工收入的政策建议。

与收入的区域差异研究相类似,为了全面系统地反映新生代农民工收入的行业差异现状,本书对绝对行业差异和相对行业差异两项指标进行了剖析与阐释。绝对行业差异指标反映的是行业内收入等级水平的差异,即直观地反映不同行业内新生代农民工收入水平的差距。这一指标在很大程度上会受到行业的发展规模以及成熟度的影响,因此,在进行行业差异比较时,很容易掩盖微观层次上个体因素的影响。而相对行业差距指标则可以弥补这一缺点,它反映的是行业内收入的增长差异,体现了内在性的行业收入差异,其变动趋势并不直接受到各行业原有收入发展基数的影响。具体涉及的指标如下:首先,本书计算各行业新生代农民工收入水平的极差、标准差及平均差,以此来分析新生代农民工收入水平的绝对行业差异;其次,计算各行业新生代农民工收入水平的相对平均离差、极值差率、极均值差率、相对差距系数、变异系数、对数变异系数,以此来反映新生代农民工收入水平的相对行业差异。

二、新生代农民工行业收入水平的绝对差异分析

本书主要是在《中国统计年鉴》中所规定的行业划分标准基础上,结合新生代农民工目前的行业分布情况,对本次调研对象所在行业进行了划分,主要选择了最具典型性且人数较为集中的五大行业作为本书所考察的重点,包括餐饮住宿、建筑业、制造业、批发零售业、家政环卫业,并分别对分布在这五个不同行业内的新生代农民工务工收入的影响因素进行分析。我们主要参考了如下几个指标:

极差,$R = Y_{max} - Y_{min}$,即总体单位变量中,最大值与最小值间的离差,此变量可用来说明变量的变动幅度和范围,在本书中即指调研所涉及的不同行业内新生代农民工群体中,最高收入与最低收入间的差距。

标准差,$s = \sqrt{\dfrac{\sum_j (y_j - \bar{y})^2}{N}}$,用以反映各行业新生代农民工的收入水平与行业调研样本总体均值的偏离程度,标准差越大,说明行业内新生代农民工收入水平的绝对差异越大。

平均差,$D = \dfrac{\sum_i^n |y_j - \bar{y}|}{n}$,是用以表示不同行业内收入水平与平均收入水平离差的期望值,平均差越大,意味着不同行业内新生代农民工的收入水平的分布愈分散,那么存在的差距就越大。

从本次调研的分析结果来看(见表 1-12),建筑业新生代农民工收入水平的极差最大,即其最高收入与最低收入间的差距最大,可达 99 700 元,批发零售收入极差最低,为 14 700 元,家政环卫、餐饮住宿、制造业分居第二、第三、第四位。同时,不同行业新生代农民工收入标准差计算结果显示,家政环卫业的标准差最高,达到 4 672.41;制造业最低,标准差为 1 935.36,而建筑业、批发零售、餐饮住宿分居第二、第三、第四位,这样就是说,家政环卫业的新生代农民工收入水平的绝对差异最大,而制造业的新生代农民工收入水平的绝对差异最小。此外,揭示收入水平分散程度的平均差的分析结果则显示,批发零售行业的平均差最高,值为 1 470.90,制造业的平均差最低,值为 978.95,建筑业、家政环卫业、餐饮住宿分别居于第二、第三、第四位。

表1-12　　新生代农民工收入水平的绝对行业差异分析结果

指标	指标	餐饮住宿	建筑业	制造业	批发零售业	家政环卫业
绝对差异	极差（元）	49 800	99 700	34 200	14 700	79 800
	标准差	2 112.67	4 194.35	1 935.36	2 141.44	4 672.41
	平均差	1 003.64	1 423.16	978.95	1 470.62	1 143.11

资料来源：本书整理。

三、新生代农民工行业收入水平的相对差异分析

为了控制行业发展规模和行业成熟度对收入水平所产生的组内差异的影响，本书进一步考虑一系列可能会对新生代农民工收入水平的行业差异产生影响的微观因素，并在绝对行业差异比较之后进行了新生代农民工收入的相对行业差异指标分析。具体的指标情况如下：

相对平均离差，$Dr = \frac{1}{n} \sum_{i=1}^{n} \left| \frac{y_i - \bar{y}}{\bar{y}} \right|$，即行业内收入水平与收入均值的离差与平均收入水平之比的期望值，用以表示不同行业内收入水平的相对分散情况。

极值差率，$Ir = \frac{y_{max}}{y_{min}}$，是指特定经济指标的最大值与最小值之间的比率，在本书中则表示的是不同行业中最高收入与最低收入间的比率，用以反映不同行业内相对差异的最大变动幅度。

极均值差率，$Irm = \frac{y_{max}}{\bar{y}}$ 或者 $Irm = \frac{\bar{y}}{y_{min}}$，是指特定经济指标最大值与均值的比率或者是均值与最小值间的比率，在本书中用来反映不同行业内新生代农民工的收入偏离整体平均值的程度。

相对差距系数，$Ivr = \left(1 - \frac{y_{max}}{y_{min}}\right) \times 100\%$，是根据极值差率而计算得到的测量指标。Ivr取值为0~100之间，数值越大，表明新生代农民工所在行业内收入水平的内在偏差越大。

变异系数：$CV = \frac{\sqrt{\frac{1}{n} \sum_{i=1}^{n} (y_i - \bar{y})^2}}{\bar{y}}$，即在标准差的基础上而计算得到的一个比值，即某一行业内新生代农民工收入水平与其他不同行业内新生代农民工收入水平的均值之比。

对数变异系数：$CVln = \dfrac{\sqrt{\dfrac{1}{n}\sum_{i=1}^{n}(lny_i - \overline{lny})^2}}{\overline{y}}$，即在变异系数基础上，对新生代农民工务工收入进行对数转换，以此来强调不同行业内低收入新生代农民工群体和低收入行业收入转移的重要性。

从本次调研数据的分析结果来看（见表1-13），第一，批发零售行业的相对平均离差最大，家政环卫行业次之、制造业最小，这说明批发零售行业内的新生代农民工收入水平相对分散程度最大。第二，家政环卫行业的极值差率最大，批发零售业最低，这反映的是家政环卫行业内新生代农民工收入的相对差异变动幅度最大。第三，家政环卫行业的极均值差率最高，批发零售行业最低，也就是说家政环卫行业内新生代农民工的收入偏离平均值的程度最大。第四，家政环卫行业的相对差距系数最大，批发零售行业最低，这说明新生代农民工收入水平在家政环卫行业内偏差最大。第五，变异系数和对数变异系数两项指标的分析结果表明批发零售行业内新生代农民工的收入相对差异更大。

表1-13　新生代农民工收入水平的相对行业相异分析结果

项目	指标	餐饮住宿	建筑业	制造业	批发零售	家政环卫
相对差异	相对平均离差	0.3871	0.3859	0.3297	0.4809	0.4114
	极值差率	250	333.33	172	50	400
	极均值差率	19.29	27.11	11.59	4.91	28.79
		12.96	12.29	14.85	10.19	13.89
	相对差距系数（%）	99.60	99.70	99.42	98.00	99.75
	变异系数	0.81489	1.1373	0.6518	0.7003	1.6817
	对数变异系数	0.4756	0.5249	0.4860	0.6184	0.5388
	基尼系数	0.2673	0.2757	0.2416	0.3339	0.2980

资料来源：本书整理。

总体上看，行业绝对差异分析结果与行业相对差异分析结果的确存在着一定的差异。具体来讲，在绝对差异分析中，各行业在不同指标上所反映的差距不尽相同；同时，在相对差异分析中，批发零售业和家政服务业的行业内差异比较大。行业收入差异结果的不稳定性表明不同行业内新生代农民工的收入水平受到的影响因素及影响程度会存在差异，因此本书将进一步对不同行业新生代农民工收入水平的影响因素进行分析和比较。

四、不同行业新生代农民工收入的影响因素分析

综上分析可知,不同行业中新生代农民工的收入状况具有显著差异,接下来采用回归模型的方式,进一步阐明这些差异产生的具体原因。

(一)变量测量

基于本书的研究主题,即对不同行业内的新生代农民工收入状况及其影响因素进行比较,本书拟采用与区域分析中相类似的方式,将人力资本和社会资本测量指标纳入新生代农民工收入水平的影响因素分析框架中。即将人力资本积累分为两个层面,一是包含年龄、受教育水平、健康水平以及外出务工年限的基础性人力资本,二是包含新生代农民工在务工之后所习得的技能数、达到的技术等级以及获得的资格证书数的拓展性人力资本。同时采用边燕杰(2004)的春节拜年网测量法对新生代农民工的社会资本进行测量,具体包括在春节时主动或被动通过电话、短信、上门拜年联系的人数,以及具有的当地户口的亲戚和朋友数和具有的外地户口的亲戚和朋友数目。相关变量的含义及描述见表1-14。

表1-14　　　　　　　　变量定义与描述统计

变量名称	变量定义	平均值	标准差
月收入	月收入(元),填写实际数字	3 014.93	3 098.955
性别	男=1,女=2	1.41	0.492
年龄	实际年龄(周岁)	24.26	4.146
受教育水平	1=小学及以下,2=初中,3=高中或中专	2.35	0.627
健康水平	1=很差,2=较差,3=一般,4=比较健康,5=很健康	4.50	0.687
务工年限	初次外出务工至今的实际务工年数(年)	4.42	3.151
技能数	拥有几项技能(项)	1.00	0.906
技术等级	1=没有等级,2=初级,3=中级,4=高级	2.01	0.912
资格证书数	所获得的证书数目(个)	0.46	0.823
拜年人数	春节期间,通过发短信、打电话或上门拜年的人数(人)	34.95	50.231

续表

变量名称	变量定义	平均值	标准差
当地户口亲友数	在务工地,具有当地户口的同学、亲戚和朋友人数(人)	10.82	30.463
外地户口亲友数	在务工地,具有外地户口的同学、亲戚和朋友人数(人)	13.56	34.471

资料来源:本书整理。

(二) 回归模型的构建

对于影响新生代农民工收入水平的因素的回归模型的构建,采用拓展后的 Mincer 模型,将具体的人力资本和社会资本测量指标纳入新生代农民工收入水平的影响因素分析框架中。

本书对新生代农民工务工月收入进行了取对数处理,然后依据拓展后的 Mincer 模型,利用普通最小二乘法建立收入对数与人力资本和社会资本各项因素的回归方程,即:

$$\ln Y_i = \alpha_i + \beta_1 X_{1i} + \beta_2 X_{2i} + \beta_3 X_{3i} + \beta_4 X_{4i} + \beta_5 X_{5i} + \beta_6 X_{6i} + \beta_7 X_{7i} + \beta_8 X_{8i} + \beta_9 X_{9i} + \beta_{10} X_{10i} + \varepsilon_i$$

其中,Y 是月收入,X_1 是年龄,X_2 是健康情况,X_3 是受教育年限(学历),X_4 是务工时间,X_5 是技能数,X_6 是技能等级,X_7 是证书数目,X_8 是拜年人数,X_9 是具有当地户口的亲友数,X_{10} 是具有外地户口的亲友数。本书的研究重点在于检验不同行业新生代农民工的务工收入会受到哪些因素的影响,在建立影响因素的回归方程时,考虑到所选各项影响因素中很可能出现某一因素或某些因素随着解释变量观测值的变化而对新生代农民工的务工收入产生不同的影响(何晓群与刘文卿,2006),即很有可能导致回归模型中异方差现象的出现。因此,本书优先对各影响因素进行残差图分析和等级相关系数的计算(孙小素,2005),数据结果显示,本书模型并不存在异方差问题,可以直接采用普通最小二乘法对回归模型进行估计。同时,本书还对自变量进行了相关系数检验以及多重共线性容忍度和方差膨胀因子检验,具体结果显示,容忍度最小值为 0.487 大于 0.2,同时方差膨胀因子(VIF)的最大值为 2.052 小于 5,由此我们可以判定本回归方程不存在共线性问题。在确保回归模型理性的基础上,我们下面将对新生代农民工收入的行业差异进行实证检验。

(三) 实证分析与讨论

本书通过拓展后 Mincer 模型对五大行业内的新生代农民工务工收入的影响因

素进行了分析，分别检验了基础性人力资本、拓展性人力资本和社会资本三个因素对不同行业新生代农民工务工收入的影响作用。实证结果显示（见表1-15），在不同行业内务工的新生代农民工，其收入水平受到的影响是来自不同方面的，这种特点在很大程度上与各个行业的发展特点以及对务工人员胜任条件的要求差异有着明显的关联性。下面将具体阐释不同行业内的数据分析结果。

表1-15　新生代农民工收入影响因素的回归分析结果

自变量	餐饮住宿	制造业	家政环卫	建筑业	批发零售
年龄（X_1）	0.060 (1.893)	0.109* (2.056)	0.088 (1.312)	0.009 (0.214)	0.098 (1.618)
健康（X_2）	0.034 (1.193)	0.058 (1.231)	0.147* (2.356)	0.104*** (2.755)	0.111* (2.075)
学历（X_3）	0.028 (1.002)	0.030 (0.612)	0.010 (0.167)	0.034 (0.892)	0.032 (0.574)
务工时间（X_4）	0.194*** (5.980)	0.085 (1.601)	0.099 (1.520)	0.175*** (4.152)	0.158* (2.550)
技能数（X_5）	0.105*** (3.424)	0.064 (1.256)	0.020 (0.293)	0.093* (2.346)	0.025 (0.445)
技术等级（X_6）	0.223*** (7.186)	0.136** (2.738)	0.010 (0.157)	0.108** (2.732)	0.007 (0.127)
证书数目（X_7）	0.077*** (2.548)	0.113* (2.162)	0.130 (0.051)	0.086* (2.141)	0.058 (1.001)
拜年人数（X_8）	0.041 (1.021)	0.040 (0.832)	0.033 (0.413)	0.219*** (5.469)	0.366*** (3.633)
当地户口亲友数（X_9）	0.136*** (4.459)	0.024 (0.419)	0.151* (2.758)	0.138* (2.313)	0.148* (2.242)
外地户口亲友数（X_{10}）	0.050 (1.311)	0.021 (0.361)	0.040 (0.566)	0.118* (2.469)	0.115 (1.065)
R^2	0.239	0.103	0.161	0.144	0.275
调整后 R^2	0.231	0.082	0.147	0.131	0.248
F 值	30.788***	4.923***	10.761***	10.743***	10.183***

注：括号内为 t 值，显著性符号 * 表示 $P<0.05$，** 表示 $P<0.01$，*** 表示 $P<0.001$。
资料来源：本书整理。

1. 餐饮住宿行业新生代农民工务工收入影响因素的特点

在基础性人力资本因素中，务工时间对餐饮住宿行业内新生代农民工务工收入的影响显著（β=0.194，P<0.001），且影响最大，而年龄、健康和学历的影响均不显著，这一结果与以往对更为宽泛的研究群体——农民工收入的研究结论不甚相同。对此，本书认为，首先，由于新生代农民工群体的年龄均在32岁以下，整体健康状况良好，组内群体差异不大，因此，年龄和健康对收入的影响并不显著；其次，因为新生代农民工的学历都是高中或中专及以下，受教育期间所学的内容均属于基础性知识，而一般在餐饮住宿业务工的新生代农民工多从事于简单的服务工作，对学历的要求并不高，因此学历对于收入无法起到直接影响，反而是工作经验的积累，能够显著提高务工收入。拓展性人力资本因素中的技能数、技术等级、资格证书数对收入均有显著影响（β=0.105，P<0.001；β=0.223，P<0.001；β=0.077，P<0.001），这主要是因为在餐饮行业中有些岗位的就业门槛较高，比如厨师，技术等级以及证书数目自然成为决定收入高低的主要因素。在社会资本因素中，只有具有当地户口的亲友数这一影响因素的作用显著（β=0.136，P<0.001），这一结果很可能是因为具有当地户口的亲友一般会从事更高层次的工作，为其提供更多的工作机会和技术支持。

2. 制造业行业新生代农民工务工收入影响因素的特点

制造业的数据分析结果表明，在基础性人力资本因素中，只有年龄对制造业新生代农民工的收入影响显著（β=0.109，P<0.05），其他并不显著；而在拓展性人力资本因素中，技术等级和证书数目对新生代农民工的收入影响作用显著（β=0.136，P<0.01；β=0.113，P<0.05），而所拥有技能数的作用并不显著。产生这一结果的原因可能是在制造行业内务工的新生代农民工多为车间工人和基础性的技工，这些工种对员工的技术素质要求较高，于是技术等级和证书对于收入的影响尤为突出；与此同时，该行业内的一般工作多为单一专项性技术，对员工所能掌握技能数量的多少要求并不高，通常情况下，只要能够在某一项工作技能上获得较高等级的认证，就可以相应地获得较高的收入。这也佐证了拓展性人力资本对制造行业内新生代农民工务工收入的重要意义。此外，社会资本对收入的影响作用并不显著，也就是说社会网络以及人脉关系在这一行业中对新生代农民工的收入影响作用较弱。

3. 家政环卫行业新生代农民工务工收入影响因素的特点

在人力资本因素中，只有健康程度对收入的影响作用显著（β=0.147，P<0.05），其他影响因素的作用均不显著。家政环卫行业中多数务工者需要入户服务，同时，还有部分工作需要高空作业，比如擦玻璃，因此个人健康与安全问题是雇主首要考虑的问题。身体健康的员工更加容易获得更多的工作机会，同时，

也更有把握完成难度较高或者较为危险的工作，于是，他们的收入自然相对较高。此外，因为该行业内新生代农民工群体组内差异不大，于是年龄、学历以及务工年限对收入的影响作用并不显著。在社会资本因素中，具有当地户口的亲友数对收入的影响作用显著（$\beta = 0.151$，$P < 0.05$），主要是因为这些亲友在当地具有相当数量的社交网络，可以为其提供更多的业务机会以及社会资源的支持。家政环卫行业就业门槛较低，对学历以及技术素质要求不高，这也是为什么拓展性人力资本因素对收入的影响作用均不像预想中那么显著。

4. 建筑业行业新生代农民工务工收入影响因素的特点

基础性人力资本因素的检验结果显示，只有健康状况和务工时间对收入的影响作用显著（$\beta = 0.104$，$P < 0.01$；$\beta = 0.175$，$P < 0.001$），这主要是由于在建筑行业内大部分工作属于纯粹的体力劳动，于是，该行业对务工人员的身体素质要求更高，同时，有一些业务能力还需要长期的经验积累并在熟练过程中不断提升。年龄和学历对收入的影响作用不显著主要是由该行业内新生代农民工群体的组内差异不大所导致的。当然，值得注意的是建筑行业内还有相当一部分工作对技能要求是非常高的，比如：电工、瓦匠、木工以及吊车司机等，因此，拓展性人力资本因素中拥有的技能数、技术等级以及资格证书数目对该行业内的新生代农民工收入均具有显著的影响作用（$\beta = 0.093$，$P < 0.05$；$\beta = 0.108$，$P < 0.01$；$\beta = 0.086$，$P < 0.05$），所拥有的技能数和证书数目越多，技术等级越高，其收入自然越高。此外，社会资本因素中的具有当地户口亲友数、外地户口亲友数以及拜年人数对收入的影响作用均显著（$\beta = 0.138$，$P < 0.05$；$\beta = 0.118$，$P < 0.05$；$\beta = 0.219$，$P < 0.001$），其中拜年人数的影响系数最大，也就是说社会网络的广度对于在建筑行业务工的新生代农民工收入具有较为显著的提升作用。

5. 批发零售行业新生代农民工务工收入影响因素的特点

在批发零售行业内务工的新生代农民工多以"跑销售"为主，这一工作的关键就在于客户源的积累，因此，务工时间对其收入的影响作用十分显著（$\beta = 0.158$，$P < 0.05$）。同时，健康状况对收入的影响作用也显著（$\beta = 0.111$，$P < 0.05$），而其他两个基础性人力资本的作用并不显著。在这一行业内拓展性人力资本因素对收入的影响作用均不显著，这一结果很可能是因为这一行业的就业门槛较低，并没有相关的技术要求，很少有相关的资格认证要求。此外，社会资本因素中的当地户口亲友数和拜年人数的作用显著（$\beta = 0.148$，$P < 0.05$；$\beta = 0.336$，$P < 0.001$），但是，外地人口的亲友数并无显著的影响作用，这也许是因为外地户口的亲友在当地的人脉关系网络相对较窄，能为其提供的直接性帮助和支持较少。

以上以新生代农民工为研究对象，关注其收入状况及收入的影响因素，通过对新生代农民工收入水平的行业绝对差异和相对差异分析，以及对各行业内人力资本与社会资本因素对收入不同影响作用的探讨与实证检验，得到了如下结论：

不同行业内新生代农民工的收入水平存在一定的差异，具体来讲，既有绝对差异也有相对差异。一方面，不同行业内的收入存在绝对差异是一种符合逻辑的差异，行业的发展成熟度、利润空间以及技能要求的不同可以为绝对差异提供解释，同时，工种的差异导致务工人员所付出的努力、工作经验的积累、前期学习投入等因素对其收入影响的重要程度不同，这是造成行业绝对收入差异的微观原因；另一方面，在控制行业发展规模和成熟度后，不同行业内的新生代农民工收入水平仍存在显著的相对差异，这主要根源于不同个体的资本积累差异。我国不同行业内新生代农民工的人力资本与社会资本存在现实的差异，进而导致其务工收入的行业差异。在人力资本方面，农村基础教育的边际收益率还很低下，拓展性人力资本是解释餐饮住宿行业和制造业收入差异较大的主要原因，也是个体收入提升的关键因素，而家政行业和建筑业内新生代农民工的收入还主要决定于基础性人力资本，资本积累的水平还很低，此外，零售行业内的新生代农民收入差异主要还是来源于社会资本的差异。总体来看，与主要依赖社会资本就业的第一代农民工不同，新生代农民工的收入都在一定程度上会受到人力资本和社会资本的影响，只是具体的关键性作用因素会有所差异。

第二章

新生代农民工收入的提升路径研究

第一节 研究问题的提出

传统的农民收入结构中，人均纯收入包括工资性收入、转移性收入、财产性收入、家庭经营纯收入。在来源上，农民收入可分为农业收入和非农业收入，而农民的收入构成中，主要以农业收入为主，甚至完全没有非农业收入。而从农民到农民工的转变，使得这一结构发生了相当大的变化。农民工在从事农业生产的同时，还要外出打工，其非农收入是全部收入的重要构成部分，而这也是第一代农民工的收入构成的主要特点，即收入中农业收入和非农业收入均占有非常重要的地位。

然而在新生代农民工的收入构成上，则呈现完全不同的构成比例，因为新生代农民工一般不再参与农业生产，他们大多从走出校门开始，就直接进入城市务工，基本上少有甚至没有务农经验，而且新生代农民工的劳动力转移也基本上完全属于异地转移，非季节性转移，因此，他们的收入结构中，仅仅为非农收入一项，结构单一，因此所致的风险也相对较大，一旦城市务工没有保障，那么新生代农民工会面会比第一代农民工面临更大的生活困难。

在市场经济条件下，工资水平的高低不是由政府或某个部门控制的，而是由整个市场决定的。我国存在着大量的农业剩余劳动力，源源不断的进城农民工，与城市工业部门生产所需的劳动力数量相比较，从总量上来看，二者严重失衡。由于劳动力供给量，远远高于劳动力需求量，新生代农民工完全居于弱势地位。因此，即使工资水平不变甚至下降，只要不低于新生代农民工的预期工资水平，仍然会有新生代农民工接受该工资水平，提供相应的劳务。

而由以上的研究结论可知，地区发展水平是制约新生代农民工收入水平提升的一个重要原因。我国幅员辽阔，地域广大，经济条件和自然条件复杂，各地经济文化发展很不均衡。由于这种外部区域条件的不同，使得务工在不同地区的新生代农民工的收入也呈现出明显的区域差异。同时，新生代农民工收入增长率的地区差异可能与该地区生产总值增长率的差异以及各地区对待农民工的政策有关。

除了外在的宏观市场环境以及地区发展水平之外，人力资本也是新生代农民工收入水平的影响因素，而且在大多数情况下是最重要的影响因素。特别是在现行宏观环境和制度体制下，在外在因素无法在短时间内得到改变的情况下，人力资本积累的多少，是制约新生代农民工收入水平增长的最重要因素。人力资本的积累过程是新生代农民工自身素质不断提高的过程，随着人力资本的不断积累，新生代农民工的各方面素质也随之逐渐提高。而素质的提高，也意味着他们可以有更多的机会参与到更为高层次的社会生产中来。人力资本的积累可以为新生代农民工带来更多的机会接受新信息、学习新知识、新技能，从而获得更多机会获得更加有价值、知识性技术性更强、收入更高的工作。传统人力资本理论认为，影响收入的因素有性别、年龄、受教育水平、签订劳动合同和就业时间，等等，本书将从包括上述因素在内的人力资本相关因素，来具体分析新生代农民工收入及其增长的相关问题。

此外，社会资本作为影响个体事业发展的重要因素，同样可能影响着新生代农民工的收入水平。新生代农民工通过自身的社会资本，拓展自己的交际圈，从而获得更多的就业信息和就业机会，同时通过与不同群体内的个体之间的交流，提升自身的自我修养，开阔眼界和思维，为进一步的工作积累更多的资本。

总之，新生代农民工的收入的制约因素是多方面的，既有制度方面的约束，也有新生代农民工自身的因素；既有宏观环境方面的约束，也有微观用人单位方面的因素。因此，要想帮助新生代农民工提高其收入水平，必须多管齐下，方可得到预期的效果。在现行宏观环境和制度体制下，诸多的外在因素无法在短时间内得到改变，新生代农民工自身因素人力资本积累的多少，便成为制约新生代农民工收入水平增长的最重要因素，而新生代农民工人力资本价值成为提升其工资水平的关键之所在。

第二节 新生代农民工收入综合影响因素的实证分析

在第 1 章中，本书具体分析了在不同区域、不同行业中新生代农民工的收入差异及其影响因素，而在本章节中，本书从更系统、更完善的宏观视角，以收集的 4 268 份问卷数据为基础，探究差异性就业对新生代农民工的收入影响的实证分析，为进一步提高新生代农民工收入提供理论基础。

一、现有研究的基本状况

近年来，学术界对农民工收入问题的研究主要集中于如下几个方面：第一，对农民工收入情况的简单描述及统计性研究，借以了解农民工的收入现状与变化趋势（李小玉，2012；叶静怡与杨洋，2014）；第二，人口统计变量对于农民工收入的影响，如性别因素、区域差异等（陆璐，2013；向书坚等，2014）；第三，人力资本及社会资本因素对于农民工群体收入的影响（苏群与周春芳，2005；刘林平与张春妮，2007；王春超与周先波，2013）；第四，宏观经济变量与政府政策对于农民工收入的影响（贺霞旭，2013）。在诸多影响农民工收入的因素中，人力资本及社会资本对于农民工收入的解释作用一直得到学术界的广泛认可，成为学术界与政府部门解释农民工收入机制、完成政策制定的重要依据（惠源与胡宏伟，2010；张银与李燕萍，2010）。

一直以来，农民工被视为工作方式差异性不大的群体，学术界与政府部门也倾向于将农民工群体的工作及收入问题做同质化处理，现有研究也很少涉及农民工就业方式的差异化比较。然而，随着经济形势与社会意识的逐渐优化，农民工群体——特别是新生代农民工群体对于进城务工的目的、工作形式及未来期望等方面都有了不同理解（许传新，2010；姚俊，2010），其就业的差异化趋势也逐渐明显。在此背景下，关注就业差异性对于新生代农民工务工收入产生的作用，有助于我们在个体层面上深化对新生代农民工收入影响机制的理解，以新的视域审视农民工群体的生产生活状态，进一步丰富农民工收入的相关理论，并产出更具现实意义的研究成果。

然而，在已有研究中，针对新生代农民工就业差异性的描述则略显不足，现有的少量研究涉及是否自雇佣或自营业、所从事行业对农民工收入的影响（叶静怡与王琼，2013；张娜与雷怀英，2013），其操作方式是将部分变量混入人力资本因素或社会资本因素中探讨其显著性,并未对新生代农民工就业差异进行详细描述,也未研究就业差异性变量对新生代农民工收入的作用。为了全面刻画新生代农民工就业的差异化特点,本书将从新生代农民工雇佣方式、所处行业、务工地跨度、工作种类数、工作密集度五个层面加以研究。在本书中,将农民工的雇佣方式分为打工与自营业(自雇佣),务工地跨度分为省内务工与跨省务工。在工作密集度方面,本节选日工作小时数来衡量新生代农民工每日工作密集情况,选取周工作天数描述新生代农民工的轮休情况。在新生代农民工的行业划分方面,本书参照已有研究的划分方式,将其所处行业分为建筑业、制造业与服务业三种(张娜与雷怀英,2013)。综合上述内容,在人口统计、人力资本与社会资本等因素方面,本书选取性别、年龄、健康程度、务工前学历水平、培训情况、有无专业证书、技术等级、目前工作时间、春节时通过电话、短信、上门拜年联系的人数等方面因素加以研究。并着重考量差异化就业对新生代农民工收入带来的影响,加入雇佣方式、行业、务工地跨度、工作种类数、日工作时间、周工作天数六个变量进行研究。

基于此,本书采用大样本调查的方式,选择分析人力资本私人收益率的经典模型——Mincer 工资方程,进行合理扩展,在结合人力资本与社会资本因素对新生代农民工务工收入影响的情况下,探求差异性就业方式对新生代农民工收入的作用层次及解释力度,以新的视角探究并解释新生代农民工的收入机理,并据此提出相关启示与建议。

二、研究方法与样本选择

(一)变量设计

这里分别选取人口统计变量、人力资本因素、社会资本因素及就业差异性四个方面的 18 个变量,研究其对新生代农民工收入的影响作用。在人口统计变量方面,本书选择性别、年龄及健康程度三个变量;在人力资本因素方面,选择务工前学历水平、培训情况、技术等级、有无证书、目前工作时间五个变量;在社会资本因素方面,本书选取受访对象在务工地拥有的当地户口的亲友数目、外地户口的亲友数目以及春节时拜年的人数三个变量;在就业差异性方面,选择雇佣方式、行业、务工地跨度、工作种类数、日工作时间、周工作天数六个变量,并将行业设为虚拟变量。此外,本书分别以月收入与小时收入刻画新生代农民工的收入情况。各变量定义、赋值及统计量如表 2-1 所示。

表 2-1　　　　　　　　　　　变量定义及赋值

变量名称	变量定义及赋值	平均值	标准差
月收入	每月实际打工收入	3 040.41	3 108.53
小时收入	平均每小时打工收入	15.80	37.53
性别	1 为男；2 为女	1.44	0.625
年龄	调研对象年龄	24.28	4.156
健康程度	5 为很健康；4 为比较健康；3 为一般；2 为较差；1 为很差	4.50	0.689
务工前学历水平	受访者学历。1 为小学及以下；2 为初中；3 为高中或中专	2.35	0.625
培训情况	0 为没接受过培训；1 为接受过培训	0.57	0.496
技术等级	受访者所在行业或工作中所处的技术等级。	2.02	0.916
有无证书	受访者是否获得再教育、从业资格等证书。0 为无；1 为有	0.27	0.529
目前工作时间	受访者从事目前工作至今的务工年限	2.37	1.928
当地户口亲友数	受访者务工地当地户口的同学、亲戚、朋友数	9.80	39.59
外地户口亲友数	受访者务工地外地户口的同学、亲戚、朋友数	14.45	88.28
拜年人数	春节时通过电话、短信、上门拜年联系的人数	31.90	49.54
日工作时间	受访者每天工作的小时数	9.18	2.265
周工作天数	受访者每周工作的天数	6.24	1.062
工作种类数	受访者至今从事过多少种类的工作	2.32	1.184
务工地跨度	受访者目前工作属于省内务工（0）或跨省务工（1）	0.44	0.496
所处行业	所处行业是否为制造业。0 为否；1 为是	0.11	0.318
	所处行业是否为建筑业。0 为否；1 为是	0.16	0.371
雇佣方式	是否为自营业。0 为非自营业，1 为自营业	0.87	0.341

资料来源：本书整理。

（二）模型构建

在 Mincer 工资方程中，受教育水平与工资对数之间存在下列关系：

$$\ln wage = \alpha + \beta_1 shc + \beta_2 exper + \beta_3 exper^2 + u \qquad (2-1)$$

其中，wage 表示收入水平，shc 表示受教育年限，exper 表示工作经验，β_1、β_2 和 β_3 分别为系数，反映教育收益率、工作经验对收入增长的线性影响和非线性影响。

Mincer 工资方程中教育与收入的有效估计已在国内外经验研究中得到广泛应用，在国内，很多学者都曾根据研究需要对 Mincer 方程进行调整。据此，本书根据需要进行调整后，得到如下模型：

$$lny_i = \beta_0 + \beta_1 x_1 + \beta_2 x_2 + \beta_3 x_3 + \beta_4 x_4 + \cdots + \beta_{18} x_{18} + u \quad (2-2)$$

其中，lny_1 表示新生代农民工小时收入的对数，lny_2 表示新生代农民工月收入的对数；x_1 到 x_{18} 表示性别、年龄、健康程度、务工前学历水平、培训情况、技术等级、有无证书、目前工作从业时间、当地户口亲友数、外地户口亲友数、拜年短信数、日工作时间、周工作天数、工作种类数、是否跨省务工、是否处于制造业、是否处于建筑业、是否自营业等；$\beta_i (i = 1, 2, \cdots, 18)$ 表示影响新生代农民工务工收入各个因素的待估系数；β_0 表示截距；u 为误差项，且方程满足条件：$\varepsilon \sim N(0, \sigma^2)$，$cov(\varepsilon_i, \varepsilon_j) = E(\varepsilon_i, \varepsilon_j) = 0 (i \neq j)$。

（三）样本选择与数据处理方法

本书在文献研究的基础上，另通过与 19 位新生代农民工进行深度访谈，统计了新生代农民工具有代表性的人力资本因素与社会资本因素及新生代农民工就业差异性的表现，并确立了本书的研究模型。同时依据前期所进行的覆盖全国 31 个省市的 198 个城市的大规模的问卷调研所得到的 4 268 份有效问卷，对本章节的研究内容进行实证分析。在全部有效问卷中，男性占比 58.3%，女性占比 41.7%；年龄在 18～27 岁的新生代农民工比例高达 76.1%；从所从事行业看，服务业务工的新生代农民工比例过半；月收入水平处于 2 000～4 000 元的新生代农民工数量最多，占比达到 56.7%。本书另对样本进行了详细的描述性统计分析，与已有研究中新生代农民工特点进行对比并得到验证，具体情况如下文所示。本次研究采用 SPSS18.0 分析软件进行分析。

（四）样本的描述性统计分析

本书首先对被调查的新生代农民工人口学信息进行了描述性统计分析。由统计信息可知，4 268 名被调查者的年龄主要集中在 22～27 岁组，占比 48.0%，未成年的新生代农民工有 138 人，占比 3.2%；性别分布方面，女性农民工占比 41.7%，男性农民工占比 58.3%；务工前学历分布上，小学及以下农民工占比 8.2%，初中文化者人数占 48.6%，高中或中专占比 43.2%，文化程度处于初中的人数最多；婚姻状况描述中，未婚者所占比例最大且超出半数，达到 68.9%，已婚者次之，占比 30.0%，另有 1.1% 的离异者。各项数据表明，样本特征与其他学者对新生代农民工人口统计描述中所呈现的特点相符（杜书云与张广宇，2008；张娜与雷怀英，2013），具体数值如表 2-2 所示。

表 2-2　　　　　　　　新生代农民工人口统计信息

人口统计变量	样本特征	人次（人）	百分比（%）	人口统计变量	样本特征	人次（人）	百分比（%）
年龄	14～17 岁	138	3.2	务工前学历	小学及以下	351	8.2
	18～21 岁	1 200	28.1		初中	2 072	48.6
	22～27 岁	2 048	48.0		高中或中专	1 845	43.2
	28～33 岁	882	20.7	婚姻	未婚	2 942	68.9
性别	男	2 489	58.3		已婚	1 278	30.0
	女	1 779	41.7		离异	48	1.1

资料来源：本书整理。

如表 2-3 所示，本次研究结果表明，新生代农民工工作时间明显过长，60% 的新生代农民工日工作时间超过 8 小时，每天工作时间达 10 小时以上的新生代农民工占比 23.9%，而平均每周休假一天或不足一天的新生代农民工比重过半。本次调研中，11.4% 的被测对象分布于制造业，16.4% 分布于建筑业，皆少于《全国农民工监测调查报告》中农民工群体两种行业的从业人数，上述差异与已有学者研究结果相符（周兴与张鹏，2015），皆显示出在行业选择上，新生代农民工比其父辈更加青睐服务业。在被调研的新生代农民工中，70% 以上的被测对象从事过不同种类的工作，从未换过工作类型的新生代农民工仅为 28.4%，此外，省内工作者占比 56.1%，高于跨省工作的新生代农民工数。打工仍是新生代农民工的主要务工方式，由于自营业对资本积累、工作经验等方面要求较高，新生代农民工中自营业群体的比例（13.4%）也略低于全体农民工群体自营业比例（16.5%）。

表 2-3　　　　　　　　新生代农民工就业相关信息

人口统计变量	样本特征	人次（人）	百分比（%）	人口统计变量	样本特征	人次（人）	百分比（%）
日工作小时数	8 小时以下	409	9.6	周工作天数	小于 5 天	173	4.1
	8 小时	1 263	29.6		5 天	543	12.7
	8～10（不含 8）小时	1 578	37.0		5～6（不含 5）天	1 398	32.8
	10 小时以上	1 018	23.9		6 天以上	2 154	50.5

续表

人口统计变量	样本特征	人次（人）	百分比（%）	人口统计变量	样本特征	人次（人）	百分比（%）
行业	制造业	487	11.4	工作种类	1 种	1 211	28.4
	建筑业	702	16.4		2~3 种	2 420	56.7
	服务业	3 079	72.1		4 种及以上	637	14.9
务工方式	打工	3 696	86.6	是否跨省	是	1 873	43.9
	自营业	572	13.4		否	2 395	56.1

资料来源：本书整理。

三、实证分析

本书采用 SPSS18.0 软件，首先分析所选 18 个自变量之间的相关关系，结果表明各变量间不存在共线性问题。其次分别以小时收入与月收入对数为自变量，以式（2-2）为模型进行多元回归分析，采用变量及回归结果如表 2-4 所示。

表 2-4　　　　　　　　　　多元回归分析

变量	模型一（小时收入）		模型二（月收入）		模型三（月收入）	
	B	Sig	B	Sig	B	Sig
（常数）	1.022***	0.000	6.799***	0.000	6.717***	0.000
性别	-0.071***	0.000	-0.082***	0.000	-0.082***	0.000
年龄	0.010***	0.000	0.008***	0.000	0.008***	0.000
健康	0.076***	0.000	0.047***	0.000	0.047***	0.000
务工前学历	0.053	0.101	0.011	0.373	0.012	0.314
目前工作时间	0.031***	0.000	0.048***	0.000	0.048***	0.000
是否接受过培训	0.089***	0.000	0.059***	0.000	0.060***	0.000
技术等级	0.077***	0.000	0.050***	0.000	0.051***	0.000
有无证书	0.109***	0.000	0.048**	0.002	0.050**	0.001
当地户口亲友数	0.001*	0.019	0.000	0.067	0.000	0.061

续表

变量	模型一（小时收入）		模型二（月收入）		模型三（月收入）	
	B	Sig	B	Sig	B	Sig
外地户口亲友数	0.000	0.998	0.000	0.965	0.000	0.960
拜年人数	0.000	0.060	0.000	0.076	0.000	0.064
工作种类数	-0.003	0.688	-0.002	0.728	-0.002	0.712
是否跨省工作	0.149***	0.000	0.150***	0.000	0.150***	0.000
是否从事制造业	0.108	0.051	0.056	0.052	0.058	0.058
是否从事建筑业	0.152***	0.000	0.206***	0.000	0.204***	0.000
是否自营业	0.318***	0.000	0.321***	0.000	0.320***	0.000
日工作时间					0.003	0.402
星期工作天数					0.008	0.294
Sig	0.000		0.000		0.000	
F	40.253		65.574		58.413	
R^2	0.146		0.218		0.219	
Adjusted R^2	0.143		0.215		0.215	
Durbin-Watson	1.795		1.721		1.721	

注：*** 表示在 0.001 的水平上显著，** 表示在 0.01 的水平上显著，* 表示在 0.05 的水平上显著。

资料来源：本书整理。

回归结果显示，三个模型均通过显著性检验，且模型一调整后 R^2 数值小于模型二与模型三，表明所选变量对新生代农民工平均月收入与平均小时收入皆有显著作用，且对新生代农民工平均月收入的解释力度更强。此外，方差膨胀因子最大值为 1.269，进一步表明各模型不存在多重共线性问题，且 Durbin-Watson 值皆在 1.5~2.5 之间，表明模型残差间相互独立，可见各个模型回归结果都很理想。如表 2-4 所示，年龄、健康程度、是否接受过培训、技术等级、有无证书、目前工作时间、当地户口亲友数、是否跨省工作、是否从事建筑业与是否自营业 10 个变量对新生代农民工平均小时收入具有显著正向影响，性别对其平均小时收入具有显著负向作用。与之类似，年龄、健康程度、是否接受过培训、技术等级、有无证书、目前工作时间、是否跨省工作、是否从事建筑业与是否自营业 9 个变量对新生代农民工平均月收入仍具有显著正向影响,性别对其月收入负向作用显著,当地户口亲友数对收入的影响作用则不再明显。在上述变量中,务工前学历、外地户口亲友数、拜年人数、从事过的工作种类数对于新生代农民工收入皆没有显著影响。并且,日工作小时数、星期工作天数对新生代农民工平均月收入并无显著影响。

此外,本书另通过分层回归的方式探究本研究所选的不同影响因素对于新生代农民工平均小时收入的解释力度。在四次分层回归中,分别是以其他变量为控制变量,人口统计因素、人力资本因素、社会资本因素、就业差异因素(不包含日工作小时数、周工作天数两变量)为主要研究变量所进行的多元回归分析,其分层回归结果如表 2-5 所示。

表 2-5　　各因素对新生代农民工平均小时收入的分层回归分析

影响因素	包含变量	R^2 变化	F 值变化	显著水平
人口统计因素	性别、年龄、健康程度	0.013	19.547	0.000
人力资本因素	是否接受过培训、技术等级、有无证书、目前工作时间	0.050	43.881	0.000
社会资本因素	当地户口亲友数、外地户口亲友数、春节拜年人数	0.006	8.242	0.024
就业差异因素	是否自营业、是否跨省工作、工作种类数、是否从事建筑业、是否从事制造业	0.041	36.258	0.000

资料来源:本书整理。

可以发现,人口统计因素、人力资本、社会资本与就业差异对新生代农民工的平均小时收入皆有显著影响。此外对比不同的 R^2 变化数值可以发现,就业差异与人力资本对该群体平均小时收入的解释力度远高于其他影响因素。

表 2-6 展示了本书所选择的不同影响因素对于新生代农民工月收入的影响情况。对比表 2-5 与表 2-6 可以发现,在平均小时收入中社会资本所表现出的微弱影响在以月收入为研究变量的模型中逐渐消退,就业差异对新生代农民工月收入的解释力度有所提高,可见,就业差异对新生代农民工收入具有不可忽视的解释作用,加强对新生代农民工就业差异的探讨将有助于我们进一步理解农民工收入的复杂机理。

表 2-6　各因素对新生代农民工平均月收入的分层回归分析

影响因素	包含变量	R^2 变化	F 值变化	显著水平
人口统计因素	性别、年龄、健康程度	0.017	27.115	0.000
人力资本因素	是否接受过培训、技术等级、有无证书、目前工作时间	0.053	50.874	0.000
社会资本因素	当地户口亲友数、外地户口亲友数、春节拜年人数	0.001	2.192	0.087
就业差异因素	是否自营业、是否跨省工作、工作种类数、是否从事建筑业、是否从事制造业	0.076	72.853	0.000

资料来源：本书整理。

根据以上的研究，我们不难得出如下的研究结果与研究结论：

（1）不同因素对新生代农民工务工收入的影响。

人口统计因素、人力资本与就业差异对新生代农民工的务工收入都有显著的正向影响，社会资本的作用则并不稳定。在人口统计因素方面，男性农民工务工收入显著高于女性，年龄对于新生代农民工的收入具有显著正向作用，此外，健康程度也将有助于提高收入水平。劳动密集型的健康劳动者通过提高单位时间收益率进而提升其收入水平，但劳动强度及劳动时间的增加则会对新生代农民工的健康带来不良影响。与此同时，也有相关方面的研究解释，健康恶化的农民工只能通过增加劳动时间或者其他投入来维持原有的收入水平，这可能意味着对健康的进一步侵蚀（苑会娜，2009）。而农民工社会保障状况，特别是医疗保障情况一直并不乐观，这也将加速上述恶性循环过程。

在人力资本因素方面，是否接受过培训、技术等级、有无证书、目前工作时间四个变量显著正向影响新生代农民工的务工收入，务工前学历则未能显著影响该群体的收入水平。受教育情况是经典 Mincer 方程中的重要变量，为了增强研究的针对性，本书分别采用务工前学历水平与工作前后的培训经历刻画新生代农民工教育经历，研究结果也明确显示，上述两种教育经历对新生代农民工收入的作用效果也不尽相同，其中，务工前学历对收入的影响甚微，而接受培训如专业培训、学徒培养等则成为新生代农民工增加收入的重要渠道。上述结果向我们进一步展示了不同教育经历对于新生代农民工收入的作用，也进一步引发了我们对这一群体人力资本培养问题的思考。在仅以收入等直观因素衡量个人情况的广大农村，务工前学历对收入作用微弱则更容易使该群体产生"学习无用"的错误共识，导致农村基础教育难以得到重视，与之相比，专职教育、职业培训等教育方式对收入的作用效果则更加直观。但是，上述研究结果并不代表务工前的持续教育经历对新生代农民工不重要，相反，基础性教育对劳动者个人素养的提升、学习能力的塑造作用已经得到学术界的认可，进而可能对新生代农民工能否善于发现自身不足进行再次学习起到一定作用，但研究中并没有对其作用机制进行具体验证，在未来，我们将针对这一问题进行深入研究。

社会资本因素方面，在分析不同区域、不同行业内影响新生代农民工的收入影响因素时，个体的社会资本在某些区域、某些行业中对收入的影响是显著的，而不考虑行业区分和区域差异的情况下，则很容易出现社会资本对月收入的影响无法通过显著性检验的情况。这也间接证明了，在差异性就业情况面前，新生代农民工收入及其影响机理是不可一概而论的。此外，当地户口亲友数对新生代农民工的平均小时收入有正向影响，虽然其显著性较低（0.05水平上显著）、作用较为微弱（回归系数过小），但这种作用并未被掩盖或消除，而在月收入的回归方程中，这种显著程度则不复存在，这种情况说明，社会资本有助于提高新生代农民工单位工作时间的收入，提高社会资本可能会降低新生代农民工对于工作时长的依赖。

（2）就业差异对新生代农民工务工收入的影响。

从本书结果来看，就业差异性对新生代农民工收入的影响似乎受到了冷落。本书结果不仅证明差异化就业能够显著影响新生代农民工的务工收入，同时也说明，就业差异对新生代农民工收入的解释力度很强，甚至可能超过在个体层面上广受关注的人力资本及社会资本因素对其务工收入的解释水平。上述研究结果提供了我们审视农民工收入的另一个视角，也将有助于我们更好地探索农民工收入的复杂机理。与此同时，它也在提示我们，随着经济的发展与社会的进步，新生代农民工各项情况也逐渐复杂化：脱离了同质化工作意图与就业方式的生产者身份复杂化、超越了基本消费诉求渐渐注重自我表达的消费者身份复杂化、不仅仅满足于物质生活而越发追求社会认同及身份重塑的意识形态复杂化，等等。但是，我们已经完成的一系列研究结果仍然遗憾地显示出，在身份蜕变过程中，新生代农民工群体仍面临很多无奈之处。

在本书的就业差异中，选择自营业而非打工、跨省工作而非省内务工都将显著正向影响新生代农民工收入，从事过更多种类的工作则无益于增加收入。在行业影响方面，经数据验证，制造业与服务业收入情况并无显著差异，而从事建筑业则会带来较高的收入水平，鉴于建筑业的工作环境及劳动密度皆不尽如人意，即便收入水平略高，也未必是新生代农民工的就业首选。此外，本书表明，新生代农民工的工作密度过高，日工作小时数及周工作天数皆远超一般标准，并且，高工作密度对新生代农民工平均月收入并无贡献。在普遍认知中，农民工群体多依靠延长工作时间以获取更多的收入,高工作密度与长工作时间都应带来月收入的增加,而通过本书结果则可以推断,正是出自对工作稳定度、提高收入现状的渴求,新生代农民工工作超时的情况比比皆是,导致各个岗位工作时长接近饱和,而削弱了同类岗位中工作时间不同带来的收入差异,而工作类型、工资水平的不同则由该岗位的其他特点决定,导致工作密度对月收入的影响被弱化。另外,正如本书所示,新生代农民工日工作时间及周工作天数皆严重超长。过长的工作时间不仅将损耗其身体健康,与之相关的,业余时间不足也将限制新生代农民工学习、进修以及社会网络维护的机会,同时将影响其父母赡养与子女教育,也将对其生活质量造成不良影响。

第三节 提升新生代农民工收入的路径选择

综上所述,根据大量的研究结果与现有理论的支撑,可以判定影响新生代农民工收入的因素是多方面的,既有宏观方面的因素,也有微观方面的因素。因此,想要提升新生代农民工的收入水平,我们可以从国家宏观政策、新生代农民工内在能力提升,以及社会各界的关注与支持等方面入手。但从根本上讲,新生代农民工要想从根本上提升其工资水平,必须选择从提高其人力资本的价值入手,不断提高自身素质,遵循"知识改变命运"的规律,形成可持续提升高工资水平的核心竞争力的能力。具体来说,本书认为有以下路径可供选择:

路径之一:基于宏观政策方面的建议。

推进城乡一体化进程。实现劳动力市场的城乡一体化建设,提高新生代农民工在城市的社会地位,有助于提高新生代农民工的收入。为此,要推进城乡一体化进程。具体包括:一是真正彻底地消除户籍制度。尽管国务院印发《关于进一步推进户籍制度改革的意见》指出:各地普遍取消户口性质区分,但多半省份城市均需要有"前提性的限制性条件",这使得国家所提出的为消除二元结构而进行的户籍制度改革无法落地执行。户籍制度在我国人口和社会管理中虽然发挥了巨大作用,但也是二元经济政策的制度根基,把人们的身份划分为城市居民和农村居民,并依此享受迥然不同的各种待遇。因此,要消除二元经济政策,就要取消户籍制度,以身份证代替户籍证,使农村居民可以自由流动,并享受城市居民的待遇,要在体制上为新生代农民工提供平等的就业机会,创造公正的就业环境,打破传统的户籍制度对就业门槛的限制,消除他们在寻找务工机会和提升收入水平过程中的户籍约束,为新生代农民工务工收入的提高提供制度上的支持和保障。虽然，近年来政府已经与时俱进地推出了一系列相关政策，但从各个地方的实施情况来看，结果并不尽如人意，因此，如何让消除二元的户籍制度落到实处，是政府与全社会都应该关注的重点问题。二是统一就业政策。一方面，提供均等的就业机会，城市用工不能对农民工有限制，不能采取歧视农民工的政策；另一方面，在工作过程中，要同工同酬，不能实施双重标准。三是要逐步统一社会保障政策，即凡是在城市就业的，不论在公有制企业还是非公有制企业，必须按照社会保障条例由农民工个人、用人单位共同缴纳社会保障金，考虑到农民工的流动性，宜建立个人社会保障金账户，并及时按规定支出。四是加强城镇化建设，提供更多就业机会。各地政府要加大城镇化建设，尤其是中西部地区，要在提高产业发展和产业集聚方面加大力度促进新生代农民工的就近转移，逐步提升新型城镇化建设的水平，补充新生代农民工的就业机会，从而达到区域的协调发展和区域内新生代农民工收入差异的逐步缩小。

路径之二：基于人力资本提升方面的建议。

从新生代农民工自身而言，加大人力资本投资，依靠教育和技术水平是新生代农民工提高收入水平的最根本出路。其原因在于人力资本的价值对收入分配的影响是深远的。

对于新生代农民工而言，外在环境对收入的影响是其不可控因素，而且从整个宏观环境来看，收入提升政策的实施推进也是一个长期过程。因此，提升自身人力资本对新生代农民工而言是最可靠的收入提升方式。

人力资本理论认为国民收入分为利润收入与工资收入两部分。人力资本投资导致经济增长，社会财富增加，可供分配的社会财富中的利润部分比重下降，而工资部分比重提高。新生代农民工的收入主要是工资收入，那么，新生代农民工是否一定能增加自己在收入分配中的份额，提高其自身的收入呢？这要取决于个人对社会的贡献及劳动能力，我国在社会财富的分配中实行按劳分配原则，即根据个人贡献的大小及劳动能力决定其获得的社会财富多少，而个人的贡献及劳动能力我们很难量化，一般而言，较普遍的做法是通过一个人的人力资本水平来衡量，即通过受教育、培训的水平来衡量其对社会的贡献及劳动能力，从而决定其应得的报酬。因此人力资本就成了个人收入分配的依据，而且以人力资本为依据的分配方法更具有公平性。

人力资本理论对一些人收入随年龄递增的现象能做出合理的解释。许多研究都说明在有技术技能和受教育更多的人中间，年龄—收入曲线的形状总是更倾斜的。贝克尔认为在职培训将使年龄—收入曲线的形状倾斜，而且所有的人力资本投资都会使年龄—收入曲线倾斜，所以虽然年轻时的人力资本投资将减少所观察到的收入，而在以后老年时又会提高收入，这样就使年龄—收入曲线的形状倾斜。

人力资本理论对收入差距扩大化也能做出解释。劳动者的人力资本存量越高，其收入越高。由于人力资本具有自增强的特征，因此，人力资本存量越高的劳动者，提高其人力资本水平的欲望越强，而人力资本存量越低的劳动者其提高其人力资本存量的欲望越弱。

人力资本是收入分配的主要依据的原因在于以人力资本为主要力量的经济增长不同于以往由土地、资本、劳动的数量扩张所导致的经济增长，它的收入分配更具有公平性。现代社会，新生代农民工要提高其收入水平，必须提高自己的人力资本水平，从而提高自己在收入分配的"金字塔"中所处的位置，从而提高他们的收入。

人力资本的获取人人均等。现代社会，人力资本是收入分配的主要依据，而人力资本的获取机会是均等的，不同的人获取人力资本的手段是相同的。教育面前人人平等，社会给予每一个公民平等的受教育机会，不会因为家庭社会地位与拥有财富的不同而不同，只要具备一定的主客观条件，每个人都能获得想要的学习机会。另外，人力资本的获取，较之土地、资本更加公平。人们的知识、技术等人力资本的取得主要靠后天的努力而非家族遗传或家庭背景获得，中国现行的教育制度可以说是最公平的制度，只要你付出努力，一定会在成绩中体现出来，知识改变命运的例子在生活中俯拾即是。所以知识经济较之其他经济形式的收入分配更加公平，谁付出了努力，就将得到较高的收入。而知识面前是人人平等的，新生代农民工通过人力资本投资，提高自身的素质，同样可以获取较高的回报，改变自己的命运。

有鉴于此，劳动者的人力资本水平影响着其收入水平，新生代农民工的人力资本也同样影响其收入的增长。具体分析如下：

（1）人力资本与新生代农民工收入增长的关系。

人力资本的积累过程是新生代农民工自身素质不断提高的过程，随着人力资本的不断积累，新生代农民工的各方面素质也随之逐渐提高。而素质的提高，也意味着他们可以有更多的机会参与到更为高层次的社会生产中来。人力资本的积累可以为新生代农民工带来更多的机会接受新信息、学习新知识、新技能，从而获得更多机会参加更加有价值、知识性技术性更强，收入更高的工作之中。由此可见，人力资本与新生代农民工收入增长存在着正相关关系。

（2）现代生产对新生代农民工素质的要求。

新生代农民外出打工一般是从农村走向城市，从经济不发达的区域流向经济发达区域，在市场的竞争环境下寻找就业信息及就业机会，最优化的配置自己有限资源，通过生产劳动，使其有限资源的收益达到最大。因此要求农民有较强的信息获取能力、配置能力、生产能力、适应能力、流动能力、竞争能力。这也从一个侧面体现出了现代社会对新生代农民工基本素质的要求。

（3）人力资本与新生代农民工信息获取能力的关系。

人力资本投资可以大大地提高农民的信息解读能力。劳动者的人力资本水平与认识能力、理解能力成正比，劳动者所受的教育程度越高、接受的培训越多，则认识能力、理解能力也越强。劳动者从事生产活动时，从事何种工作？怎样获取与工作有关的信息？怎样使获取信息的成本最小化？怎样在众多的信息中去识别一些虚假的、与自己无关的信息，筛选出对自己有用的信息，保证自己获取信息的成本最小而信息的收益最大，这些都是信息获取能力所必须完成的工作，因此具备一定的信息获取能力是提高收入的前提，所以新生代农民工必须具有一定的信息获取能力。而人力资本投资能拓宽新生代农民工获取信息的渠道，降低新生代农民工获取信息的成本，从而使其获得信息的收益最大化。

（4）人力资本与新生代农民工配置能力、流动能力的关系。

人们获取信息，通过改变资本、劳动、土地、时间等资源配置，以期提高收入水平，但如果人们没有改变资源配置的能力，通过获取信息、改变资源配置方式来提高收入的可能性就不能实现。一个人资源配置能力的大小与遗传和环境这两大因素密不可分，但其更依赖于教育、培训等人力资本的投资。人力资本投资提高农村劳动力的流动性和适应能力。研究表明，劳动力的文化程度与其返流率呈负相关关系，与其流动性和适应能力呈正相关关系。因此，新生代农民工只有不断提高自身的人力资本价值才有可能提升其自身资源的配置能力和流动能力，也就可以在获得更高收入的工作中增加其自身的话语权。

为此，本书提出以下相关建议：

第一，应加大对农村基础教育的投资，将义务教育的年限从9年扩展至12年。基础教育年限的提高不仅对新生代农民工非农收入的增长具有较为重要的作用，而且有利于提升新生代农民工融入城市的整体素质。加强政府对基础教育投资力度，保持政府教育投资的主体地位。从公共教育支出与国民生产总值之比这一指标来看，世界上大多数国家的公共教育经费开支占国民生产总值的比重为5%左右，从近年的实际数据来看，我国的教育投资比例逐年上升，但从投资取向上来看，投资于农村教育，尤其是偏僻的农村地区的教育资金还远远不够。根据世界各国义务教育普及的成功经验及中国的实际情况，应该加大政府对基础教育的投资力度，尤其是要提高对农村教育的投资力度。

第二，要重视对新生代农民工进行拓展性人力资本的开发。中国共产党第十八次全国代表大会报告中关于教育问题的相关表述，比如，加快发展现代职业教育，推动高等教育内涵式发展，积极发展继续教育，完善终身教育体系等内容，我们可以看出新生代农民工接受技术教育势在必行。想要更好地落实这一政策，政府可以从提供免费职业培训，补贴培训费用，或提供技能培训的专项信贷服务等方面，以此辅助新生代农民工自身的付费培训和再教育支出对拓展性人力资本的积累，有效地调节各行业内的收入结构并缩短收入差距。积极采取措施促进新生代农民工积极参加职业技能培训，这不仅有利于提升新生代农民工就业的持续竞争性和稳定性，为其尽快融入城市增添砝码，也可为中国经济转型建立可用的人力资源基础。近几年，国家投入了大量的资金用于农民工培训，但是，培训效果却不尽人意，如何创新农民工的职业技能培训制度是政府需要着手解决的重要问题。

一方面，要提供技能培训补贴，支持新生代农民工积极拓展性人力资本，逐渐消除无技能上岗现象，并逐步实现新生代农民工工作类型的"去体力化"或"去农民工化"，促进新生代农民工实现基于人力资本积累的职业向上流动，鼓励农民工凭借自身的人力资本进行自雇就业、返乡创业。同时，各地政府对新生代农民工人力资本的投资要根据地区经济发展需求和社会文化特点适当调整，人力资本投资要根据实际需要各有侧重。短期来讲，更加需要拓展性资本积累的地区政府要为新生代农民工提供充足的技能培训和等级认证机会，而对于学历和资格证书没有形成就业门槛的地区，则应该更加侧重务工经验的积累和技术等级的提升，但从长远来看，各地要从全方位进行人力资本的持续开发。

另一方面，提供专门化的岗位培训。各行业协会以及主管部门要加强与各地劳动社会保障部门的沟通合作，根据行业自身特征、发展阶段以及岗位需求，为基层劳动力转移培训工作提供指导建议，为新生代农民工提供最直接有效的培训指导，"应岗而训，应需而学"，顺利完成培训与上岗的完美对接。同时，加强行业内劳动密集型企业与基层劳动保障部门的直接合作，以助于劳动保障部门优化部署，为不同企业量身定制培训课程和项目，结合新生代农民工的群体特点以及个人差异，为其选择最适合的行业领域，帮助其不断积累人力资本和社会资本，为其在行业所属领域的发展和在城市的生活提供更精细的指导。

第三，应积极探索为新生代农民工提供补偿教育的新模式，不断提升其文化素质。与第一代农民工相比，新生代农民工的学历虽然相对更高，但与城镇职工的整体学历水平相比仍相差很远。此外，在加强文化素质之外，还可以积极探索进行补偿教育的各种模式，例如提供一些独特的培训，强化新生代农民工全面素养的提升，比如提高与人沟通的技巧，学习如何更好地待人接物，提升个人气质、气场等。以此帮助新生代农民工不断提升其人力资本水平，进而促使其顺利在城市扎根。

路径之三：基于社会资本提升方面的建议。

虽然在总体的收入影响因素分析中，新生代农民工的社会资本的影响并不显著，但当具体到不同区域、不同行业时，其社会资本在一定程度上是显著的。另外，在现有研究中，从人类总体的视角而言，社会资本对个体的收入影响是显著的。此处不显著可能是由于新生代农民工群体目前还处于一个较低的社会层级，其社会资本的影响未完全发挥出来，但随着社会经济的发展以及新生代农民工个体素质的不断提升，其社会资本对个体收入的影响可能会越来越明显。因此，为更加详尽的阐明新生代农民工收入提升的路径分析，本书在此对社会资本的提升提出以下建议：

要鼓励新生代农民工重视社会资本的积累和维系，开拓社会关系网，实现社会资本积累对就业渠道的扩展作用。首先，就政府方面而言，有关部门应该提供更多的交流交往机会，通过搭建关系网络的平台加强新生代农民工的彼此交往，同时在各类技能培训中，开设社会网络开拓与维护的相关讲座，使他们确立社会资本积累和维系的意识，鼓励新生代农民工扩展交往圈子、增进相互交流、获取多方社会支持，为新生代农民工尽快融入新的城市，在城市中实现社会资本的积累提供有效的引导与保障。其次，就新生代农民工自身而言，他们应该在工作和生活中注重社会网络的开拓和维护，建设自己的人际关系网，并通过社会网络的建立来学习知识、分享经验，由此促进共同进步，最终提升自身的务工收入。为此，新生代农民工个体要均衡运用自身所拥有的外地和本地社会网络资源，充分利用本地户口亲友的关系网络优势，使其快速熟悉工作所在地的城市环境和文化特征，同时利用外地户口亲友的关系网络优势，为自身提供适应新环境和新工作的经验方法，使自己快速融入新的城市。所以，新生代农民工要同时重视两部分社会网络资源，以此更好地适应和胜任城市工作，并由此提高自己的收入水平。

路径之四：基于全社会关注的建议。

第一，我们要更加注重新生代农民工就业的独特性与差异化特点，以动态视角审视新生代农民工群体。与其父辈相比，新生代农民工在工作心理、工作方式、就业取向等方面具有明显差异，而现有的政策对上述差异关注程度较低，针对性不强则更易造成政策低效，难以对新生代农民工群体产生切实作用。同时，其就业的差异性特点也表明，政府部门不应继续将新生代农民工视为同质性生产群体而忽略其多样化就业特点。新生代农民工作为流动于城市及农村之间的年轻群体，其社会认知及思维方式都在发生变化，他们与第一代农民工之间的差异越来越大，生活习惯及各项特征都在不断复杂化。政府部门也应重视新生代农民工群体的这种变化趋势，以动态的视角审视这一"难以捉摸"的年轻群体，制定更加符合该群体需求、更具针对性的政策，以便于新生代农民工群体在城市生存状态的良性发展。

第二，要增加对新生代农民工工作密度与健康情况的关注。对于多从事密集型体力劳动的农民工群体而言，像城市劳动者那样选择舒适、健康的劳动环境是件奢侈的事情。同时，基础工资不高，高额加班费或任务额度以外的高额计件收入刺激着新生代农民工以健康为代价换取收入。本书表明，新生代农民工的工作时间过长，且其健康状况显著影响其收入水平，而盲目追求收入过度消耗身体会造成新生代农民工收入降低。一旦收入降低，用以往的收入水平作为衡量尺度的新生代农民工则容易进一步加班消耗体能，陷入恶性循环之中。因此，政府应监督企业改善新生代农民工的工作环境、加班时长、工作强度等问题，完善农民工劳动保障制度，避免新生代农民工盲目追求收入增加陷入损耗健康的恶性循环。

第三，要加强对新生代农民工自营业经营的鼓励，为农民工创业提供政策支持。研究表明，自营业的工作方式能够明显增加农民工收入，并能够增加就业机会，减缓就业压力。政府应针对新生代农民工个体营业发展现状，探究其创业受限的主要问题并协助解决，适当放宽对农民工群体创业的限制条件，发展有助于农民工创业的相关政策，帮助新生代农民工不断提升自身收入，进而促使其顺利在城市扎根。

综上可见，提升新生代农民工的收入水平要靠政府、社会、用人单位以及新生代农民工自身的合力方可达到预期目标。但从根本上讲，提升新生代农民工收入的根本路径在于提高新生代农民工的人力资本价值。因为：第一，人力资本投资能显著提高新生代农民工的收入。知识经济下劳动者的人力资本水平是收入分配的依据，社会财富增加，工资性收入分配的财富总量提高，但劳动者是否能增加其收入分配份额，提高其收入水平，还取决于其人力资本水平。劳动者人力资本水平越高，则在收入分配中获得的份额越大，则其收入水平提高。第二，人力资本投资能增加新生代农民工就业的机会。第三，人力资本投资对不同地区新生代农民工收入影响程度不同，对收入较高地区的影响大于收入较低地区。第四，无论在发达地区还是在落后地区，人力资本投资对新生代农民工的作用都随时间的推移而逐渐增强。第五，人力资本是现代经济增长的源泉和动力，增加人力资本投资，提高经济增长速度，经济增长带来社会财富总量的增加，而人力资本导致的经济增长，会提高社会财富分配中工资性收入的比重，降低社会财富分配中利润性收入的比重，因此工资性收入分配的财富总量增加，因此，经济增长是农民收入增长的基础和保证。第六，人力资本投资提高劳动者的智力素质与健康素质，而劳动者的素质的高低直接决定着劳动者的流动能力、生产能力、信息获取能力及配置能力，从而决定着劳动者的收入水平。

第二编

中国新生代农民工的消费行为研究

第三章

新生代农民工消费行为与收入的关系分析

第一节 新生代农民工收入/消费的基本状况与存在的问题

新生代农民工身处消费社会中,他们的消费行为明显地区别于他们的父辈。新生代农民工的消费现状反映了他们的消费倾向和未来的消费走向。他们的消费观反映了他们的生活现状和价值取向。研究新生代农民工的消费行为,发现其消费过程中存在的问题,以便引导他们科学合理消费,让他们更好地在城市里生活。新生代农民工的消费行为呈现出很多不同的特点。本书首先在宏观上就这一群体的消费水平与消费结构展开深入分析,旨在全面描述新生代农民工消费的基本状态。然后就其个体的行为特异性展开全方位的分析与研究。

一、新生代农民工收入/消费的总况

受社会发展、生活环境、教育水平等因素影响,新生代农民工的价值观和消费观发生了显著变化,在这种新的消费价值观的影响下,新生代农民工的消费水平也一定会不同于第一代农民工。据2016年国家统计局调查显示,新生代农民

工汇款占工资比例的37%，明显小于第一代农民工（51%），[1] 也就是说，与第一代农民工相比，新生代农民工在外消费倾向会更高一些，相比于城镇职工的消费，其间的差异可能要更小一些。尽管如此，由于二元经济体制的影响，新生代农民工的消费水平又不可能与第一代农民工完全不同，新生代农民工在基本消费方面仍体现出节俭的特征，也具有较强的家庭责任感。他们的消费水平所呈现出的特点，很可能是不同于第一代农民工和城镇职工，而又可能在某些方面，与后两种群体相类似，从而体现出自己的特点。关于这一点，本书在后续内容中将予以详细阐述。

第一代的消费主要集中于基本生活领域，而新生代农民工的消费内容和结构则更加复杂和多元化，消费工具从传统到现代，消费行为从保守转向开放，消费心理从传统转向前卫，体现出了"新生代、新消费、新特点"。

在食品消费方面，他们的生活仍很简朴，一般是公司的工作餐或便宜的快餐盒饭，部分新生代农民工自己做饭，以节省开支。流动人口的住房选择很有限，主要是借私房、租借公房、宿舍或工棚、住在市民家中等。与第一代农民工相比，新生代农民工居住在单位宿舍（43.9%）、工地工棚（6.5%）和生产经营场所（8.2%）的比例相对较低，而与他人合租住房的比例相对较高，但独立租赁住房的比例较低，租房的比例合计为36.8%。另外，新生代农民工在务工地自购房的比例仅为0.7%[2]。住房条件的限制使大规模的流动人口聚居地或社区的形成成为可能。住房成为影响新生代农民工融入城市的一个重要制约因素。新生代农民工个人消费的新变化和新特征更多体现在消费形式及其内涵的改变上。手机消费、服装消费和闲暇消费等消费形式迅速增多，而且其意义也不再仅仅局限于通信、穿衣和休闲等基本需求，而是呈现出与城市青年的共同点：追求时尚、紧跟时代步伐。现在基本上是每个人都有手机。即使每个月吃泡菜、吃酸菜，也都会去买一部手机。服装消费在新生代农民工个人消费中占很大比重，与第一代农民工倾向穿衣的实用性不同，他们开始关注衣服的款式，追求品牌，在闲暇消费上，上网和看电视成为主要业余活动，分别占46.9%和52.1%。还有部分农民工选择利用业余时间来充电，用于学习培训和读书看报的比例分别为5.5%和10.1%[3]。网络已成为新生代农民工获取信息的重要渠道，也成为彼此联系的主要来源，他们的思想观念和价值取向也更多地受到网络的影响。

在个人消费上，新生代农民工与第一代存在明显差异。新生代农民工采用了"双重消费策略"：一方面在基本消费上节俭，尽可能储蓄以汇钱回家；另一方面

---

[1] 国家统计局：《2016年农民工监测调查报告》。
[2][3] 本课题组调查问卷所得。

通过新的消费形式来实现身份认同并融入城市，将对城市文化和生活方式的向往转变成极力享受城市生活，并尽可能从外显特征、日常消费行为和休闲娱乐上消除农村人痕迹。新生代农民工呈现更多的"消费主体"特征，相比基本消费，新的消费形式的建构意义更为明显。新生代农民工可能形成了有别于城市市民与农民的第三方消费群体。

二、新生代农民工收入/消费中存在的问题与成因

新生代农民工作为一个特殊的消费群体，他们的消费行为还存在着很多问题。根据以上分析，结合本课题组进行的大样本数据调查的数据显示，我们总结新生代农民工的消费行为可能还在以下一些方面存在问题：首先，新生代农民工的消费水平总体上还比较低，尽管相比于第一代农民工，新生代农民工的消费倾向要高一些，但是总量可能并不高，而相比于城镇职工，其消费水平的差距还很大。其次，新生代农民工的消费结构可能还不尽合理，他们用于自身的享受性消费、休闲娱乐消费的比重过大。他们在消费结构上，除了最基本的食品支出外，其他的消费支出所占的比例较大，如服饰消费、人情消费、娱乐消费等。这在部分新生代农民工的消费中已经显示出享受性消费支出。年轻人一般对于新事物的接受能力很强，对新事物比较敏感，喜欢追求新潮的东西，在文化消费方面比较注重享受。而且新生代农民工用于学习、培训的费用过低。他们易受他人影响，存在相互攀比、赶时髦的消费心理，但现实的情况是，很多农民工的实际收入并不能支撑他们去消费品牌和高档商品。新生代农民工在各个方面并未彻底成熟，加上社会阅历有限，使得他们的个性尚未完全定型，他们的冲动性消费多于计划性消费。最后，新生代农民工的消费行为存在着明显的区域差异，各地区的新生代农民工消费水平和结构不平衡。东部地区的新生代农民工消费水平较之其他地区的消费水平要更高一些，消费结构也呈现出不同的形态，东部地区的新生代农民工的消费内容中，文化娱乐消费和住房消费比重要比其他地区消费的农民工大。而中部地区、西部地区新生代农民工的消费结构中医疗保健支出所占比重更大。

新生代农民工消费中所表现出来的问题是有着其特殊的原因的，在农民工消费中，国家制度安排是不可忽视的重要因素，它与个人的住房、健康、子女教育、社会保障等消费内容息息相关，既有的制度设计方面没有把农民工更深层次的消费需求考虑在内，政府通过户籍制度将城市中的人口分为常住人口和暂住人口，对于在城市中打工的暂住人口的农民工群体，城市无须承担其住房、教育、社会保障等集体性消费资料以维持其长期的劳动力再生产。这种制度安排下的农

民工权益难以得到有效保障。进而，市场机制更是强化了农民工的弱势地位。在工资设计上表现为"同工不同酬"，农民工的各种权益保障被侵蚀了。而这势必会制约新生代农民工的消费行为的具体选择。

另外，新生代农民工消费行为的地区差异主要来源于地区经济发展的不均衡，由此带来文化发展、物价水平、社会保障制度上的发展不平衡，加之各地区文化不一，新生代农民工有着不同的消费文化和观念，这也同时影响着其消费行为的地区差异产生。

根据国家统计局的资料，农民工的工资近年来呈加速上升的趋势。农民工月平均收入由 2010 年的 1 690 元增加到 2018 年的 3 721 元，年平均增长 13.4%。[①] 尽管农民工工资水平低于全国平均工资水平，但由于农民工人数总规模已经十分可观，从总量上看也是一笔巨大的收入和潜在的消费支出，农民工收入的增长意味着收入分配的改善。这里具有更大的消费收入弹性，或者说较高的边际消费倾向，未来将会成为重要的消费群体。而对于有着明显代际特征的新生代农民工，在消费观念上又有着趋向于城市人群的特点，因此，这一消费群体的消费，一旦合理调动，其对于经济的发展将起着重要的拉动作用。

总之，虽然新生代农民工的相对工资水平并不明显高于第一代农民工，但其收入支出水平、平均消费倾向、生活质量与健康状况、闲暇消费支出比例等方面均高于或稍高于他们的父辈；第一代农民工的消费主要集中于基本生活领域，而新生代农民工的消费内容和结构则更加复杂化、多元化和现代化，消费工具从传统转成现代，消费行为从保守型转向开放型，消费心理从传统转向前卫，体现出了"新生代、新消费、新特点"。这些特点具体体现在食品消费、住房消费、休闲娱乐、通信和交通、医疗支出、教育培训等方面；同时，新生代农民工的消费中还存在着一定的误区，有待于政府与社会各级主管部门的通力协作，方可有效地引导他们进行科学合理的消费，将其消费变动的趋势引导到符合我国经济社会的发展方向上来，使之为我国经济发展做出更大的贡献。

第二节 新生代农民工消费行为的区域差异分析

随着越来越多的新生代农民工进入城市工作和生活，他们逐渐成为一个强有力的消费群体（田圣炳与陈森，2011），进而他们的消费行为也成为社会各界所

---

① 国家统计局：《2018 年农民工监测调查报告》。

广泛关注的热点问题。一方面，对于新生代农民工消费行为的研究能够帮助政府更好地引导和提升新生代农工的消费，扩大内需，促进经济和社会的和谐发展；另一方面，企业也能够更具针对性地开发这块潜力无限的市场。在本章第1节中，我们提到，新生代农民工的消费行为存在着明显的区域差异，因此，本章节将基于全国31个省区市的新生代农民工调查数据，从其消费行为入手，探究中国不同区域的新生代农民工之间的行为差异以及成因，从而提出具有实践指导意义的建议。

一、问题提出

消费行为是指主体（个人或家庭）通过消费支出（货币或信用），获取维持自身生活、生存和发展所需商品或资源（包括商品、服务以及信息在内的商品群）时的选择方式，其中包括单次和一定时期内选择行为的总计和积累（富永健一，1984）。消费行为涉及了个体对消费与储蓄的分配选择、消费结构、消费方式以及消费观念（杨魁，2003）。消费经济学认为，影响消费者行为的因素主要有三大类：经济因素、环境因素和消费者自身的因素（田青等，2008）。吴祁（2012）发现新生代农民工消费行为的4个主要特征是：传统与时尚的消费观念并存、用于人际网络构建和自我能力提升的消费水平上升、消费方式多元化和消费行为群体化；潘洪涛与陆林亦（2008）认为应从收入、家庭结构和个人特点三个方面考察影响农民工消费行为的因素；赵利梅（2013）在研究中指出，新生代农民工的消费行为具有多元化和超前消费的特征，而这主要受到了家庭、价值观、参考群体等因素的影响；王梦怡和姚兆余（2014）对南京地区的新生代农民工消费行为的调查问卷数据显示，新生代农民工的消费行为明显具有乡土性与现代性的双重特征。也有学者专门研究新生代农民工炫耀性消费的问题，学者们认为炫耀性消费能够满足新生代农民工更高一层的社会需求，他们渴望通过炫耀性消费拉近与城市居民的距离，获得身份认同，从而更好地融入城市（李宝库，2005；闫超，2012）。

卢泰宏与刘世雄（2004）指出，中国消费者市场是一个地域广阔且存在区域差异的细分市场，那么不同区域的新生代农民工消费群体之间必然存在着消费行为上的差异。但是，根据上述的文献回顾可以看出，目前大多数研究都把新生代农民工当作同质化的群体，对群体内部进行细分化研究的文献还非常缺乏（陈艺妮、金晓彤与田敏，2014），少有学者分区域对新生代农民工的消费行为进行分析，因此，本书将从这个空白点切入，根据新生代农民工的务工区域的不同，全面比较其在消费行为方面存在的差异。

二、抽样方法和总样本描述

课题组在全国 31 个省区市给新生代农民工发放了 5 000 份问卷,回收问卷 4 575 份,剔除信息填写不完整的问卷、不符合新生代农民工特征的样本以及部分极端值样本,最终有效问卷为 4 268 份,有效率达到 93.3%。根据课题组数据结果显示,样本的整体恩格尔系数为 25.2%,而据国家统计局公布的数据显示,中国城镇居民恩格尔系数从 2013 年的 31.2% 降到 2014 年的 31%,2015 年进一步下降到 30.6%,2018 年下降为 28.4%。根据过去学者的研究结论以及针对此次样本数据的分析可以发现,较低的恩格尔系数是由两方面原因造成的:一方面由于大部分的工作单位为新生代农民工提供基本食宿,因此,一定程度上降低了新生代农民工在食品支出上的开销,进而导致恩格尔系数下降;另一方面由于新生代农民工年龄较轻,许多人尚未成家,因此,家庭负担较少,故其收入大都用于消费,而非储蓄,这导致其每月的消费支出金额较高,进而形成较低的恩格尔系数(沈蕾与田敬杰,2012)。

由于处于同一消费文化区域的消费者具有相似的消费行为(卢泰宏与刘世雄,2004),因此,本书在务工区域划分方面首先采用了刘世雄(2005)的文化区域细分方法,将中国分为 7 大文化区域:东北地区、华北、西北、西南、华东、华中和华南地区(刘世雄,2005)。之后,本书借助 SPSS 17.0 软件,对 7 个区域的新生代农民工人均月收入和人均月消费分别进行了独立样本 T 检验,检验结果发现,西北和西南地区、华中和华北地区以及华东和华南地区在人均月消费方面的差异并不显著。因此,本书进一步依照《2013 中国统计年鉴》中的 4 个区域(东北地区、东部地区、中部地区和西部地区)划分方法进行了一次区域间的人均月收入和人均月消费的独立样本 T 检验,检验结果发现区域之间存在显著差异,但是,通过方差分析发现东部地区的组内差异较大,也就是在东部地区内部的南北区域之间还存在差异,因此,需要将东部地区分成华北和东南两个区域进行研究。基于以上的分析结果,本书将两种区域划分方法进行了整合,最终划分出了 5 个文化区域:东北区域、华北区域、中部区域、东南区域和西部区域[①],之后对这个 5 个文化区域的人均月消费进行了独立样本 T 检验以及 Kruskal – Wallis 检验,检验结果发现,5 个区域在人均月消费方面存在显著差异,因此,本书将按照 5 个文化区域的划分方法进行新生代农民工消费行为的区

---

① 本书涉及全国城镇居民的数据均来自《2018 中国统计年鉴》,http://www.stats.gov.cn/tjsj/ndsj/2018/indexch.htm。

域差异比较。

三、各区域样本的对比数据

（一）新生代农民工的月收入和月消费对比

本书对比了5个文化区域的新生代农民工人均月收入水平与该区域城镇居民的人均月收入水平。结果显示：新生代农民工人均月收入都低于该区域的城镇居民人均月收入。其中，华北地区的新生代农民工与城镇居民之间的月均收入差距最大，其次为东南和西部地区，而东北地区和中部地区的月收入差距最小。从新生代农民工人均月收入水平来看，收入最高的区域为东南地区，其次为华北地区，人均月收入最低的为东北地区。[①]

表3-1从不同的角度显示了5个文化区域的新生代农民工的人均月消费水平和相对区域差异。具体分析如下：第一，在月消费水平方面，东南地区的人均月消费金额最高、其次是中部地区，而华北和西部地区的人均月消费金额最低。虽然华北地区的北京市和天津市的人均月消费金额较高，但是，其包含的山西省和河北省的人均月消费水平很低，直接拉低了整个华北地区的人均月消费水平，同时，该区域的消费储蓄比例也为全国最低（见图3-1），即相比于消费，当地新生代农民工更倾向于储蓄，导致人均消费水平处于全国最低。第二，相对平均离差，即区域内消费水平和消费均值的离差与消费均值之比的绝对值，用以表示区域消费水平的相对分散情况。数据显示，华北地区的相对平均离差最大，中部地区其次，西部地区最低。因此，华北地区的新生代农民工消费水平相对分散程度最大。第三，极值差率即最高消费值与最低消费值之间的比率，用以反映区域内相对差异的最大变动幅度。数据显示，东北地区的极值差率最大，华北其次，中部地区最低，说明东北地区新生代农民工消费水平的相对差异变动幅度最大。第四，极均值差率是最高消费值与人均月消费值的比率或者是人均月消费值与最低消费值之间的比率，用来反映各区域内新生代农民工的消费偏离平均值的程度。数据显示，东北地区的极均值差率最高，华北其次，中部地区最低，说明东北地区新生代农民工的消费偏离平均值的程度最大。第五，变异系数是在标准差的基础上，计算其与消费均值之比，能够反映各区域内新生代农民工消费值的离散程度。数据显示，华北和中部地区的变异系数最高，西部地区最低，因此，华北和中部地区新生代农民工消费的相对差异最大。

---

① 本课题组调查问卷所得。

表3-1　5个文化区域新生代农民工的人均月消费水平和相对区域差异

项目		东北地区	华北地区	东南地区	中部地区	西部地区
新生代农民工人均月消费（元）		1 738	1 577	1 886	1 806	1 713
新生代农民工人均月消费的相对差异指标	相对平均离差	0.51	0.534	0.51	0.531	0.47
	极值差率	123	105	81	47	53
	极均值差率	8.19	7.96	7.11	5.20	5.53
		14.98	13.14	11.43	9.03	9.51
	变异系数	0.77	0.834	0.78	0.835	0.68

资料来源：本书整理。

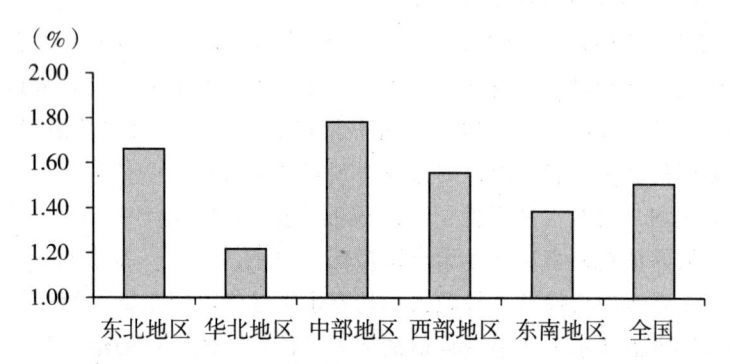

图3-1　不同区域新生代农民工消费—储蓄比例

为了检验各区域新生代农民工月收入对月消费的影响，本书构建了方程：$Y = \beta X + e$，其中 Y 表示该区域新生代农民工的月消费，X 表示该区域新生代农民工的月收入，表3-2显示了各个区域月收入和月消费的回归结果。从数据可以看出，各个区域的月收入对月消费都具有显著正向影响，但是，影响系数不同。其中，中部地区的影响系数最高，东南其次，华北最低。也就是说，中部地区新生代农民工的月收入对月消费的影响最大。

表3-2　各区域月收入对月消费的回归结果

地区	模型拟合		标准化系数	t
	调整后 R^2	F 值	B	
东北	0.112	235.169	0.334	15.335
华北	0.083	70.201	0.289	8.379

续表

地区	模型拟合		标准化系数	t
	调整后 R^2	F 值	B	
东南	0.193	174.769	0.44	13.22
中部	0.236	80.564	0.481	8.851
西部	0.112	63.781	0.338	7.795

资料来源：本书整理。

（二）新生代农民工的消费—储蓄比例对比

王宁（2003）指出，中国传统消费行为模式体现之一即为消费—储蓄比例的选择（王宁，2003）。本书对比了各个区域的新生代农民工的消费—储蓄比例。数据显示，每个区域的新生代农民工消费—储蓄比例均大于1，即消费倾向（消费—收入比例）均大于50%。虽然东南和华北地区的人均月收入居于领先，但是，其消费—储蓄比例却相对较低，尤其是华北的消费—储蓄比例远远低于其他区域，而人均月收入最低的中部地区和东北地区，其消费—储蓄比例却分别位于首位和次位。基于对过去文献的研究、样本数据的分析和对部分新生代农民工的深入访谈，本书认为数据上的反差主要是由两个原因导致的：一方面，高收入区域的新生代农民工拥有更多的可支配资金，每个月能够用于储蓄的资金额度相对较高，因此，消费—储蓄比例相对较低；而低收入区域的新生代农民工在满足了基本的生活必要消费支出后，可用于储蓄的资金十分有限（鱼鸿杰，2013），因此，消费—储蓄比例相对较高；另一方面，全国城市房价排行榜前10名中，有9个城市位于华北和东南地区[①]，高房价、高物价给在当地居住的新生代农民工带来了很大的生活压力，且由于这些地区的职业竞争也相对激烈，因此，他们对于未来收入存在一定的不确定性。臧旭恒与裴春霞（2007）在研究中指出，未来收入的不确定性是中国居民进行储蓄的主要原因，且农村居民对不确定性的反应则要比城镇居民更加敏感。因此，他们的储蓄占比会相对较高，也就相应降低了消费—储蓄比例。

（三）新生代农民工的消费结构对比

消费结构是指居民在生活消费过程中，不同类型消费的比例及其相互之间的

---

① 资料来源：全国房地产市场数据中心：《2014 年 1 月全国城市房价排行榜前 100 名》，https：//baike.baidu.com/item/2014%E5%85%A8%E5%9B%BD%E6%88%BF%E4%BB%B7%E6%8E%92%E8%A1%8C%E6%A6%9C/13028473? fr = aladdin。

配合、替代、制约的关系（易丹辉与尹德光，1994）。然而由于各区域的物价水平之间存在差异，因此，单纯比较每个区域在各项上的人均月消费支出金额无法全面呈现各区域消费者之间的消费行为差异。本书用不同项之间的消费比例来展现消费结构，并将之与该区域的城镇居民消费结构进行对比。从表3-3的全国数据来看，新生代农民工和城镇居民的消费结构存在一定的差异，新生代农民工在食品方面的支出比例远远低于城镇居民，而文娱方面的支出比例均高于城镇居民；两者消费比例最接近的支出项为衣着，其次是居住和交通通信支出；同时，新生代农民工的医疗支出比例均低于城镇居民。从区域数据来看：全国各个区域在食品方面的支出占比最高的为华北和东南地区，中部地区的比例最低，东北地区的新生代农民工和城镇居民的食品支出比例差距最小，而中部地区的差距最大；居住支出占比最高的区域是东北地区和东南，同时，东南地区的新生代农民工和城镇居民的居住支出比例差距也最大，其他区域的占比和差距基本持平；衣着支出占比居首位的区域为东北地区和华北，且只有东南地区的新生代农民工与城镇居民的衣着支出比例差距较大；文娱支出占比位居前列的地区是中部地区和西部地区，同时，中部地区的新生代农民工与城镇居民在文娱方面的支出比例差距最大，东北地区差距最小；各区域新生代农民工在交通通信和医疗支出的占比基本持平，东南地区的新生代农民工与城镇居民在交通通信方面的支出比例差距最大，而东北地区的新生代农民工与城镇居民在医疗方面的支出比例差距最大。

表3-3　　5个区域新生代农民工和城镇居民的消费结构对比　　单位：%

地区	来源	食品支出占比	居住支出占比	衣着支出占比	文娱支出占比	交通通信支出占比	医疗支出占比	其他占比
东北	新生代农民工	25	12	13	22	8	3	17
	城镇居民	34	10	13	11	13	9	10
华北	新生代农民工	26	11	13	24	9	3	15
	城镇居民	33	10	12	12	15	7	11
东南	新生代农民工	26	13	12	24	9	2	14
	城镇居民	38	8	8	13	17	5	11
中部	新生代农民工	22	10	11	29	8	2	17
	城镇居民	38	9	13	12	12	7	10
西部	新生代农民工	25	10	12	25	8	3	17
	城镇居民	38	8	13	10	13	7	11

续表

地区	来源	食品支出占比	居住支出占比	衣着支出占比	文娱支出占比	交通通信支出占比	医疗支出占比	其他占比
全国	新生代农民工	25	12	12	24	8	3	16
	城镇居民	36	9	11	12	14	7	11

资料来源：本书整理。

为了进一步研究各个区域消费结构中的每项对于该区域月消费水平的影响，本书构建了回归方程：$Y = \beta_1 X_1 + \beta_2 X_2 + \beta_3 X_3 + \beta_4 X_4 + \beta_5 X_5 + \beta_6 X_6 + e$。结果显示：东北地区的各项消费中，文娱支出对人均月消费的影响系数最大，食品支出其次，而医疗支出和交通通信支出的影响系数最小；华北地区的食品支出的影响系数最大，文娱支出其次，居住支出也较高，而医疗支出和衣着支出的影响系数最小；东南地区的文娱支出的影响系数最大，食品支出其次，医疗支出和衣着支出的影响系数最小；中部地区的文娱支出的影响系数最大，食品支出其次，医疗支出和交通通信支出的影响系数最小；西部地区的文娱支出的影响系数最大，食品支出其次，医疗支出和交通通信支出的影响系数最小。将各个区域的影响系数进行对比可以发现：东北地区的衣着支出的影响系数最高；华北地区的食品支出和居住支出的影响系数最高；东南地区的交通通信支出的影响系数最高；中部地区的文娱支出的影响系数最高；西部地区的医疗支出的影响系数最高。

（四）新生代农民工对人力资本和社会资本投入的对比

人力资本是通过对人力的投资而形成的资本，是指凝集在劳动者本身的知识、技能及其表现出来的劳动能力（Schultz，1961）。因此，新生代农民工对学习的投入，其实就是对于自身人力资本的投资。社会资本是广泛存在于社会网络关系之中并能够被行动者投资和利用以便实现自身目标的社会资源。作为一定的社会关系网络，它存在于人们的交往中（Schultz，1961），因此，新生代农民工对人情关系的投入算是一种社会资本投入。表3-4显示了不同区域新生代农民工的人力资本和社会资本投入的消费数据。人力资本投入方面：全国有40%的样本曾有过学习消费支出。其中，中部地区的人数比例最大，达到了48%，其次为西部地区，为46%，而东北地区的人数比例最小，仅为36%，华北和东南地区基本接近。中部地区的学习消费支出金额最高，其次为东南地区，而东北地区的学习消费支出金额最低。社会资本投入方面：全国有42%的样本曾经进行过人情往来消费，人均每月人情往来支出为232元。区域数据显示，东北地区的人数比例最高,其他区域的人数比例基本相同。同时,数据表明,东北地区人情往来的支出金额最高,而华北地区的金额最少。

表3-4 不同区域新生代农民工的人力资本和社会资本投入的消费数据

地区	人力资本投入		社会资本投入	
	人均每月学习支出(元)	人数占比(%)	人均每月人情支出(元)	人数占比(%)
东北	196	36	250	44
华北	229	41	204	42
东南	257	41	236	41
中部	301	48	234	42
西部	233	46	209	41
全国	227	40	232	42

资料来源:本书整理。

那么新生代农民工对于人力资本和社会资本的投入对该区域的月收入是否有显著影响呢?为了回答这个问题,本书构建方程:$Y = \beta_1 X_1 + \beta_2 X_2 + e$。表3-5为不同区域新生代农民工的人力资本和社会资本投入对月收入的回归结果,从数据可以看出,各个区域的社会资本投入对月收入的影响系数均高于人力资本投入,同时,东北地区、东南和西部地区的人力资本投入对月收入的影响不显著。人力资本投入的影响系数最高的区域是中部地区,其次是华北地区。而社会资本投资的影响系数最高的区域是东南,其次是东北地区,中部地区最低。

表3-5 不同区域新生代农民工的人力资本和社会资本投入对月收入的回归结果

地区	模型	模型拟合		标准化系数	t	sig.
		调整后 R^2	F值	B		
东北	(常量)	0.071	72.599		57.963	0.000
	人力资本投资(X_1)			0.044	1.935	0.053
	社会资本投资(X_2)			0.256	11.256	0.000

续表

地区	模型	模型拟合		标准化系数	t	sig.
		调整后 R^2	F 值	B		
华北	（常量）	0.077	33.189		39.815	0.000
	人力资本投资（X_1）			0.096	2.702	0.007
	社会资本投资（X_2）			0.243	6.840	0.000
东南	（常量）	0.137	59.172		34.417	0.000
	人力资本投资（X_1）			0.043	1.235	0.217
	社会资本投资（X_2）			0.364	10.437	0.000
中部	（常量）	0.063	49.545		17.961	0.000
	人力资本投资（X_1）			0.135	2.151	0.000
	社会资本投资（X_2）			0.279	3.571	0.000
西部	（常量）	0.057	15.773		32.543	0.000
	人力资本投资（X_1）			0.078	1.876	0.073
	社会资本投资（X_2）			0.252	5.507	0.000

资料来源：根据本书整理。

（五）新生代农民工对高科技产品和奢侈品的消费对比

本书通过新生代农民工对高科技产品和奢侈品的消费数据，来研究他们的消费心理和炫耀性消费行为。研究在问卷中设置了"学习类电子产品（包括电脑、电子词典、学习机、电子书等）年度消费金额"和"娱乐类电子产品（包括电脑、游戏机、MP3 等）年度消费金额"两个题项，因此，本书所指的高科技产品消费主要是这两类产品的消费。表 3-6 显示了新生代农民工的电子产品和奢侈品的消费数据。通过数据可以看出，53% 的样本曾经购买过电子类产品。其中，中部地区的人数比例和对电子产品的支出金额最高，而东北地区的人数比例和支出金额均最低。奢侈品方面，全国仅有 9% 的人曾经购买过奢侈品，同时，人均年度奢侈品支出为 1 614 元，属于奢侈品入门级的价位。从区域来看，中部地区的人数比例最高，而东北地区的人数比例最低。其中年度奢侈品消费最大金额出现在东南地区，金额为 20 000 元，而人均年度奢侈品支出金额最高的地区为中部地区，其次是东北地区和东南地区，华北地区的人均年度奢侈品支出金额最低。

表 3-6　　新生代农民工的电子产品和奢侈品消费数据

地区	电子产品消费情况		奢侈品消费情况		
	人均每月电子类产品支出（元）	人数占比（%）	年度购买奢侈品最大金额（元）	人均年度奢侈品支出（元）	人数占比（%）
东北	191	50	10 000	1 625	7
华北	222	55	15 000	1 147	9
东南	242	57	20 000	1 393	10
中部	276	59	15 000	3 692	12
西部	216	52	10 000	1 261	9
全国	215	53	20 000	1 614	9

资料来源：本书整理。

四、研究结论分析

本书通过对中国5个文化区域的新生代农民工月收入水平、月消费情况、消费—储蓄比例、消费结构、对人力资本和社会资本的投入以及电子产品和奢侈品的消费数据进行分析和对比，发现月收入是影响新生代农民工消费行为的重要因素，但在每个文化区域，收入对消费的影响力度并不相同。同时，除了收入之外，还有其他影响因素影响新生代农民工的消费行为。首先，不同的区域文化会影响新生代农民工的消费观念以及其做出的消费选择；其次，不同区域的经济发展水平和生活压力程度会影响新生代农民工的消费倾向、消费—储蓄比例以及消费结构；再次，不同区域的物价水平，尤其是房价、食品、教育和娱乐的消费价格会影响新生代农民工的整体消费水平；最后，不同区域的城镇居民消费结构会影响新生代农民工的消费结构和消费选择。

根据各种数据的分析和探讨，本书针对每个文化区域的具体结论如下：

（1）基于东北地区的结论。东北地区的新生代农民工人均月收入水平相对较低，但是，与当地城镇居民的人均月收入差距最小，相对生活压力较低，因此，其消费—储蓄比例较高，消费倾向较强。该区域的消费水平的相对差异变动幅度和消费偏离平均值的程度较大。东北地区的新生代农民工的消费行为还处于保守向开放的转型初期，消费结构依然以传统的食品和居住支出为主导，文娱支出比例亦属全国最低，但是，该区域的新生代农民工注重衣着，衣着支出对消费的影响系数位居全国首位。同时，消费心理上相对保守，对于电子产品的接受程度比较低。炫耀性消费在东北地区仅处于萌芽阶段，购买人数的比例较低，但是，人均年度奢侈品支出金额比较高，即曾经购买过奢侈品的新生代农民工愿意为奢侈品支付较高的金额。特别需要注意的是，东北地区新生代农民工对学习的投入处于全国末位，而对人情往来的投入位居全国之首。也就是说，相对于自身人力资本的投入，他们更加注重对社会资本的投入。这部分原因是东北地区的新生代农民工对于社会资本的投入能够带动其月收入的增长，社会资本投入对于月收入的影响系数位居全国前列。

（2）基于华北地区的结论。华北地区的新生代农民工人均月收入水平处于全国中游，但是，与当地城镇居民的人均月收入差距最大，相对生活压力较大，因此，其消费—储蓄比例最低，消费倾向较弱，月收入对于月消费的影响系数亦为全国最低，但食品和居住支出对消费水平的影响系数位列全国之首。同时，该区域新生代农民工消费水平较为分散且相对差异很大。当地新生代农民工的消费行为逐渐趋向市民化，消费心理也比较开放，能够接受高科技产品的人群比例相对较高。同时，相对于人情往来的社会资本投入，当地新生代农民工更重视对自身人力资本的投入，他们愿意为学习投入更高的金额，这部分原因是其对于人力资本的投入能够带来月收入的增长。炫耀性消费的人群比例高于东北地区，但是，年度奢侈品人均支出金额并不高，消费行为比较谨慎和实际。

（3）基于东南地区的结论。东南地区的新生代农民工人均月收入水平位居全国首位，但是，与城镇居民的人均月收入差距较大，消费—储蓄比例很低，月收入对于月消费的影响力度较大。东南地区的城市多为沿海开放城市，经济发展速度比较快，因此，消费心理较为开放，消费结构多样且消费行为最趋向市民化。当地新生代农民工注重物质和精神的双重享受，既愿意为娱乐消费买单，也愿意为电子产品和奢侈品支付较高金额，奢侈品消费金额的最大值也出现在东南地区，炫耀性消费行为在该地区相对显著。同时，华东地区新生代农民工非常重视自身人力资本的投入，但是，对于社会资本的关注程度却相对较低。

（4）基于中部地区的结论。中部地区的新生代农民工人均月收入水平处于全国中游，但是，与当地城镇居民的人均月收入差距最小，消费—储蓄比例最高，具有强烈的消费倾向。中部地区新生代农民工消费的相对差异变动幅度和偏离平均值的程度均为全国最低。中部地区的新生代农民工与当地城镇居民的消费行为之间的差异比较大，尤其在食品和文娱支出方面。特别需要注意的是，中部地区虽然属于内陆地区，但是，当地新生代农民工对于精神和物质方面的享受趋于沿海的东南区域。一方面，他们对于奢侈品和电子产品都有较强烈的消费意愿，购买过奢侈品和电子产品的人数比例较高,且愿意为奢侈品和电子产品支付的金额也位居全国首位;另一方面,他们又拥有较高的学习热情,愿意对自身人力资本进行投资,其人力资本投入对于月收入的影响系数为全国最高。但是,其对社会资本的投入相对较低,其社会资本投入对月收入的影响系数为全国最低。本书认为这种趋势一方面是因为中部地区毗邻东南地区,因此,相对容易受到东南地区的影响;另一方面是由"返乡潮"造成的。当新生代农民工从沿海大城市返回当地务工时,他们不仅带回了技术,也带回了沿海城市的消费理念和消费方式。同时,中部地区的生活压力又小于东南地区,因此,中部地区的新生代农民工消费行为与东南地区存在一定的相似性,甚至在生活享受方面超越了东南区域。

(5) 基于西部地区的结论。西部地区的新生代农民工人均月收入水平较低,而与当地城镇居民的人均月收入差距也处于全国中游,但是,消费—储蓄比例却相对较高,具有较高的消费倾向。该区域新生代农民工消费的相对分散程度和相对差异均为全国最低。通过对数据的分析和与部分新生代农民工的访谈发现,随着中国"西部大开发"政策的逐渐实施,越来越多的企业迁移到西部地区,尤其是四川省和重庆市,因此,许多西部地区的农民工选择就近在西部地区当地务工。样本中来自西部地区的新生代农民工中有65%以上都选择了在当地务工。他们离家较近,因此,生活压力也相对较小,所以,大部分人选择将月收入用于消费。此外,这部分新生代农民工从小就在当地长大,故与当地城镇居民的消费行为比较接近,他们重视物质享受,愿意为娱乐支付较高比例的金额。但是,在西部地区务工的新生代农民工的消费心理相对保守,对于电子产品和奢侈品的接受程度相对较低。此外,他们拥有一定的学习热情,愿意为自身的人力资本进行投资,而人情往来方面的社会资本投入金额较低。

本书通过对全国5个文化区域的31个省区市新生代农民工的问卷调查数据分析,指出中国各个区域的新生代农民工消费行为之间的差异以及各自的特点。本书结论对于未来的研究发展、政府引导新生代农民工的消费以及相关的企业管理实践都有一定的借鉴意义。

从学术研究角度来看,本书通过对基础数据的分析来探讨新生代农民工消费行为的区域差异,并分析了消费行为差异的影响因素。研究发现不同文化区域的新生代农民工在消费行为方面存在显著差异,并从月收入和月消费水平、消费—储蓄比例、消费结构、人力资本投入、社会资本投入、高科技产品消费以及奢侈品消费方面进行了差异分析,这就为未来研究拓展了新的思路。但是,本书的数据仅是一年的数据,未来研究可以收集和分析几年内的动态数据,从而更加深入地探究不同文化区域的新生代农民工之间的消费行为差异。

从政府的角度来看,本书结论有助于政府更具针对性地引导不同文化区域的新生代农民工的消费,具体建议如下:第一,研究发现新生代农民工的月收入水平能够显著影响其月消费水平,因此,政府可以通过调整新生代农民工的收入分配结构,缩小其与城镇居民之间的收入差距来提高新生代农民工的消费水平。第二,政府应该重视新生代农民工的社会资本投入,因为其社会资本投入的增加能够带动月收入的提升,进而增加消费。尤其在东南、东北地区等地区,政府可以调动资源来促进新生代农民工之间的联系,为他们的互动创造条件和机会,例如鼓励这些区域的新生代农民工效仿其他区域农民工的做法,成立民间新生代农民工协会等组织,通过一种非正式组织的形式,让新生代农民工形成资源整合的纽带等。第三,政府如果希望加大新生代农民工对于人力资本的投入力度,就需要让新生代农民工看到人力资本投入的回报和效果,让他们感受到人力资本投入的重要性。例如在东南这种重视人力资本投入,但是,人力资本投入却对月收入没有显著影响的区域,政府应该建立更加完善的培训评估体系,鼓励企业将新生代农民工的收入评估与培训评估体系结合起来,从而更好地调动和鼓励当地新生代农民工投入人力资本。第四,政府应该重视新生代农民工的娱乐消费,因为多个区域的文娱消费对月消费的影响系数都高于食品支出和居住支出。政府可以鼓励和引导新生代农民工用学习和娱乐来充实平时的休闲生活,提高他们的文娱消费倾向,进而促进整体消费水平的上升。

从企业的角度来看,本书给出以下管理建议:首先,新生代农民工是一个非常具有消费潜力的群体,他们的月收入水平虽然低于城镇居民,但是,他们也有享受生活的意愿,他们也会为衣着、娱乐等物质和精神享受进行投资,因此,新生代农民工对于企业来说应该是一个极具开发潜力、值得投入的市场,应该有针对性地被纳入企业的目标受众之中。其次,部分新生代农民工已经意识到学习对于提升自己人力资本的重要性,他们愿意投入学习之中,为学习支付费用。同时,企业也应该注意到,相对于东南、华北和中部地区,东北地区和西部地区的新生代农民工学习热情还并不是很高,但这也正好是企业的市场契机,企业可以根据每个区域新生代农民工对于学习的投入程度来设计各种培训产品和资料,提供更加多元化的选择,并进行差异化定价来满足不同区域的新生代农民工的需求。再次,对于新生代农民工来说,人情往来是日常生活中的重要组成部分,尤其对于东北地区和西部地区的新生代农民工来说,他们愿意将每月的部分收入用于人情往来的投入,也就是社会资本的投入,因此,企业可以在这个部分发现更多的潜在机会,例如礼品公司可以针对新生代农民工推出一些合适的产品,餐厅、娱乐场所等也可以适当地为新生代农民工的聚会提供更多的选择。最后,炫耀性消费在新生代农民工中处于萌芽阶段,尤其是东南地区等的沿海开放城市,可以作为企业前期的开发重点,这里的新生代农民工虽然在收入上无法与当地城镇居民处于相同水平,但是,他们在消费心理和消费行为上努力向城镇居民靠拢,他们中的少数人已经开始使用电子产品和奢侈品,并尝试通过电子产品、奢侈品等来保持与城镇居民的"一致性",因此,对于化妆品、护肤品、小皮具和配饰等入门级奢侈品牌,可以考虑为东南、中部地区的新生代农民工量身定制一些营销策略。总之,对于企业来说,新生代农民工是一个潜力无限的消费市场,他们之间拥有一定的共通性,而不同文化区域的新生代农民工在消费行为方面又存在一定的差异,企业只有巧妙地把握和运用这些差异才能更好地在新生代农民工这个细分市场上创造属于自己的舞台。

第三节　新生代农民工消费行为与收入的关系

收入与消费是学界经常探讨的两个相关变量。收入是个体消费活动的基本前提,是支持消费活动的最根本基础。传统经济学将收入看作是研究消费决策的内生变量,无论是凯恩斯的绝对收入假定、杜森贝利的相对收入假定,还是弗里德曼的持久收入假定,其主要关注的都是收入对消费的影响(凯恩斯,1999;杜森贝利,1968;Friedman,1968),并有相当部分研究通过构建数理模型证明了收入水平是消费决策的约束条件(Della Valle et al.,1976;马骊与孙敬水,2008)。如前面所述,本书通过大规模数据分析,也证实了新生代农民工的收入状况对其消费行为具有显著影响。以往对于收入与消费的研究中,学者们多沿着这一单向的逻辑,即以收入作为消费的前提,将收入作为前置变量来探究其对消费的推动或抑制作用,并以收入为出发点,提出促进消费、拉动内需的政策建议。那么,这一单向的作用路径是否能准确地描述出收入与消费间的关系呢?实际上,当我们转换视角,由消费出发进行反观和逆向思考,就会有这样的问题出现:消费能否影响到收入的增长?哪些消费项目和内容可能会促进到收入的增长?对于这一新的研究视角,以及与此相对应的消费对收入的逆向作用机制,目前还鲜有学者进行研究。

在整个消费系统中,不同于那些满足人们基本生理需求的消费项目,文化消费对于个人的成长和发展有着特殊的意义(布迪厄,1997)。文化消费作为一个集物质消费与精神活动于一体的过程,具有显著的增值性,从而使消费个体能够获得更为广阔的发展空间,并在更大的可能性上提高其收入水平。因此,对于文化消费的关注和研究,为我们提供了一条探讨消费对收入逆向作用机制的新思路。文化消费发展到现在，其对经济发展的巨大潜力已成为学界共识，现有关于文化消费的研究也主要集中在其与经济增长的关系上，强调的是文化消费在宏观层面上对于拉动内需、促进经济增长的作用（程恩富，1993；戴元光与邱宝林，2009），但是这种宏观上的作用具体到个体民众，特别是例如新生代农民工这样的低收入群体，如何能够给予其充分的理由，从而使其能够认识到个人消费行为与宏观经济发展的重要联系，并愿意将文化消费行为付诸实践，这恐怕还有一定的难度，而这也正是当前研究的欠缺所在。简言之，现有关于文化消费的研究仅仅关注到了宏观层面上的重要意义，却忽视了文化消费与个体收入和生活的具体联系，而只有在微观层次上明确了文化消费对于个体，特别是低收入群体在提高收入、改善生活质量上的重要意义所在，才能保证文化消费实现其对宏观经济发展的巨大拉动作用。对于新生代农民工群体而言，文化消费与收入关系的证明，将成为他们具体实践文化消费行为的可靠依据。

基于此，本书利用大样本调查数据，进行新生代农民工文化消费对其务工收入逆向作用机制的实证研究。具体而言，聚焦于教育型文化消费项目，分析新生代农民工教育型文化消费、人力资本及其务工收入之间的作用路径，检验拓展性人力资本在新生代农民工教育型文化消费与其务工收入之间的中介作用，进而填补文化消费与收入关系研究中的空缺，并据此为新生代农民工提升务工收入提供对策建议。

一、文献综述与假设提出

文化消费主要是指人们为了满足自己的精神文化需要而采取不同的方式来消费精神文化产品和精神文化服务的行为（徐淳厚，1997）。文化消费包括教育、旅游、文体娱乐等在内的各项产品和服务（程洪海与薛华，2006）。总体而言，文化消费主要分为两大类，教育型文化消费和娱乐型文化消费，前者包括接受知识传播、掌握技能方法等形式的消费活动，后者则包括进行艺术审美和文体活动、实现人际交流等类型的消费活动（陈文江与江波，1995）。

穆勒（Mill）在 1991 年对消费进行了"生产性"与"非生产性"的划分，他指出消费者在"保持或改善健康、体力和工作能力等方面的消费乃是生产性消费，但是娱乐或奢侈方面的消费，则不会有任何进步，所以是属于非生产性的"。[1] 生产性消费对于个人的贡献主要体现于再生产能力的加强，这意味着个体的劳动能力会随生产性消费而提升，同时获得高水平收入的机会也会相应增

---

[1] 约翰·穆勒著，朱泱、赵荣潜译：《政治经济学原理》（上卷），商务印书馆 1991 年版。

多。根据穆勒对消费的划分，以接受知识、学习技能为主的教育型文化消费属于生产性消费，其对"生产性"与"非生产性"消费的划分实际上是教育型文化消费与娱乐型文化消费概念的另一种表达方式。从文化消费视角看，这种区分强调了教育型文化消费对个体再生产能力和个人价值创造能力的提升作用，这一作用在微观的个体层面，是以更为直观的形式表现出来的，收入水平便是其中之一。也就是说，对应于生产性消费提升再生产能力的效应，教育型文化消费对于个体收入的提升具有促进作用。具体到新生代农民工群体身上，这一作用也不例外。王萌、赵小璐与王松（2011）在其对入北京农民工文化消费的调研报告中指出，新生代农民工普遍愿意进一步学习，愿意为再教育和培训支出费用，以期在北京得到更好的工作机会，获得更高的收入。同时，罗峰与黄丽（2011）在对新生代农民工非农收入的影响因素分析中也指出，业余的教育文化支出对新生代农民工的非农收入有正向影响。这些研究都证明了教育型文化消费对于新生代农民工提升自我、增加收入的重要意义。

由于本章节研究的目的在于从文化消费出发，探索新生代农民工收入提升的路径，因此基于穆勒对"生产性"与"非生产性"消费的区分，本书将对文化消费的探讨聚焦于教育型文化消费上。同时，对于新生代农民工的务工收入，本书同时关注其月收入、收入变化及合同签订情况，以此来全面了解他们的务工收入状况。基于以上分析，本书提出如下假设：

H_{3-1}：教育型文化消费对新生代农民工（a）月收入、（b）收入变化及（c）合同签订具有正向影响。

之前在进行收入的影响因素分析时，曾对人力资本的概念进行过简单介绍，在此，将对其内涵进行更详细的阐述，同时进一步阐明人力资本对新生代农民工月收入、收入变化及合同签订情况的更详尽的影响。人力资本是个人所具备的才干、知识、技能和资历（舒尔茨，1990）。劳动者对人力资本的投资会形成他们身上所具有的人力资本，当人力资本在劳动者那里以智力和体力的形式体现出来，并进一步应用于劳动中时，其对增加收入的影响便相应而生（Hayami & Ruttan, 1971; Behrman, 1990）。现有文献中，很多研究均证明了人力资本对于收入的提升作用。在国外，侯赛因和莱姆（Hossain & Lamb, 2012）在其研究中验证了以教育和健康状况测量的人力资本对加拿大人就业收入的影响；乔莫和西科德（Djomo & Sikod, 2012）则实证检验了人力资本对农业生产率和喀麦隆农民收入的正向作用，结果表明农民教育年限和工作经验每提高一年，都会带来农民收入的增加；在我国，任国强（2004）对天津地区农民非农就业的收入研究结果证明，以劳动力文化程度来测量的人力资本对于农民的非农收入具有显著的正向作用；张银、李燕萍（2010）对农民人力资本与其绩效的关系进行了研究，结果证明，收入作为农民绩效的主要构成部分，会随着人力资本的提高而获得显著的提升；苏群、周春芳（2005）对农民工打工收入的研究表明，农民工的人力资本可以显著提升其打工收入。同时，针对新生代农民工群体，王李（2012）专门就教育投资进行研究，并指出新生代农民工人力资本积累不足，是制约其非农收入增加的主要因素；罗峰与黄丽（2011）的研究则证明了受教育年限、培训以及务工经验对新生代农民工非农收入的影响。以上学者的研究，为人力资本与新生代农民工务工收入关系的论证提供了理论依据，但值得指出的是，这些研究对于人力资本项目的关注大多呈现在一个层面上，列举了人力资本各相关项目对于收入的影响，而实际上，人力资本积累中的各项内容对个体收入提升的作用方式是不同的。具体而言，人力资本对新生代农民工务工收入的影响实际上会体现在两个层面，首先，体现为务工前及务工过程中原初性或自发性的人力资本积累，具体包括受教育水平、外出务工年限、健康水平等，这一层面的人力资本积累或在新生代农民工进城务工之前已经完成，例如受教育程度；或跟随新生代农民工在务工过程中自然积累和改变，例如务工年限和健康水平，这些项目基本不受后期文化消费和投资的影响，且在新生代农民工群体内部的差异也并不显著，呈现出群体同一性的特征。在本书中，这类人力资本积累被称为基础性人力资本，而基础性人力资本对于新生代农民工收入的影响是具有群体稳定性的。其次，人力资本的积累更体现为一种能动性的投资和累积过程（Neagu，2012），即在新生代农民工进入城市之后，经由自主能动的教育型文化消费支出所形成的人力资本积累，这里我们称其为拓展性人力资本积累，相比于基础性人力资本项目，拓展性人力资本项目在很大程度上会受到新生代农民工自我认知和意愿的影响，而不同的新生代农民工，其对于拓展性人力资本投资和积累的认知及意愿也不相同，这在新生代农民工群体内部本身呈现出很大的差异，此种差异同样反映在务工收入上。相比于具有原初性和群体稳定性的基础性人力资本积累，拓展性人力资本在影响新生代农民工务工收入的过程中会更加能动有力。基于以上对于人力资本两个层次的区分，本书提出如下假设：

H_{3-2}：基础性人力资本对新生代农民工（a）月收入、(b) 收入变化及（c）合同签订具有正向影响。

H_{3-3}：拓展性人力资本对新生代农民工（a）月收入、(b) 收入变化及（c）合同签订具有正向影响。

H_{3-4}：相比于基础性人力资本，拓展性人力资本对新生代农民工（a）月收入、(b) 收入变化及（c）合同签订的正向影响更大。

文化消费的实践有助于开拓个体自我实现的潜能（Miller，1987），因为在文化消费中，透过自我异化，主体可以通过自我疏离的状态熟悉自我，从而开发自我，并实现对文化的创制（戴元光与邱宝林，2009）。文化消费，特别是教育型文化消费的行为与选择关系到个体人力资本的积累过程。占足平（2002）在其对文化消费的论述中提到，文化消费通过教育的影响开发人的潜能，形成人力资本并作用于经济以提高工业效率，这一路径是文化消费所具经济效益的最主要形式。赵霞与杨筱柏（2011）在关于农民消费问题的研究中指出，农民科学、理性的文化消费有助于实现农村"人力资源"向"人力资本"的转变，他们从人力资本投资理论出发，呼吁农民进行理性的文化消费，而其所指的理性文化消费主要是指以教育和技术培训为主的教育型文化消费。另外，舒尔茨（1990）和明塞尔（1989）都曾指出，医疗保健、教育培训与人力迁移等都属于人力资本投资活动。人力资本的投资过程同时也是一个消费物质商品和服务的过程（白菊红，2002），根据这一逻辑，诸如购置书籍报刊、参与付费培训与讲座、购置学习型电子产品等教育型文化消费选择本身可以视为是人力资本的投资过程。

对于新生代农民工而言，由于他们较早的结束了学校教育而进入城市务工，因此，包括正规教育、劳动迁移在内的传统人力资本积累过程均已结束或实现；同时，医疗保健与工作经验的累积作为人力资本的积累过程，在新生代农民工群体内部呈现同一性的特征。所以在进入城市之后，新生代农民工群体内部，个人的人力资本积累主要体现在拓展性人力资本上，同时拓展性人力资本积累主要决定于其自主选择的教育型文化消费，也即教育型文化消费的选择成为新生代农民工人力资本积累的主要方式。本文据此提出如下假设：

H_{3-5}：教育型文化消费对新生代农民工的拓展性人力资本有正向影响。

作为一种内生性的资本形成，人力资本可以发挥中介变量的作用，从而有力地解释了企业内的外生变量对组织绩效和员工绩效的内在作用机制（Chen & Chang, 2013; Jiang, 2012）。高素英等（2011）对中国企业人力资源管理人员的实证研究表明，人力资本在人力资源管理实践与企业绩效间有中介作用；陈云云等（2009）则探讨了人力资本在高绩效人力资源管理与员工绩效之间的中介效应。另外，在更为宏观的层面上，人力资本还可以解释经济增长的"黑箱"。张晓秋等（2009）利用30个省区市18年来的面板数据，建立人力资本的中介效应模型来分析教育投资对我国经济增长的作用机理。人力资本的内生性影响机制可以进一步衍伸到对个人发展的探讨上，具体而言，教育型文化消费作为拓展性人力资本的前提，也将通过拓展性人力资本来影响个人的绩效和收入水平等。特别是对于新生代农民工群体，在进入城市务工之后，纯粹的通过学校教育而获得人力资本积累的机会已经基本结束，因此其人力资本积累的内隐性影响机制将主要体现在进城之后的教育型文化消费实践对收入的提升路径中，通过教育型文化消费，选择购置书籍、参加培训、再教育等项目，有助于形成拓展性的人力资本，再经由拓展性人力资本的积累，新生代农民工的收入水平随之提升。据此，我们提出拓展性人力资本在教育型文化消费与新生代农民工务工收入间的中介作用假设，即：

H_{3-6}：教育型文化消费通过拓展性人力资本影响新生代农民工的务工收入。

二、样本选择与研究设计

（一）变量设计与研究模型

本书以新生代农民工教育型文化消费和务工收入为主要研究内容，同时引入人力资本变量，用以解释教育型文化消费与新生代农民工务工收入关系的内在作用机制，根据研究的内容、研究假设以及所选变量，本书建构如下研究模型，如图3-2所示。

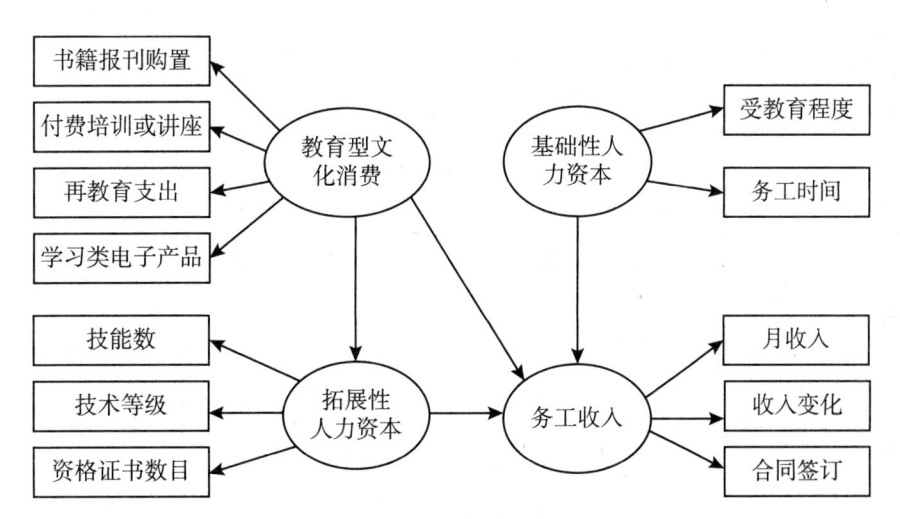

图3-2 新生代农民工教育型文化消费、人力资本与务工收入关系

资料来源：本书设计。

教育型文化消费是指人们在接受知识传播、掌握技能方法上的消费项目支出。作为本书的自变量，对于教育型文化消费的测量，我们将分别调查新生代农民工外出务工后，在教育型文化产品和教育型文化服务上的支出数额。需要指出的是，尽管对于个体，特别是对于"80后""90后"的青年，过去一段时间内，其在学校接受教育时的花费在整个文化消费中占有一定比例，但是由于本书所针对的是新生代农民工群体，尽管相对于第一代农民工，新生代农民工的受教育年限已有所增长，但总体而言，其受教育年限依然较短，而且大部分的"80后""90后"农民工接受的是义务教育，义务教育向农村学生减免费用，因此，对于这一群体而言，学校教育花费在其文化消费总额中所占比例并不大。另外，因为在受教育年限上，新生代农民工呈现出较大的同质性，而且，义务教育也在某种程度上不完全属于自愿行为，因此并不能体现出新生代农民工文化消费支出上的差异是否能带给他们不同水平的务工收入。而结束基本教育、进入城市之后，新生代农民工主要的文化消费行为则是完全基于自愿，但由于个体认知的不同，其相应的教育型文化消费支出也会呈现出很大的个体差异，因此对基础教育之外的文化消费，更有利于我们研究教育型文化消费对于新生代农民工务工收入的影响作用。

具体而言，针对新生代农民工，其接受知识、自主学习的文化用品主要包括如下项目：书籍报刊购置、学习类电子产品，包括电脑、学习机、电子词典、电子书等；教育型文化服务主要包括：成人教育报考的资料准备费及学费、技能培训、付费讲座等。在具体测量中，被调查者针对以上项目填写出其过去1年及过去3年内在各教育型文化消费项目上的支出金额，以此作为对教育型文化消费的测量指标。

当前，随着对人力资本的研究逐步深入，学界对人力资本的测度方式也逐渐扩展。广义上讲，受教育程度、务工时间、健康状况、培训等内容都属于个体人力资本范畴（Schultz，1999；Lucas，1988；Mushkin，1962；Grossman，1972；贝克尔，1987）。因本书旨在关注的是新生代农民工群体，而调研结果显示，90.4%的新生代农民工健康状况良好，且在之前的研究中也显示，健康状况对于新生代农民工收入水平的作用，不会具有显著的内群体差异，因此在本书的实证研究部分将不再检验健康状况对收入的作用。根据前面对人力资本两个层面的划分，本书选取受教育年限和务工时间两个指标对新生代农民工基础性人力资本进行测量。而对扩展性人力资本，通过测量新生代农民工在务工之后所习得的技能数、达到的技术等级和获得的资格证书来实现。

对于本书因变量的测量，研究选取三个项目来反映新生代农民工务工收入状况。三个测量项目分别是月收入、收入变化情况、劳动合同的签订情况。其中，月收入是指被调查者在被调查的时点上的当前月收入，用以反映新生代农民工的静态收入水平；收入变化情况是指，以一年为限，当前收入水平与一年前的收入变化，用以反映新生代农民工的动态收入水平；合同签订情况是调查新生代农民工是否签订了正规的劳动合同，用以反映新生代农民工当前收入的正规性和稳定性。具体变量定义和赋值情况如表3-7所示。

表3-7　　　　　　　　　　　变量定义及赋值

变量	测量项目	定义
文化消费	书籍报刊购置（元）	受访者在过去1年（及3年）在书籍报刊上的花销
	付费培训或讲座（元）	受访者在过去1年（及3年）参加培训讲座的花销
	再教育支出（元）	受访者在过去1年（及3年）参加成人高考、函授等教育项目的花销
	学习类电子产品（元）	受访者在过去1年（及3年）以学习目的购买的电脑、学习机等电子产品
拓展人力资本	拥有技能数	受访者在务工后拥有的技能种类
	技术等级	受访者所在行业或工作中所处的技术等级
	资格证书数目	受访者务工后获得的再教育证书、从业资格证书的数目
基础人力资本	受教育程度	受访者务工前的受教育年限
	务工时间	受访者自首次务工至今的务工年限
务工收入	月收入（元）	受访者当前的平均务工月收入
	合同签订情况	受访者是否签订了正规的劳动合同。1表示已签订；0表示未签订
	收入变化	受访者受访时与1年前比，务工收入的变化情况。其中1表示减少很多，2表示减少一点，3表示基本相同，4表示增加一点，5表示增加很多

资料来源：本书整理。

（二）样本的描述性统计分析

本书以前期获得的4 268份有效问卷作为数据来源，首先对被调查的4 268名新生代农民工的人口学信息进行描述性统计分析。各项人口统计特征如表3-8所示。

表3-8　新生代农民工人口学变量上的描述统计分析

项目	频数（人次）	百分比（%）		频数（人次）	百分比（%）
年龄			务工行业		
14～17岁	138	3.2	餐饮住宿	1 081	25.3

续表

项目	频数（人次）	百分比（%）		频数（人次）	百分比（%）
年龄			务工行业		
18~21岁	1 200	28.1	家政环卫	324	7.6
22~27岁	2 048	48.0	批发零售	330	7.7
28~32岁	882	20.7	制造业	487	11.4
性别			建筑业	702	16.4
男	2 489	58.3	电子行业	202	4.8
女	1 779	41.7	交通运输	186	4.4
学历			其他服务业	664	15.6
小学及以下	351	8.2	其他	292	6.8
初中	2 072	48.6	来源地		
高中或中专	1 845	43.2	东部地区	808	18.9
婚姻			中部地区	861	20.2
未婚	2 942	68.9	西部地区	715	16.8
已婚	1 278	30.0	东北地区	1 884	44.1
离异	48	1.1	务工地		
健康状况			东部地区	1 436	33.6
健康	3 858	90.4	中部地区	350	8.2
一般	384	9.0	西部地区	551	12.9
较差	26	0.6	东北地区	1 931	45.2

资料来源：本书整理。

由表3-8可见，4 268名被调查者中，年龄分布主要集中在22~27岁组，所占比例为48.0%，未成年组有138人，占比3.2%；性别分布上，男性农民工占比58.3%，女性农民工占比41.7%；学历分布上，初中文化组人数最多，占比48.6%，高中或中专组占比43.2%，小学及以下组占比8.2%；婚姻状况一项中，未婚者所占比例最大，占比达68.9%，已婚者次之，占比30.0%，其余1.1%为离异者；健康状况一项中，90.4%的新生代农民工健康状况良好，身体状况一般及较差者分别占比9.0%和0.6%。在务工行业的分布上，从事餐饮住宿行业的新生代农民工人数最多，达 1 081 人，占比 25.3%，建筑业和其他服务业人数分别排在第二和第三位，占比 16.4% 和 15.6%，在行业分布中，从事电子行业的新生代农民工有 202 人，占比 4.8%，尽管所占比例不大，但是相比于第一代农民工而言，对电子行业的涉及是新生代农民工知识技能提升的表现，同时，从事家政环卫业的新生代农民工仅占调研人数的 7.6%，这也是新生代农民工区别于其父辈务工选择的表现。从来源地看，本次调研的调查对象中，来自东北地区的人数最多，为 1 884 人，中部地区、东部地区次之，分别为 861 人和 808 人，西部地区最少，为 715 人。这些调查对象分布在 23 个省，5 个自治区，4 个直辖市中，其中在东北地区和东部地区的务工者最多，分别有 1 931 人和 1 436 人，西部地区和中部地区的务工者较少，分别为 551 人和 350 人。为观察各地区新生代农民工的流动态势，计算务工地与来源地人数之间的比值，即各地区新生代农民工入出比，可以发现，东部地区的入出人数比最高，为 1.78∶1，东北地区的入出比基本持平，为 1.02∶1；西部地区的入出比为 0.77∶1，中部地区的比例最低，为 0.41∶1，由此可见，东部地区是新生代农民工务工选择的集中地区，这一结果与全国农民工监测调查报告的结果一致。

在对人口统计变量进行分析之后，对本次调研所涉及的关于新生代农民工的各主要测量变量进行描述，具体情况如表 3-9 所示。

表 3-9　　　　　　　　变量的描述性统计分析

变量	测量项目	最小值	最大值	均值	标准差
文化消费 （1 年）	购买书籍报刊（元）	0	6 000	95.99	220.01
	付费培训或讲座（元）	0	20 000	141.50	806.76
	再教育支出（元）	0	13 000	118.49	656.12
	学习类电子产品（元）	0	60 000	625.16	1 744.59
文化消费 （3 年）	购买书籍报刊（元）	0	60 000	304.26	1 461.46
	付费培训或讲座（元）	0	40 000	314.74	1 676.98
	再教育支出（元）	0	50 000	341.86	1 965.92
	学习类电子产品（元）	0	100 000	1 076.36	2 840.87
拓展 人力资本	拥有技能数（个）	0	3	1.00	0.91
	技术等级（级）	0	4	2.02	0.92
	再教育或其他资格证书数目（个）	0	6	0.46	0.83

续表

变量	测量项目	最小值	最大值	均值	标准差
基础人力资本	受教育程度（年）	1	12	8.95	2.34
	务工时间（年）	1	18	4.46	3.17
务工收入	月收入（元）	200	20 000	2 944.03	1 780.10
	合同签订情况（1是；0否）	0	1	0.52	0.50
	收入变化	1	5	3.62	0.78

资料来源：本书整理。

由表3-9可见，新生代农民工的务工收入项目中，月平均收入为2 944.03元，这一水平高出2012年全国农民工监测调查报告对整个农民工群体的收入水平（2 290元），这同时表明相比于第一代农民工，新生代农民工的收入水平有所增长；其收入变化均值为3.62，即收入变化处在"增加一点"与"增加很多"之间，合同签订情况均值为0.52，在调查总人数中占比51.9%，说明签订合同者所占比例更大，同样这一比例也高于2012年全国农民工监测调查报告对整个农民工群体劳动合同签订比例的调查（43.9%），可见新生代农民工的务工收入更加具有正规性和稳定性。总体来看，新生代农民工的务工收入在静态、动态和稳定性上都呈现出向好的发展趋势。在教育型文化消费项目上，新生代农民工1年与3年书籍报刊购置的平均花销分别为95.99元和304.26元；1年与3年的付费培训与讲座支出均值分别为141.50元和314.74元；1年与3年的再教育支出平均为118.49元和341.86元；1年与3年的学习类电子产品购置花销平均为625.16元和1 076.36元；由这一支出情况可见，新生代农民工在教育型文化消费各项目上的支出水平较低，还有待进一步提升。在人力资本测度上，新生代农民工的平均受教育年限达到8.95年，这一平均年限恰好接近于9年义务教育。另外，新生代农民工的务工时间平均为4.46年；每位新生代农民工平均拥有1项技能；技术等级平均达到2.02级；每人平均拥有资格证书0.46个，这些数据表明新生代农民工整体文化素质相比其父辈有了很大提升，同时其人力资本积累的状况也相对上升了一个层次。

三、实证结果

本书采用SPSS18.0和AMOS18.0数据分析软件，对新生代农民工群体的收入与消费状况进行实证分析，研究进行了各变量间的相关分析，同时建构新生代农民工教育型文化消费、人力资本、务工收入间的结构方程模型,对模型进行路径分析和拟合优度的分析比较,并采用 Sobel Test 方式验证拓展性人力资本在新生代农民工教育型文化消费与务工收入间的中介作用。

(一) 变量的相关检验

研究首先对所测量变量进行了标准化处理,之后运用 SPSS17.0 对各主要变量进行了相关分析,同时给出标准化后各变量的均值和标准差,具体结果如表 3-10 所示。

表 3-10　　　　　　　　各变量间的相关关系

变量	均值	标准差	CC1	CC2	BH	PH	MI	IC	WC
文化消费(CC1) 1 年	-0.004	0.983	1						
文化消费(CC2) 3 年	-0.004	0.989	0.665**	1					
拓展人力资本(BH)	-0.001	1.00	0.166**	0.223**	1				
基础人力资本(PH)	-0.001	0.999	0.049**	0.052**	0.201**	1			
月收入(MI)	-0.032	0.573	0.113**	0.156**	0.216**	0.200**	1		
收入变化(IC)	0.000	0.999	0.060**	0.089**	0.068**	-0.014	0.095**	1	
合同签订(WC)	0.001	1.000	0.033*	0.039**	0.154**	0.061**	0.041**	0.070**	1

注:n=4268,** 表示在 0.01 的水平上显著,* 表示在 0.05 的水平上显著。
资料来源:本书整理。

变量间相关检验结果表明,新生代农民工过去 1 年及 3 年内的教育型文化消费分别与月收入、收入变化、合同签订间呈显著的正相关关系($\gamma_{CC1-MI}=0.113$, $p<0.01$; $\gamma_{CC1-IC}=0.060$, $p<0.01$; $\gamma_{CC1-WC}=0.033$, $p<0.05$; $\gamma_{CC2-MI}=0.156$, $p<0.01$; $\gamma_{CC2-IC}=0.089$, $p<0.01$; $\gamma_{CC2-WC}=0.039$, $p<0.01$),这一结论分别支持了假设 1 (a)、1 (b)、1 (c)。新生代农民工过去 1 年及 3 年内的文化消费分别与拓展性人力资本间呈现正相关关系($\gamma_{CC1-BH}=0.166$, $p<0.01$; $\gamma_{CC2-BH}=0.223$, $p<0.01$),假设 5 得到验证。以上结果验证了以往研究中对于文化消费、人力资本与收入间关系的论述。另外,拓展性人力资本与月收入、收入变化和合同签订间呈现显著的正相关($\gamma_{BH-MI}=0.216$, $p<0.01$; $\gamma_{BH-IC}=0.068$, $p<0.01$; $\gamma_{BH-WC}=0.154$, $p<0.01$),假设 3 (a)、3 (b)、3 (c) 成立,基础性人力资本与月收入、合同签订间呈显著的正相关($\gamma_{PC-MI}=0.200$, $p<0.01$; $\gamma_{PH-WC}=0.061$, $p<0.01$),假设 2 (a)、2 (c) 得到支持;但基础性人力资本

与收入变化间的关系不显著（$\gamma_{PH-IC} = -0.014$, ns.），因此假设 2（b）没有得到支持，同时，拓展性人力资本与月收入、收入变化、合同签订间的相关系数更大（$\gamma_{HC-MI} = 0.216 > \gamma_{PC-MI} = 0.200$；$\gamma_{BH-IC} = 0.068$，$\gamma_{PH-IC} = -0.014$, ns.；$\gamma_{BH-WC} = 0.154 > \gamma_{PH-WC} = 0.061$），假设 4（a）、4（b）、4（c）得到支持，这一实证检验结果也同时证明了本书对人力资本进行基础性与拓展性划分的正确性与必要性。

（二）模型拟合与假设检验

为进一步检验文化消费对新生代农民工务工收入的内在作用机制，即检验拓展性人力资本的中介作用，本书运用 AMOS18.0 统计软件，选择 3 年教育型文化消费支出为自变量，分别以月收入、收入变化和合同签订作为因变量，建立结构方程回归模型 M1、M2 和 M3，并通过基准模型与竞争模型的对比，具体分析模型的拟合情况并据此选定最佳模型。

首先，以月收入为因变量建立模型 M1，以此作为基准模型。依次建立完全中介的竞争模型 M_{11}，即在基准模型 M1 的基础上，删除教育型文化消费对务工收入的作用路径；无中介的竞争模型 M_{12}，即在基准模型 M1 的基础上，删除拓展性人力资本对务工收入的作用路径；无中介的竞争模型 M_{13}，即在基准模型 M1 的基础上，删除教育型文化消费对拓展性人力资本的作用路径。基准模型与竞争模型间的拟合度比较结果如表 3-11 所示：

表 3-11　　　　　　M1 及其竞争模型的拟合度比较

模型	χ^2	df	χ^2/df	GFI	CFI	NFI	NNFI	RMSEA
M1	2.97	1	2.97	0.995	0.901	0.899	0.913	0.043
M_{11}	12.06	2	6.03	0.981	0.661	0.661	0.789	0.096
M_{12}	8.54	2	4.27	0.990	0.825	0.827	0.845	0.099
M_{13}	25.6	2	12.8	0.972	0.475	0.477	0.684	0.172

资料来源：本书整理。

M1 及其竞争模型的拟合度比较结果表明，相对于 M_{11}，M_{12}，M_{13}，基准模型 M1 的模型拟合情况更好，$\chi^2/df = 2.97$，GFI 为 0.995，CFI 为 0.901，NFI 为 0.899，NNFI 为 0.913，RMSEA 为 0.043，除 NFI 略低于 0.9 以外，其他指标都符合标准。这表明基准模型 M1 是解释教育型文化消费、拓展性人力资本及月收入间路径关系的最佳模型。

其次，以收入变化为因变量建立模型 M2，以此作为基准模型，继而依次建立竞争模型 M_{21}，M_{22}，M_{23}，基准模型与竞争模型间的拟合度比较结果如表 3 – 12 所示。

表 3 – 12　　　　　　　M2 及其竞争模型的拟合度比较

模型	χ^2	df	χ^2/df	GFI	CFI	NFI	NNFI	RMSEA
M2	3.07	1	3.07	0.995	0.900	0.863	0.899	0.065
M_{21}	5.78	2	2.89	0.995	0.900	0.903	0.904	0.031
M_{22}	4.82	2	2.41	0.994	0.837	0.833	0.910	0.074
M_{23}	25.6	2	12.8	0.972	0.102	0.114	0.351	0.172

资料来源：本书整理。

M2 及其竞争模型的拟合度比较结果表明，相对于 M2，M_{22}，M_{23}，基准模型 M_{21} 的模型拟合情况更好，χ^2/df = 2.89，GFI 为 0.995，CFI 为 0.900，NFI 为 0.903，NNFI 为 0.904，RMSEA 为 0.031，各项指标都符合标准。这表明完全中介的竞争模型 M_{21} 是解释教育性文化消费、拓展性人力资本及收入变化间路径关系的最佳模型。

最后，以合同签订为因变量建立模型 M3，以此作为基准模型，继而依次建立竞争模型 M_{21}，M_{22}，M_{23}，基准模型与竞争模型间的拟合度比较结果如表 3 – 13 所示。

表 3 – 13　　　　　　　M3 及其竞争模型的拟合度比较

模型	χ^2	df	χ^2/df	GFI	CFI	NFI	NNFI	RMSEA
M3	4.57	1	4.57	0.995	0.909	0.908	0.914	0.054
M_{31}	4.90	2	2.45	0.995	0.911	0.908	0.923	0.032
M_{32}	12.44	2	6.22	0.986	0.720	0.719	0.769	0.096
M_{33}	25.6	2	12.8	0.972	0.419	0.422	0.651	0.172

资料来源：本书整理。

M3 及其竞争模型的拟合度比较结果表明，相对于 M3，M_{32}，M_{33}，完全中介的竞争模型 M_{31} 的模型拟合情况更好，χ^2/df = 2.45，GFI 为 0.995，CFI 为 0.911，NFI 为 0.908，NNFI 为 0.923，RMSEA 为 0.032，各项指标都符合标准。这表明竞争模型 M_{31} 是解释教育性文化消费、拓展性人力资本及合同签订间路径关系的最佳模型。

表 3 – 14 给出了基准模型 M1，M_{21} 和竞争 M_{31} 中"文化消费—拓展性人力资

本—务工收入"的路径关系结果。首先，在模型 M1 中，教育型文化消费能够预测拓展性人力资本（$\gamma_{CC2-BH}=0.222$，$p<0.01$），同时教育型文化消费对月收入的路径系数显著（$\gamma_{CC2-MI}=0.170$，$p<0.01$），因此假设 5 和假设 1（a）成立。拓展性人力资本和基础性人力资本均能预测月收入，同时，前者路径系数大于后者（$\gamma_{BH-MI}=0.120$，$p<0.01$；$\gamma_{PC-MI}=0.076$，$p<0.01$），假设 3（a）、假设 2（a）、假设 4（a）成立。在模型 M_{21} 中，教育型文化消费能够预测拓展性人力资本（$\gamma_{CC2-BH}=0.222$，$p<0.01$），同时拓展性人力资本能预测收入变化（$\gamma_{BH-IC}=0.046$，$p<0.01$），假设 3（b）成立；基础性人力资本不能预测收入变化，（$\gamma_{PH-IC}=-0.013$，ns），假设 2（b）没有得到支持，这也同时证明了假设 4（b）的成立，即相比于基础性人力资本，拓展性人力资本对收入变化的正向影响更大。在模型 M_{31} 中，教育型文化消费能够预测拓展性人力资本（$\gamma_{CC2-BH}=0.222$，$p<0.01$），同时拓展性人力资本能预测合同签订（$\gamma_{BH-WC}=0.149$，$p<0.01$），假设 3（c）成立；基础性人力资本不能预测收入变化，（$\gamma_{PH-WC}=0.028$，ns），假设 2（c）没有得到支持，这也同时证明了假设 4（c）的成立，即相比于基础性人力资本，拓展性人力资本对合同签订的正向影响更大。此外，由于 M_{21}，M_{31} 是完全中介模型，所以假设 1（b）和 1（c）成立是中介模型成立的前提，该假设在相关回归中已得到了支持。但在加入中介变量的整体路径检验过程中，教育型文化消费对收入变化和合同签订的作用路径不在显著（$\gamma_{CC2-IC}=0.005$，ns.；$\gamma_{CC2-WC}=-0.001$，ns.）。

表 3-14　教育型文化消费、人力资本、务工收入间的路径系数

模型	因变量	路径	标准化系数 β	t 值
M1	月收入（MI）	文化消费 3 年（CC2）—月收入（MI）	0.170	11.1***
		基础人力资本（PH）—月收入（MI）	0.076	4.912***
		文化消费 3 年（CC2）—拓展人力资本（BH）	0.222	14.853***
		拓展人力资本（BHC）—月收入（MI）	0.120	7.89.5***
M_{21}	收入变化（IC）	文化消费 3 年（CC2）—收入变化（IC）	0.005	0.303
		基础人力资本（PH）—收入变化（IC）	-0.013	-0.842
		文化消费 3 年（CC2）—拓展人力资本（BH）	0.222	14.853***
		拓展人力资本（BH）—收入变化（IC）	0.046	2.902***

续表

模型	因变量	路径	标准化系数 β	t 值
M_{31}	合同签订（WC）	文化消费3年（CC2）—合同（WC）	-0.001	-0.090
		基础人力资本（PH）—合同（WC）	0.028	1.803
		文化消费3年（CC2）—拓展人力资本（BH）	0.222	14.853***
		拓展人力资本（BH）—合同（WC）	0.149	9.392***

注：*** 表示在 0.001 的水平上显著。

资料来源：本书整理。

为了进一步验证拓展人力资本的中介作用，研究利用 Sobel Test 对三个预测模型进行中介效应的检验。具体验证结果如表 3-15 所示。拓展性人力资本分别在文化消费与月收入（Z = 7.038，p < 0.01）、收入变化（Z = 2.822，p < 0.01）和合同签订（Z = 7.882，p < 0.01）中起到了显著的中介作用。

表 3-15　　　　　　中介效应的检验（Sobel Test）

自变量	中介变量	因变量	Z 值
文化消费（CC2）	拓展性人力资本（BH）	月收入（MI）	7.038***
文化消费（CC2）	拓展性人力资本（BH）	收入变化（IC）	2.822**
文化消费（CC2）	拓展性人力资本（BH）	合同签订（WC）	7.882***

注：*** 表示在 0.001 的水平上显著，** 表示在 0.01 的水平上显著。

资料来源：本书整理。

四、结论与解释

（一）研究结论及讨论

本书通过组织大规模的问卷调查获得关于新生代农民工务工收入与文化消费的第一手资料，并据此探究了我国新生代农民工教育型文化消费与务工收入间的作用路径，研究得出如下结论：

首先，新生代农民工教育型文化消费对其务工收入有显著的正向影响。这一研究结果证明了新生代农民工在务工之后，在选择购置书籍报刊、付费参与培训讲座、参加再教育以及购置学习类电子产品等项目上支出的额度越高，那么其后的务工收入也会随之增加。

其次，教育型文化消费对新生代农民工的拓展性人力资本有显著的正向作用，也即新生代农民工外出务工之后的教育型文化消费会转化成拓展性人力资本。

再次，拓展性人力资本对新生代农民工的月收入、收入变化和合同签订均起到显著的正向影响，而基础性人力资本对新生代农民工的月收入和合同签订起到显著的正向作用，对收入变化的正向影响不显著；同时相比于基础性人力资本，拓展性人力资本对新生代农民工务工收入的正向作用更大。这意味着加强拓展性人力资本投资对于新生代农民工务工收入有着更为重要的意义。

最后，新生代农民工的拓展性人力资本在教育型文化消费与务工收入间起到了显著的中介作用。这一作用路径揭示了教育型文化消费对新生代农民工务工收入正向影响的内在作用机制，并从更深的层次上为鼓励新生代农民工增加教育型文化消费提供了理论依据。

（二）相关解释与建议

本书以新生代农民工为研究对象，关注其文化消费和收入状况，通过分析教育型文化消费、拓展性人力资本和务工收入之间的关系，旨在提供对策建议以促进新生代农民工收入水平的提升。根据以上研究结论，本书提出如下对策建议。

首先，政府要加强文化消费市场建设，为新生代农民工提供充足的教育型文化消费资源。具体而言，要倡导在文化产业领域，为包括农民工在内的弱势群体提供适合的文化消费项目，推动专项文化消费项目的建设和实施，引导各文化产业部门针对新生代农民工群体的特定需求，开发并完善教育型文化消费市场，例如，为新生代农民工出版系列书籍读物，组织专项教育培训课程，提供学习型电子产品购置补贴，等等。

其次，要重视对新生代农民工进行人力资本的开发。

再次，大众传媒要发挥宣传作用，广泛传播教育型文化消费的重要意义，宣传正确可靠的文化消费方式，引导和鼓励新生代农民工积极参与到教育型文化消费中来，选择合适的消费项目，以提升自身的认知和技能，积累人力资本，并促进人力资本向自身价值的转化，从而促进收入的提高和生活质量的改善。

最后，新生代农民工自身要明确教育型文化消费的意义，认识到教育型文化消费对提升收入水平的重要作用，调整消费结构、理性的选择消费项目，将文化消费的重点放在教育型消费支出上，通过拓展性人力资本的累积，学习知识、提升技能、实现自我价值的开发，提高自身收入，提升城市生活水平，从而更好地融入城市社会。

第四章

新生代农民工消费行为的特异性分析

第一节 新生代农民工消费行为的悖反性分析

当前新生代农民工群体中出现了一种非常独特且明显的炫耀性消费现象,他们的炫耀性消费行为主要是基于对商品外显符号意义的考虑,目的在于实现对社会认同的重新建构。炫耀性消费在很大程度上悖反于新生代农民工的群体特征。此种悖反一方面体现为其收入与消费的不匹配,另一方面体现为其社会认同内部结构与炫耀性消费倾向的不一致。新生代农民工在混乱的社会认同状态下通过畸形的炫耀性消费行为建构新的社会认同,是对于其城市边缘身份和不平等社会地位的一种抗争,以期借此融入城市社会生活。那么,为什么新生代农民工会产生这种"悖反性"消费行为呢?其形成的机制又是什么呢?本书在此做如下具体阐释。

作为农民工阵营的主力军,新生代农民工对城市的建设及整个社会的发展进步均发挥着不可估量的作用。2010年,中国政府提出了要"着力解决新生代农民工等问题",新生代农民工日益受到社会各方的关注。相比于第一代农民工,新生代农民工的生活方式、工作目标和消费行为都呈现出新的特点。具体而言,新生代农民工的外出务工"动机"已经不再是基于"生存理性",他们更多地将流动视为改变生活方式和寻求更好发展的契机(王春光,2001,白南生与李靖,

2008）。他们希望融入城市主流社会的愿望特别强烈，更加希望能在城市中获得尊重和认可，能够在迁入地永久生活。因此，他们的生活目标和生活方式都更加趋向于城市人群，消费观念也日益趋高，追求更高的物质和精神享受。和第一代农民工相比，新生代农民工的消费观念更加开放，他们的花销已经不仅仅限于简单的衣食住行，而更多的会用在电脑、手机、网络、高档服饰上；他们喜欢追逐城市潮流，追求时尚消费，把资金消费在心目中有品位和质量的物品和服务上，具有较高的物质和文化精神生活需求（王文松，2010）。

需要特别指出的是，当前新生代农民工群体中，出现了很多炫耀性消费的行为，这些炫耀性的消费将花费掉他们的大量收入。而作为非市民、非农民的"第三元"群体，大部分新生代农民工还处于收入下层，甚至，收入水平比第一代农民工还要低（钱雪飞，2010）。在这样的收入状况下，炫耀性消费行为的盛行，很可能使得新生代农民工出现入不敷出的结果，从而影响他们的正常生活和工作。在新生代农民工群体内部，炫耀性消费行为的存在，呈现出他们自身能力、认知和行为之间的矛盾。那么，他们的炫耀性消费行为是基于怎样的诉求？是什么原因使得新生代农民工群体作出这种与自身收入相悖的炫耀性消费行为呢？本文将从社会认同的视角出发，基于社会调研所获资料和数据，对新生代农民工的炫耀性消费行为进行深入分析。

一、相关理论综述

炫耀性消费（conspicuous consumption）是凡勃伦在1899年发表的《有闲阶级论》一书中首次提出的概念，起初是指对贵重物品的大量消费，用以描述有闲阶级即富裕群体表现其财富的形式。凡勃伦认为，对于有闲阶级而言，消费是证明财富的重要手段，因此他们的生活用品就必须高于普通标准，而呈现出奢侈、任情、无限制的特征。"名誉"和"地位"是炫耀性消费研究中的两个关键内容，也就是说，对于炫耀性的消费，其消费本身的意义不再仅仅局限于消费的行为和商品的本身，在炫耀性消费的背后，更为重要的是其所展露出来的对于"名誉"和"地位"的象征。

虽然凡勃伦以有闲阶级为对象首次提出了炫耀性消费的概念，并给予相应的解释，但事实上，炫耀性消费并非为有闲阶级所专有。根据马克思韦伯（1921）的社会分层理论，不同社会层级的成员，可以通过财富的增减来实现阶层的流动，而作为展示财富的重要方式，炫耀性消费必然被社会成员看作是一种进入新阶层的标志而竞相实施。特别是在阶层流动比较激烈的社会背景下，炫耀性消费无疑成为社会成员用以实现阶层流动的重要工具。弗兰克（Frank，1985）就曾指出低收入阶层对高收入阶层的模仿倾向,与他们用以衡量个人能力的信息的充分性和有效性呈现出负相关的关系。也就是说,社会网络越稳定,就能提供更多的衡量能力的信息,反之,现有的社会信息就不足以衡量个人能力,而在这种环境中,低收入阶层要想展现能力,其对于高收入阶层的模仿性就越强,因而对于消费性商品的需求也就更多。

对于炫耀性消费而言,最初其所针对的客体,也就是为有闲阶级所用以炫耀的商品,多指奢侈品,但自巴格韦尔和伯恩海姆(Bagwell & Bernheim,1996)的研究开始,炫耀性消费的商品范围有所扩展,他们认为,高价商品、大量的低价商品以及高质量的商品,对这些商品的购买都可以实现炫耀性的目的。炫耀性消费的主体和客体范围的扩展,对于从更为广泛的视阈和更为深入的角度来研究这种消费行为,有着十分重要的意义。也正因为如此,当前关于炫耀性消费的研究,才逐步扩展到对不同阶层的社会群体的研究上,并逐步与身份、认同等重要社会心理领域联系起来,从而实现了炫耀性消费研究的拓展和深化。

在这种视角下,炫耀性消费就是个体为了给所拥有的财富和权力提供证明以最终博取荣誉、声望和地位等目的而进行的消费活动。这种消费不局限于有闲阶级,其所消费的商品也不局限于奢侈品,而是可以泛指到任一社会阶层为了获取声望、转变身份、提升地位而进行的超出其所在阶层正常消费水平的带有炫耀性质的消费行为。

社会认同理论是心理学家塔吉菲(Tajfe)在1978年首次提出的,社会认同是指个人对自身所属社会群体以及群体带给自身的情感和价值意义的认识。社会认同理论指出,社会中的低地位群体如若长期遭受负面的评价,就会产生社会认同威胁,而面对这种威胁,群体成员会着力寻求方式来应对这种威胁,而社会流动(social mobility)是应对社会认同威胁的重要手段。当一个社会处于转型的剧烈变动时期时,社会流动相比于其他时期更为容易实现,与此相对应,在这种变动期内个体也更加容易抛开原有客观属性从而实现对认同的新建构。

当前,我国正处于社会的剧烈转型期,在这一时期内,对于新生的社会成员而言,原有的社会分层方式,例如户籍、身份等,其约束社会流动的稳定性降低。特别是经济体制的改革使得社会流动所涉范围广阔、所含人员众多,各个群体的社会成员,尤其是按照传统社会分层方式还处于低收入群体的社会成员便试图通过各种新的方式为自己建构新的社会认同,实现社会流动,从而脱离低收入群体,融入更高收入的群体当中。在消费社会中,商品逐渐超越了简单满足人们基本的生理需求的功能价值,而更多地具有了符号意义,而带有特定象征意义的商品消费(伍庆,2009),也因此成为社会成员用以实现建构社会认同的重要方式。

炫耀性消费具有明显的符号象征功能，在某种意义上，炫耀性消费等同于符号消费。炫耀性消费除了一般消费所具有的满足基本需要的作用外，其功能更多地体现在隐藏在消费行为背后的社会意义。在消费社会中，消费活动是构成个人认同的形成、创造、维护和管理的重要方面，或者说，消费活动本身就是一种特殊而重要的认同行动（王宁，2001）。从消费社会学的视角出发，炫耀性消费行为具有很强的社会区隔功用，这种区隔作用表现在两方面，一方面是"示同"，即个体通过炫耀性消费，旨在使自己通过此类消费展示特定的属性特征，从而趋同于某一群体的成员；另一方面是"示差"，即个体欲通过炫耀性消费，使自己在某些外在属性上差异于某一个群体的成员，从而达到脱离该群体的作用。炫耀性消费所具有的"示同"和"示差"两项功用，① 是一块镜子的两个平面，两项功用同时存在，但是针对的是不同的群体。也就是说，向一个群体"示同"的过程本身就同时是对另一个或几个群体的"示差"过程。这种"示同"和"示差"的过程是个体在社会中寻求归属和建构认同的重要途径。特别是在消费社会中，消费已经日益成为人们实现社会区隔、建构认同的主要手段，而此时，同时可以实现消费者"示同"和"示差"两项功用的炫耀性消费，才更显示其在建构社会认同上的重要意义。

二、新生代农民工"悖反型"炫耀性消费行为的实况考证

作为城镇、农村居民之外的"第三元"消费人群，新生代农民工群体呈现出新的消费特点，并日渐受到学者们的关注。

根据韦伯的社会分层理论，阶层流动越激烈，炫耀性消费也会愈加地普遍和频繁（转引自王贺峰，2011）。当前的中国社会，随着改革开放的不断推进，阶层流动在整个中国社会内部愈见普遍。作为非市民、非农民的"第三元"，新生代农民工是中国阶层流动的代表性群体，为了成功地实现向上的阶层流动，新生代农民工往往会选择消费这条捷径，而这种旨在转变身份、提升地位的消费行为，也必然越发地呈现出炫耀性的特征。

---

① "示同"，即个体通过炫耀性消费，旨在使自己通过此类消费展示特定的属性特征，从而趋同于某一群体的成员；"示差"，即个体欲通过炫耀性消费，使自己在某些外在属性上差异于某一个群体的成员，从而达到脱离该群体的目的。一般情况下，对于处于社会高收入群体的消费者而言，他们会通过炫耀性消费行为，保持与其所属群体的一致性，从而达到"示同"的目的；而对于处于低收入群体的消费者，他们的炫耀性消费行为则兼具"示同"与"示差"两种功能。一方面，他们期望通过此种消费，使自己与所属的底层群体区别开；另一方面，则希望炫耀性消费能够为其制造出一种与社会高收入群体成员的"同一性"，而两项功能的同时发挥，将利于低收入群体消费者实现向上的社会流动，从而脱离低收入群体，融入高收入群体。

当前，学者们已经开始关注新生代农民工的消费行为。现有研究主要关注新生代农民工的消费观念、消费水平和结构、消费方式、符号消费与身份认同的关系等内容（祝伟，2012）。其中，唐有财（2009）、谢培熙（2011）在各自的研究中分别从"消费主体"和"再生产"的视角对新生代农民工的消费行为进行比较研究，指出新生代农民工呈现出消费意愿与储蓄意愿上的矛盾性；杨嫚（2011）通过分析新生代农民工的手机使用情况，探讨了消费与这一群体的身份构建情况；祝伟（2012）则从消费动员到消费约束的转变角度上分析了消费与新生代农民工的身份认同的关系。值得注意的是，当前关于新生代农民工炫耀性消费的研究也已经展露冰山一角。梁彩花等（2010）从对返乡农民工的炫耀性消费行为进行了社会心理学上的分析，她指出，返乡后进行炫耀性消费的主要是青年一代农民工，基于社会期望的压力，"80后"的农民工采用炫耀性消费来证明自己的外出务工成就。另外，关刘柱（2011）也指出农村流动人口的炫耀性消费主要体现在20～40岁的人群中。以上研究对新生代农民工的消费提供了广阔的视角，但是从炫耀性消费的现状出发，深入分析其背后的矛盾心理和社会原因，还鲜有学者进行。

　　为了深入了解新生代农民工群体的炫耀性消费行为，本书在2012年教育部哲学社会科学研究重大课题攻关项目《中国新生代农民工收入状况与消费行为研究》的支持下，在河北省承德市、石家庄市、邢台市等对部分新生代农民工进行了问卷调查和深度访谈。这些新生代农民工户籍属于以上几个城市的农村地区，但其工作地点分散在石家庄、北京、天津、厦门等各大城市。课题组借春节假期，对这些群体及其家人进行调查和访谈，以此来了解这一群体的炫耀性消费状况。本次调查共发放问卷700份，回收问卷639份，其中有效问卷546份，有效率为85.4%。① 调查对象的基本情况如表4-1所示。

表4-1　新生代农民工人口学变量上的描述统计分析

项目	频数（人次）	百分比（%）	项目	频数（人次）	百分比（%）
年龄			婚姻		
15～17岁	20	3.7	未婚	331	60.6
18～21岁	120	22.0	已婚	212	38.8
22～27岁	325	59.5	离异	3	0.6

---

① 这里所发放的700份问卷与前述发放问卷5 000份的数量不同的原因在于，该问题是属于特定性问题的研究，需要发放专项的"量表"用于变量的测量，发放的问卷数量也要根据所研究具体问题的需要来进行。

续表

项目	频数（人次）	百分比（%）	项目	频数（人次）	百分比（%）
年龄			婚姻		
28~32岁	81	14.8	学历		
性别			小学及以下	39	7.1
男	327	59.9	初中	316	57.9
女	219	40.1	高中或中专	191	35.0

资料来源：本书整理。

由表4-1可见，546名被调查者中，年龄分布主要集中在22~27岁组，所占比例为59.5%，未成年组有20人，占比3.7%；性别分布上，男性农民工占比59.9%，女性农民工占比40.1%；婚姻状况一项中，未婚者所占比例最大，占比达60.6%，已婚者次之，占比38.8%，其余0.6%为离异者；学历分布上，初中文化者最大，占比57.9%，高中或中专组与小学及以下组分别为35.0%和7.1%。

调研中，课题组成员对调查对象及其家人进行了深入的访谈。对新生代农民工个人的访谈旨在了解和判断他们炫耀性消费的倾向和原因、他们对于自身社会认同的认知情况等；而对其家人进行的访谈主要是想从侧面客观地了解新生代农民工炫耀性消费行为的水平、频率，等等。据访谈可知，新生代农民工群体中存在着比较明显的炫耀性消费行为，这种行为一方面表现为他们在城市生活中的消费，另一方面表现为他们返乡后的消费。新生代农民工的炫耀性消费内容主要体现在服饰品牌的选择和电子产品的使用上。新生代农民工都比较注重穿着是否时尚，一般而言，男性新生代农民工和"90后"的女性新生代农民工比较热衷于耐克、阿迪达斯、李宁、安踏、美特斯邦威等运动品牌，当然有些情况下，她们会选择购买仿冒品，但是受访者均表示，如果有条件，他们还是会选择正品，据一位"90后"男性访谈者的亲戚反映，被访者甚至有些痴迷于耐克鞋，他每月工资不到两千元，一双耐克鞋就要一千多，为了买鞋，他甚至可以不吃不喝。可见某些新生代农民工的此种行为严重的相悖于其现实条件。而很多"80后"女性新生代农民工还会关注ONLY、VERO MODA、ZARA、HM等时尚女装，她们表示，有条件的时候，会从这些品牌中挑选时尚款式的衣服来穿，收入不允许的情况下，也会关注这些品牌的流行款式，然后去批发市场买一些流行款的仿冒品，以显示自身的时尚品位。在电子产品的选择上，新生代农民工所用的产品完全不低于城市居民的价格和品质，电脑、手机、MP4、电子书、上网本在他们那里并不少见，特别是手机的选择，新生代农民工手机的更换频率相对较高，而且他们非常注重追逐新款手机的智能性。多位受访对象表示，手机不仅仅是他们用来联络和沟通的工具，很多时候还更是他们生活中的重要谈资，拥有最新款的手机，能让他感觉到自己非常有面子，他们基本都使用智能手机，有些还是某些手机品牌的最新款，即使买不起 iphone，也一定会买和 iphone 有类似功能的。但在其他类型的产品消费上，则基本不再注重品牌，例如新生代农民工的食品消费都比较追求实惠，同时女性新生代农民工也基本不用比较昂贵的化妆品。

以上新生代农民工的消费行为反映出了他们对于商品的选择是完全基于外显符号意义的考虑，在众多商品中，衣着是最具有外显功能的，同时手机又是现代人生活中不可或缺的沟通工具，这两类商品会无时无刻地出现在人们的视线之内，因此才更加具有展示符号意义的机会。而这也正是新生代农民工进行炫耀性消费行为的真正目的所在。

三、新生代农民工"悖反型"炫耀性消费行为形成机理分析

虽然出生成长于农村，但新生代农民工更加渴望融入城市，期望获得城市居民的尊重和认可。对于自身所处的群体，他们有着不同于以往的认知，而与此同时，其对于社会群体的认同诉求和建构行为也都跟着发生变化。

（一）客观身份与社会认同新诉求之间的矛盾

相比于第一代农民工，新生代农民工对于自身身份的认识是完全不同的。第一代农民工一般会清晰地将自己界定为农民，他们归属于农村，外出务工对他们而言不过是一种谋生的手段，他们的人生归属和根系深植于农村，而不在城市。但是新生代农民工则不然，很少有新生代农民工仍旧认为自己是农民，特别是 20 世纪 90 年代以后出生的新生代农民工甚至对于农民的身份特征嗤之以鼻，被称为农民甚至被他们认为是一种贬低。也就是说，对于新生代农民工而言，原有的由二元户籍体制而确定的农村和城镇户口的客观身份上的区别已不能再得到这一群体的认可。他们排斥自己的农民身份，更加对"农民工"这一标签似的称谓表示厌弃，将这种称谓本身就看作是一种歧视的存在。在社会认同理论中，对于一种社会群体的排斥，必然代表着其对另一群体的社会认同具有新的诉求，而这种对新的社会认同的诉求往往针对群体成员眼中处于更高收入的群体。这样一来，对于新生代农民工而言，其对于社会认同的新诉求就与其原有的客观身份间产生了矛盾。而处于年少时期的他们，这种矛盾甚至是不可调和的，他们在心理上无法接受他人对于其出身农村这一客观事实的辨识，因此必须采取一种最便捷有效的方式来摆脱这种外在的辨识。也恰恰是为了摆脱这种对于被"贬低"的身

份的辨识,才使得新生代农民工更加的热衷于炫耀性的消费行为。他们向往真正地成为城市的一员,融入城市居民所属的群体,归属于城市。为了破除这种存在于他们客观身份与主观社会认同诉求之间的矛盾,他们不惜花费重金、甚至忽视收不抵支的风险而进行炫耀性的消费,购买那些与其收入水平不匹配的物品和服务。

(二) 社会认同建构中的悖反性分析

根据 (Tajfel, 1987) 对社会认同的界定,社会认同是个体基于其对群体成员身份的认识、对此种成员身份的价值及情感上的重要性的一种个体自我认知。据此界定,(Ellemers, 1999) 通过实证检验,探索了社会认同的三个子成分,分别是自我分类 (self-categorisation)、群体承诺 (commitment to the group) 和群体自尊 (self-esteem) (Ellemers N, Kortekaas P, Ouwerkerk J W. self – Categorisation, 1999)。其中,自我分类是属于认知层面的成分,意指个体对于在一个社会群体中自己的成员身份的认识;群体自尊则是一种评价性成分,意指个体对于自己的成员身份的积极或消极的价值评价;而群体承诺是一种情感性成分,是指个体对所属群体的一种情感融入。稳定的、社会流动少的情境下,成员的社会认同也呈现相对稳定的状态,由此而使得社会成员也会具有相对稳定的内部社会认同结构,也即具有比较匹配、一致的自我分类、群体承诺和群体自尊,这种稳定的社会认同状况尤其在有着较高社会地位的群体中更加明显。但是,在一个社会变迁剧烈、社会流动普遍的社会中,个体成员社会认同内部的稳定性也因之改变,这种社会认同内部的不稳定尤其会体现在那些低收入的群体中,他们的社会认同结构内部甚至会出现相互悖反的情况,在很多社会群体内部,人们清楚地知道自己属于某一特定群体,但是这不必然意味他感受到对于这一群体的承诺,也不意味着他将按照这一群体的成员身份来行为,相反,他们可能更希望从属于另外的群体,或者仅仅是希望自己能够与所属的群体区分开来 (Ellemers N, Kortekaas P, Ouwerkerk J W. self – Categorisation, 1999)。

新生代农民工正是成长于社会流动大潮之下的一个典型的低收入的群体。对于他们所属的群体,新生代农民工个体有着比较混乱的社会认同结构。一方面,他们在内心深处对于这一群体有着深切的情感承诺,对于同为新生代农民工的人有着比较高的认同,他们觉得这一群体所表现出来的特征是他们自己生活的写照;另一方面,他们又极度厌恶"农民工"这一称呼,在他们心里,"农民工"这个称谓本身就是城市居民对于他们的一种歧视,所以在价值评价维度上,新生代农民工并没有显示出对于本群体的积极评价,群体自尊并不高。也正是这种情感与价值上的悖论导致不同的新生代农民工对于自己所属的群体类别呈现出比较大的差异,一些新生代农民工基于"情感"和来自农村的事实,依旧将自己划定为农民工,而另一些新生代农民工则源于对"农民工"这种群体价值的消极判断而表明自己不属于这一群体,但无论他们是否在群体类别上将自己划定为农民工,但其对于想融入城市居民群体的意愿是毋庸置疑的。

新生代农民工的这种"纠结"的社会认同状况迫使他们必须通过一种最为便捷见效的方式来重新完成对于其自身社会认同的构建,而炫耀性消费在此过程中,成了他们选择用来建构社会认同的关键途径。炫耀性消费具有独特的符号意义,其对于高社会地位有着直接的展示作用,因此表面上看来,对炫耀性消费这种建构行为的选择对于想要重新建构社会认同的新生代农民工而言,似乎是一种不错的选择。但是个体对于社会认同的建构是基于一定的社会基础和条件的,对于一种身份的抛弃必然需要经过个体一段时间的内心挣扎,因为他们必须舍弃掉自己内心对原有群体的情感上的承诺。而这种对于原有群体的情感承诺,又恰是阻碍他们选择其他方式(例如炫耀性消费)来重新建构认同的最大阻力。炫耀性消费这种原本属于有闲阶级生活方式的行为,无论是从其对于收入的挥霍性质,还是从农民工群体的质朴、纯真的社会行为方式而言,都是相悖于新生代农民工群体的。因此,在情感承诺这个角度上,新生代农民工最终选择利用炫耀性消费这种方式来建构认同,必然是在其艰难的舍弃或者规避掉对这一群体的情感承诺之后而做出的选择,但毋庸置疑,此种选择的背后必然隐藏着其内心之中对于原有群体情感承诺的挣扎过程。

基于以上分析,利用546份问卷调查所获数据对新生代农民工社会认同内部结构与炫耀性消费倾向的关系进行相关性分析。我们分别通过埃勒默斯(Ellemers,1999)开发的三维度社会认同量表和马库斯(Marcoux,1995)开发的炫耀性消费倾向量表,来分别测量并检验新生代农民工社会认同三维度结构与炫耀性消费倾向的相关性,以此来验证新生代农民工利用炫耀性消费来建构社会认同过程中的悖论。实证检验结果如表4-2所示:

表4-2 新生代农民工社会认同三维度与炫耀性消费倾向相关性分析结果

项目	炫耀性消费倾向	自我分类	群体自尊	群体承诺
炫耀性消费倾向	1			
自我分类	0.202**	1		
群体自尊	-0.135*	0.434**	1	
群体承诺	-0.158*	0.434**	0.519**	1

注:** 表示在0.01的水平上显著,* 表示在0.05的水平上显著。
资料来源:本书整理。

如实证检验结果所示，新生代农民工的社会认同内部各维度对其炫耀性消费倾向的预测效果并不一致，而是呈现出明显相反的作用效果。具体而言，新生代农民工在自我分类维度上，越是将自己分类为新生代农民工这一群体，其进行炫耀性消费的倾向就越高（$\beta = 0.202$，$P < 0.01$），这也从另一个侧面反映了其想要重新建构对新群体社会认同的意愿；同时，对本群体的自尊越高，其炫耀性消费倾向就越低（$\beta = -0.135$，$P < 0.05$），对本群体的承诺越高，其炫耀性消费倾向也越低（$\beta = -0.158$，$P < 0.05$），这表明在新生代农民工原有的价值衡量和情感依托上，炫耀性消费行为本身与这个群体的价值观念是相悖的。而在这样的情况之下，还是有如此之多的新生代农民工选择了炫耀性消费这种行为来实现其对新群体的社会认同的建构。由此，他们在价值和情感上的挣扎可见一斑，同时也可知农民工群体与城市群体之间身份地位的悬殊差异，正是由于这种差异，才使得新生代农民工急迫地以这种略带畸形的方式来融入城市、寻求平等。

作为市民和农民以外的第三元群体，新生代农民工基本脱离了土地，他们的生活重心早已不在农村，对于自身所属群体的社会认同也已经处于一种混乱的状态。但是他们的处境又恰恰是游离在城市生活的边缘上，这种游离并非自愿，而是被动形成的。新生代农民工非常渴望融入城市社会，这种新诉求导致完全有悖于他们自身条件和心理感知的炫耀性消费行为的出现。新生代农民工的炫耀性消费，主要是基于对商品外显符号意义的考虑，目的在于实现对社会认同的重新建构。这种向上的错位消费行为，反映了他们与城市居民缩小差距、追求平等的强烈愿望。他们利用炫耀消费行为所具有的社会符号来获取社会认同、寻求自身社会地位的提升，以此来实现他们对于城市边缘身份和不平等社会地位的抗争，同时，这也是他们积极寻求、参与炫耀性消费的合法性与正当性的主观努力（姚建平，2006）。

深入分析新生代农民工群体中的"悖反性"的炫耀性消费行为，可以发现其行为的产生既有主观上的原因也有客观上的原因。一方面，作为"80后""90后"的新生代农民工进入城市社会，受到城市文化和消费方式的影响，他们对新生活的追求、新消费方式的体验在一定程度上反映了他们特定的心理需求；同时，不同于第一代农民工，新生代农民工在文化观念和教育水平上都有很大提升，对于新生事物的接受速度快，对于城市生活的模仿也很迅速，这也是他们涉入炫耀性消费行为的一个重要原因。另一方面，从根本上看，新生代农民工这种悖反性的消费选择根源于我国的二元户籍制度，正是这一根源造成了农民工群体与城市居民社会身份和地位上的悬殊差异，而这种差异严重阻碍了新生代农民工融入城市社会的过程。新生代农民工为了建构对城市的认同，真正地融入城市社会，选择了炫耀性消费这一悖反于其收入水平和心理认知的建构路径，在某种程度上也是无奈之举。为了提高新生代农民工的工作和生活质量，政府要着力改革二元户籍制度，逐步消除城市居民对于新生代农民工的歧视，引导其树立正确的消费观，转变其社会认同的建构方式，促进整个社会的和谐进步。

第二节　新生代农民工消费行为的外显性与内隐性分析

新一代农民工的工作内容、生活经历以及对理想的追求与其父辈相比都发生了重大的转变，并呈现出鲜明的新生代特征。他们务农经验甚少，消费观念前卫，衣着发型时尚，普通话标准流利，生活方式逐渐趋同于城市居民，他们渴望融入城市，更加希望获得城市居民的认同与接纳。然而他们难以在"市民"与"农民"两种身份间做出选择，甚至也否定自己是"农民工"。于是，新生代农民工陷入一种认同危机的困境之中。

处于认同危机状态下的新生代农民工，亟待为自己建构一种明确的社会认同，而此时，作为消费社会中建构认同的一种重要手段，文化消费行为承载了这项艰巨的任务。现有研究中，新生代农民工的社会认同建构问题获得了不少学者的关注，而从消费的视角出发所进行的探讨也已偶见于当前的研究中，例如余晓敏、潘毅（2008）论述了新生代打工妹的消费主体性问题，本书也论证了新生代农民工社会认同建构与炫耀性消费行为的悖反性。这些研究向人们呈现了新生代农民工所面对的社会认同的现状，描述了他们当下的消费模式。但是，对于如何能为其找到一条最适合又真正有效的建构路径，这是进行新生代农民工认同研究的真正要义所在，然而在现有研究中，这一根本问题尚未得到解答。基于此，本书以新生代农民工为研究对象对比分析他们的文化消费模式和社会认同建构方式，以此来拓展新生代农民工的认同研究，并期望为其寻找到一条可行的建构路径。

一、新生代农民工消费行为的外显性与内隐性表征分析的理论基础

本书对社会认同理论做过简单的介绍分析，在本节中对其做进一步的补充。严格来讲，现有的社会认同有两种理论，一种强调群际关系，其主要分析的是群体冲突与社会变迁，关注内群对于外群的积极特异性（positive distinctiveness）（Taifel, 1972a, 1981a; Taifel & Turner, 1979, 1986）。另一种理论被称为社会

范畴化理论,由特纳发展而来。此理论基于这样一种观点,即社会认同会影响个体的自我感知,并具有去个人化(de-personalize)的作用。包括种族、宗教、阶级、性别等一系列大规模的社会范畴最终组成了整个社会,这些范畴往往与权力、声望及地位相关,范畴化之后,出生于特定社会结构中的社会个体成员,便由于出生地(城市/农村)、肤色或者性别的不同,自动落入由支配群体建构的价值范畴体系中,并以这种先赋的形式获得了相应的支配性或者附属性的社会认同。此时,由于上述范畴的划定而获得附属成员资格(subordinate group membership)的社会个体,无论愿意与否,均已被赋予了消极的社会认同,并由此处于一种低自尊的状态。面对"与生俱来"的范畴划分,以及由这划分所对应的权力、地位的不平等,处于附属成员资格的个体便会感受到强烈的不满,于是他们有了改善现有认同的意愿,并考虑以不同的方式来实现这一目的。

主观信念结构(subjective belief structure)是决定社会个体成员采取何种方式来改变认同状况的前提,它是指个体对社会本质和社会中各群体关系的一种信念(豪格与阿布拉姆斯,2001)。主观信念结构有两种类型,即社会流动(social mobility)和社会变迁(social change)。以社会流动为信念结构的个体相信群体之间的边界是可渗透的,个体成员可以容易地实现从一个群体向另一个群体的跨越。社会流动是一种个体性的策略,按照这种主观信念,个体便可以通过自身努力或者通过社会关系网的作用而获得身份的转变,从而进入到支配群体之中,而其中个体的努力便包括生产、消费、教育等一系列的具体行为,至于个体会选择在哪一行为上努力,这种选择则是根据所处时代的不同而不断调整的,例如20世纪80年代以前,以马克思主义为代表的理论家认为生产领域是建构社会认同的主要场域,而在20世纪80年代以后,消费则逐渐转变成为建构社会认同的第二场域(余晓敏与潘毅,2008)。社会变迁是另一种主观信念结构,它所描述的是这样一种信念:群体间具有僵硬的界限,这种界限是难以渗透甚至是不可改变的,附属成员资格并非可以简单抛却,因此凭借个体成员的一己之力不可能实现跨越。因此,若想实现自身地位的提升和认同的转变,个体策略是无效的,只能诉诸群体策略。社会变迁对应着两种群体策略,即社会创造(social creativity)和社会竞争(social competition),但根据豪格和阿布拉姆斯(2001)对于主观信念结构的分析,群体性的社会创造策略实际上很难导致现状的改变。

根据社会范畴化的认同过程,拥有附属成员身份的社会个体,会通过以上几种具体的主观信念结构来实现社会认同的建构或提升。尽管豪格和阿布拉姆斯(2001)对于主观信念结构的分析透彻犀利,但其过分地强调了重建认同的难度,将认同重构描绘得过于艰难。而多项针对社会流动的研究证明了社会流动策略的可行性(Tuner, 2005; Featherman & Hauser, 2005; Erikson & Goldthorpe,

2005），特别是在人类进入工业社会以后，大规模的社会流动逐渐在全世界范围内开展起来（Lipest et al. , 2005），更加证明社会群体边界的可渗透性和可流动性。社会流动的可实现性从另一个侧面表明，作为一项个体策略，附属身份成员的社会认同建构具有可能性。即，通过个体自身努力，无论生产、消费或者教育，都会在特定的时代和社会中利于附属身份成员脱离原有的消极社会认同，进而建构新的认同，融入新的群体。

二、新生代农民工消费行为的外显性与内隐性选择的必要性和可能性

社会认同的建构根本上要解决这样一个问题，即个体实现对客观身份的主观确认。在传统社会中，人们曾经很容易接受生来被赋予的社会身份，甚至是在单一或有组织的群体中，个体的客观身份也是相对稳定的（Sweetman, 2001）。这种个体对先赋身份的接受和客观身份的稳定性之所以可以实现，原因在于附属身份群体轻易地受到了完整统一、泾渭分明的社会惯例和社会秩序的制约（Wagner, 1994）。但是，当时代的进步逐渐冲击掉传统社会的森严等级，加之传统社会机构中的关系纽带逐渐衰落（Warde, 1994），一个新近的、自反性的（reflexive）、属于高级阶段的现代社会已经到来。在这种自反性的群体中，人们的身份感变得越来越模糊，甚至在很多境况下会陷入一种认同危机的状态之中，自反性的现代社会让人们无法仅根据传统的阶级、性别、种族（民族）或者代际维度来对身份进行简单的确认，而必须由社会成员个体自行在那些具有可能性的环境中进行选择，并努力获得对自我身份的主观确认（Sweetman, 2001）。这种自反性的身份确认需求受到社会流动的重要推动，在新近的、高级的现代社会里，社会流动的实现更加使转移之后、站在新情境下审视先赋身份的人们感受到一种严重的迷离感，于是处于、特别是成长于社会流动大潮之下的新生成员，便更加容易产生认同的危机感（Hall, 1904）。新生社会成员过渡期的身份混乱感、自反性现代社会的到来、加上社会流动的可实现性，几股力量的合力使得有着附属身份资格的新生成员陷入认同危机中，并亟待在新情境下确认身份、重建认同。

那么，对于新生代农民工而言，社会认同建构最终能否得以实现呢？尽管豪格和阿布拉姆斯对此得出的结论比较悲观，但事实上当大规模的社会流动逐渐在全世界范围内开展起来（Lipest et al. , 2005），加之自反性现代社会的到来，让这一建构过程成为可能。20世纪90年代，吉登斯和贝克曾经指出，在新近的现代社会里，人们的身份已经更加具有自反性，且正在被个体主动地、通过私人化的消费模式建构起来（Giddens, 1994）。认同正在日益成为一件事关选择的事情

(Warde,1994),而消费模式的差异正体现了社会上出售的大量关于认同建构的可能性,即消费模式的自由选择让认同的建构以一种更为直观的方式得以实现。在中国,随着社会消费革命的到来,新生代农民工的主体性身份认同建构也已经扩展到消费领域。以上所涉的消费及消费模式概念,并非指社会个体的基本生活消费,因为只有在生存问题得以解决之后,社会成员对于认同的思考才会更为合情合理。由此,作为中国转型时期的重要社会群体,新生代农民工通过文化消费模式的选择来实现对于社会认同的建构是具有可能性的。

三、新生代农民工消费行为的外显性与内隐性的终极目的

文化消费是个体建构认同的重要方式,但不同的文化消费模式会对应着不同的社会认同建构路径。文化消费主要分为教育型文化消费和娱乐型文化消费两大类,前者包括接受知识传播、掌握技能方法等形式的消费活动,后者则包括进行艺术审美和文体活动、实现人际交流等类型的消费活动。在文化消费与社会认同建构关系的理论中,炫耀性消费以及符号消费强调的是通过消费行为所具有的外显意义来实现其社会认同的再造功能(凡勃仑,2007;Simmel,1964),这里我们称其为"外显性炫耀路径",在新生代农民工的悖反性消费行为分析中,我们也从理论上证实了炫耀性消费可能是新生代农民工获取社会认同的方式之一;而教育发展类文化消费对于社会认同的建构功能则是一条内隐性的作用路径,因为教育发展类的文化消费是通过为个体积累文化资本,从而实现内在建构的(布迪厄,1997),这里我们称其为"内隐性积累路径"。建构认同的路径并无唯一,不同路径的建构效果和功能也存在显著的差异。基于此,为了分析和解读新生代农民工群体的认同建构选择,本书将以义务教育的完成为节点,对义务教育阶段以后,农村青年一般会做出的几种消费选择进行分析,由此对比出不同认同建构路径的合理性和有效性。

一般而言,处在义务教育阶段的农村青少年,其生活状况呈现出较大的相似性,但是自义务教育阶段结束,不同的农村青年便有了选择上的分化,这种分化是一种对未来生活方式的选择,并直观地体现在农村青年的消费形态上,因此,基础性的义务教育结束后,不同的消费选择使得农村青年会逐渐形成不同的认同建构方式。总结他们不同的消费选择,本书得出以下几种农村青年建构认同的路径。

第一条路径:一部分农村青年在完成义务教育之后(有的甚至没有完成义务教育),选择留在农村,跟随父辈从事农业生产活动。他们在心理上归属于农村,

拥有的是对乡土的强烈认同，而后在农业生产和生活中逐渐深化加固的也是乡土认同。第二条路径：在义务教育之后，很多农村青年选择继续深造学习，进入高中读书，进而报考大学，经由教育型文化消费的内隐性积累路径，这些农村青年积累了文化资本，并通过知识文化的深层影响，逐步建立起对城市社会的认同。社会学家孟登迎（2011）指出义务教育对于青年的作用，在于它延缓了青年的成人化进程，为他们设定了一个"半独立"的生命阶段。这条"内隐性积累路径"事实上为农村青年提供了一个进入城市社会的缓冲期，在缓冲期内，教育型文化消费为他们积累了适应城市社会、融入城市社会的基础。第三条路径：也就是对于那些既没有选择农业生产，也没有选择深造学业的农村青年，他们在义务教育阶段之后，通过劳动力转移的方式进入城市，成为当前的新生代农民工。与选择第二条路径的农村青年不同，他们会直接面对全新的城市社会环境，直接面对城市工作和生活的重大压力，并直面原有乡土认同与现实城市生活间的冲突，而城市居民的生活形态对这群农村青年原有的乡土认同造成了巨大的冲击，而在这种冲击之下，原有的身份变成了实际上游离在其生活之外、却又为其生活处处设限的一种存在，身份问题成为他们心中的一种困惑，他们难以在"市民"与"农民"两种身份间做出选择，甚至也否定自己是"农民工"。于是，新生代农民工陷入这样一种认同危机的困境之中。而为了摆脱认同危机的状态，他们便容易选择"外显性的炫耀路径"，即通过进行炫耀性质的符号消费，快速实现对城市认同的建构。三条路径的作用机制如图4-1所示。

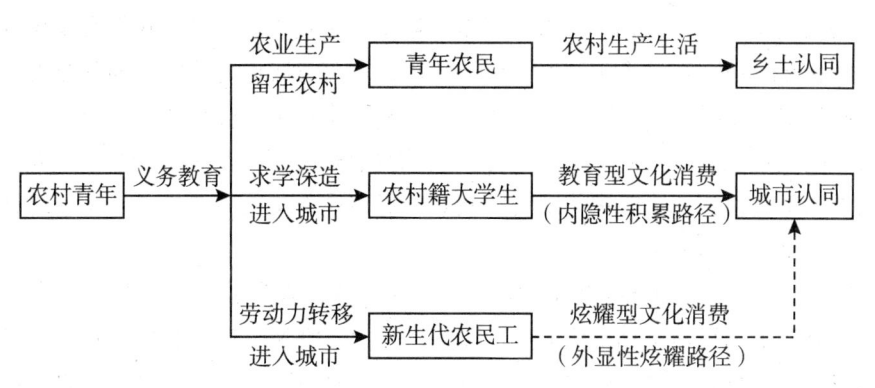

图4-1 农村青年建构认同的路径选择

资料来源：本书设计。

对于以上三条路径，选择第一条路径和第二条路径的人所占比例并不大，而大多数的农村青年，则主动或者被动地选择了第三条路径，并由此成为新生代农民工。但是这三条路径对于社会认同的建构作用并非全部有效。对于选择在农村生活的青年，他们对乡土生活的认同是与生俱来且自然而然的，这种认同的建构方式足够稳固，因为在农村生活的这些青年，他们的生活环境、生活和工作的方式基本不会改变，即便改变，也并不会冲击到他们对于乡土的归属感知上。对于第二条路径，经过教育型文化消费，农村籍大学生实现了内隐性的文化资本积累，这一积累过程让他们拥有了可以匹及于城市居民的群体自尊，这种自尊感的产生由于源自内在文化和自信的生长，因此逐渐减弱了外在客观户籍身份的约束力。而正是因为这种积累是内隐性的，因此它是一种比较稳固和长效的机制，且文化资本的积累并不会随着时间而消逝减少，它完全是一种无流失的正向积累过程。因此，经由"内隐性积累路径"的认同建构过程是一条成功的路径选择。至于第三条路径，即"外显性的炫耀路径"，尽管新生代农民工对于炫耀性消费注入了建构认同的期许，但这条路径却无法如他们所想的那般顺利。因为炫耀性的文化消费行为并不具有稳定性，奢侈、时尚和新潮的比拼是日新月异的，且这种新旧更替模式对旧有事物秉持的是一种淘汰机制，今日所拥有的新潮时尚轻易就会在明日失去全部存在的意义。它只能为个体提供短暂的符号象征，而凭借"拥有"而获得的外显符号要基于强大的经济后盾，但对于刚刚进入城市打拼的新生代农民工而言，若想支撑奢侈、时尚、新潮的符号意义之长久存留，现有的经济基础无疑是力所不及的，因此"外显性炫耀"的路径并不是一种正确选择，从根本上讲，此路径也是行不通的。

那么在这三条路径的对比中，可以发现，在消费的视角下，对于新生代农民工而言，既已外出务工，那么第一条路径便是不适合的，而第三条"外显性炫耀"的路径也是行不通的。在进入城市之后，新生代农民工与农村籍大学生的主要区别就在于他们选择了不同的文化消费模式。面对同样的建构认同的目的，两条不同的路径指向的却是不同的结果。在对不同路径对比分析的基础上，在农村籍大学生成功建构认同的经验基础上，"内隐性积累路径"，即教育型的文化消费模式无疑是新生代农民工建构认同的最好选择，这种文化消费模式也将最终使他们真正地融入城市社会。

"内隐性积累建构路径"下的教育型文化消费，以参加教育、购置阅览书籍、学习技能、参加讲座培训等为方式，以提升能力、发展自我为目的。这类消费的特点在于它不仅仅是对文化产品和服务的消耗，最重要的在于它是一种自我积累和发展的过程和途径。因为知识技能是所有社会成员公认的一种资源，不同于对实物的拥有，对知识技能的拥有是一种内化了的、不可剥离的资源性拥有，同时又是非常稳固的，因此经由教育型文化消费所积累的知识可以成为一种稳固的成员身份的象征。在这种意义上，对于新生代农民工而言，将其文化消费的重点由炫耀性质的消费转移至教育型的消费上来，实现的是一个改造个人认知和提升个人素质的过程，同时更是获取城市居民认可和接纳的重要方式。教育型文化消费可以为新生代农民工提供自我发展、提升内在价值的机会和可能，且这种路径的选择本身并不狭隘，它并非专指新生代农民工要进入学校继续接受教育，包括再教育、技能培训等多种方式都是"内隐性积累"的重要途径。"内隐性建构"路径有助于新生代农民工建构起稳固的社会认同，真正地融入城市社会，摆脱城市边缘人群的游离状态，从而真正地成为城市社会的一员。

通过以上梳理社会认同的范畴化理论，讨论了其主观信念结构下社会变迁与社会流动的认同建构路径，并依据社会流动的可能性，分析认同危机与自反性现代化的到来为新生代农民工提供的认同建构的必要性与可行性。中国特有的劳动力转移，使得新生代农民工由农村转入城市，两种生态系统的转变让新生代农民工无法避免认同危机的出现，他们无疑会在原有的农村身份与现实的城市生活差距的冲击下，形成巨大的心理认同沟壑，于是建构认同成为他们一项必要的选择。而自反性现代社会中兴起的个性化文化消费模式，让身份日益成了一件事关选择的事情，于是新生代农民工对于认同的建构有了可行依据。对比分析三条认同建构路径，对于新生代农民工而言，既已外出务工，那么第一条路径是行不通的，至于第三条"外显性炫耀"的路径，由于它只能提供短暂的符号象征意义，而这种外显性的符号标示却并不稳固，现代社会的时尚和奢侈都是时刻变换的，凭借"拥有"而获得的外显符号要基于强大的经济后盾，而这种方式对于新生代农民工而言，无疑力所不及，因此"外显性炫耀"的路径并不是一种正确选择。第二条"内隐性积累"路径则完全不同，经由教育型的文化消费，个体可以实现对自身的文化积累，并由此确立其自信和自尊，正是因为这种积累是内隐性的，因此它对个体而言，作用机制更加稳固和长效，且文化资本的积累并不会简单的时移世易，它完全是一种正向积累过程。而且农村籍大学生已经为这种路径的可行性提供了先验性依据，另外，"内隐性积累路径"的选择本身并不狭隘，包括再教育、技能培训等多种方式都是"内隐性积累"的重要途径。所以对于新生代农民工而言，"内隐性积累"路径是其实现认同建构的最优选项。因此，基于以上分析，我们期望新生代农民工可以重新考虑认同路径的选择，成功的实现对社会认同的建构。

第三节　新生代农民工消费行为的炫耀性特征分析

本章第一节基于新生代农民工的悖反性消费行为，主要从理论层面论述了新生代农民工借助炫耀性消费来实现社会认同。而第二节也进一步论证了炫耀性消费行为是新生代农民工获取社会认同的主要路径之一,尽管从本质上看,通过炫耀性消费所获得的社会认同是不稳定且实际上无法从根本上解决社会认同问题,但对于新生代农民工而言,相比于通过再教育学习这类长期的、较困难的方式,借助炫耀性消费这类便捷、直接的方式可能是其最中意的选择。因此,新生代农民工的炫耀性消费行为成为其最突出的消费特征之一。新生代农民工的炫耀性消费行为主要体现在两方面,一方面是他们在城市里的消费逐渐高档化、名牌化,另一方面他们返乡后在家乡人面前的消费也更显不同,烟酒衣物的购买都显现出奢侈的一面。很明显,新生代农民工的炫耀性消费行为是有悖于其务工收入的,这种新的消费习惯很容易使他们入不敷出,甚至会令正常生活陷入困境。那么他们缘何要选择这样一种消费方式呢?此种"金玉其外"的消费选择背后到底隐藏着怎样的心理诉求呢?

本章节以前两节内容为依托,重点从实证分析的视角验证了新生代农民工的社会认同与炫耀性消费倾向的关系,并试图验证成就动机与社会比较倾向在其中所起到的调节作用。

一、理论基础与研究假设

(一) 社会认同对新生代农民工炫耀性消费倾向的影响

遵循本章第一节对于社会认同的表述——指个体对自身所属社会群体以及群体带给自身的情感和价值的认识,同样将社会认同分为三个维度,即自我分类、群体自尊和群体承诺。其中,自我分类是指个体对于他所在群体成员资格的认知层面上的意识;群体自尊是指个体对这一群体成员资格在价值意义上积极或消极的评价;群体承诺则指个体对这一群体在情感上的融入感。埃勒默斯对社会认同的分类强调成员个体对内群的认知,很多社会情境下,人们知晓自己属于一个特定的社会范畴,但是却并不必然承诺于这一群体,相反,他们很可能想要归属于其他群体。[①] 这种情况反映了个体对重构认同的需要,当个体社会认同的内部结构出现不一致时,其炫耀性消费倾向也出现不同的特点。具体到新生代农民工群体,这一附属性的群体资格实际上是学者们根据人口学变量的差异对他们进行的社会范畴的划定,而每一个新生代农民工个体对于其所属群体的认同结构并不一致,本节对新生

---

① Ellemers N, Kortekaas P, Ouwerkerk J W. Self – Categorisation, Commitment to the Group and Gourp Self – Esteem as Related but Distinct Aspect of Social Identity. European Journal of Social Psychology, 1999, 29: 371 – 389.

代农民工社会认同的研究聚焦于他们对内群体的认知上,而对应于不同的内群体认知状态,其炫耀性消费倾向也会因认同结构的差异而呈现不同特征。

基于此,本书提出假设 1:

H_{4-1}:新生代农民工的社会认同对其炫耀性消费倾向有显著影响。

H_{4-1a}:新生代农民工的自我分类对其炫耀性消费倾向有正向影响。

H_{4-1b}:新生代农民工的群体自尊对其炫耀性消费倾向有负向影响。

H_{4-1c}:新生代农民工的群体承诺对其炫耀性消费倾向有负向影响。

(二) 成就动机的调节作用

成就动机 (achievement motivation) 是个体在致力于任务目标时,力求获得成功的内部动因,也即个体愿意去践行自认为重要的、有价值的事情,并努力达到完美的一种内部推动力量 (Nicholls, 1982)。有研究证明,成就动机与其他心理学变量的交互作用会影响个体的幸福感知 (金晓彤与崔宏静,2013)。当个体面对由社会群体划分所致的地位和声誉差异时,具有不同成就动机的人对成就和财富的关注也不同,而由此所致的社会行动也产生差异。对于新生代农民工而言,同样面对城乡二元结构以及由此所致的市民与农民间的地位差异,具有不同成就动机的他们,其社会认同的内部结构对炫耀性消费倾向的作用可能是不同的。基于此,我们提出假设 2:

H_{4-2a}:新生代农民工的成就动机越高,其自我分类对炫耀性消费倾向的正向影响越强。

H_{4-2b}:新生代农民工的成就动机越高,其群体自尊对炫耀性消费倾向的负向影响越强。

H_{4-2c}:新生代农民工的成就动机越高,其群体承诺对炫耀性消费倾向的负向影响越强。

(三) 社会比较倾向的调节作用

社会比较倾向 (social comparison orientation) 是吉布斯和布克 (Gibbons & Buunk) 在 1999 年提出的,主要是指个体致力于进行社会比较行为的倾向。① 社会比较倾向是一种人格特征,它没有对与错的分别,反映在个体身上呈现出的是高与低的差异。社会比较倾向较高的个体更愿意将自己的能力、境况或观念等与他人进行比较。根据社会比较理论,个体将自身与社会中的他人进行比较的过程

---

① Giddens, Anthony. Living in a Post-traditional Society. In Ulrich Beck et al., eds., Reflexive Modernization: Politics, Tradition and Aesthetics in the Modern Social Order. Stanford University Press, 1994.

是自发自动的。但是由于个体社会比较倾向上的差异，不同的人在同样的社会情境下，由于比较倾向不同，其所感知到的认同结构也会呈现不同状况，继而由比较所致的社会行动也会有不同的特点。在社会比较中，地位和声誉很容易成为人们比较时的衡量标准，炫耀性消费正是标示以上内容的一种显性行为表现。具体到新生代农民工群体，在社会认同内部结构影响他们进行炫耀性消费的过程中，愿意进行比较的个体同不愿意比较的个体，其认同结构与炫耀性消费倾向间的关系也定然会呈现不同的反映，因此，我们提出假设3：

H_{4-3a}：倾向于进行社会比较的新生代农民工，其自我分类对炫耀性消费倾向的正向影响加强。

H_{4-3b}：倾向于进行社会比较的新生代农民工，其群体自尊对炫耀性消费倾向的负向影响加强。

H_{4-3c}：倾向于进行社会比较的新生代农民工，其群体承诺对炫耀性消费倾向的负向影响加强。

二、研究方法与数据分析

本书主要通过问卷调查收集数据，问卷由炫耀性消费倾向量表、社会认同量表、成就动机量表和社会比较倾向量表构成。

信度和效度检验。为了保证研究所用测量工具的可靠性与准确性，本节将使用SPSS18.0和AMOS18.0对量表进行信度和效度分析。实证结果显示，各变量的Cronbach's α值均大于0.7，综合信度（CR）均大于0.7，平均变量抽取量（AVE）均大于0.5。量表的信度和效度良好。

为深入分析新生代农民工的炫耀性消费行为，本书首先对调研对象进行描述性统计分析，然后建立分层回归模型对数据进行实证检验。

（一）调查对象的描述性统计分析

在本书中，新生代农民工是指在1980年以后出生，户籍身份在农村，在农村长大，进入城市务工之前的持续教育经历中没有接受过高等教育，现已进入城市务工或经商的农村流动人口。调研在北京、长春、青岛、深圳等地进行，发放问卷863份，回收794份，其中有效问卷706份，有效率为88.9%[1]。被调查对

---

[1] 这里所发放的700份问卷与前述发放问卷5 000份的数量不同的原因在于，该问题是属于特定性问题的研究，需要发放专项的"量表"用于变量的测量，发放的问卷数量也要依据所研究具体问题的需要来进行。

象的具体特征如表4-3所示。

表4-3　　　　　　　　调查对象的描述统计分析

项目	频数（人次）	百分比（%）	项目	频数（人次）	百分比（%）
年龄			婚姻		
15~17岁	24	3.3	未婚	427	60.5
18~21岁	144	20.4	已婚	276	39.1
22~27岁	435	61.7	离异	3	0.4
28~32岁	103	14.6	学历		
性别			小学及以下	49	6.9
男	421	59.6	初中	393	55.7
女	285	40.4	高中或中专	264	37.4

资料来源：本书整理。

（二）新生代农民工的社会认同对其炫耀性消费倾向的影响

本节首先以社会认同为自变量，以炫耀性消费倾向为因变量，建立线性回归模型，检验社会认同对新生代农民工炫耀性消费倾向的影响。表4-4为新生代农民工社会认同与炫耀性消费倾向的回归结果。

如表4-4所示，自我分类对新生代农民工的炫耀性消费倾向起着显著的正向影响（$\beta = 0.364$，$P < 0.001$）；群体自尊对新生代农民工的炫耀性消费倾向起着显著的负向影响（$\beta = -0.176$，$P < 0.001$）；群体承诺对新生代农民工的炫耀性消费倾向起着显著的负向影响（$\beta = -0.232$，$P < 0.001$）。据此，假设H_{4-1}，H_{4-1a}，H_{4-1b}，H_{4-1c}成立。

表4-4　　　　社会认同维度与炫耀性消费倾向回归分析结果

自变量	Beta值	标准误差	T值	Sig.	Adj. R^2	F值
常量		2.169	25.604	0.000		
自我分类	0.364	0.135	9.012	0.000	0.129	35.716***
群体自尊	-0.176	0.112	-4.132	0.000		
群体承诺	-0.232	0.147	-5.449	0.000		

注：*** 表示在0.0001的水平上显著。
资料来源：本书整理。

（三）成就动机的调节作用

为检验成就动机在新生代农民工社会认同与其炫耀性消费倾向之间的调节作用，我们建立分层回归模型（见表4-5）。模型以新生代农民工炫耀性消费倾向为因变量，在模型1中以社会认同的三个维度为自变量进行回归，在模型2中，加入成就动机及其分别与自我分类、群体自尊和群体承诺之乘积（交互项），再次进行回归。通过比较分析模型1、模型2的回归结果以检验成就动机的调节作用。

表4-5 检验成就动机、社会比较倾向调节效应的分层回归模型

变量	模型1		模型2	
	Beta（标准化系数）	t值	Beta（标准化系数）	t值
自我分类	0.364***	9.012	0.107**	2.538
群体自尊	-0.176***	-4.132	-0.494***	-3.426
群体承诺	-0.232***	-5.449	-0.147**	-2.431
成就动机	—	—	0.120	0.303
社会比较倾向	—	—	0.136*	1.126
自我分类×成就动机	—	—	0.014	0.112
自我分类×社会比较倾向	—	—	0.310**	2.193
群体自尊×成就动机	—	—	-0.155*	1.036
群体自尊×社会比较倾向	—	—	-0.435**	3.723
群体承诺×成就动机	—	—	-0.166**	2.769
群体承诺×社会比较倾向	—	—	-0.195*	1.722
F值	35.716***		17.604***	
调整后 R^2	0.129		0.206	

注：*，**，***分别表示在0.05、0.01、0.001的水平上显著。
资料来源：本书整理。

如表4-5所示，在模型1中，回归结果显示，自我分类对新生代农民工炫耀性消费倾向的正向作用显著（β=0.364，P<0.001）；模型2中，自我分类与

成就动机的交互项对新生代农民工的炫耀性消费倾向的正向影响不显著（β = 0.014，P > 0.05）。这一结果显示，成就动机在新生代农民工自我分类与炫耀性消费倾向间的调节作用不存在，假设 H_{4-2a} 不成立。

模型 1 的回归结果显示，群体自尊对新生代农民工炫耀性消费倾向的负向作用显著（β = -0.176，P < 0.001）；模型 2 中，群体自尊与成就动机的交互项对新生代农民工炫耀性消费倾向的负向作用显著（β = -0.155，P < 0.05）。这一结果表明，成就动机在新生代农民工群体自尊与炫耀性消费倾向间起到了显著的调节作用，即成就动机加强了群体自尊对炫耀性消费倾向的负向影响，假设 H_{4-2b} 成立。

同时，模型 1 的回归结果还显示，群体承诺对新生代农民工炫耀性消费倾向的负向作用显著（β = -0.232，P < 0.001）；模型 2 中，群体承诺与成就动机的交互项对新生代农民工炫耀性消费倾向的负向作用显著（β = -0.166，P < 0.01）。这一结果表明，成就动机在新生代农民工群体承诺与炫耀性消费倾向间起到了显著的调节作用，即成就动机加强了群体承诺对炫耀性消费倾向的负向影响，假设 H_{4-2c} 成立。

（四）社会比较倾向的调节作用

为检验社会比较倾向在新生代农民工社会认同与其炫耀性消费倾向之间的调节作用，我们建立分层回归模型（见表 4-5）。模型以新生代农民工炫耀性消费倾向为因变量，在模型 1 中以社会认同三维度为自变量进行回归，在模型 2 中，加入社会比较倾向及其分别与自我分类、群体自尊和群体承诺之乘积（交互项），再次进行回归。通过比较分析模型 1、模型 2 的回归结果以检验社会比较倾向的调节作用。

如表 4-5 所示，在模型 1 中，回归结果显示，自我分类对新生代农民工炫耀性消费倾向的正向作用显著（β = 0.364，P < 0.001）；模型 2 中，自我分类与社会比较倾向的交互项对新生代农民工的炫耀性消费倾向的正向影响显著（β = 0.310，P < 0.01）。这一结果显示，社会比较倾向在新生代农民工自我分类与炫耀性消费倾向间起到了显著的调节作用，即社会比较增强了自我分类对炫耀性消费倾向的正向影响，假设 H_{4-3a} 成立。

在模型 1 中，群体自尊对新生代农民工炫耀性消费倾向的负向作用显著（β = -0.176，P < 0.001）；而模型 2 中，群体自尊与社会比较倾向的交互项，对新生代农民工炫耀性消费倾向的负向作用显著（β = -0.435，P < 0.01）。这一结果表明，社会比较倾向在新生代农民工群体自尊与炫耀性消费倾向间起了显著的调节作用，即社会比较倾向增强了群体自尊对炫耀性消费倾向的负向影响，

假设 H_{4-3b} 成立。

同时，在模型1中，群体承诺对新生代农民工炫耀性消费倾向的负向作用显著（$\beta = -0.232$, $P < 0.001$）；而模型2中，群体承诺与社会比较倾向的交互项，对新生代农民工炫耀性消费倾向的负向作用显著（$\beta = -0.195$, $P < 0.05$）。这一结果表明，社会比较倾向在新生代农民工群体承诺与炫耀性消费倾向间起了显著的调节作用，即社会比较倾向增强了群体承诺对炫耀性消费倾向的负向影响，假设 H_{4-3c} 成立。

三、分析结果与相关建议

个体对所属群体的内群体认同是炫耀性消费行为的重要前因变量，不同个体的社会认同内部结构对其炫耀性消费倾向的影响并不相同，特别是对于新生代农民工，作为社会转型期的边缘身份人群，他们的社会认同结构对炫耀性消费倾向的影响有着特殊的群体特征，而这一影响过程又因新生代农民工个体在成就动机和社会比较倾向上的差异而呈现出不同的特点。具体而言：

新生代农民工的社会认同对其炫耀性消费倾向有显著影响，其中自我分类对其炫耀性消费倾向的正向影响显著，而群体自尊和群体承诺对其炫耀性消费倾向的负向影响显著。这一结果表明，新生代农民工个体越明确自己是农民工群体的一员，他们将更加愿意进行炫耀性消费。但这种对已定身份的客观知晓并不全然意味着他们对内群体成员资格在主观上的确认，反映在其群体自尊和群体承诺对炫耀性消费的影响上，表现为群体自尊和承诺越低，则炫耀性消费倾向越高。反观现实中新生代农民工群体的消费情况，他们比较明显的炫耀性消费行为正说明了尽管他们承认自己的客观身份，但是在主观的自尊和承诺确认上，其对内群体的认同状态是很低的，他们对于农民工这一社会范畴的划分，在价值和情感层面是不认同的。

研究结果表明，成就动机对新生代农民工群体自尊、群体承诺与炫耀性消费倾向的关系有显著的调节作用。新生代农民工的成就动机越高，那么其群体自尊和群体承诺对炫耀性消费倾向的负向作用则越大，也即相对于低成就动机、高成就动机的新生代农民工，一旦他们对内群体的自尊和承诺降低，那么他们将会有更强的炫耀性消费倾向。而成就动机对新生代农民工自我分类与炫耀性消费倾向间的关系没有起到调节作用，可能是因为当新生代农民工个体承认自己的客观群体身份，并因此有炫耀性购买的意愿时，其成就动机的高低所影响的是对未来成功的关注，而这种关注并不作用于当期的购买意愿，因为对身份的客观承认并不阻碍一个人追求成功，二者并不存在交互作用。

社会比较倾向对于新生代农民工社会认同内部各维度与炫耀性消费倾向的关系均起了显著的调节作用。首先，社会比较倾向越高的新生代农民工，其自我分类对于炫耀性消费的正向影响越大。也就是说，当一个新生代农民工确实将自己划分为农民工的内群体的时候，如果他是愿意与他人比较的，那么他将更加倾向于进行炫耀性消费。其次，社会比较倾向越高的新生代农民工，他们的群体自尊、群体承诺对于炫耀性消费倾向的负向影响将增强，因为当一个新生代农民工认为内群体不值得尊敬、与内群体缺少情感联结，并通过炫耀性的消费方式来提升自尊时，这种心理本身是一个社会比较的过程，而此时一旦个体愿意进行比较，那么这种影响将会进一步加深，因此新生代农民工将会更加愿意选择进行炫耀性消费。

新生代农民工是城市建设中的主力军，但同时也是城市社会中的边缘人，这种功能与身份上的不匹配使得他们对于内群体的认同状况早已发生了变化，他们要么根本不觉得自己是农民工，要么即便承认这种客观身份，但在情感和价值上并不认同这一群体。他们试图通过炫耀性消费这种金玉其外的消费手段来改变自己的地位。本节从内群体社会认同的角度，对他们的炫耀性消费行为给出了实证性的分析，结果表明新生代农民工的社会认同结构中，自我分类对其炫耀性消费有正向影响，而群体自尊和群体承诺对炫耀性消费则有负向影响，同时，成就动机和社会比较倾向在其中起到调节作用。

基于本书的分析论证，我们认为新生代农民工对于其客观身份的不认同是导致他们产生强烈炫耀性消费倾向的重要原因。因此为了引导新生代农民工秉持正确的消费观，以实际收入水平为依据进行理想消费，政府就要着力改革二元户籍制度，根除客观社会身份差异造成的不平等，建立完善的社会保障体系，营造平等公正的社会氛围，以帮助新生代农民工重新建构积极的内群认同，践行健康理性的消费行为。

第五章

新生代农民工群际对比的消费差异分析

第一节 群际独特性——发展需求下的新生代农民工消费行为

农民工作为中国农民向非农职业转换的产物,往往期望自己可以获得城市高地位和声望的职业。然而,当前中国农民工的就业现状是,大部分农民工仅仅以小保姆、服务员、清洁工的身份出现在城市的最底层,难以进入城市更多的、社会地位更高的职业领域(张斐男,2012)。新生代农民工作为农民工的新生力量,与第一代农民工相比,除了拥有相同的农村户籍以外,在生活习惯、消费观念、价值目标上却与第一代农民工大相径庭,这些差异将他们刻画成为"农民工"群体中的特殊人群,也给新生代农民工的消费行径增添了更多色彩。

一、代际差异对比中的新生代农民工群际独特性刻画

相对于第一代农民工来说,新生代农民工的成长环境发生了巨大的变化。对于第一代农民工来说,他们生长的乡村环境相对落后且闭塞,邻里乡间生活方式大体趋同,他们与外界的交流相对较少,邻居亲友是他们全部的社交范围与大部分的信息来源。这种生活模式与1980年或1990年以后出生的新生代农民工差别很大。随着我国经济的逐渐发展,农村的生活环境发生了很大的改变。对于新生

代农民工来说，电视、广播等媒体在其成长中发挥着重要作用，他们更加了解城市生活且对其更为向往。同时，务农已经不再是他们唯一的谋生手段，甚至成为他们最不愿意选择的工作方式。

在差异性成长环境的影响下，新生代农民工的诸多生活理念也与之父辈完全不同。首先，两代人对待家乡的态度迥异。对于老一辈农民工来说，家乡是一种割舍不掉的情感寄托，他们习惯于家乡的生活方式，习惯于家乡人的态度观念、处事原则并与之建立了强烈的情感联结，家乡是他们一定要回归的故土，是不会转移的根石。而对于不善务农的新生代农民工而言，城市带给他们工作机会与经济来源，他们处于城市的时间更长，导致他们对城市的归属感更加强烈。其次，也正是因为对城市的强烈认可，导致新生代农民工更愿意在诸多方面模仿城市人的生活方式，其中最为显著的就是两代人消费理念的差异。与老一辈人勤俭节约、收入全部贴补家用的生活方式不同，新生代农民工更期待增加其衣着、娱乐等方面的支出，期待通过穿戴打扮拉近与城市人之间的距离。近些年来的研究更是逐渐指出，越来越多的新生代农民工更加倾向于进行炫耀性消费，这种情况不仅仅出现在城市生活中（向城市人展示自己与其无差别的生活习惯），更为广泛的表现在其略显夸张的返乡消费中（向同乡人展示自己的经济实力与市民身份）。此外，两代农民工在婚恋、生育等方面的生活观念也产生了一些差异。第一代农民工攒钱、相亲、结婚、生子的婚育理念不同，新生代农民工更加渴望通过自有恋爱寻找自己的伴侣，但出于原生家庭的限制，仍然有大部分新生代农民工仍然选择近乡相亲，婚后双双外出打工，或由妻子照顾老人和孩子。在生育理念上，新生代农民工"重男轻女"的想法有所缓解，对子女数量的预期也相对降低。同样，在工作理念上，新生代与第一代农民工的差异也特别显著。老一辈农民工受教育程度普遍不高，工作技能与工作预期也相对较低，性质简单、重复率高、体力密集的劳动成为他们的工作首选。新生代农民工则完全不同，相比于其父辈，他们受教育程度更高，如果有机会，他们也会在从业前选择接受相关的职业培训。也正因如此，他们更期待具有一定技术含量、劳动密集程度更低、社会声望更好的工作。虽然目前来看，新生代农民工的工作情况还尚难让人满意，但该群体与第一代农民工的工作预期差异已经十分明显了。

总而言之，新生代农民工更接近于市民，会主动接纳城市的生活方式，市民化意愿更强烈、市民化需求也最为迫切（刘传江与程建林，2008；周明宝，2004）。一方面，新生代农民工市民化意愿强烈，渴望成为市民中的一员；另一方面，新生代农民工在城市中的就业现状并不理想，普遍存在职业声望较低的问题，难以改变社会地位，实现其市民化进程中向高职业声望转移的目标。如何解决两者之间的矛盾，切实提高新生代农民工的职业声望，使新生代农民工在城市中的状态由"生存"向"生活"转变，成为推进我国农民工市民化进程的关键问题。在力图解决这一矛盾的过程中，本书也发现，发展型文化消费是新生代农民工在学校教育之外提升自身文化素质与人力资本的有效途径，可以有效缓解新生代农民工高市民化意愿与低职业声望之间的矛盾。因此本书重点研究发展型文化消费在新生代农民工的市民化意愿与职业声望之间所起的中介作用，并试图验证收入满意度、成就动机在其中所起的调节作用。

二、基于群际独特性的新生代农民工文化消费影响因素探究

在经典的马克思主义经济学理论中，消费资料被划分为生存资料、发展资料和享受资料（马克思与恩格斯，2009）。据此，本书将消费行为划分为生存型消费、发展型消费（在第五章第一节我们研究过发展型文化消费的相关内容，发展型文化消费是发展型消费的一部分，发展型消费是一个更为宽泛的概念）与享受型消费三种类型。其中，生存型消费是指为了维持生存所必需的物质和劳务消费；发展型消费是指消费者为了实现自身发展而进行的各项支出；享受型消费则是指出自享乐目的所进行的消费。与包括接受知识传播、掌握技能方法等形式的消费活动为主的教育型文化消费不同，发展性文化消费在教育用途的基础上，同样重视社会资本投入——人情消费的重要性。作为青年群体，增加发展型消费的比重无疑是新生代农民工较优的消费选择。因此，本书选择发展型消费行为作为分析重点，并将其划分为学习消费与人情消费两个方面。无论是为了提高自身人力资本所进行的学习消费，还是为了拓展社会资本所进行的人情消费，都有助于新生代农民工获得更好的工作及生活条件，对该群体的职业生涯与未来生活产生积极影响，对其个人发展与家庭和谐大有裨益。

当前，新生代农民工的生活消费观念和行为都有着新的特点，特别是在文化消费行为上，更加体现了这一新生群体的自有特征。本书拟选取不同地区的新生代农民工作为被访对象进行深度访谈，以提取本书的典型个案并加以深入分析，总结其具有的共性特征。本书拟调研的内容包括新生代农民工的收入、年龄、受教育程度、家庭结构等，旨在分析这些因素对新生代农民工文化消费的影响状况。在前面的章节研究中，也曾涉及新生代农民工的文化消费问题，但彼时对于文化消费的论述集中于对文化消费的内涵及其分类——教育型文化消费、娱乐型文化消费的介绍上，并未对文化消费的影响因素、新生代农民工文化消费的特点以及新生代农民工文化消费领域所面临的问题进行介绍，此处，本书对文化消费的内容做出如下的进一步补充，并由此引出本阶段的研究问题。

首先，每个人的业余爱好和精神文化需要，都与其所处的经济基础相适应，脱离自身经济基础和社会地位的经济状况得到切实改善以后，他们在内心里才会产生更高层次的精神需求——文化消费。收入水平是决定人们消费水平和消费结构最为直接的因素，特别是对于文化消费这种非生存性消费而言，收入水平更加可能起着决定性的作用。其次，年龄是时代特征的一种反应，不同年龄段的个体对于文化消费的观念和方式都呈现不同的特点。新生代农民工群体中，从"80后"到"90后"，十几年的时间差异，其所形成的文化消费观念和方式的差异定然不能小觑。特别是在当今这个飞速发展，急剧变迁的社会，这种由于年龄差带来的文化消费的不同也会有其不同的特点。再次，受教育程度是影响个体文化观念的重要因素，受教育程度通过影响文化意识也会间接影响人们的文化消费观念。有着不同受教育背景的新生代农民工，他们对于文化消费的观念意识和消费行为都很可能因此而呈现不同的特征。最后，家庭结构是影响居民消费的重要因素，20世纪80年代以后出生的新生代农民工，虽然整体上属于农民工群体中的青年一代，但这一群体到目前为止已经又有了分化，年龄最大的新生代农民工至今已经超过30岁，这些人已经成家立业，不再是一人吃饱全家不饿的自由个体，有了更大生活压力，这种生活的状态必然影响其文化消费水平和结构。而"90后"的新生代农民工还属于家庭中的孩子，尚不属于家庭主力，家庭的重担还没有落在他们身上，因此文化消费的状况也会区别于成立家庭的新生代农民工。

根据先前的分析，新生代农民工作为一个中国社会中特有的社会群体，其生活状态的特殊性，使得其生活消费观念和行为都有着新的特点，特别是在文化消费行为上，更加体现了独有的行为特征。其可能的表现简述如下：（1）文化消费需求高，文化消费行为偏少。成长在信息高速发展时代的新生代农民工，在大众传播媒介的影响下，有着相对较高的文化需求，他们渴望接触更多的高文化层次的消费内容，体验城市同龄人的文化消费内容和习惯，希望通过文化消费，提高自己的生活品质，实现自己的人生价值。但是由于收入水平较低，家庭原有禀赋又无法达到城市人群的水平，因此，尽管他们有较高的文化消费需求，却依旧无法实现高水平的文化消费。（2）文化消费机会少，消费时间较短。据调查，新生代农民工每天可用于休闲和文化娱乐的时间不足1小时。61.7%的人每天需工作8~10小时，22.5%的人每天工作10小时以上，77.2%的人在节假日被要求加班。46.2%的人每天只有不到1个小时的闲暇，29.2%的人每天有1~2个小时用于休闲娱乐。这一特点决定其文化消费的支出状态。（3）文化消费主要支出于上网聊天等低支出项目上。新生代农民工当中，35.6%的人每月文化消费在10~50元，26.2%的人为51~100元，主要用于上网等简单的娱乐活动。而由于计算机知识、网络应用技术匮乏，他们的上网娱乐也紧紧局限在网上聊天，简单的游戏上。① （4）手机等新兴媒体是新生代农民工文化消费的重要方式。手机、mp3、mp4等电子产品是新生代农民工获取信息和娱乐的主要工具。由于收入的限制，很多新生代农民工没有过多的收入来支持购置电脑和安装网络的费用，他们的网络平台主要是依靠手机来实现。

综合来看，新生代农民工的文化消费还普遍存在一些问题，其可能的表现为：第一，新生代农民工精神文化消费意愿及其文化消费质量普遍偏低，他们的文化消费基本表现为简单、简洁，特别注重免费无偿的消费，在文化消费方面的开支较小。新生代农民工文化消费质量偏低，精神文化生活整体处于匮乏状态。第二，接受教育的程度不同导致新生代农民工精神文化诉求有所区别。新生代农民工接受教育的程度普遍偏低，特别是来自偏远山区的新生代农民工。整体文化程度偏低，直接影响到他们日常对精神文化消费的选择。文化程度和素养较高的新生代农民工更加热衷于看电影、购买书报资料和上网。第三，生活环境的巨大差异导致农民工文化消费观念的差异。从新生代农民工地域来源看，发达地区的新生代农民工与欠发达地区的农民工文化消费观念、文化消费内容区别较大。两者由于先天生活环境差异的原因，前者的文化消费更加前卫、时尚一些。第四，业余文化生活与企业生产经营之间存在矛盾。大多数新生代农民工每天被上班和加班填满，86%以上的新生代农民工希望节假日不加班。由于收入水平低，大部分人无法进行更多的文化消费。第五，文化生活方式单调与公共文化服务覆盖不足同时并存。现有的公共文化场所较少设置在农民工集聚地，单位安排的文化活动项目少吸引力不强，社会上提供的送电影等快餐式服务远不能满足需求，大多数农民工文化生活单调。第六，文化追求与现实社会经济地位形成差距。新生代农民工求知欲强，职业期望值与城市同龄人趋同，超过30%的农民工在工作之余选择学习，56%的人希望当地有关机构开展技能培训。同时，他们表现出更高的政治参与热情，集体维权意识更强，但只有20%的人参加过相关的选举活动，更缺乏对各种社会活动的参与。

目前，新生代农民工所在的企业和所在的地方政府、社区给他们提供的免费或相对便宜的文化设施、文化生活项目基本匮乏，新生代农民工文化生活的选择空间较小，在他们自身所能及的范围内，除了看电视、读书、看报，手机上网等还难以接受和承受其他文化消费。

新生代农民工精神文化封闭及自身文化素养也是重要的影响因素。一方面，几十年的"城乡二元"结构不仅是一种制度结构，而且经过长期的积累，已经演化为一种与这一制度结构相配备的制度意识形态，沉积成为一种普遍的社会心

---

① 本课题组大样本统计调查所得数据。

理。由于现阶段城乡之间的壁垒还未完全打破，新生代农民工无法完全融入他们就业所在的城市，致使新生代农民工与城市一般工人同工不同酬现象、同工而不同权现象的出现。加之都市居民对他们依旧存在某种程度的偏见与歧视，自卑和自尊，让农民工与城市居民天然的形成一种心理的鸿沟，这种难以逾越的鸿沟，导致新生代农民工精神文化消费存在内倾性、保守性的特征。另一方面，新生代农民工本身存在文化素养的缺陷，在现实交往过程中存在文化上的障碍，与城市居民的文化消费很难达到完全吻合。新生代农民工群体的自身文化程度偏低，在某种程度上成为他们进入城市文化生活圈的"瓶颈"，很难介入现代城市生活的主流文化生活圈，文化消费成为消费的困境，这是导致新生代农民工形成相对封闭文化消费圈的重要影响因素。在力图解决这一矛盾的过程中，本书发现，发展型文化消费是新生代农民工在学校教育之外提升自身文化素质与人力资本的有效途径，可以有效缓解新生代农民工高市民化意愿与低职业声望之间的矛盾。因此本书重点研究发展型文化消费在新生代农民工的市民化意愿与职业声望之间所起的中介作用，并试图验证收入满意度、成就动机在其中所起的调节作用。这些研究结论有助于丰富新生代农民工就业问题的相关研究，同时对于提升新生代农民工的职业声望与社会地位均具有积极的现实意义。

三、相关理论综述与研究假设提出

（一）新生代农民工的市民化意愿、发展型文化消费与职业声望

郑杭生（2005）认为市民化包含两层含义，一是农民在实现身份与职业转变之前接受现代城市文明的各种因子；二是在实现转变之后，发展出相应的能力来利用自身的市民权利，完全融入城市。与第一代农民工"落叶归根"的传统思想不同，新生代农民工缺少务农的经历，对乡土社会也缺乏深厚的感情基础，他们受城市观念的影响较深，渴望融入城市社会，寻求自身发展与立足城市的机会，市民化意愿相对较为强烈。虽然新生代农民工普遍具备一定程度的文化基础，但是受教育水平普遍不高，缺乏专业技术，在城市的就业市场上，往往也处于劣势地位，影响了其市民化发展进程。因此，为了更好地实现市民化意愿，融入城市社会，新生代农民工提升文化资本与促进自身发展的诉求也相对较为强烈。发展型文化消费具有提升消费者文化水平、促进消费者个体发展的作用，成为弥补新生代农民工教育基础薄弱的有效途径，有助于新生代农民工积累文化资本，实现市民化愿望。

文化消费是为了满足人们的精神文化生活而消费精神文化产品和精神文化服务的行为（曹俊文，2002）。如果按照消费需求来定义，可以将文化消费分为满

足低层次需求的享受型文化消费和满足高层次需求的发展型文化消费两类（钱玮、吕巍与金振宇，2015）。

在文化消费中，发展型文化消费是为实现自身发展而进行的文化消费，相对于以享乐为目的的享受型文化消费，发展型文化消费具有满足消费者提升自我、提高素质与文化涵养的作用（陈思，2010），其消费结果往往可以内化为消费者自身的文化资本，以获取长久的终身价值。由此可见，作为青年群体，新生代农民工以自我发展进步为目的进行发展型文化消费，将有效提高其文化资本与人力资本，提升其城市适应能力，有助于其实现市民化的愿望。发展型文化消费一方面是新生代农民工实现市民化愿望的有效途径，另一方面也关系着新生代农民工的城市就业状况与职业声望。发展型文化消费，例如职业教育、再就业培训等用于继续教育的消费，可以有效提高新生代农民工的人力资本，提升其城市就业能力，直接关系着新生代农民工的生活质量和生存能力，有助于其提高职业声望与就业质量，对于他们向高职业声望的工作转移具有积极的作用（彭国胜，2009）。陈成文与王修晓（2004）从人力资本的角度讨论农民工的城市就业问题，并将包括性别、年龄、健康状况、父亲政治面貌与父亲的职业声望归类为人力资本的先赋因素，将文化程度、普通话水平、工作经历、职业技能与本人政治面貌归类为人力资本的自致因素，他们认为城市农民工人力资本的先赋因素对其职业声望的影响有限，相反，自致因素的作用却十分明显。由于发展型文化消费可以有效提高新生代农民工人力资本的自致因素，因此当城市社会与企业所提供的免费的、公共的再教育服务欠缺的情况下，发展型文化消费可以弥补其本身所积累的学校正规教育水平不足的问题，同时，成为提升新生代农民工职业能力与城市适应能力的有效途径，进而提高其职业声望。

综上所述，新生代农民工市民化意愿对职业声望的作用机制是通过发展型文化消费的中介作用实现的。当新生代农民工市民化意愿较为强烈时，更倾向于进行发展型文化消费来提高自身的文化资本，其就业能力也会随之提高，更容易获得职业声望较高的工作。基于此，我们提出假设1：

H_{5-1}：发展型文化消费在新生代农民工市民化意愿对职业声望的作用中起中介作用。

（二）新生代农民工收入满意度的调节作用

布罗克曼等（Brockman et al., 2009）人通过研究表明，尽管绝对收入增长，但当大部分人群感到自己处于一个更加不利的相对地位并产生强烈的收入不满意时，其主观幸福感会下降。因此要想全面了解新生代农民工的收入现状、消费能力与市民化状况，仅研究收入增量并不能反映其实际的生存状况，研究收入满意度更能反映其实际的收入水平与市民化程度。收入满意度是用于衡量个人对自身当前收入满意程度的指标,是指公众在一定时期内,对个人收入的主观感受与预期的理想状态的比较评价(郑方辉与隆晓兰,2008)。不少学者发现了收入满意度与农民工市民化意愿的关系。李丹和李玉凤(2012)认为农民工市民化的过程就是其在城镇就业、定居进而构建并不断提高生活满意程度的过程,因此生活满意度是新生代农民工市民化的实质驱动力,而收入满意度正是生活满意度的重要影响因素;彭远春(2007)发现月收入满意度最终可以有效影响农民工的城市身份认同,进而影响其市民化进程;洪名勇和钱龙(2015)研究证明了对收入水平越满意的农民工,越倾向于长期留在打工城市生活,市民化意愿也更为强烈。收入满意度除了可以直接影响新生代农民工的市民化意愿,也可以在市民化意愿与发展型文化消费的作用中起到调节作用。不同收入满意度的新生代农民工,其市民化意愿对发展型文化消费的作用可能是不同的。当收入满意度较高时,新生代农民工对城市的认同感更强,对城市生活的满意度更高,市民化意愿也更为强烈,进而激发出更多的发展型文化消费的需求,渴望提升自身就业能力与文化水平,获取更好的个人发展。但是当收入满意度较低时,新生代农民工往往对市民化持消极态度,市民化意愿也会随之改变,进而影响到其发展型文化消费的行为。基于此,我们提出假设2:

H_{5-2}:新生代农民工的收入满意度在市民化意愿和发展型文化消费的作用中起调节作用,收入满意度越高,其市民化意愿对发展型文化消费的作用就越显著。

(三) 新生代农民工成就动机的调节作用

在本章第三节中我们曾提到,成就动机(achievement motivation)是个体在完成任务的过程中,力求获得成功的内部动因,即个体愿意践行自己认为重要的、有价值的事情,并努力实现完美的一种内部推动力量(Nicholls,1982)。1957年,阿特金森确定了影响成就动机的影响变量,他认为每个个体都存在两种动机倾向,一个是追求成功的动机,另一个是避免失败的动机,因此成就动机也可以分为追求成功和避免失败两种类型,前者使个体努力做到最好,后者使个体尽量避免失败(吴江霖,2000)。成就动机是促使个体追求成功的内部驱动力,可以更好地适应竞争并且提高个体的活动效率。文敏等(2014)认为成就动机可以减缓个体的学业倦怠,促进学业投入,从而有效地提升个体的学业成绩。周兆透(2008)对大学教师的成就动机与工作绩效之间的关系进行了实证研究,研究表明大学教师的成就动机对其工作绩效具有显著的正向影响。对于新生代农民工而言,外出打工主要是为了能够开阔眼界,提升自我,寻求城市发展的机会,进而改变自己的命运,实现个人的梦想,因此与第一代农民工相比,新生代农民工追求梦想、渴望成功的特点比较突出,其成就动机也较为强烈。由于成就动机与个体自身发展有关,因此不同成就动机的新生代农民工对自身发展与成就的期待有较大差异，对于发展型文化消费的态度也不尽相同，继而影响到其能够获得的就业职位与职业声望。当新生代农民工的成就动机较高时，意味着他们对实现个人目标与成就有较强的内部驱动力，更倾向于进行发展型文化消费，为自身发展做更多努力和准备，以获得更好的工作岗位，实现城市社会的向上流动。当新生代农民工的成就动机较低时，其往往更倾向于满足生活现状，不愿意付出时间与经济成本去进行发展型文化消费以提升自身的素质与能力，因此缺少相应的人力资本会导致新生代农民工的职业地位较低，难以获得职业声望较高的工作。基于此，笔者提出假设3：

H_{5-3}：新生代农民工的成就动机在发展型文化消费和职业声望的作用中起调节作用，成就动机越高，其发展型文化消费对职业声望的作用就越显著。

四、研究方法的选取

本书共涉及"市民化意愿""发展型文化消费""职业声望""收入满意度""成就动机"五个研究变量，所有变量均通过问卷方式获取。

（一）自变量的测量

本书以"市民化意愿"作为自变量，采用姚植夫、薛建宏（2014）的农民工市民化意愿量表进行数据收集。为了保证研究所用测量工具的可靠性与准确性，本节将使用SPSS18.0和AMOS18.0对市民化意愿量表进行信度和效度分析。实证结果显示，各变量的Cronbach's α值均大于0.7，综合信度（CR）为0.877，平均变量抽取量（AVE）为0.71。量表的信度和效度良好。

（二）因变量的测量

本书以"职业声望"为因变量，李春玲（2005）在全国范围内进行调研，最终形成了一个包含81个职业的职业声望量表。本书根据职业声望量表给接受调查的每一位新生代农民工所从事的职业赋值，作为因变量的测量数据。

（三）中介变量的测量

中介变量为"发展型文化消费"，选取新生代农民工以个体自身发展、自我提升为目的所进行的文化消费的多少作为自变量指标。在前期的研究中，针对70名新生代农民工进行了访谈与调研，结果发现新生代农民工的发展型文化消费主要集中在购买图书报刊、购买学习类电子产品、付费参加再教育与培训三个方面，由于发展型文化消费对职业声望的影响存在时间上的滞后性，因此最终我们选取了新生代农民工过去三年里在以上三项指标上的消费总和作为衡量发展型文化消费的指标，单位为"元"。

(四) 调节变量的测量

本书的调节变量有两个：一个是"收入满意度"，另一个是"成就动机"。"收入满意度"的操作化方式借鉴傅红春、罗文英（2004）的方法，将"收入满意度"的操作化定义为过去一年中新生代农民工的实际收入与期望收入的比值。"成就动机"采用成就动机量表（achievement motivation scale，AMS），包括追求成功（Ms）与避免失败（Mf）两个分量表，国内学者对此量表进行了多次译制与修订，并在研究实践中表明，该量表在中国情境下有较好的信度与效度。本书中，该量表各维度的 Cronbach's α 值均大于 0.7，综合信度（CR）大于 0.8，平均变量抽取量（AVE）大于 0.5，说明该量表的信度和效度良好。

五、数据分析

（一）调查对象描述统计分析

本书选取新生代农民工为研究对象，调研在北京、上海、广州、长春、石家庄等地进行，共发放问卷 750 份，回收 723 份，其中有效问卷 692 份[①]，有效率为 95.7%。被调查对象的具体特征如表 5-1 所示。

表 5-1　　　　　调查对象的描述统计分析（n=692）

分类	类别	频次（人次）	百分比（%）
性别	男	385	55.6
	女	307	44.4
婚姻	未婚	481	69.5
	已婚	206	29.8
	离异	5	0.7

---

① 这里发放的 700 份问卷与前述发放问卷 5 000 份的数量不同的原因在于，该问题是属于特定性问题的研究，需要发放专项的"量表"用于变量的测量，发放的问卷数量也要依据所研究具体问题的需要来进行。

续表

分类	类别	频次（人次）	百分比（%）
年龄	15~17岁	48	7
	18~21岁	180	26
	22~27岁	326	45.6
	28~32岁	148	21.4

资料来源：本书整理。

（二）变量间的相关检验

研究运用SPSS18.0对主要研究变量的平均数标准差以及他们之间的Pearson相关系数进行描述统计（见表5-2）。结果表明，新生代农民工的"市民化意愿"与"发展型文化消费"之间呈显著的正相关关系（$r=0.580$，$p<0.01$），这说明新生代农民工的市民化意愿越强烈，其发展型文化消费越多；"发展型文化消费"与"职业声望"之间呈显著的正相关关系（$r=0.445$，$p<0.01$），这说明新生代农民工发展型文化消费越多，其所从事工作的职业声望越高；"收入满意度"与"市民化意愿"之间呈显著正相关关系（$r=0.175$，$p<0.01$），说明新生代农民工收入满意度越高，其市民化意愿也会越强烈。"成就动机"与"发展型文化消费"之间呈显著正相关关系（$r=0.318$，$p<0.01$），说明新生代农民工的成就动机越高，其发展型文化消费也会越多。

表5-2　　　　　　　　本研究涉及变量相关分析

变量	平均数	标准差	1	2	3	4	5
1. 市民化意愿	3.82	1.03	1				
2. 发展型文化消费	749.14	764.40	0.580**	1			
3. 职业声望	40.88	10.47	0.438**	0.445**	1		
4. 收入满意度	0.77	0.21	0.175**	0.317**	0.261**	1	
5. 成就动机	1.68	3.01	0.539**	0.318**	0.162**	0.593**	1

注：** 代表 $P<0.01$；$N=692$。
资料来源：本书整理。

（三）Bootstrap检验

按照赵欣等（2010）提出的中介分析程序，借鉴普瑞驰等（Preacher et al.,

2007）的研究，使用海斯（Hayes，2013）提出的 Bootstrap 模型 21 进行中介变量检验，设置样本量为 5000，置信区间为 95%。结果显示（见表 5-3），做中介变量（M）"发展型文化消费"对自变量（X）"市民化意愿"、调节变量（W）"收入满意度"和交互项（WX）的回归，结果发现交互项（WX）的系数显著，coeff = 1 644.14，$p < 0.001$。做因变量（Y）"职业声望"对自变量（X）"市民化意愿"、中介变量（M）"发展型文化消费"、调节变量（V）"成就动机"和交互项（VM）的回归，结果发现交互项（VM）的系数显著，coeff = 0.0006，$p < 0.001$。

表 5-3　　　　　　　　　　Bootstrap 数据结果

变量类型	模型 1 发展型文化消费	模型 2 职业声望
自变量 X		
市民化意愿	238.97***	3.24***
中介变量 M		
发展型文化消费		0.0031***
调节变量 W		
收入满意度	1 062.84***	
调节变量 V		
成就动机		-0.21
交互项 WX		
收入满意度×市民化意愿	1 644.14***	
交互项 VM		
成就动机×发展型文化消费		0.0006***
R^2	0.5054	0.2703
F 值	234.32***	63.63***

注：表中所有系数为非标准化系数，*** 代表 $P < 0.001$；N = 692。
资料来源：本书整理。

另外，数据结果还表明在调节变量收入满意度与成就动机的不同水平下，发展型文化消费在市民化意愿对职业声望的影响中起条件中介作用。按照均值、均值加减一个标准差的方法区分了低、中、高三种不同程度的收入满意度与成就动机，分析了不同收入满意度和成就动机的新生代农民工，发展型文化消费在市民化意愿对职业声望影响中的中介效应。数据结果表明，当新生代农民工处于低收入满意度时，且成就动机处于低、中、高三种不同程度时，发展型文化消费的中介效应均显著，Bootstrap 检验的置信区间分别为（-0.6471，-0.003）（-0.8111，-0.1207）（-0.523，-0.066）；当新生代农民工处于中等收入满意度时，且成就动机处于中、高两种不同程度时，发展型文化消费的中介效应均显著，Bootstrap 检验的置信区间分别为（0.4895，1.1520）（0.8700，1.5050），而处于低成就动机的新生代农民工，发展型文化消费并不发挥中介作用（-0.126，0.9692）；当新生代农民工处于高收入满意度时，且成就动机处于中、高两种不同程度的，发展型文化消费的中介效应均显著，Bootstrap 检验的置信区间分别为（1.2611，2.9477）（2.1277，3.7145），而处于低成就动机的新生代农民工，发展型文化消费并不发挥中介作用（-0.0049，2.4296）。

六、研究结果讨论

本书旨在探讨新生代农民工发展型文化消费在其市民化意愿对职业声望的影响中所起的中介作用，并构建了以市民化意愿为自变量，职业声望为因变量，发展型文化消费为中介变量，收入满意度与成就动机为调节变量的结构方程模型。经过数据分析，本书得出了以下结论：

第一，新生代农民工的市民化意愿是通过发展型文化消费来影响其职业声望的。通过验证市民化意愿、发展型文化消费与职业声望的作用关系发现，首先，新生代农民工的"市民化意愿"与"发展型文化消费"呈显著的正相关关系，即新生代农民工的市民化意愿越强烈，其所消费的发展型文化产品就越多；其次，新生代农民工的"发展型文化消费"与"职业声望"呈显著的正相关关系，即新生代农民工所消费的发展型文化产品越多，新生代农民工的职业声望也会相应提高。当新生代农民工的市民化意愿较为强烈时，其会有更强烈的向上发展的需求，因此会在发展型文化消费方面的投入更多，当其发展型文化消费达到一定水平后，会对新生代农民工的文化资本与人力资本的积累有积极影响，从而，促使其获得更高的职业声望与社会地位。

第二，收入满意度在市民化意愿对发展型文化消费的作用中起正向调节作用。通过验证收入满意度的调节作用后发现，收入满意度可以有效调节市民化意愿对发展型文化消费的作用关系。不同收入满意度的新生代农民工，其市民化态度往往也表现出较大的差异，进而影响其对发展型文化消费的投入。当新生代农民工的收入满意程度较高时，更倾向于融入城市社会，并通过发展型文化消费来获得个人发展的进步，实现向上的社会流动，因此市民化意愿对发展型文化消费的作用会增强；反之，当新生代农民工的收入满意度较低时，新生代农民工可能并不愿意成为城市中的一员，希望在城市中获取一定经济回报后，尽快返还乡土社会，并不希望在城市中通过发展型文化消费来改变自己的命运，追求城市人的生活与理想，因此其市民化意愿对发展型文化消费的作用也会减弱。

第三，成就动机在发展型文化消费对职业声望的作用中起正向调节作用。本书验证了成就动机的调节作用后发现，成就动机可以有效调节发展型文化消费对职业声望的作用关系。成就动机往往反映了新生代农民工的主观能动性问题，考察了新生代农民工的心理动机在提高其职业声望的作用中起何种作用。当新生代农民工的成就动机较高时，他们更希望通过个人的努力在城市中改变命运，获得更高的社会地位，因此会加大对发展型文化消费的投入，追求个体的进步与发展，力图改变自己的职业地位与声望；当新生代农民工的成就动机较低时，他们没有获得成功的强烈愿望，更安于平凡生活的现状，因此并不太愿意进行发展型文化消费来提高职业声望。

第四，新生代农民工的收入满意度和成就动机在低、中、高三种不同水平下，发展型文化消费的中介作用显著性也有所不同。具体来说，当新生代农民工的收入满意度处于低水平时，成就动机在低、中、高不同水平下，发展型文化消费的中介效应均显著。当新生代农民工的收入满意度处于中、高水平时，成就动机处于中、高水平下，发展型文化消费的中介效应均显著；而当新生代农民工收入满意度处于中、高水平时，成就动机水平较低的，发展型文化消费并不发挥中介作用。也就是说，当新生代农民工的收入满意度处于较高水平时，如果其内在的成就动机较低，会比较容易安于现状，此时，发展型文化消费也难以发挥中介作用。

基于以上的研究结论，为了提高新生代农民工的职业声望，提升新生代农民工的社会地位，本书提出以下政策指导建议：

第一，引导新生代农民工调整消费结构，加大发展型文化消费的投入。研究表明发展型文化消费在新生代农民工市民化意愿与职业声望的关系中起到中介作用，是提高新生代农民工职业声望的有效途径。因此，要着力引导新生代农民工秉持正确的消费观念，调整生活方式与消费结构，减少盲目冲动的非理性消费行为，增大文化消费，特别是发展型文化消费的比例，才可以有效地提升新生代农民工的职业声望与社会地位。具体来说，政府方面应该利用多种渠道发挥媒体的作用，宣传科学理性消费的益处，引导新生代农民工多进行有利于其自身发展进步的发展型文化消费；企业方面要加强对新生代农民工的教育培训，提升新生代农民工的人力资本与文化资本，促进其更好地融入企业文化；社区方面也应该出台一系列的政策，多接纳新生代农民工加入社区的文化活动中来，多向新生代农民工提供优质的文化活动，促进其提升文化修养；新生代农民工也应该努力提升自身的文化水平与职业技能，多进行有利于自我发展与自我提升的文化消费，以更好地适应城市就业市场的需求。

第二，提升新生代农民工的市民化意愿，促进新生代农民工的市民化进程。研究发现，市民化意愿是提升新生代农民工职业声望的第一步。根据马斯洛需求理论，被尊重是每一个个体的自身需要，新生代农民工也不例外，只有当新生代农民工在城市中感受到被尊重、被认可，才可以提升其融入城市社会的意愿，促进其市民化的进程。因此，各级政府要着力打造公平的城市社会环境，保障新生代农民工平等生存的权利，使新生代农民工在城市中和市民享有同等待遇，同工同酬；同时，改善城市就业环境与生活环境，增加就业机会，为新生代农民工更多地提供能够展示自己的舞台，解决农民工医疗、住房、子女教育等问题，使之更好地在城市生活。

第三，提高新生代农民工的工资水平，增强新生代农民工的收入满意度。新生代农民工的收入满意度可以有效调节其市民化意愿与发展型文化消费之间的关系，从而进一步提升新生代农民工的职业声望。尽管近年来大多数农民工的收入都有不同程度的增长，但是收入的增长并没有带来成比例的购买能力的提高。农民工的工资水平仍低于城市居民平均水平，而城市医疗、保健等方面的成本都在不断增加，城市吃、住、行等生活成本与物价水平也在不断提高，这些问题都是制约新生代农民工收入满意度提升的重要因素。只有更好地解决以上问题，才能更好地提高新生代农民工的收入满意度。为此，首先要切实增加农民工的工资收入水平，改变新生代农民工收入水平较低的现状；其次要着力改革城乡二元户籍体制，改变城市居民与农民工同工不同酬的现状；再次要保障新生代农民工的基本社会福利，将其纳入城市社会保障体系内；最后还要建立健全公平合理的收入分配制度，建立合理的工资增长机制与职业发展机制，为新生代农民工的个人职业发展提供更多的机会与更广阔的平台。

第四，激发新生代农民工的成就动机，突出新生代农民工的主观能动性。新生代农民工的成就动机可以有效调节新生代农民工的发展型文化消费与职业声望之间的关系。具有较高成就动机的新生代农民工更渴望实现自身价值，追求个人成就，因此更争强好胜，想改变自身现状，愿意付出更多的时间、金钱和精力去消费发展性文化产品，从而对新生代农民工职业声望的提高产生积极影响。因此，解决新生代农民工职业声望问题除了从外部环境、政策方面寻找原因以外，还需要新生代农民工自身不断努力。一方面要端正思想认识，设立个人目标，敢于追求梦想，从思想意识层面入手提升新生代农民工自身的市民化意愿与成就动机；另一方面也要积极付诸实践，在确立目标之后，积极为实现目标而付出努力，不断完善自身素质与能力，更好地适应城市的节奏与竞争。

第二节 消费差异性——新生代农民工与同龄城市青年消费差异比较

一、问题的提出

新生代农民工作为深受城乡体制影响的青年群体，他们消费的意义已经超出满足温饱或者维持日常生活的范畴，对他们而言，消费是一种个人表达方式，是取得社会认同、完成城市融入的重要途径。因此，新生代农民工在一些能够彰显个性、表达消费主张的消费项目中，例如在手机、服装消费等方面出手阔绰（杨善华与朱伟志，2006；王艳华，2007），而在饮食、住宿等日常基础消费项目上又秉承其父辈惯有的节俭（吴维平与王汉生，2002）。故而，在对新生代农民工消费问题的研究中，应该注重乡村成长环境对其造成的影响，应该关注城乡身份转换给他们带来的作用，同时也应注意到其青年群体的身份特点。新生代农民工不仅是现阶段农民工群体的构成部分，而且随着新老农民工更替过程的推进，他们也是未来城镇社会的重要劳动力来源，并终将为人父母，逐渐承担起社会、家庭的多重责任。遗憾的是，新生代农民工的收入水平仍低于第一代农民工群体（钱雪飞，2010），而独特的消费习惯也致使他们无法像父辈那样储蓄大部分资金以补贴家用或者为未来生计做打算（何明洁，2008）。对青年群体来说，当今的消费行为及消费习惯对其未来皆具有一定影响，无论是充斥着炫耀意味的盲目消费，还是为增加积蓄而节衣缩食的紧缩型消费，都不应该是新生代农民工群体的最佳消费方式选择，在此种情况下，发展型消费则成为该类群体的重要消费类型。

目前，关于农民工群体消费问题的研究大致可做如下划分：第一，对农民工消费情况的描述性或概念性探讨，涉及消费结构、消费特征、代际差异等方面（例如成志明与沈蕾，2013；刘林平与王茁，2013；段成荣与马学阳，2011）。此类研究近年来逐渐得到不同学者的补充与完善。第二，针对某种具体消费行为的情况描述、代际比较或趋势分析，包括春节消费（例如梁库等，2014）、集体消费（例如周林刚，2007）、手机购买（例如华豫民，2010）等。此类研究不断充盈，为后续研究展示了新生代农民工不同方面消费的大致情况。第三，对农民工总体消费或某种消费行为的影响因素的研究，例如，钱文荣与李宝值（2013）和孔祥利与粟娟（2013）分别从条件不确定性、消费约束等经济学视角对农民工总体消费影响因素进行了剖析，再如汪丽萍（2013）从社会学视角对炫耀性消费、认同消费影响因素的分析。相对而言，对前两类消费问题的探讨较为热烈，而对农民工，特别是新生代农民工消费影响因素的探讨还稍显不足，而其中专门针对新生代农民工更有意义的发展型消费及其影响因素的研究则更为稀少。现有研究多将学习消费视为一种纯投资行为，多从人力资本投资的角度，依托资本投资决策理论或效用理论，讨论不同类型农民工对人力资本或社会资本投资所需的时间、经济投入与相应产出之间的关系（何亦名，2014；安海燕与钱文荣，2015），甚少有研究将其视为日常消费，从个体层面探讨其作用机理。对于人情消费的探讨，也多集中于其支出领域与消费种类、消费方式与规模、消费心理与动机及人情消费的变化趋势，抑或通过访谈等方式对人情消费的影响因素加以描述（例如陈浩天，2011；刘艺，2008；金晓彤与陈艺妮，2008）。

  本书由新生代农民工一般性消费行为的影响因素入手，通过对已有文献的回顾与整理，从经济条件、社会保障和个体差异三个方面筛选该群体发展型消费的影响因素。收入情况作为经济因素始终对新生代农民工消费具有重要作用（潘洪涛与陆林，2008）。收入不仅是新生代农民工展开各项消费的经济基础，也是他们现在以及未来生活的重要保障。本节同样引入能够为新生代农民工消费提供保障的其他社会性因素，例如工作稳定性、医疗保险、社会保险等（钱文荣与李宝值，2013）。此外，个体差异例如性别、年龄、子女数量等因素对新生代农民工消费都可能存在影响（孔祥利与粟娟，2013）。前面所述的诸多因素对新生代农民工一般消费行为都具有一定的解释力度。然而，发展型消费是消费领域中一项具有积极意义的特殊消费，不仅受到一般性消费影响因素的影响，还受到其他更具针对性因素的影响，例如衡量个体对文化资源占有情况的文化资本变量（亢晓莉与陈理宣，2013）。刘辉武（2007）认为，农民工先天文化资源条件较差，加之文化资本缺乏，直接影响了该群体成员人力资本、社会资本的积累，并且导致了市民对农民工的文化排斥，阻碍了农民工融入城市的进程。亢晓莉、陈理宣（2013）的研究也表明，家庭的文化资本状况对个体学习环境、性格品质、进取意愿都具有一定影响，进而也将影响个体的文化水平。在已有研究中，文化资本被分为两类，一类是包括行为方式、生活方式、价值观念等在内的文化能力型文化资本，另一类是以学历、职业证书等表现出来的制度化文化资本（刘辉武，2007）。同时，经典研究佐证，受教育年限比学历水平更适合进行回归分析（Mincer，1974）。在上述分析的基础上，本节采用制度化文化资本来表现文化资本存量，以样本自身受教育年限及其父母受教育年限等指标来间接衡量其家庭文化资本水平，并将新生代农民工发展型消费的影响因素概况为家庭文化资本、经济能力、社会保障和个体差异四个方面。同时，为更深入理解新生代农民工发展型消费行为的独特之处，本节研究引入同龄城市青年群体进行对比，即选择与新生代农民工样本数量匹配的 1980 年后出生、户籍身份在城市并在城市长大、现已在城市工作的青年群体，对比分析两个群体发展型消费行为的特点及影响因素的异同。同时，本节采用实证分析的方法，探寻新生代农民工及同龄城市青年发展型消费行为的影响因素。

二、研究方法的选择

（一）调查方案与样本描述

通过与 16 位新生代农民工、15 位"80 后"城市青年的深度访谈，结合对已有研究的梳理，本课题组统计并整理了具有代表性的新生代农民工及城市青年消费行为影响因素，完成了问卷编制。为保证调查的严谨性，课题组按照《2013 年全国农民工监测调查报告》中农民工地域分布情况，抽取相同生源地比例的在校本科生及研究生作为调查员，于 2015 年 1 月举办了以"新生代农民工收入状况和消费行为"为主题的社会调查方法专项培训，指导所培训的调查员在寒假返乡期间，随机选取数量匹配的新生代农民工及同龄城市青年完成问卷调查。此次调查范围覆盖全国 31 个省区市的 107 个城市，共发放问卷 2 200 份，回收 2 129 份，获取有效问卷 2 014 份，有效率达 91.55%，样本情况如表 5-4 所示。

表 5-4　　　　　　　　样本信息

项目		样本量（人数）	比例（%）	项目		样本量（人数）	比例（%）
样本类型	新生代农民工	997	49.503	性别	男	894	44.389
	同龄城市青年	1 017	50.497		女	1 120	55.611
年龄（以调研时为准）	20 岁及以下	162	8.044	工作地区	东部地区	802	39.821
	21～25 岁	636	31.579		中部地区	670	33.267
	26～30 岁	758	37.637		西部地区	542	26.912
	31～35 岁	458	22.741	合计		2 014	100.000

资料来源：本书整理。

为保证对比分析结果的有效性，课题组注重在同一调查区域内选择数量基本相同的新生代农民工与同龄城市青年样本。此外，本节另验证了新生代农民工样本的地域分配情况：东部地区 397 人，中部地区 331 人，西部地区 269 人，比例约为 1.47：1.23：1，与《2014 年全国农民工监测调查报告》中所示比例基本持平（1.47：1.31：1）。

（二）分析方法与计量模型

为了分析新生代农民工及城市青年发展型消费的影响因素，本节首先建立如下消费模型：

$$y_i = \beta_0 + \beta_1 x_{1i} + \beta_2 x_{2i} + \cdots + \beta_k x_{ki} + u_i \quad (5-1)$$

式（5-1）中，y_i 表示发展型消费水平；$x_{1i} \cdots x_{ki}$ 代表本文所选择的不同影响因素；β_k 表示相应影响因素的待估系数；β_0 表示截距；u_i 为误差项。在对式（5-1）的检验中发现，随机误差项的方差与解释变量之间存在相关性，表明模型存在异方差性，即 $D(u_i) = E(u_i^2) = \sigma_i^2 = f(x_{ji})\sigma_u^2$。因此，本节选用 $\sqrt{f(x_{ji})}$ 去除式（5-1），使之变成下式：

$$\frac{1}{\sqrt{f(x_{ji})}} y_i = \beta_0 \frac{1}{\sqrt{f(x_{ji})}} + \beta_1 \frac{1}{\sqrt{f(x_{ji})}} + \beta_2 \frac{1}{\sqrt{f(x_{ji})}} x_{2i} + \cdots$$
$$+ \beta_k \frac{1}{\sqrt{f(x_{ji})}} x_{ki} + \frac{1}{\sqrt{f(x_{ji})}} u_i \quad (5-2)$$

式（5-2）中，$\sqrt{f(x_{ji})}$ 表示权重。本节采用加权最小二乘法对式（5-2）进行回归。

（三）问卷内容与变量设计

本书调查问卷由五个部分构成，分别为样本基本信息、家庭文化资本情况、经济能力、社会保障情况和发展型消费情况。其中，样本基本信息包括样本类型、性别、年龄、健康状况、婚姻状况、子女数量、务工地区等内容，本节选取样本类型、性别、年龄、婚姻状况、子女数量作为自变量进行下一步分析。家庭文化资本以样本受教育年限及样本父母受教育年限来表征，并选作自变量进行分析。经济能力部分则通过调研样本上年月平均收入，记为样本收入水平，并作为自变量进入模型分析。发展型消费分为学习消费、人情消费两个部分，在城乡青年消费行为对比分析中作为因变量进入模型。在社会保障情况部分，问卷设置了"是否与用人单位签订就业合同""是否拥有稳定的医疗保险（6 个月及以上）""是否拥有除医疗保险以外其他稳定的社会保险（6 个月及以上）"三个问题。在一般公司所提供的社会保险中包含医疗保险，然而，由于新型农村合作医疗保险及其他商业医疗保险的存在，部分没有其他社会保险险种的新生代农民工与城市青年仍拥有医疗保险。调查前的深度访谈结果显示，新生代农民工群体对医疗保险的重视程度较高且参保意愿强烈,对养老保险、失业保险等其他社会保险的重视程度及参保意愿则较低。近年来,医疗问题的社会影响较大,加上新型农村合作医疗保险的普及以及政府的大力宣传,致使新生代农民工对医疗保险更为看重。上述认识在同龄城市青年群体中也较为普遍。为此,本节将社会保险分为医疗保险与其他社会保险两个部分,分别加以测度和分析。结合调查问卷内容及分析模型,本节研究所选变量的定义、赋值及统计量如表5-5所示。

表 5-5 变量设计及描述性统计

类型	变量名称	变量定义及赋值	平均值	标准差
发展型消费	学习消费	上一年内为自身学习所支出的资金总额（元）	546.758	1 132.301
	人情消费	上一年内为人情往来所支出的资金总额（元）	2 630.903	3 182.101
群体划分	样本类型	新生代农民工=0,"80后"城市青年=1	0.505	0.500
家庭文化资本	样本受教育年限	样本接受正规教育的年数（年）	11.224	3.984
	父亲受教育年限	样本父亲接受正规教育的年数（年）	7.990	4.336
	母亲受教育年限	样本母亲接受正规教育的年数（年）	7.116	4.500
经济能力	收入水平	上年月平均收入（元）	3 742.622	2 314.836
社会保障	合同签订	是否与用人单位签订就业合同:否=0,是=1	0.568	0.495
	医疗保险	是否拥有稳定的医疗保险（6个月及以上）:否=0,是=1	0.497	0.500
	社会保险	是否拥有除医疗保险以外其他稳定的社会保险（6个月及以上）:否=0,是=1	0.379	0.485
个体差异	性别	性别:男=0,女=1	0.556	0.497
	年龄	实际年龄（岁）	27.023	4.379
	婚姻状况	是否结婚:否=0,是=1	0.420	0.494
	子女数量	拥有子女数量（个）	0.440	0.645

资料来源:本书整理。

三、实证分析与结论

本书采用 SPSS18.0 软件对样本数据进行分析,分析内容由均值比较和多元回归两部分构成。

(一) 新生代农民工与同龄城市青年发展型消费的均值比较

本书对比了新生代农民工与同龄城市青年两个子样本的基本信息及发展型消费情况,结果如表 5-6 所示。数据表明,与同龄城市青年相比,新生代农民工群体呈现出一些较显著的差异:低家庭文化资本、低社会保障、低月收入水平、低发展型消费水平。在发展型消费的对比中,新生代农民工的人情消费和学习消费皆显著低于同龄城市青年;而在发展型消费与收入之比的对比中,人情消费与收入之比在两类群体之间并无明显差异,而新生代农民工学习消费与收入之比则显著落后于同龄城市青年。可见,新生代农民工群体学习消费不高并不能简单归因于收入水平问题,对此下面将展开进一步分析。

表 5-6 新生代农民工与同龄城市青年基本情况的均值比较

指标	新生代农民工	同龄城市青年	F 值
年龄	27.647	27.413	1.466
婚姻状况	0.513	0.335	67.688***
子女数量	0.600	0.283	129.306***
样本受教育年限	8.998	13.402	885.229***
父亲受教育年限	6.264	9.678	369.137***
母亲受教育年限	5.302	8.891	380.638***
合同签订	0.465	0.669	89.011***
医疗保险	0.341	0.648	209.291***
社会保险	0.255	0.501	138.102***
收入水平	3 288.865	4 188.323	78.799***
学习消费	281.590	804.490	110.758***
人情消费	2 228.120	3 026.450	31.731***
学习消费与收入之比 (%)	0.713	1.600	59.236***
人情消费与收入之比 (%)	5.646	6.022	0.436

注:*** 表示在 0.001 的水平上显著。
资料来源:本书整理。

(二) 新生代农民工与同龄城市青年发展型消费的回归分析

通过分析新生代农民工两类发展型消费支出行为与消费影响因素之间的相关关系，本节发现，样本父亲受教育年限与母亲受教育年限之间的相关系数较高（0.787），婚姻状况与子女数量之间相关系数较高（0.764），其他自变量间的相关系数较低。为此，本节在回归模型中剔除了父亲受教育年限和婚姻状况两个变量。

（1）新生代农民工与同龄城市青年发展型消费总体影响因素分析。本书首先选择所有样本，分别以学习消费、人情消费作为被解释变量进行多元回归，结果如表5-7所示。

表5-7　新生代农民工与同龄城市青年发展型消费总体影响因素分析结果

变量	学习消费		人情消费	
	回归系数	t值	回归系数	t值
常数	-412.309**	-3.026	-2 016.963***	-4.020
个体类型	139.275**	3.172	246.629	1.558
样本受教育年限	21.990***	4.310	69.014**	3.151
母亲受教育年限	15.334**	2.856	-3.427	-0.196
收入水平	0.091	8.015	0.498***	14.219
合同签订	16.985	0.373	-282.846	-1.799
医疗保险	88.985	1.707	-195.501	-1.100
社会保险	124.766	1.670	296.189	1.620
性别	122.838***	3.232	90.096	0.677
年龄	1.558	0.307	71.670	1.768
子女数量	-50.552	-1.566	223.235***	3.903
F值	33.613***		34.405***	
调整的R²	0.145		0.147	

注：*** 表示在0.001的水平上显著，** 表示在0.01的水平上显著。
资料来源：本书整理。

如表5-7所示，两个回归方程均通过了显著性检验，表明所选模型对青年的两种发展型消费行为皆有一定的解释作用。另由回归结果可知，个体类型、样本受教育年限、母亲受教育年限、收入水平、性别 5 个变量对学习消费具有显著的正向影响；样本受教育年限、收入水平及子女数量 3 个变量对人情消费具有显著的正向影响。

　　模型估计结果表明，个体类型对学习消费影响显著，即"80 后"城市青年比新生代农民工在上一年内为自身学习支付了更多资金。据此本节认为，上述差异可能源于城乡不同的教育环境。在中国大部分农村地区，教育条件还未能得到很好的改善，农村学生的学习兴趣和学习热情可能受到影响，即便他们长大后转移到城市生活，农村成长经历所带来的学习兴趣和学习消费意愿偏低的情况仍未能得到改变。样本自身受教育年限及母亲受教育年限长的青年更倾向于进行学习消费，家庭文化资本对学习消费的影响得到了验证。发展型消费对于个体具有积极影响，是年轻群体为未来生活进行投资的重要表现。受教育年限对发展型消费具有显著的正向影响表明，受教育程度不仅影响个体生活技能，更对其未来发展具有较强的影响，受教育水平对新生代农民工和城市青年工作后重塑自我意愿的强烈程度与为自我提高的付出情况具有重要作用。收入水平对学习消费、人情消费都具有显著的正向影响。这说明，新生代农民工与"80 后"城市青年作为年轻群体的代表，其收入水平一般不高，而本节所选择的两种发展型消费的支出皆为生活中的非必要性支出，其消费状况受收入制约也更加严重。

　　在社会保障因素方面，合同签订、医疗保险和社会保险对新生代农民工和"80 后"城市青年发展型消费皆无显著的作用。诸多消费理论认为，未来生活稳定性及保障程度都对个体当下消费行为具有影响。但是，对于青年群体，一方面，他们多处于工作转换频繁、未来规划模糊的生活状态中，对工作稳定性以及相关的社会保障因素关注程度较低，其消费行为受社会保障因素的制约相对较小。另一方面，工作合同期限长短、是否拥有"五险一金"等因素是衡量一份工作好坏的标准之一。一般而言，工作条件较差的青年更愿意付出更多投资以获取更好的工作机会，即社会保障程度较低的青年可能更倾向于扩大发展型消费。综合上述分析，本书推测：合同签订、医疗保险、其他社会保险等社会保障因素与青年群体发展型消费行为之间的关系可能非常复杂，难以用线性关系来描述。在个体差异方面，子女数量对人情消费具有显著的正向影响。前面分析显示，子女数量与婚姻状况具有很强的相关性，有子女的个体大多已婚，具有更为复杂的社会关系，需要更多的人情支出。同时，回归结果显示，性别对学习消费具有显著的正向作用，即女性青年的学习消费支出多于男性，其作用机理将在下面对两类群体发展型消费相互对比的回归分析中加以说明。

　　（2）新生代农民工与同龄城市青年发展型消费影响因素的对比分析。为了深入探讨新生代农民工与同龄城市青年在发展型消费作用机理方面的异同，本节分别以两个群体为研究对象进行多元回归分析，结果如表 5-8 所示。

表5-8 新生代农民工与同龄城市青年发展型消费影响因素的对比分析结果

变量	学习消费				人情消费			
	新生代农民工		同龄城市青年		新生代农民工		同龄城市青年	
	回归系数	t值	回归系数	t值	回归系数	t值	回归系数	t值
常数	-155.871	-1.137	-556.236***	-4.267	-1 888.026**	-2.768	-1 219.814	-1.591
样本受教育年限	19.547***	3.706	22.808**	2.643	79.714*	1.960	89.352**	3.359
母亲受教育年限	10.437**	3.466	12.794	1.374	13.050	0.571	-23.893	-0.963
收入水平	0.041**	3.279	0.134***	7.056	0.497***	10.157	0.505***	10.359
合同签订	165.482	1.805	-230.222	-1.815	-144.538	-0.799	-289.920	-1.148
医疗保险	-102.722	-1.932	420.742	1.801	-368.739	-1.659	-39.478	-0.149
社会保险	83.060	1.390	139.158	1.434	417.185	1.748	259.664	1.008
性别	65.442*	2.312	172.764	1.701	319.814*	1.965	-209.739	-1.034
年龄	-0.603	-0.121	5.008	0.497	54.477	1.212	47.909	1.668
子女数量	-16.375	-0.551	-148.775	-1.868	175.046*	2.536	466.297*	2.078
F值	8.985***		20.845***		15.017***		23.020***	
调整的R²	0.071		0.154		0.116		0.167	

注：*** 表示在0.001的水平上显著，** 表示在0.01的水平上显著，* 表示在0.05的水平上显著。

资料来源：本书整理。

通过对比可以看出，在学习消费方面，"80后"城市青年自身学习支出受收入水平、样本受教育年限显著的正向影响，新生代农民工自身学习支出受样本受教育年限、母亲受教育年限、收入水平和性别显著的正向影响。同时，两个群体人情消费都显著地受到样本受教育年限、收入水平和子女数量3个变量的正向影响。此外，性别对新生代农民工人情消费具有显著的正向作用，而这种作用在同龄城市青年群体中并不显著。综上所述，样本受教育年限、收入水平、子女数量3个变量对两个群体发展型消费的影响基本相同，而母亲受教育年限和性别2个变量则在不同群体上显示出不同的影响。下面将对上述两处差异进行深度探讨。

已有文献表明，当经济状况较差时，父母学历与子女的升学意愿正相关（Behrman & Wolfe，1984）。相对于城市青年而言，新生代农民工成长过程中经济条件较差，父母受教育年限对其继续学习意愿确有一定影响。对于上述结果，本书做出如下可能的解释：在新生代农民工成长过程中，城市教育设施逐渐完善，教育水平持续提高，与之相比，农村教育基础则过于薄弱，教育氛围不佳，此时家庭教育情况便对新生代农民工的学习意愿产生很大影响。对于"80后"城市青年而言，良好的学校教育环境能够适当弱化不同家庭教育水平对子女的影响，从而弱化父母在其持续学习意愿形成中的作用。据此，本书认为，城乡二元体制影响下的教育条件差别使得新生代农民工的持续学习意愿更依赖于家庭文化资本的作用，成长环境与家庭文化资本是影响新生代农民工学习消费行为的主要因素之一。

本书还表明，性别对两类青年群体发展型消费的作用不同，该变量对新生代农民工学习消费和人情消费都具有显著的正向影响，即女性的发展型消费多于男性。上述结果可能与城乡两地对于两性地位的认识有一定关系。与农村相比，城市对于男女平等及女权思想的接受程度更高，特别是对于年轻群体而言，两性在个人未来投资方面的差异不大。而在新生代农民工中，女性则更加倾向于为自身学习与人际关系维护支出更多资金。沈渝（2010）提出，基于较为传统的社会认知，女性农民工在职业、家庭、社会网络等方面始终身处劣势，而她们更倾向于改变其经济社会地位并愿意付出努力。胡宏伟等（2011）的研究结果也显示，虽然女性新生代农民工承受着更大的心理压力，但她们能够积极应对，反而比男性新生代农民工更容易适应城市生活。

通过对以往研究的回顾，在注重新生代农民工群体特点的基础上，本节研究提炼了新生代农民工发展型消费的影响因素，并利用调查数据进行了实证分析。本节分析结果显示：与同龄城市青年相比，新生代农民工发展型消费水平仍显落后，该群体对自身人力资本和社会资本的投资仍显不足。同时，两个群体发展型消费的作用机理也存在显著的差异。在诸多影响因素中，样本受教育年限和个人收入对两个群体的发展型消费都具有显著作用，而母亲受教育年限仅对新生代农民工学习消费具有显著影响,性别则影响新生代农民工学习消费及人情消费。

第三节 消费二元性——新生代农民工与同龄城市青年消费行为的差异本源

一、问题的提出

随着城镇化进程不断加速,新生代农民工作为城市流动人口的主力军,对我国城市建设与经济发展具有不可估量的作用。新生代农民工思维前卫,易于接受新鲜事物,渴望融入城市社会,在生活方式与消费习惯上也逐渐与城市人接近,具有巨大的消费潜力,有望成为拉动经济内需的新增力量。根据王宁(2001)对消费的理解,人们消费,实质上不过是创造、维持或改变自己的身份认同,因此新生代农民工的消费行为与其双重的身份认同存在一定的内在逻辑联系。虽然这种逻辑关联既体现在新生代农民工城市环境下的消费行为中,也对其返乡消费有所影响,但是从以往的研究来看,对于新生代农民工消费行为的研究主要集中在其城市务工期间的消费活动中,对于新生代农民工返乡消费的研究几乎是空白。因此,本书选取新生代农民工的返乡消费作为研究对象,考察其与身份认同的逻辑联系。

从现象上观察,每当春节到来之际,庞大的返乡农民工群体往往会带来商品市场短期内的活跃与繁荣,引发返乡消费的热潮。虽然新生代农民工收入有限,但是在返乡消费方面却往往表现出了与收入不符的悖反性特征(梁库,金晓彤,佟金昱,2014),带有一定的炫耀性色彩(梁彩花,周金衢,张琼,2010)。为了更好地研究新生代农民工身份认同与返乡消费的逻辑关系,本书将新生代农民工与城市异地务工青年进行对比研究,虽然同为流动青年,但是新生代农民工在返乡消费行为特点上与城市异地务工青年截然不同。这里的新生代农民工参照金晓彤等(2014)的定义,认为新生代农民工是生于1980年后、户籍身份在农村、在农村长大、没有接受过高等教育、现已进入城市务工或经商的农村流动人口。与此相对应,将城市异地务工青年定义为,生于1980年后、户籍身份在城镇、在城镇长大、没有接受过高等教育、现已进入其他城市务工或经商的城镇流动人口。本书力图通过两者的对比,窥见新生代农民工与城市异地务工青年不同的身份认同与消费行为特征,探索其内在的深层逻辑,并检验身份认同、身份重构动机、社会融入感知与返乡消费之间的影响机制,以更好地引导新生代农民工进行科学理性的返乡消费。

二、文献综述与假设提出

（一）新生代农民工返乡消费的高可见性符号特征

鲍德里亚（2000）认为，人们从来不是消费物的本身（使用价值），而是把物用来当作能够突出个体的符号，进而进行符号性的凸状炫示。新生代农民工平时在城市中往往省吃俭用、节衣缩食，然而每逢过年过节则会进行大规模集中的返乡消费，有学者将其压缩某一空间消费欲望而用于另一空间的消费策略称之为"两栖消费"（王宁，2011）。对于返乡商品的选择，相比较商品的实用价值而言，新生代农民工更看重商品的符号性特征，特别是对于那些象征城市身份的、外显性特征较强的商品格外青睐。由于新生代农民工在返乡消费中所选择的消费商品往往具有较高的可见性特征，因此，在本书中，针对新生代农民工返乡消费的行为特点，笔者提出了"高可见性返乡消费"的概念。可见性最初是炫耀性消费研究的一个重要概念，有学者以"可见性消费"（visible consumption）来衡量"炫耀性消费"。他们认为，为达到炫耀的目的，消费品本身必须是在社会交往中可以比较容易地被观察到的（Charles Kerwin, Erik Hurst & Nikolai Roussanov, 2007）。产品的社会可见性越高，说明产品的购买与消费能够被可视的程度越高，反之，产品的社会可见性越低，说明被可视的程度越低。高可见性产品通常是那些显而易见的，能够被周围人所注意到的产品，这些产品更能传达和展示个体的自我形象，与低可见性消费相比，高可见性消费更具有自我表达的特征。

新生代农民工倾向于选择高可见性的返乡消费，主要是出于炫耀性的动机。汪佳佳（2013）发现城市农民工群体回乡后的消费能力令人吃惊，其消费行为更多地体现了炫耀性的特征。金晓彤和崔宏静（2013）认为新生代农民工的炫耀性消费行为往往呈现出与收入明显不符的"悖反性"特征。梁彩花等（2010）指出虽然新生代农民工的炫耀性消费仍然层次较低，但是由于他们生活在物质资源相对匮乏的农村，因此这种消费的炫耀性就显得格外突出。特别是与城市异地务工青年相比，新生代农民工的高可见性返乡消费特征尤为突出。金晓彤和杨潇（2016）认为虽然同为城市流动人口，但是城市异地务工青年在就业城市与返乡期间的消费行为表现一致性较强，很少出现如新生代农民工一样的比较突出的短时期集中消费的行为。而且，新生代农民工作为乡土社会的佼佼者，返乡后特别需要"衣锦还乡"以提高自身的社会地位，满足乡土社会家人的"面子"需求，自我表达的诉求也格外强烈，因此更倾向于能够表达自身市民身份的高可见性的商品。城市异地务工青年的自我表达和自我提升的诉求不如新生代农民工那般强烈，因此在返乡消费中也不具备较强的高可见性特征。因此，笔者提出假设1：

H_{5-4}：新生代农民工相比之城市异地务工青年更具有高可见性返乡消费的特征。

（二）身份重构动机在身份二元性对高可见性返乡消费的影响中起中介作用

源于计划经济体制的作用，农村与城市分立的二元制户籍制度形成了城乡二元经济格局，进而导致中国的城乡居民身份存在明显的二元性特征（2008）。对于城乡间流动性较强的农民工而言，他们既具有城市居民的身份又具有乡村居民的身份，因此这种城乡居民身份的二元性，便会同时反映在他们的身上。基于农民工城乡双重身份的特点，郭星华和李飞（2009）提出了社会认同的"二重性"概念，认为新生代农民工的社会认同并不是单一维度的，在多数情形下是复杂的、多维的，某种意义上又是矛盾与背离的，具有二重性特征；孔祥利和张欣丽（2014）提出了农民工"收入二元性"的概念，分析了农民工城市工资性收入和农村收入的差异，认为农民工的经济收入具有明显的"二元性"特征。本节从新生代农民工身份认同与身份建构的研究角度出发，将新生代农民工的城乡双重身份特征定义为"身份二元性"。

杨宜音（2013）认为新生代农民工的过渡性的双重身份认同，会增强他们选择身份和重构身份的动机。与城市异地务工青年较为一致的城市人身份相比，新生代农民工具有更加明显的身份二元性特征，因此更容易产生身份认同的困惑。一方面，虽然新生代农民工的户籍在农村，但是他们并不认可给他们设定的农民身份，对家乡也产生了一定的距离感与陌生感，对农村社会的乡土认同正逐步减弱（王春光，2001）；另一方面，作为城市建设的主力军，新生代农民工有强烈融入城市的渴望，向往城市生活，但是制度安排的惯性使他们游离于城市体制之外，无法享受城市所赋予的福利和待遇（钱正武，2005）。从客观的角度来看，新生代农民工的身份二元性其实就是模糊了农民身份与工人身份的界限，是一个社会身份的过渡性状态（王雨磊，2012）。缺乏稳定和明确的社会身份，很可能会促使新生代农民工始终不断地通过自我的反思，与周围环境和人际的互动，来寻求稳定和一致的自我身份的建构。不同于传统乡土社会中"落叶归根"的思想，新生代农民工在意愿上更期待能够融入城市社会，市民化意愿较强，并且希望能够在城市中安家立业，实现自己的人生理想。因此，新生代农民工具有较为强烈的身份重构的动机，并且希望改变身份认同的模糊状态，实现由身份二元性向市民身份的转变。

由于消费是建构自我和获得身份认同的首要场域（杨嫚，2011），因此新生代农民工的身份重构动机往往需要通过高可见性的商品消费来实现。关于消费与农民工身份重构的关系，已有学者对此进行了研究。杨嫚（2011）从手机消费的角度来诠释新生代农民工如何在新技术使用、青年亚文化、阶层以及城乡二元结构等多个层面的交织之中构建自我的社会身份；余晓敏和潘毅（2008）指出新生代"打工妹"希望通过消费改变自己的外表，淡化自己与城里人、有钱人的社会差异，即在消费领域实现一种她们在生产领域无法实现的自我转型，追求一种更加平等、自由、有价值、受尊重的社会身份（余晓敏与潘毅，2008）；周芸（2010）认为学习城市文化、追求时髦的新生代农民工希望通过带有城市文化色彩的消费品来帮助自己建构城市身份。金晓彤和崔宏静（2013）认为新生代农民工为了实现其对社会认同的重新建构，往往表现出外显性的炫耀性消费行为方式。身份认同必须依赖自我与他人的互动才能被有效地建构，自我认同只是身份构建的第一阶段，他人对自我身份的评价，往往是身份构建中更为重要的一个部分。新生代农民工在城市务工期间有一些不受市民的尊重和认同，因此返乡就成为他们寻求他人对自我身份认同的重要契机。通过高可见性的返乡消费，新生代农民工在消费表象上更加接近于市民，看起来也更像城市中的一员。借此，新生代农民工可以向乡土社会中的其他人展示自身的务工成就，并获取他人的尊重与认可，特别是获取他人对自身市民身份的肯定，以构建自身城市人的身份认同。

综上所述，由于城乡分立的二元户籍体制，新生代农民工与城市异地务工青年相比具有更强的身份二元性，更渴望重构身份认同以获得一个稳定统一的市民社会身份。为了满足自我重构城市身份的需求，与家乡没有外出务工经历的农村人区别开来，新生代农民工会更倾向于用高可见性的返乡消费来获得尊重和肯定，提高自身的社会地位，获得乡土社会他人对自身市民身份的认同。基于此，笔者提出假设2：

H_{5-5}：由于新生代农民工相比之城市异地务工青年具有更强的身份二元性，因此他们具有更强的身份重构动机，并导致更强的高可见性返乡消费特征。

（三）社会融入感知的调节作用

社会融入问题一直以来都是社会学家积极探索与讨论的热门话题。国外学者多用社会融入来研究移民问题，并把社会融入分为结构性同化和文化性同化，前者主要指移民不断提高的社会参与度，而后者指身份和价值等文化方面的同化过程。国内学者将移民的社会融入概念引入农民工的城市社会融入研究中，将农民工的社会融入分为经济层面的融入、社会层面的融入和心理层面的融入三个维度（卢小军与孟娜，2014），认为农民工的城市融入就是农民从传统向现代、从乡土向城市、从封闭向开放转变的过程和变化以及由此获得现代性特征的过程（李培林，1996）。也有学者将农民工的社会融入理解为农民工的市民化过程，提出提高农民工的社会融入就是从就业、劳动权益、居住、户籍等方面给予进城农民平等的权利和待遇,从而全面实现农民工的市民化(张斐,2011,魏后凯,2013)。本书的侧重点并不是对新生代农民工和城市异地务工青年的社会融入程度进行测量,而是研究他们在务工地的社会融入的感知程度,并考察其与新生代农民工身份二元性和高可见性返乡消费之间存在的逻辑联系。

同样作为城市流动人口,新生代农民工与城市异地务工青年对务工城市的社会融入主观感知程度却有所不同。城市异地务工青年的户籍在城市,对城市的归属感较强,比较容易融入务工城市的社会文化之中,对于务工城市的社会融入感知也相对较强烈;而新生代农民工由于城乡二元户籍体制的限制,尽管生活在城市,却经常受到城市社会的排斥,缺乏相应的社会福利保障,再加上新生代农民工获取城市的社会资源和社会网络较难,人力资本存量及教育、技能状况也处于弱势地位(张斐,2011),导致新生代农民工较难感知到融入城市社会当中。

新生代农民工的社会融入感知可以有效调节新生代农民工的身份二元性和身份重构动机,并影响其高可见性返乡消费。当新生代农民工感知到自己融入务工城市社会时,其城市的归属感会有所提升,身份认同方面也更趋近于城市人,即使客观上城乡分立的身份二元性依然存在,新生代农民工也不再需要通过重构身份认同而实现身份统一了。因此身份二元性对身份重构动机的作用机制就会相应减弱,进而削弱新生代农民工高可见性的返乡消费;相反,当新生代农民工对务工城市的社会融入感知越弱时,新生代农民工身份认同的矛盾与困惑也会更加突出,其身份二元性所激发的身份重构动机更强烈,进而会增加新生代农民工高可见性的返乡消费。由此可见,新生代农民工的社会融入感知很有可能会在身份二元性和身份重构动机之间起负向的调节作用。基于此,笔者提出假设3:

H_{5-6}:社会融入感知在身份二元性与身份重构动机的关系中起调节作用。社会融入感知可以通过缓解新生代农民工身份二元性对身份重构动机的影响,进而削弱新生代农民工的高可见性返乡消费。

三、研究方法与研究过程

(一)样本选择与数据获取

课题组在全国31个省区市107个城市针对新生代农民工、第一代农民工和户籍为城市的异地务工青年进行了大样本的问卷调查。为了保证调研的准确性,课题组对调研人员进行了社会调研方法的专项培训,指导所培训的调查员在寒假返乡期间,随机选取数量匹配的新生代农民工、第一代农民工和城市异地务工青年进行调查。调研采用问卷调查和深度访谈相结合的方式,由调研人员深入企业进行数据的收集，所涉及的行业范围覆盖较广，包括制造业、餐饮业、建筑业、娱乐业和自营业等。根据户籍来源和年龄区分新生代农民工、第一代农民工和城市异地务工青年三个群体，并为了三类群体间对比的有效性，在同一地域、企业或行业内选择数量基本相同的以上三类人群样本进行问卷调查。共发放2 000份问卷，最终形成了一个有效数据为1 534人的有效问卷。由于本书以新生代农民工和城市异地务工青年作为研究对象，因此根据本书的需要，我们从该数据库中筛选出符合本书操作定义的有效样本775人，其中新生代农民工404人，占样本比例的52.1%，城市异地务工青年371人，占样本比例的47.9%①。样本的人口统计信息如表5-9所示。

表5-9　　　　　　　　　　样本的人口统计信息

新生代农民工（n=404）			城市异地务工青年（n=371）		
类别	人次	百分比（%）	类别	人次	百分比（%）
性别			性别		
男	186	46.04	男	146	39.35
女	218	53.96	女	225	60.65
年龄			年龄		
18～21岁	30	7.43	18～21岁	45	12.13
22～27岁	138	34.16	22～27岁	186	50.13
28～33岁	175	43.32	28～33岁	117	31.54
34～36岁	50	12.38	34～36岁	23	6.20
婚姻状况			婚姻状况		
未婚	179	44.31	未婚	241	64.96
已婚	212	52.48	已婚	127	34.34
离异	12	2.97	离异	3	0.81

资料来源：本书整理。

（二）变量测量

本书共涉及"户籍""身份二元性""社会融入感知""身份重构动机""高可见性返乡消费"五个研究变量。其中户籍变量为类别变量（新生代农民工 VS 城市异地务工青年），其他变量均为连续性变量。除此之外本书对农民工的"性

---

① 这里所发放的问卷数量与前述发放5 000份问卷数量不同的原因在于，该问题是属于特定性问题的研究，在前述5 000份问卷中无法包含一些特定地问项，故需要发放专项的问卷，发放的问卷数量也要依据所研究具体问题的需要来进行。

别""年龄""婚姻状况""个人月收入""个人年收入""家庭年收入"六个变量进行收集，作为控制变量进行分析，所有变量均通过问卷方式获取。

（1）因变量的测量。本书的因变量为高可见性返乡消费，我们以在返乡消费的过程中"高可见性的消费与低可见性消费的比例"作为高可见性返乡消费的操作定义。根据可见性消费的概念，我们在新生代农民工和城市异地务工青年返乡消费中选取了三类消费的总金额作为可见性较高的消费指标，分别为：①衣着消费；②手机、家电、家具陈设等家庭耐用品的消费；③以礼品或实物形式的人情消费；同时在返乡消费中选取了与其对应的三类消费的总金额作为可见性较低的消费指标，分别为：①食品消费；②日用消耗品的消费；③现金形式的人情消费。用下面的公式计算高可见性返乡消费的指标：高可见性返乡消费指标=（衣着消费+耐用品消费+礼品或实物形式人情消费）/（食品消费+消耗品消费+现金形式人情消费）。

（2）自变量、中介变量和调节变量的测量。本书以"身份的二元性"作为自变量，"身份重构动机"为中介变量，"社会融入感知"为调节变量。并针对新生代农民工的特征和本书的定义，分别采用自编的题项对以上三个变量进行测量，采用李克特五点计分，具体题项如表5-10所示。在正式研究前，从本节研究新生代农民工和城市异地务工青年对象的同一总体中独立取得204人的样本进行前测，对测量各变量题项的信度和效度进行验证。使用Amos17.0通过验证性因子分析（CFA）来对问卷的结构效度进行验证，模型的 $\chi^2(24)=55.013$，$P<0.001$，卡方检验显著，其他模型拟合度的指标良好：$\chi^2/df=2.292$，GFI=0.947，NFI=0.955，CFI=0.974，RMSEA=0.080，各构念的题项设置及相应的信度和效度指标见表5-9，各维度题项的因子负载均大于或约等于0.7，科隆巴赫 α 系数均大于0.8，AVE值均在0.6左右，说明本问卷具有良好的信度和效度。

表5-10　　　　　各构念题项相应的信度与效度指标

构念	题项	因子负载	Cronbach's α	组合信度	AVE
身份二元性 （3个题项）	1. 在务工地和回到家乡时我感觉自己的社会身份是完全不同的	0.918	0.936	0.936	0.831
	2. 在务工地周围人看待我的方式和在家乡周围人看待我的方式存在差异	0.907			
	3. 我能感觉到在务工地我与周围人相比，相对于在家乡时有很大的反差	0.908			

续表

构念	题项	因子负载	Cronbach's α	组合信度	AVE
社会融入感知（3个题项）	1. 我感觉到在务工城市我能得到社会很好的尊重和接纳	0.828	0.884	0.889	0.729
	2. 我感觉自己可以完全没有阻碍地融入这个城市	0.807			
	3. 与务工所在城市的本地人相比我感觉到自己的经济与社会地位与他们完全没有差距	0.922			
身份重构动机（3个题项）	1. 我觉得有必要让人们重新了解现在的我	0.867	0.849	0.858	0.671
	2. 我希望别人不再用原来的眼光看待我	0.712			
	3. 我希望能让别人看到我身份的变化	0.868			

资料来源：本书整理。

（3）控制变量的测量。由于新生代农民工和城市异地务工青年的"性别""婚姻状况""年龄""个人月收入""个人年收入""家庭年收入"都可能影响农民工的人情消费进而成为本书的干扰变量，因此本书通过问卷对以上六个变量进行收集作为控制变量，并在模型的回归分析中控制了以上变量的干扰。其中前两个变量为类别变量（性别：男、女，婚姻状况：未婚、已婚、离异），其余变量为连续型变量。各变量定义、赋值及描述性统计如表5-11所示。

表5-11　　　　　　　　变量定义、赋值及描述性统计

项目		新生代农民工		城市异地务工青年	
变量名称	变量定义及赋值	平均值	标准差	平均值	标准差
性别	0为男；1为女	0.54	0.50	0.61	0.49
婚姻	1为未婚；2为已婚；3为离异	1.59	0.55	1.36	0.50
年龄	调研对象的年龄	27.97	4.59	26.42	4.05

续表

项目		新生代农民工		城市异地务工青年	
变量名称	变量定义及赋值	平均值	标准差	平均值	标准差
个人月收入	每月实际打工收入	3 135.23	1 321.09	3 784.37	1 615.20
个人年收入	最近一年的总收入	36 242.53	17 474.34	47 238.03	25 821.77
家庭年收入	最近一年家庭的总收入	68 497.28	55 708.57	90 852.61	58 830.93
身份二元性	1代表完全不同意，5代表完全同意	3.33	1.076	2.88	1.010
身份重构动机	1代表完全不同意，5代表完全同意	3.16	1.069	2.97	1.030
社会融入感知	1代表完全不同意，5代表完全同意	2.72	0.638	3.06	0.608
衣着消费	本年度返乡衣着消费	841.54	873.65	853.27	898.79
家庭耐用品消费	本年度返乡家庭耐用品消费	312.38	746.11	326.05	949.55
以礼品或实物形式的人情消费	本年度返乡礼品或实物形式的人情消费	855.04	824.68	932.16	962.14
食品消费	本年度返乡食品消费	317.84	579.56	311.82	772.40
日用消耗品的消费	本年度返乡日用消耗品消费	345.93	694.72	493.14	1 254.99
现金形式的人情消费	本年度返乡现金形式的人情消费	789.67	1 048.85	920.80	1 126.20
可见性较高的消费指标	衣着消费+耐用品消费+礼品或实物形式人情消费	2 058.58	2 026.84	2 111.48	2 016.45
可见性较低的消费指标	食品消费+消耗品消费+现金形式人情消费	1 453.44	1 468.05	1 725.76	1 981.74
高可见性返乡消费	可见性较高的消费指标/可见性较低的消费指标	2.17	2.308	1.70	1.205

资料来源：本书整理。

四、数据分析及结果

(一) 新生代农民工与城市异地务工青年对比

对问卷收集数据"高可见性返乡消费"变量进行标准化处理,分别对测量"身份的二元性""身份重构动机""社会融入感知"变量的题项进行加总平均,对新生代农民工和城市异地务工青年在以上变量上的差异进行独立样本 t 检验(见表 5-12),检验结果发现:新生代农民工比城市异地务工青年具更显著的高可见性返乡消费,并且具有更高的身份二元性和更高的身份重构动机,但是新生代农民工却比城市异地务工青年具有更低的社会融入感知。

表 5-12　新生代农民工与城市异地务工青年独立样本 t 检验

变量	新生代农民工	城市异地务工青年	t 值	显著性水平
高可见性返乡消费	0.12 ± 1.229	-0.13 ± 0.643	3.474	0.001
身份二元性	3.33 ± 1.076	2.88 ± 1.010	6.097	0.000
身份重构动机	3.16 ± 1.069	2.97 ± 1.030	2.497	0.013
社会融入感知	2.72 ± 0.638	3.06 ± 0.608	-7.959	0.000

资料来源:本书整理。

(二) 有中介的调节效应模型检验

对本书的变量进行 Pearson 相关分析,统计结果如表 5-13 所示,变量之间的相关系数远远小于对角线上 AVE 的平方根,说明本书的变量具有较好的区分效度。相关分析发现,身份二元性与身份重构动机之间的相关显著($r = 0.095$,$P < 0.010$),身份重构动机与高可见性返乡消费之间的相关显著($r = 0.173$,$P < 0.001$),为了进一步验证理论假设的模型,我们采用温忠麟等的建议,用层次回归的方法依次对有中介的调节效应进行检验。

表 5-13　　　　　本书涉及变量相关分析

变量	平均数	标准差	1	2	3	4
1. 高可见性返乡消费	0	1	—			
2. 身份二元性	3.17	1.081	0.275***	0.905		

续表

变量	平均数	标准差	1	2	3	4
3. 身份重构动机	3.07	1.054	0.173***	0.095**	0.755	
4. 社会融入感知	2.88	0.630	-0.023	-0.183***	-0.381***	0.846

注：*** 代表 P<0.001，** 代表 P<0.01；对角线为 AVE 的平方根。
资料来源：本书整理。

根据温忠麟等（2006）的建议，我们首先构造了自变量"身份二元性"（X）和调节变量"社会融入感知"（U）的交互项（UX），并将"性别""婚姻状况""年龄""个人月收入""个人年收入""家庭年收入"作为控制变量放入回归分析中。检验步骤如下（检验结果见表 5-14）。

在模型 1 中做因变量（Y）"高可见性返乡消费"对自变量（X）"身份二元性"、调节变量（U）"社会融入感知"和交互项（UX）的回归，结果发现交互项（UX）的系数显著，$\beta=-0.372$，$P<0.050$。说明"社会融入感知"在"身份二元性"对"高可见性返乡消费"的作用中起到了显著的负调节效应，即社会融入感知程度高的新生代农民工相比于社会融入程度低的农民工，其身份二元性对高可见性返乡消费的作用更小，社会融入感知起到缓冲新生代农民工高可见性返乡消费的作用。

在模型 2 中，做中介变量（W）"身份重构意愿"对自变量（X）"身份二元性"、调节变量（U）"社会融入感知"和交互项（UX）的回归，结果发现交互项（UX）的系数显著，$\beta=-0.353$，$P<0.050$。说明"社会融入感知"在"身份二元性"对"身份重构意愿"的作用中起到显著的负调节效应，即社会融入感知程度高的新生代农民工相比于社会融入程度低的农民工，即使存在较高的身份二元性，但是身份二元性对身份重构动机的作用更弱。这说明，社会融入感知可以缓冲新生代农民工的身份重构动机。

在模型 3 中，做因变量（Y）"高可见性返乡消费"对自变量（X）"身份二元性"、中介变量（W）"身份重构动机"、调节变量（U）"社会融入感知"和交互项（UX）的回归，结果发现中介变量"身份重构动机"对因变量"高可见性返乡消费"的系数显著，$\beta=0.178$，$P<0.001$，即有中介的调节作用模型中，中介作用成立，这说明新生代农民工的身份二元性通过身份重构意愿来影响他们的高可见性返乡消费。同时模型 3 中的交互项（UX）系数不显著，说明"社会融入感知"的调节作用完全是通过中介变量"身份重构动机"而起作用的（见表 5-14）。

表 5-14　层次回归的多元回归分析

变量类型	模型 1 高可见性返乡消费	模型 2 身份重构动机	模型 3 高可见性返乡消费
控制变量			
性别（男=0，女=1）	-0.050	0.027	-0.055
婚姻状况（未婚=0）			
已婚=1	-0.068	0.030	-0.073
离异=1	-0.007	0.048	-0.015
年龄	-0.002	-0.080	0.012
个人月收入	-0.025	0.023	-0.029
个人年收入	-0.027	-0.041	-0.020
家庭年收入	-0.012	-0.033	-0.006
自变量			
身份二元性	0.619***	0.349*	0.557**
调节变量			
社会融入感知	0.248***	-0.177	0.280**
中介变量			
身份重构意愿			0.178***
交互项			
身份二元性×社会融入感知	-0.372*	-0.353*	-0.309
R^2	0.091	0.160	0.118
F 值	7.669***	14.598***	9.261***

注：*** 代表 P<0.001，** 代表 P<0.01，* 代表 P<0.05；N=775。
资料来源：本书整理。

五、研究结论与讨论

基于以上理论文献研究，本书提出了一个有中介的调节效应模型，并通过层次回归的方法对模型进行了实证检验分析。根据上述分析，可以得出以下若干结论：

（1）新生代农民工比城市异地务工青年具有更显著的高可见性返乡消费。与城市异地务工青年相比，新生代农民工在阶段性返乡消费中，更倾向于购买高可见性消费品，通过外显性符号消费，传达和展示自我价值，实现自我身份的重构。也就是说，新生代农民工借助高可见性返乡消费，向乡土社会展示自己在城市的务工成就，获得乡土社会的尊重与肯定，实现"衣锦还乡"的最终目的。

（2）身份重构动机在身份二元性对高可见性返乡消费的作用中起中介作用。通过实证检验发现，新生代农民工比城市异地务工青年具有更高的身份二元性特征和更高的身份重构动机。对比新生代农民工与城市异地务工青年，其差异的根源在于城乡分立的户籍制度，由于新生代农民工兼具城市人和农村人的双重身份，因此具有更高的身份二元性特征。在身份二元性的影响下，新生代农民工更希望建构自身的城市人身份认同以融入城市社会，由此激发出新生代农民工更加强烈的身份重构动机。特别是在返乡过程中，基于身份重构动机，新生代农民工渴望摆脱农村人身份，展示自身的城市人身份，因此更倾向于通过高可见性的消费品来炫耀自身的社会地位，构建城市人身份认同。

（3）社会融入感知在身份二元性对身份重构动机的影响中起调节作用。当新生代农民工感知到自己能够融入务工城市的时候，相比之他们感知到自己无法融入务工城市的时候，身份二元性对身份重构动机的影响会减弱。也就是说，即便新生代农民工身份二元性特征不变的情况下，增强新生代农民工的社会融入感知，有助于新生代农民工融入城市与获得城市身份认同，因此会减少其身份重构的动机，进而削弱其高可见性返乡消费的倾向。而事实上，与城市异地务工青年相比，新生代农民工在城市的生活与工作中往往具有相对较低的社会融入感知。因此，在城乡分立的二元户籍体制短时期内无法改变的情况下，增强社会融入感知可以成为引导新生代农民工进行理性科学的返乡消费的有效途径。

根据以上研究结论，本书提出政府相关部门要着力推进改革户籍制度，彻底消除城乡分立的户籍二元制度给新生代农民工群体带来的社会偏见，保障新生代农民工的基本社会权利，提高新生代农民工的社会福利待遇，引导城市社区积极接纳新生代农民工的身份。从而缩小凸显在新生代农民工身上的社会不公平现象，帮助其重构身份认同，从根本上减少新生代农民工对高可见性返乡消费的内在需求，通过科学理性的途径实现新生代农民工的自我表达与身份构建。提高新生代农民工的城市社会融入感知，增强新生代农民工的城市身份认同。研究发现，当新生代农民工比较好的感知到城市的社会融入时，可以弥补其身份认同的矛盾与困惑，从而缓解其高可见性返乡消费的问题。因此，政府有关部门要特别重视引导新生代农民工融入城市，采取有效举措提高新生代农民工的社会融入感知。包括改革城市社会保障体系，使新生代农民工享受与市民相同的待遇；完善城市基础设施建设，开放城市公共资源供新生代农民工使用；引导社区的包容文化，增加新生代农民工与城市居民之间的互动与交往平台；调动新生代农民工融入城市建设的积极性，增强其城市的主人翁意识等。同时，提升新生代农民工的整体文化水平，引导新生代农民工秉持正确的消费观。政府各级主管部门也应该充分利用媒体资源，多渠道引导新生代农民工转变生活方式和价值观念，扭转消费理念与消费结构，以实际收入水平为依据进行理性消费，减少新生代农民工的炫耀性消费和冲动消费。

第三编

中国新生代农民工基于不同消费诉求与应对的典型性消费行为实证研究

第六章

基于社会认同需要的新生代农民工消费行为分析

第一节　问题提出与主要内容

一、研究背景与研究意义

（一）研究背景

新生代农民工对于城市生活充满了憧憬与向往，大众传媒和通信技术的快速发展使他们更加迅捷地受到现代文明的熏陶，形成了多元的价值观与开放式的新思维，也使他们成了城市生活方式的接受者和传播者，他们更易于接受新鲜事物，更容易受到城市同龄人示范性消费的影响，渴望通过外在商品和服务的符号性消费来传达他们对城市生活的认同和赢得城市居民的接纳。调查显示，新生代农民工将80%的收入用于个人消费，而不是寄回家乡。他们将10%以上的收入用于文化娱乐方面的消费，有68.5%的新生代农民工将收入主要用于自身的吃穿住行，70%以上的新生代农民工拥有手机。"炫耀性消费"成为新生代农民工与城市居民拉近距离的新方式。

关于新生代农民工炫耀性消费的研究，本节在之前的章节中已经进行了一定的阐述，在此，通过进一步的研究发现，新生代农民工的炫耀性消费行为在很大程度上受到多元化价值观和城市居民示范性消费的影响，因此本书将基于个人价值观和参照群体影响，从社会认同的视角来研究新生代农民工的炫耀性消费行为，以期能够为相关领域的研究做出有益的补充。

（二）研究意义

炫耀性消费作为一种特殊的消费形式，已经在中国消费者的消费行为中扮演着越来越重要的角色，但是国内学者对于炫耀性消费行为的研究依然处于起步阶段，尤其是在研究对象方面主要集中于先富群体或是年轻白领群体的炫耀性消费行为（刘飞，2007），对于农民工群体的炫耀性消费行为研究较为鲜见。因此，本节将新生代农民工这样一个特殊群体作为研究对象，从个人价值观和参照群体影响出发，以社会认同为切入点，对于拓宽我国炫耀性消费行为的研究视角具有一定的理论意义与实践意义。

1. 理论意义

首先，本书将从传统价值观和现代价值观两个角度研究新生代农民工的炫耀性消费行为。价值观对消费行为的影响是一种内生的、根本性的影响，对消费者存在巨大的消费导向作用，是消费者行为的最终决定因素（王新新与陈润奇，2010）。大多数学者都是从我国传统文化价值观的角度研究价值观与消费行为之间的关系，如张梦霞（2005）认为以儒家、道家、佛家为代表的中国传统文化价值观对中国女性消费者购买行为有较大影响，刘力钢等（2010）也发现儒家、道家和佛家文化价值观能够对消费者的炫耀性消费行为产生重要影响。也有学者研究了物质主义与自我实现等现代价值观对炫耀性消费行为的影响（林志坚，2007；孟洁与张河川，2010）。但是，传统性价值观与现代性价值观是两套不同的心理成分，在我国现阶段的经济社会发展过程中能够实现长时期的并存。这就使得仅从传统价值观或仅从现代价值观的单一角度对消费行为进行研究难免有失偏颇，因而本节认为从两种不同价值观共同研究新生代农民工的炫耀性消费行为才能更加全面地洞悉和探究其深层心理因素，能够在一定程度上丰富价值观影响消费行为的理论研究思路。

其次，本书从个人价值观与参照群体影响内外两方面共同研究新生代农民工的炫耀性消费行为。消费者的消费行为是内外因素共同作用的结果，从内在因素来看，个人价值观是影响人们态度与行为的自变量，罗克奇（Rokeach，1973）认为要了解或预测人们的行为，必须先要了解其价值观，对人们的行为产生规范性或禁止性的影响，是行动和态度的指导并能够对个体决策系统进行控制（Kluckhohn，1962；Rokeach，1973；Richins，1994）。从外在因素而言，参照群体往往能够对消费者产生较大的影响，接触较为频繁的群体对消费者消费行为的影响尤为显著（Reingen et al.，1984；Schiffman & Leslie，1994；Haslam et al.，1996）。许多学者或从个人价值观的内部因素，或从参照群体影响的外部影响来研究消费者的消费行为，但是将这两种因素结合起来共同探讨消费行为的研究成果尚鲜有见到。但是针对本节的研究对象新生代农民工来说，城市快节奏的生活使他们受到现代文明的熏陶，形成了多元化的价值观；同时城市和农村的巨大差距也对他们形成了冲击，城市居民作为参照群体对于新生代农民工的影响是不可忽视的，因此，在这种情况下，只有兼顾个人价值观和参照群体影响内外两种因素，才能够更加全面地探索新生代农民工炫耀性消费行为的形成机理，获得更为充分的研究结论。

最后，本书将从营销学角度研究社会认同的调节作用。社会认同源于社会心理学，泰弗尔（Tajfel，1978）认为社会认同是个人对自身所属社会群体的认识，同时也认识到群体带给其自身的情感和价值意义。国内学者对于社会认同的研究尚处于起步阶段，研究者从社会认同理论发展以及不同群体的社会认同现状等方面对社会认同问题予以探索。张莹瑞和佐斌（2006）在《社会认同理论及其发展》一文中，对社会认同理论产生的背景，社会认同理论的发展以及主要观点，给予了详细的阐述和梳理，认为社会认同理论是群体关系研究中最有影响的理论。也有学者对农民工的社会认同现状进行研究发现，农民工对农民身份的认同已经出现了动摇和模糊化（王春光，2001；彭远春，2007；周晶，2007；方志，2007）。王宁（2011）认为消费成为人们用以显示认同的象征，以及进行社会交流的工具。然而从营销学角度将社会认同与消费行为联系起来的研究成果尚不多见，我们认为炫耀性消费行为是一种力求向上层社会群体"趋同"以及向下层社会群体"示差"的消费行为，这其中必然涉及群体间的社会认同问题。因此，在营销学视角下从社会认同作为研究的切入点来探讨新生代农民工群体的炫耀性消费行为问题，必将更加清晰的识别和厘定个人价值观和参照群体影响的现实作用机制，也能为炫耀性消费行为相关领域的研究提供有益的补充。

2. 实践意义

从微观层面来看，随着社会经济发展和人们生活水平的提高，消费者对于商品和服务的需求已经不仅局限于商品的功能性价值，而更加希望借助商品和服务的符号价值和象征意义来满足心理上的各种需求，炫耀性消费已经逐渐成为中国消费者的消费形式之一。新生代农民工规模庞大，人数众多，这样一个规模庞大的消费群体应当引起企业的重视，而新生代农民工通过外在商品的炫耀性消费赢得城市居民尊重和接纳的迫切心理需求，也为企业提供了难得的商机。对商品在功能性价值之外的象征性价值、符号性价值的关注和开发很有可能成为企业新的利润增长点。本节通过对新生代农民工的炫耀性消费行为的深入研究，将深入洞悉新生代农民工炫耀性消费的行为特点,考察新生代农民工炫耀性消费行为的主要影响因素,了解新生代农民工用于炫耀性消费的商品和服务的相关特征,从而对于企业制定更为有效的营销策略,甚至企业的长期发展战略都是大有裨益的。

从宏观层面来看,本书将研究对象着眼于新生代农民工这样一个特殊的社会群体,正是希望能够透过炫耀性消费行为来揭示出新生代农民工消费行为表象背后所反映出的新生代农民工真实生存状态和境遇。事实上,长期以来,一些新生代农民工面临着不被城市居民完全接纳的境遇,新生代农民工虽然对城市生活有着热切的渴望和期盼,但是却不得不忍受着冷漠、排斥和尊严的丧失。炫耀性消费行为往往成为新生代农民工免遭歧视、获取尊严最直接的方式和途径,也是对城市冷漠和排斥的一种无声抗争。然而,这种"表面的风光"并不能从根本上解决新生代农民工所面临的一系列社会问题。与城市居民的冷漠和蔑视相伴的还有高昂的生活成本、低微的收入水平以及来自城市生活的压力,都使得新生代农民工的"城市化"步履维艰。因此,本书通过对新生代农民工炫耀性消费行为反映出新生代农民工的生活状态,借此剖析新生代农民工"城市化"进程中所遭遇的问题,并挖掘这些问题存在的根源,从而提出相应的解决对策,这不仅有利于新生代农民工的"城市化"进程,也对我国社会主义和谐社会的构建和稳定发展具有一定的现实意义。

二、研究目的与研究内容

在本书中,我们将从内外两方面因素来考虑新生代农民工的炫耀性消费行为,内因即为从自身的主观方面对事物的评判和选择,在此我们主要考虑消费者的个人价值观对于炫耀性消费行为的影响;外因即为社会因素在这个过程中对消费者产生影响,而参照群体则是对消费者产生影响的重要因素。同时,新生代农民工在物质与精神方面的要求远高于第一代农民工,他们的乡土认同不断减弱,却有着强烈地融入城市的意愿。因此,本书将从个人价值观和参照群体影响出发,以社会认同的视角,剖析和判别新生代农民工的炫耀性消费行为。

(一)研究目的

从营销学角度对我国新生代农民工炫耀性消费行为的研究尚不多见,因此,本书将借鉴现有的国内外研究成果,针对新生代农民工炫耀性消费行为的现象,深入探析个人价值观和参照群体影响以及社会认同对于炫耀性消费行为的作用,为改善新生代农民工境遇,加快新生代农民工"城市化"步伐提出有益的研究结论和政策建议。由于本书主要针对新生代农民工在城市工作和生活,在追求城市社会认同和融入城市生活的过程中所进行的炫耀性消费行为。因此,新生代农民工在返乡期间所进行的炫耀性消费行为不属于本书的研究范围,在此本书也不对其进行深入探讨,新生代农民工在返乡期间所进行的炫耀性消费行为将在后面内容中作详细研究。

首先,本书将构建个人价值观、参照群体影响与炫耀性消费行为的关系模型。从内在因素来看,个人价值观是影响人们态度与行为的自变量。从外在因素来看,参照群体能为消费者提供可供炫耀的商品信息,以及消费的规范和标准。但是将内外两种因素结合起来共同探讨消费行为的研究成果尚鲜有见到。因此,本书构建了个人价值观、参照群体影响与炫耀性消费行为的关系模型,将个人价值观与参照群体影响两个变量共同作为自变量进一步探索内外两种因素对炫耀性消费行为的影响机理,以获得更为全面的研究结论。

其次,本书将深入探讨社会认同对于个人价值观、参照群体影响与炫耀性消费行为之间关系的调节作用。社会认同需要人们通过特定的行为以及产品符号来表现和传达。在这个过程中,消费成为人们用以显示认同的象征,以及进行社会交流的工具(王宁,2011)。第一代农民工尽管在行为上已经不再从事农业生产活动,但是他们在观念上仍认同自己的农民身份。然而新生代农民工对农村和农民的社会认同感已经逐渐动摇和模糊,他们中许多人不愿意承认农民身份。炫耀性消费行为是彰显身份和地位、赢得尊重和认同的消费行为,因此个人价值观和参照群体影响在对炫耀性消费行为产生作用的过程中,必然会受到社会认同的影响,本书将以此为基点,进一步识别社会认同在新生代农民工个人价值观和参照群体影响对炫耀性消费行为影响过程中的调节作用。

最后,本书将实证检验个人价值观、参照群体影响、社会认同以及炫耀性消费行为之间的关系。本书以哈尔滨市、长春市、大连市、北京市、天津市、上海市、广州市、深圳市和厦门市等城市的新生代农民工为研究样本,对制造业、建筑业、住宿和餐饮业、批发和零售业、居民服务和其他服务业等行业的新生代农民工采用深度访谈和问卷调查等研究方法进行数据收集,并通过对回归模型的拟合检验研究假设,识别和刻画个人价值观和参照群体影响对新生代农民工炫耀性消费行为的作用机理,以及社会认同在其中的调节作用。

(二) 研究内容

为了实现上述研究目的,本书将从如下几个方面展开:

(1) 个人价值观与新生代农民工炫耀性消费行为。个人价值观是个人态度与行为的自变量,能够对个人的行为起指导作用,并最终影响目标的选择(Kluckhohn,1962;Rokeach,1973;Richins,1994)。很多研究者通过对价值观与消费行为之间的相互关系进行深入探讨之后指出,价值观与消费者行为显著相关,对消费行为的分析必然无法脱离所研究群体的固有价值观念(Howard,1994)。王新新和陈润奇(2010)

指出价值观对消费行为的影响是一种内生的、根本性的影响，价值观对消费者存在巨大的消费导向作用，是消费者行为的决定性因素。因此，在对新生代农民工的炫耀性消费行为的分析中，新生代农民工群体持有的个人价值观是不可忽视的。

中国传统价值观从古至今对中国人的价值取向和行为规范都产生了极其深远的影响，儒家学说的经典思想更是潜移默化地根植于中国人的伦理规范和价值系统之中。杨国枢（2004）认为儒家思想是东亚国家和地区的共同文化特质，也就很可能是上述东亚国家和地区经济发展的文化动力所在。与此同时，随着我国经济社会的不断发展和进步，人民生活水平得到了显著提高，对外开放程度也进一步加深。在我们同国外尤其是西方国家的交往和流通过程中，许多西方的价值理念和生活方式也开始逐渐对国人产生影响，尤其是新生代农民工愿意了解和接受新鲜事物，因此也更容易受到现代新兴价值观的影响。杨国枢（2004）认为在人类社会变迁的过程中，现代心理观念与传统心理观念是两套不同的心理成分，不仅能够并存，并且能够实现长时期的并存。由此，本书首先将从传统价值观和现代价值观出发研究新生代农民工的炫耀性消费行为。

（2）参照群体影响与新生代农民工炫耀性消费行为。消费者的消费行为一方面有内在价值观对个人的判断和选择产生影响，另一方面也受到社会因素的影响，参照群体则是对消费者产生影响的重要因素之一。帕克和莱西格（Park & Lessig, 1977）认为参照群体是与个人的愿望和行为有较为显著相关性。比尔登和埃策尔（Bearden & Etzel, 1982）认为消费者希望能够在具有充分信息的条件下做出消费决策，而参照群体是为消费者提供商品信息的主要来源。他们在研究中指出消费者为了获得赞赏或避免惩罚而迎合参照群体，以参照群体的期望作为行为标准。消费者特别喜欢和向往某个参照群体时，会在价值表现上受到参照群体的影响，自觉遵循参照群体的规范和价值观（Witt & Bruce, 1972; Bearden & Etzel, 1982; Childers & Rao, 1992）。

参照群体并不是对所有的消费行为都有较为显著的影响，许多学者在研究中发现消费者对于一般功能性商品和炫耀性商品的信息搜集过程是具有显著差异的，消费者在购买生活必需品时，比较容易忽略参照群体的影响，而当消费者在进行炫耀性商品的消费时更愿意接受来自参照群体的影响（Woods, 1960; Escalas & Bettman, 2005; 姜凌等, 2009），商品所具有的象征性（炫耀性）是消费者在参照群体影响下进行消费决策的重要参考因素（Venkatesan, 1966; Witt & Bruce, 1972）。新生代农民工带着对城市的向往和渴望来到城市生活和工作，与城市居民的显著差距成为其融入城市的阻碍，通过模仿城市居民的炫耀性消费来弥补甚至消除这种外观上的差距成为许多新生代农民工"城市化"的第一步，因此我们将以参照群体影响作为第二个出发点来研究新生代农民工的炫耀性消费行为。

（3）社会认同的调节作用。社会认同是个体对自己属于某些社会群体及其带给自身的情感和价值意义的感知（Tajfel & Tunner，1985）。也就是自我概念中对个人作为社会群体成员（或群体类别成员）身份的认知部分（张莹瑞与佐斌，2006；夏四平，2008）。泰弗尔（1981）认为社会认同能够强烈影响着我们的知觉、态度和行为。社会认同强调群体与群体的差别，群体成员相信他们之间具有某种（些）共同特征，而一个群体的相似性总是同它与其他群体之间的差别同时存在。只有通过差别的界定和辨析，才能识别和凸显相似性（王宁，2011），或者说社会认同本身就是一种对"我们"和"他们"的区别和判断，只有明确了"他们"的边界，才能更好地认识"我们"，詹金斯（Jenkins，1996）认为"没有社会认同，就没有社会"。

社会认同需要人们通过特定的行为以及产品符号来表现和传达。在这个过程中，消费成为人们用以显示认同的象征，以及进行社会交流的工具（王宁，2011）。正如同凡勃伦（1899）所指出的"仅有财富或者权力还是远远不够的，因为有了财富或权力还必须能够为此提供证明，尊荣只能通过这样的证明而得来"。可见炫耀性消费行为是与社会认同紧密连接在一起的。对于新生代农民工这个特殊群体来说，他们对于农村和农民的社会认同感已经逐渐动摇和模糊，或者说在一定程度上发生了变化，由于农民工群体与城市居民群体地位的显著差异，使新生代农民工群体中的一些人不愿意承认农民身份，产生了心理上的疏离感、剥夺感与自卑感，大部分新生代农民工产生了对城市的强烈认同感，并且这种认同已经超过了对农村的认同（王春光，2001）。在这种变化的过程中，无论是个人价值观，还是参照群体影响对于新生代农民工的炫耀性消费行为的作用都将受到社会认同因素的强烈冲击。在本节中，我们将深入研究在新生代农民工的炫耀性消费行为中社会认同所起到的调节作用。

第二节 理论推演与研究假设

一、个人价值观与炫耀性消费行为

（一）传统价值观对炫耀性消费行为的影响

价值观（values）是人们对于事物是否重要的观念，是人们依据事物的重要性而对事物进行价值评判和选择的标准（金盛华等，2009）。罗克奇（Rokeach，1973）认为价值观是社会科学的核心概念。个人价值观是个人态度与行为的自变量，能够对个人的行为起指导作用，并最终影响目标的选择（Kluckhohn，1962；Rokeach，1973；Richins，1994）。价值观对个人的消费行为具有非常重要的影响作用，很多研究者通过对价值观与消费行为进行深入探讨之后指出，价值观与消费者行为显著相关，持有不同价值观的消费者对同一消费对象的态度和行为可能完全不同，对消费行为的分析必然无法脱离所研究群体的固有价值观念（Howard，1994）。王新新和陈润奇（2010）指出价值观对消费行为的影响是一种内生的、根本性的影响，价值观对消费者存在巨大的消费导向作用，是消费者行为的最终决定因素。所以说要了解某个群体的行为，必先对其价值观予以深刻的剖析和探查，才能有助于我们挖掘和理清消费者行为产生的根源。因此，在对新生代农民工的炫耀性消费行为的分析中，新生代农民工群体持有的价值观是不可忽视的内在决定性因素。

中国传统价值观从古至今对中国人的价值取向和行为规范都产生了极其深远的影响，儒家学说的经典思想更是潜移默化的根植于中国人的伦理规范和价值系统之中。"克己"是儒家思想中倡导的重要理念，儒家的"克己"观可以从两个方面来诠释。概括而言，一是对人忍让，二是对己节制。

对人忍让指的是中国人在关系取向上非常重视关系的和谐性（杨国枢，2004）。儒家人伦观念奠基于对他人关系的顺从和对社会和谐的追求，强调"卑己而尊人"的理念，传统的中国价值观倡导人与人之间的关系应该是自然而和谐的，为了保持这种和谐性，就会处处小心，尽力保护他人的面子，从而避免可能的冲突（杨国枢，2004）。在传统的中国教育中，也非常重视对子女进行谦让顺从的训练（杨国枢，2004），强调安守本分、与人无争的谦让守分观念，反对"标新立异"和"出风头"。而炫耀性消费行为恰恰是一种带有竞争性的消费行为，凡勃伦曾将炫耀性消费行为的动机概括为歧视性对比和金钱竞赛，是为金钱和权力提供证明的方式（凡勃伦，1899）。虽然凡勃伦时期对炫耀性消费行为的描述仅限于"有闲阶级"的消费行为，但是从中不难看出炫耀性消费行为所带有的竞争性特征。炫耀性商品的价值只有通过与其他消费者所拥有的同类商品进行比较才能获得（邓晓辉与戴俐秋，2005），炫耀性消费使得消费者社会地位的相对提升必然以另一部分人社会地位的相对下降为代价（Rae，1834）。可以说，这种几乎以"张扬"和"炫耀"为表现形式的消费方式，严重违背了中国传统的"谦让守分"的价值观。

对己节制则是指对自身欲望的忍耐和抑制。个人要强化对自身"存天理，灭人欲"的行为倾向。从消费的角度来讲，最显著且影响广泛的"克己"价值观当属"克勤克俭"的观念。"克勤于邦，克俭于家"是中国自古倡导的治家治国之道。勤俭是我国自古以来的传统美德，也是中华民族的传统消费观念。中国人非常重视勤俭的习惯，反对懒惰和奢侈，个人的勤俭不只是为了个人利益，更是为了整个家族利益与富足（文崇一，1989；杨国枢，2004）。勤俭的价值观意味着节省、杜绝浪费。"新三年，旧三年，缝缝补补又三年""一粥一饭，当思来之不易；半丝半缕，恒念物力维艰"是民间谚语中对节俭观恰如其分的表达。节俭体现了对物欲的克制，而炫耀性消费行为则是对物的张扬。无论是对上层社会的"趋同"，抑或是对底层社会的"示差"，必要通过消费这一形式来体现，尤其是对炫耀性商品符号意义的追求，往往超出了商品本身的功能性价值，因此也意味着消费者要为额外的"符号价值"或"炫耀性价值"支付与同等功能商品更高的价格。这种消费行为显然是与"克勤克俭"的价值观背道而驰的。

我们所研究的消费群体"新生代农民工"虽然工作生活在城市，但是他们从小生长在农村。与城市相比，农村的物质资源相对匮乏，价值观念也相对保守，具有中国传统价值观传承和发扬的良好客观条件，新生代农民工往往接受父辈的教育和影响，具有中国农民典型的安守本分，与人无争的谦让守分观念，同时由于较为拮据的经济条件，也使他们更加恪守勤俭节约的价值观念。从这个意义上说，新生代农民工会受到本书中所提到的两种中国传统价值观——"谦让守分"和"克勤克俭"的影响。因此，我们提出如下假设：

H_{6-1a}：谦让守分价值观对新生代农民工的炫耀性消费行为有负向影响。

H_{6-1b}：克勤克俭价值观对新生代农民工的炫耀性消费行为有负向影响。

（二）现代价值观对炫耀性消费行为的影响

中华文明源远流长，在几千年的岁月长河中，中国传统价值观对于中国人产生了极其深远的影响，我们的许多认知和行为模式都在潜移默化之中遵循着传统价值的指导和规范。然而随着我国经济社会的不断发展和进步，人民生活水平得到了显著提高，对外开放程度也进一步加深。在我们同国外尤其是西方国家的交往和流通过程中，许多西方的价值理念和生活方式也开始逐渐对国人产生影响，尤其是年轻人更加愿意去了解和接受新鲜事物，因此也更容易受到现代新兴价值观的影响。

在西安交通大学出版的《在传统与现代的十字架前》一书中，有这样的描写："我们生活在一个新旧交替的时代。生活有如一个巨大的旋转舞台，把昨天和今天、古老的和新鲜的、传统的和现代的……不由分说地糅合在一起，一股脑儿地展示在我们面前。"（陆人，1988）。正如书中所写，时代的发展和社会的进步为现代化价值观的萌芽和发展奠定了基础。"聚敛假说"（convergence hypothesis）也应运而生，即随着社会现代化进程的不断发展，社会的表现特征和价值观都将越来越相似（Myer et al.，1975），也就是说随着中国社会现代化发展，人们的价值观念也将从传统价值观向现代价值观过渡，亦即现代化的"社会聚敛"

（societal hypothesis）会引致"心理聚敛"（psychological hypothesis），"社会聚敛"是指社会的现代化发展历程中的各种社会特征，如劳动力结构、大型金融市场、都市化与人口集中、教育程度与普及等方面会出现趋同性（Inkeles & Rossi, 1956；Moore, 1963；杨国枢, 2004）。"心理聚敛"是指现代化进程中人们的心理特征，如个人意识、民主观念、平等观念、创新态度等也会变得相似（Kahl, 1968；Inkeles & Smith, 1974；Inglehart, 1977；Inkeles, 1983；杨国枢, 2004）。

但是现代价值观的出现，并不意味着传统价值观的消亡，已有学者对于新旧价值观的更替和重叠进行了探讨。杨国枢（2004）通过20多年的研究认为在人类社会变迁的过程中，现代心理观念与传统心理观念不仅能够并存，并且能够实现长时期的并存。传统性价值观与现代性价值观是两套不同的心理成分，不存在相互抵触关系。

新生代农民工的价值体系是一个多元化的复杂体系，他们一方面具有农民传统特征的价值观，另一方面与第一代农民工相比新生代农民工年龄更小，也具有更高的教育水平，他们具有更高的工作生活期望值，也对城市具有更高的认同度，这使得他们在很大程度上受到了城市里现代新兴价值观的影响，同时也更愿意接受这些现代价值观。王春光（2010）研究发现部分新生代农民工的"移民"倾向已经越来越明显，他们已经不再适应甚至开始排斥农村的生活方式和生活理念。在分析和探查新生代农民工的价值观时，现代新兴价值观的影响也是不容忽视的。因此，我们有充分的依据在探讨中国传统价值观对消费者行为产生影响的同时，关注现代新兴价值观对于本书中新生代农民工炫耀性消费行为的影响作用。

物质主义和自我实现是两个对于个体的消费行为具有重要影响的现代价值观。物质主义强调将物质占有作为美好生活的象征和人生追求的目标，物质主义者往往倾向于通过消费来实现对欲望的满足，可见消费是持有物质主义价值观的消费者获取成功和生活乐趣的重要途径。炫耀性消费行为恰好能够迎合物质主义价值观的消费者对于财富和物质的追求，炫耀性消费行为能为消费者提供身体或精神上的愉悦与满足感，而这种满足感正与物质主义价值取向相契合（Campbell, 1987）。凡勃伦（1899）在其《有闲阶级论》中指出具有较高财富水平的阶层通过进行炫耀性消费行为来展示自己的财富和地位，此时的炫耀性消费行为即是通过财物的展示甚至是浪费来达到歧视性对比和金钱竞赛的目的。而梁彩花等（2010）对返乡农民工的研究发现返乡回家的农民工在乡亲们面前通过烟酒消费、品牌服装和摩托车等炫耀性消费行为实现地位、荣誉和尊重的获得。可以看出，无论是最初凡勃伦探讨的有闲阶级狭义的炫耀性消费行为，还是今天几乎存在所有社会阶层的广义的炫耀性消费行为，都是通过对"物"的占有和展示来获得地位、自尊、认同等各种价值和目的。炫耀性消费行为是物质主义价值观的一种重要表现形式和释放途径，因此，本书认为物质主义价值观对炫耀性消费行为具有促进作用。

自我实现价值观主要是指个体有强烈的成功愿望，希望通过自身价值的展现而达到更加满意的生活状态，更加强调对自我的认识和表达（Alan，1998）。消费是对自我实现最直接的传达方式。坎贝尔（Campbell，1987）就曾提出消费与自我实现具有密切的关系，他认为消费是为了实现自我，消费行为不仅仅是对商品实际功用的购买和使用，更是对愉悦的追求。鲍德里亚（Baudrillard，1988）则认为新的消费主题已演变成通过消费获得自我的实现。从这个意义上说，炫耀性消费行为也契合了自我实现的价值观，成为表达自我、展示自我的最直接和最显著的途径。林志坚（2007）基于马斯洛需求层次理论和符号理论，研究了自我实现对于炫耀性消费行为的影响，认为自我实现是炫耀性消费行为的主要动机。李达娜（2008）也认为现代价值观中的自我实现价值观是奢侈品购买动机之一。因此，本书认为自我实现价值观对炫耀性消费行为具有促进作用。从而，新生代农民工也会受到两种现代价值观——"物质主义"和"自我实现"的影响。我们提出如下假设：

H_{6-1c}：物质主义价值观对新生代农民工的炫耀性消费行为有正向影响。

H_{6-1d}：自我实现价值观对新生代农民工的炫耀性消费行为有正向影响。

基于上述分析本书提出的第一个假设为：

H_{6-1}：个人价值观会影响新生代农民工的炫耀性消费行为。

H_{6-1a}：谦让守分价值观对新生代农民工的炫耀性消费行为有负向影响。

H_{6-1b}：克勤克俭价值观对新生代农民工的炫耀性消费行为有负向影响。

H_{6-1c}：物质主义价值观对新生代农民工的炫耀性消费行为有正向影响。

H_{6-1d}：自我实现价值观对新生代农民工的炫耀性消费行为有正向影响。

二、参照群体影响与炫耀性消费行为

消费者的消费行为一方面有内在价值观对个人的判断和选择产生影响，另一方面也受到社会因素的影响，参照群体则是对消费者产生影响的重要因素之一。参照群体（reference group）是一个社会群体的类型，实际上是消费者在做出消费决策时，用来与其进行参照和比较的个人或群体。瑞根等（Reingen et al.，1984）对参照群体中的成员群体进行了研究，认为成员群体往往能够对群体内的成员具有较大的影响，接触较为频繁的群体对消费者消费行为的影响尤为显著。贾鹤和王永贵等（2008）认为研究者们对于参照群体的归纳主要强调以下三点：（1）参照群体能够对消费者的态度、观念、购买决策甚至整个消费行为产生影响，并且这种影响来源于消费者将参照群体作为标准进行参照和比较产生的；（2）参照群体对消费者具有重要影响，并且这种影响不是偶然的；（3）参照群体可以是生活中真实存在的，也可以是在消费者想象之中的，并且无论个人还是社会群体都可以被当作参照群体。

从本书的文献分析中可以看出消费者的消费行为与参照群体影响具有紧密的联系，但是参照群体影响并不是对所有的消费行为都有较为显著的影响，许多学者在研究中发现消费者对于一般功能性商品和炫耀性商品的信息搜集过程是具有显著差异的，消费者在购买生活必需品时，比较容易忽略参照群体的影响，而当消费者在进行炫耀性商品的消费时更愿意接受来自渴望群体的影响（Woods，1960；Escalas & Bettman，2005；姜凌等，2009），商品所具有的象征性或者说其"炫耀性"是消费者在参照群体影响下进行消费决策的重要参考因素（Venkatesan，1966；Witt & Bruce，1972）。通常情况下参照群体影响可以被划分为三个维度：信息性影响、功利性影响和价值表达性影响（Park & Lessig，1977；Bearden & Etzel，1982；Brinberg & Plimpton，1986）。

（一）信息性影响与炫耀性消费行为

参照群体的信息性影响是指消费者在进行购买决策而遇到不确定因素时，会积极地从他们认为具备相应产品信息的人那里搜寻信息，而消费者的主要参照群体所提供的信息更容易被消费者所接受。如果消费者的商品信息是来自某参照群体，就可以认为参照群体对其产生了信息性影响（Park & Lessig，1977；Brinberg & Plimpton，1986）。炫耀性消费行为的目的是通过公开展示和消费向他人炫耀的商品以达到对社会地位的强化和提升，因此炫耀性消费行为的关键词是"可见性"和"地位证明"（O'Cass，2002）。此时炫耀性商品的商品信息就显得尤为重要，哪些类型、哪些品牌、什么价位的商品可以恰如其分的达到消费者强化和提升社会地位的目的，实现消费者"趋同"或"示差"的效果，只有相应的参照群体能够提供准确的信息。

新生代农民工带着对城市的向往和渴望从农村来到城市，与城市居民的显著差距成为农民工融入城市的阻碍，要实现对理想群体的认同，最好的方式莫过于趋同消费（梁彩花等，2010）。张兆伟（2008）通过对生活在大学周边的新生代农民工进行研究发现这些与大学生同龄的农民工喜欢模仿大学生和城市同龄消费者的消费方式，并从这些参照群体中获得相应炫耀性商品的各种信息。由此我们提出假设：

H_{6-2a}：信息性影响对新生代农民工的炫耀性消费行为有正向影响。

（二）功利性影响与炫耀性消费行为

功利性影响是参照群体影响的第二个维度，凯尔曼（Kelman，1961）认为消费者为了迎合群体，以期能够获得参照群体的肯定或避免遭受参照群体的惩罚，消费者会在消费选择或决策中被迫遵从某些规范和标准（Kelman，1961；Burnkrant & Cousineau，1975；Park & Lessig，1977；Bearden & Etzel，1982；Brinberg & Plimpton，1986；Bearden & Netemeyer，1989；Childers & Rao，1992）。从凡勃伦时代开始，为自己的财富或权力提供证明而保持尊荣的有闲阶级炫耀性消费行为就是消费者遵从群体规范和标准的典型体现，弗兰克（Frank，1985）以博弈论中的"囚徒困境"来阐述炫耀性消费行为，更加证明了参照群体的功利性影响对消费者的重要作用，消费者为了追求位置商品的消费以获得参照群体的肯定或避免惩罚，有时不得不以牺牲福利水平为代价，即消费者对炫耀性商品的非合作决策将导致整体福利水平的损失而无法达到最优福利状态。可见功利性影响对于炫耀性消费行为的显著驱动作用。

不得不说新生代农民工的炫耀性消费行为在某种程度上正是其参照群体功利性影响的体现，一些新生代农民工在城市里受到冷漠、歧视和不公正的待遇，为了能够改变自身的低地位状态，得到城市居民的认同和接纳，新生代农民工也不得不"迎合"城市居民的消费方式和消费习惯。尽管新生代农民工的总体收入水平依然较低，有些人的家庭还非常贫困，但是调查显示他们将80%以上的收入用于个人消费，而不是寄回家乡，在张兆伟（2008）的研究中甚至发现有些新生代农民工需要靠借债来达到城市居民的消费标准，参照群体对新生代农民工的功利性影响之重，由此可见一斑。由此我们提出假设：

H_{6-2b}：功利性影响对新生代农民工的炫耀性消费行为有正向影响。

（三）价值表达性影响与炫耀性消费行为

消费者利用仿照参照群体的某些行为来表现自我，实现自我提升，使其更加接近理想中的自我，或者在消费行为上与该群体保持一致，以希望能够与该群体建立或保持关系都属于参照群体的价值表达性影响（Witt & Bruce，1972；Burnkrant & Cousineau，1975；Bearden & Etzel，1982；Bearden & Netemeyer，1989；Childers & Rao，1992）。参照群体的价值表达性影响需要消费者通过消费来表达"我是谁"，这种借助消费来传达自身价值的行为正是炫耀性消费行为最核心的特征。炫耀性消费，也被称为"符号消费"，就是说消费已经不仅局限于物的占有，而已经成为一种符号系统化操控活动。炫耀性商品作为一种符号可以简明而有效的标识一个人的社会形象，成为其社会身份和地位的直接表达。

王春光（2001）在研究中发现新生代农民工对于农村生活和农民身份已经日益疏远，他们的外出动机更多的是为了改变现有的生活状况或者追求现代的城市生活，获得城市社会认同，实现自身的理想和价值。这种对城市的渴望与认同感通过各种炫耀性消费行为直接表现出来，炫耀性消费行为也成为他们对自身价值进行表达的途径。由此我们提出假设：

H_{6-2c}：价值表达性影响对新生代农民工的炫耀性消费行为有正向影响。

基于本文对参照群体影响和炫耀性消费行为关系的分析，本书提出的第二个假设为：

H_{6-2}：参照群体影响对新生代农民工的炫耀性消费行为有正向影响。

H_{6-2a}：信息性影响对新生代农民工的炫耀性消费行为有正向影响。

H_{6-2b}：功利性影响对新生代农民工的炫耀性消费行为有正向影响。

H_{6-2c}：价值表达性影响对新生代农民工的炫耀性消费行为有正向影响。

三、社会认同对个人价值观与炫耀性消费行为关系的调节作用

社会认同是个体对自己属于某些社会群体及其带给自身的情感和价值意义的感知（Tajfel & Tunner，1985）。也就是自我概念中对个人作为社会群体成员（或群体类别成员）身份的认知部分（张莹瑞与佐斌，2006；夏四平，2008）。泰弗尔（1981）认为社会认同能够强烈影响着我们的知觉、态度和行为。因此，我们认为在针对新生代农民工群体的消费行为研究中，应该考虑到社会认同的作用。

社会认同强调的是群体与群体的差别，群体成员相信他们之间具有某种（些）共同特征，而一个群体的相似性总是同它与其他群体之间的差别同时存在。只有通过差别的界定和辨析，才能识别和突显相似性（王宁，2011），或者说社会认同本身，是一种对"我们"和"他们"的区别和判断，只有明确了"他们"的边界，才能更好地认识"我们"，詹金斯（Jenkins，1996）认为"没有社会认同，就没有社会"。

第一代农民工尽管在行为上已经不再从事农业生产活动，但是他们在观念上仍认同自己的农民身份，对自己的家乡和土地具有浓厚感情，或者说有较强烈的乡土认同，同时他们明确自己的未来归属仍在农村（王春光，2001；彭远春，2007；夏四平，2008；张兆伟，2008）。然而，对于新生代农民工这个特殊的群体来说，对农村和农民的社会认同感已经逐渐动摇和模糊，或者说在一定程度上发生了变化，由于农民工群体与城市居民群体地位的显著差异，使新生代农民工群体中的一些人不愿意承认农民身份，产生了心理上的疏离感、剥夺感与自卑感。与第一代农民工相比，新生代农民工已经不再适应甚至排斥农村的生活方式，而呈现出更强的在城市定居的意愿，大部分新生代农民工开始产生了对城市的认同感，并且这种认同已经超过了原来对农村的认同（王春光，2001；刘俊

彦，2007；包福存与张海军，2007）。

在我们对一些新生代农民工进行深度访谈的过程中，也发现大多数新生代农民工对于农民身份具有排斥或者回避的态度。在谈到对自我身份的认同时，一些被访者认为只有在农村从事农业生产的人才能算是农民，而他们自己甚至没有干过农活，所以不是农民；也有被访者认为从户籍制度上看，他们依然持有农村户口，但是由于他们主要在城市里生活和工作，所以即使他们仍然是户籍上的农民，也不再是真正意义上的农民。而且绝大部分的被访者不接受"农民工"的称谓，一些被访者认为他们是城市里的打工者，与在城市里工作的大学毕业生没有严格意义上的区别。在谈到城市居民对他们的看法时，一些被访者表示在生活中和城市居民的交往较少，交友范围大多集中在打工者之间，能够感受到和城市居民间的隔膜和距离感。还有一些被访者明确表示能够感受到城市居民的排斥和歧视，甚至有被访者有过遭受歧视和非同等待遇的经历。在我们与新生代农民工交流的过程中，不难发现他们对融入城市生活有着热切的渴望，很多人表示不想再回到农村，愿意长期在城市生活下去，但是作为徘徊在城市边缘的"特殊群体"，使他们面临与城市居民相"区隔"的尴尬境地。

由于对"农民"身份和"农民工"称谓的拒绝，以及与城市居民之间的距离感和排斥感，使得许多新生代农民工更迫切地希望通过消费来弥补与城市居民的差异。许多被访者将大部分甚至全部收入用于自己在城市的消费，我们发现在受访的新生代农民工中几乎人人都有手机，一些人还拥有 MP3、MP4、数码相机等时尚电子产品，他们效仿城市居民，许多人通过染发、烫发等方式改变自己的外在形象，甚至有些工作环境较好、收入水平较高的被访者穿着入时，非常注重商品的品牌和档次，在外表上已经难以将其与本地城市居民相区别。

在进行关于个人价值观问题的访谈时，分别有新生代农民工支持"谦让守分""克勤克俭""物质主义""自我实现"等价值观。一些赞同"谦让守分"和"克勤克俭"等价值观的新生代农民工认为，虽然谦让、有节制、与人无争、安守本分和节俭都是值得提倡的为人处世之道，但是在他们还没有完全融入城市社会的时期内，通过对手机、服饰、装扮等外在商品和服务的消费来提升形象和获得尊重是必要并且值得的。其中一些被访者表示目前的状态是暂时的，等他们已经完全被城市社会接纳，也许就不再需要将大部分收入用于"体面"的消费。由此，我们发现较低的社会认同感会导致原本注重安守本分和节俭观念的新生代农民工更倾向于进行外显的炫耀性消费行为，也就是说较低的社会认同感会减弱"谦让守分"和"克勤克俭"价值观对新生代农民工炫耀性消费行为的负向影响。因此我们提出假设：

H_{6-3a}：社会认同越低，谦让守分价值观对新生代农民工炫耀性消费行为的负向影响越弱。

H_{6-3b}：社会认同越低，克勤克俭价值观对新生代农民工炫耀性消费行为的负向影响越弱。

在访谈中，我们也发现一些赞同"物质主义"和"自我实现"等价值观的新生代农民工认为父辈们节衣缩食、省吃俭用的生活方式过于艰苦，他们倡导在生活中应该善待自己、追求生活品质和注重物质生活所带来的享乐感受，还有一部分被访者认为人生的目标是对自我的实现，他们向往成功，期望得到成就感和满足感。持有类似观点的一些新生代农民工认为钱的作用是给人带来快乐，尤其是面临城市人的冷漠和歧视，他们更迫切希望通过相对高品质的生活方式，通过符号性商品的展示和炫耀，来拉近他们同城市居民的距离，以及显示出他们与农村居民的明显差异。由此，我们发现较低的社会认同感会使得原本就追求物质享乐和注重自我成就感的新生代农民工更加希望通过炫耀性消费行为来表达和展示自我，也就是说较低的社会认同感会增强"物质主义"和"自我实现"价值观对新生代农民工炫耀性消费行为的正向影响。因此我们提出假设：

H_{6-3c}：社会认同越低，物质主义价值观对新生代农民工炫耀性消费行为的正向影响越强。

H_{6-3d}：社会认同越低，自我实现价值观对新生代农民工炫耀性消费行为的正向影响越强。

基于本节对社会认同在个人价值观与炫耀性消费行为关系中的调节作用的分析，本书提出的第三个假设为：

H_{6-3}：社会认同调节个人价值观对新生代农民工炫耀性消费行为的影响。

H_{6-3a}：社会认同越低，谦让守分价值观对新生代农民工炫耀性消费行为的负向影响越弱。

H_{6-3b}：社会认同越低，克勤克俭价值观对新生代农民工炫耀性消费行为的负向影响越弱。

H_{6-3c}：社会认同越低，物质主义价值观对新生代农民工炫耀性消费行为的正向影响越强。

H_{6-3d}：社会认同越低，自我实现价值观对新生代农民工炫耀性消费行为的正向影响越强。

四、社会认同对参照群体影响与炫耀性消费行为关系的调节作用

正如前面所述，新生代农民工渴望融入城市社会，但是农民工城市化的进程

却是曲折而漫长的,诸如户籍制度和城市居民对农民工固有的偏见和歧视等因素,成为横亘于新生代农民工与城市之间无形的鸿沟。通过外在商品和服务的炫耀性消费行为来提升形象和展示自我是缩小新生代农民工与城市居民差异的最直接和最简便的途径(朱信凯,2001;梁彩花等,2010;关刘柱,2011)。

在进行关于商品和服务消费决策信息的访谈时,许多新生代农民工表示愿意并希望接受来自城市居民,尤其是城市里同龄人的建议。一些被访者表示他们在初来城市时,主要通过观察城市里同龄人的衣着打扮和消费方式作为自己进行类似商品和服务消费的主要依据,有些被访者还主动向城市居民询问和探讨商品的购买场所、品牌、价格等信息,以此作为自己消费行为的指导。其中一位被访者在美容院从事美容师的工作,她告诉我们,自己的现在发型选择就是听从了熟识顾客的建议。她认为自己刚来到城市打工时,因为穿着土气而遭到了不少嘲笑和蔑视,从而非常希望能够在这方面有所改变。美容院的顾客,尤其是其中的同龄人装扮得时尚考究,她希望能够按照他们的方式装扮自己,使自己也能看起来像城里人一样时尚前卫。还有一位被访者告诉我们,自己在购买手机前,观察到很多同龄的城市居民使用诺基亚、三星等国际品牌的手机,所以他也选择了一款国际品牌的手机,虽然国内品牌的手机价格要低很多,但是他认为像城里人一样使用大品牌的手机更加体面。

从上述个案中我们可以看出,城市居民作为参照群体对新生代农民工的炫耀性消费行为产生了重要影响,新生代农民工希望从城市居民那里获得商品和服务的相关信息,希望通过外在炫耀性消费行为来迎合城市居民,并希望与其拉近距离甚至融入其中,因为这样可以最大程度避免歧视,获得自尊。因此,我们认为参照群体的信息性影响、功利性影响和价值表达性影响在促进新生代农民工炫耀性消费行为的过程中,受到了新生代农民工社会认同感的调节作用。新生代农民工的社会认同感越低,新生代农民工就越希望能够参照城市居民的方式进行外显的炫耀性消费行为。从而我们提出本书的第四个假设:

H_{6-4}:社会认同调节参照群体影响对新生代农民工炫耀性消费行为的影响。

H_{6-4a}:社会认同越低,信息性影响对新生代农民工炫耀性消费行为的正向影响越强。

H_{6-4b}:社会认同越低,功利性影响对新生代农民工炫耀性消费行为的正向影响越强。

H_{6-4c}:社会认同越低,价值表达性影响对新生代农民工炫耀性消费行为的正向影响越强。

第三节 研究设计与研究结果

一、样本选择与研究设计

(一) 样本选择与数据收集

本书采取"1980年以后出生,目前已进入到城市务工,农村户籍,在农村长大,没有接受过高等教育的人群"作为新生代农民工的操作定义。在职业分布上,本书选取包括制造业、建筑业、住宿和餐饮业、批发和零售业、居民服务和其他服务业等行业的新生代农民工,基本覆盖了新生代农民工的职业范围。在地域选择方面,本书主要选取了哈尔滨市、长春市、大连市、北京市、天津市、上海市、广州市、深圳市和厦门市等从北到南农民工主要聚集的大城市,并基本覆盖了东北地区、京津冀地区、长江三角洲和珠江三角洲地区。这些地区经济较为发达,开放程度较高,也是我国新生代农民工普遍较为向往的区域,来自全国各地的新生代农民工在这些地方汇集,具有较高的代表性。

本书通过走访以上区域和行业的新生代农民工从业人员,以发放纸质问卷的方式进行调查研究。本书以购买炫耀性商品行为作为调查的切入点,采用便利抽样的方式以期降低调研过程的低响应率,提高问卷的回收率。本书采用便利抽样的方法,共发放1 256份问卷①,回收后对问卷进行了筛选和审核。并剔除了不合格的问卷,包括:填写不完整的问卷以及没有认真填写的问卷(如果问卷中连续7个以上问题的答案相同则将该问卷视为无效问卷)。本书最终共得到有效问卷1 026份,问卷有效率为81.68%。样本构成的描述统计结果如表6-1所示。

表6-1 样本描述性统计结果

人口统计变量	特征	频次	百分比(%)
性别	男	561	54.7
	女	465	45.3

---

① 这里所发放的1 256份问卷与第1篇和第2篇发放问卷5 000份的数量不同的原因在于,第3篇的每一章是针对新生代农民工特异性消费行为而展开的研究,因此需要针对这些特异性消费行为发放"量表型问卷",发放的问卷数量也要依据所研究具体问题的需要来进行。

续表

人口统计变量	特征	频次	百分比（%）
年龄	20 岁以下	275	26.8
	21～25 岁	471	45.9
	26～32 岁	280	27.3
	33 岁以上	0	0
学历	小学以下	10	1.0
	初中	399	38.9
	高中	591	57.6
	大专以上	26	2.5
收入（月）	500 元以下	0	0
	501～1 000 元	227	22.1
	1 001～3 000 元	626	61.0
	3 001～5 000 元	122	11.9
	5 001 元以上	51	5.0

资料来源：本书整理。

（二）变量测量

（1）自变量的测量。在个人价值观的测量中，物质主义和自我实现维度的测量工具为翻译国外成熟的量表，物质主义的测量采用瑞金斯（1987）研究所使用的量表，分为个人物质主义和社会物质主义两个维度，该量表的应用较为广泛，并且具有较高的信度和效度；对自我实现的测量则使用卡勒（Kahle，1983）和赫切（Herche，1994）等研究所使用的量表。由两名管理学的博士生和两名英语专业的博士生进行翻译和回译，保证翻译的准确性。

对于谦让守分维度和克勤克俭维度的测量，则采用参照相关成熟量表重新编制的方式，谦让守分维度主要参考了布莱恩等（Bryan et al.，1999）和杨国枢（2004）对谦让守分价值观所进行的测量，剔除一些与本书研究目的无关的题项，最终得到了本书的谦让守分量表；克勤克俭维度主要参考了约翰等（John et al.，1999）和杨国枢（2004）所进行的研究，剔除其中不符合中国国情的一些题项和与本节研究目标无关的题项，最终得到了本书的克勤克俭价值观的测量量表。

对参照群体影响的测量本节采用比尔登（Bearden et al.，1989）开发的量表，量表包含信息性影响、功利性影响和价值表达性影响三个维度，共计12个题项，具有良好的信度、效度。由两名管理学的博士生和两名英语专业的博士生进行翻译和回译，保证翻译的准确性。

（2）因变量的测量。对炫耀性消费行为的测量主要参考马库斯（Marcoux et al.，1995）开发的炫耀性消费量表，该量表为测量炫耀性消费的常见量表，具有较好的信度和效度。本节根据中国国情和农民工群体的消费特点剔除了与本书情景不符的题项。

（3）调节变量的测量。对社会认同的测量采用，埃勒默斯等（1999）编制的社会认同的量表，该量表为测量社会认同的常见量表，具有较好的信度和效度。由两名管理学的博士生和两名英语专业的博士生进行翻译和回译，保证翻译的准确性。

二、研究结果与讨论

（一）预测试

采取与正式调查相同的抽样方法，独立抽取100人组成的小样本进行预测验，对题项的质量进行分析，提升问卷的信效度。以题项与总分相关（CITC）小于0.3，且删除该题项后可显著增加Cronbach's α值作为删除题项的标准。个人价值观量表中，谦让守分维度保留6道题项，Cronbach's α值为0.872；克勤克俭维度保留4道题项，Cronbach's α值为0.847；物质主义维度保留6道题项，Cronbach's α值为0.878；自我实现维度保留5道题项，Cronbach's α值为0.808。参照群体影响量表中，信息影响维度保留4道题项，Cronbach's α值为0.887；功利性影响维度保留4道题项，Cronbach's α值为0.894；价值表达性影响维度保留4道题项，Cronbach's α值为0.905。社会认同量表保留10道题项，Cronbach's α值为0.941。炫耀性消费量表维度保留10道题项，Cronbach's α值为0.888。

（二）信度和效度分析

对1 256份问卷进行信效度分析，由于本书数据采集自同一个来源，因此可能存在共同方法偏差问题，使用Harman的单因子检验法，对全部构念题项进行探索性因子分析，结果发现未旋转第一因子的方差解释率为32.1%，小于50%，说明数据的共同方法偏差问题较小。

表 6-2 各变量信度分析结果

变量	题项数	Cronbach's α	组合信度	AVE
谦让守分	6	0.872	0.902	0.605
克勤克俭	4	0.854	0.906	0.708
物质主义	6	0.885	0.930	0.690
自我实现	5	0.827	0.887	0.611
信息性影响	4	0.909	0.924	0.752
功利性影响	4	0.893	0.925	0.755
价值表达性影响	4	0.898	0.931	0.772
社会认同	10	0.938	0.955	0.679
炫耀性消费行为	10	0.869	0.925	0.552

资料来源：本书整理。

进行信度分析发现各构念题项的 Cronbach's α 系数和组合信度值均高于 0.8，证明本书所使用问卷具有良好的一致性信度（见表 6-2）。进一步使用验证性因子分析（CFA）对本书所涉及构念进行分析，结果发现谦让守分维度各题项的因子负载在 0.727~0.819 之间，组合信度为 0.902；克勤克俭维度各题项的因子负载在 0.770~0.948 之间，组合信度为 0.906；物质主义维度各题项的因子负载在 0.745~0.961 之间，组合信度为 0.930；自我实现维度各题项的因子负载在 0.750~0.834 之间，组合信度为 0.887；信息性影响维度各题项的因子负载在 0.766~0.929 之间，组合信度为 0.924；功利性影响维度各题项的因子负载在 0.810~0.926 之间，组合信度为 0.925；价值表达性影响维度各题项的因子负载在 0.838~0.927 之间，组合信度为 0.931；社会认同量表各题项的因子负载在 0.736~0.920 之间，组合信度为 0.955；炫耀性消费行为各题项的因子负载在 0.702~0.826 之间，组合信度为 0.925。通过表 6-3，可以看到变量之间的相关小于各变量 AVE 的平方根，说明研究工具具有较好的判别效度。

（三）假设检验

（1）个人价值观与参照群体对炫耀性消费行为的影响。以个人价值观各维度和参照群体影响各维度为自变量，炫耀性消费行为为因变量，构建多元回归模型。回归方程的预测作用显著，$F = 256.343$，$P < 0.001$，调整后 R^2 为 0.749，说明个人价值观和参照群体影响两个自变量解释了因变量 74.9% 的变异。通过表 6-4 可以看到各构念的容忍度在 0.458~0.718 之间，均大于 0.1，VIF 值在 1.393~2.186 之间，均小于 10，说明方程不存在严重的多重共线性问题。

表 6-3　描述性统计变量及量表的判别效度检验

变量	均值	标准差	谦让守分	克勤克俭	物质主义	自我实现	信息性影响	功利性影响	价值表达性影响	社会认同	炫耀性消费行为
谦让守分	3.332	0.823	0.778								
克勤克俭	3.270	0.878	0.643**	0.841							
物质主义	3.242	0.899	-0.425**	-0.565**	0.831						
自我实现	3.578	0.747	-0.391**	-0.417**	0.457**	0.782					
信息性影响	3.923	0.830	-0.552**	-0.518**	0.553**	0.411**	0.867				
功利性影响	3.328	0.869	-0.460**	-0.451**	0.288**	0.332**	0.358**	0.869			
价值表达性影响	3.383	0.829	-0.429**	-0.425**	0.458**	0.259**	0.506**	0.338**	0.879		
社会认同	2.539	0.851	0.530**	0.473**	-0.412**	0.444**	-0.406**	-0.372**	-0.306**	0.824	
炫耀性消费行为	3.630	0.639	-0.355**	-0.527**	0.513**	0.368**	0.461**	0.545**	0.504**	-0.621**	0.743

注：** 表示显著性水平为 0.01，对角线数据为各变量 AVE 值的平方根，对角线以下的数据为各潜变量间的相关系数值。
资料来源：本书整理。

表 6 – 4　　　　　　　　回归模型的系数分析

模型		非标准化系数		标准系数	t 值	显著性	多重共线性检验	
		β	标准误差	β 值			容忍度	VIF
常量		2.518	0.177		14.203	0.000		
个人价值观	谦让守分	-0.100	0.023	-0.128	-4.391	0.000	0.489	2.043
	克勤克俭	-0.209	0.022	-0.287	-9.497	0.000	0.458	2.186
	物质主义	0.074	0.020	0.105	3.744	0.000	0.535	1.870
	自我实现	0.235	0.021	0.275	11.316	0.000	0.711	1.407
参照群体影响	信息性影响	0.120	0.022	0.156	5.518	0.000	0.523	1.913
	功利性影响	0.112	0.019	0.153	6.322	0.000	0.663	1.509
	价值表达性影响	0.059	0.018	0.077	3.067	0.002	0.718	1.393

注：因变量为炫耀性消费行为。

资料来源：本书整理。

通过表 6 – 4 可以看到自变量个人价值观各维度对炫耀性消费行为具有显著影响。其中，谦让守分对炫耀性消费行为具有显著的负向影响，$\beta = -0.128$，$P < 0.001$，克勤克俭对炫耀性消费行为也具有显著的负向影响，$\beta = -0.287$，$P < 0.001$，说明谦让守分和克勤克俭的价值观具有弱化新生代农民工的炫耀性消费行为的作用。物质主义对炫耀性消费行为具有显著的正向影响，$\beta = 0.105$，$P < 0.001$，自我实现对炫耀性消费行为也具有显著的负向影响，$\beta = 0.275$，$P < 0.001$，说明物质主义和自我实现的价值观具有强化新生代农民工的炫耀性消费行为的作用。这说明本文所提出的假设 H_{6-1}、H_{6-1a}、H_{6-1b}、H_{6-1c} 和 H_{6-1d} 都得到了验证。

通过表 6 – 4 可以看到参照群体影响各维度对炫耀性消费行为具有显著影响。其中，信息性影响对炫耀性消费行为具有显著的正向影响，$\beta = 0.156$，$P < 0.001$；功利性影响对炫耀性消费行为具有显著的正向影响，$\beta = 0.153$，$P < 0.001$；价值表达性影响对炫耀性消费行为具有显著的正向影响，$\beta = 0.077$，$P < 0.010$。说明参照群体通过信息性影响、功利性影响和价值表达性影响对新生代农民工的炫耀性消费行为产生促进作用。这说明本节所提出的假设 H_{6-2}、H_{6-2a}、H_{6-2b} 和 H_{6-2c} 都得到了验证。

（2）社会认同的调节效应。为了检验社会认同的调节作用，采用分层多元回归的方法进行调节变量分析，在模型 1 中，以个人价值观各维度、参照群体各维度和社会认同为自变量，炫耀性消费行为为因变量构建回归方程。在模型 2 中，将自变量个人价值观各维度、参照群体各维度，以及调节变量社会认同中心化，并将调节变量与自变量相乘构建交互项"谦让守分×社会认同""克勤克俭×社会认同""物质主义×社会认同""自我实现×社会认同""信息性影响×社会认同""功利性影响×社会认同""价值表达性影响×社会认同"，在模型1的基础上将交互项纳入回归方程，模型2在模型1基础上的 $\Delta R^2 = 0.070$。在个人价值观的维度，社会认同在谦让守分对新生代农民工炫耀性消费的影响中起到显著地负调节作用 $\beta = -0.105$，$P < 0.001$，即当新生代农民工具有较高社会认同的时候，谦让守分对新生代农民工炫耀性消费行为的影响更弱。社会认同在克勤克俭对新生代农民工炫耀性消费的影响中起到显著地负调节作用 $\beta = -0.217$，$P < 0.001$，即当新生代农民工具有较高社会认同的时候，克勤克俭对新生代农民工炫耀性消费行为的影响更弱。但是，社会认同在物质主义和自我实现对新生代农民工炫耀性消费行为的影响中的调节作用不显著。以上分析证明 H_{6-3a} 和 H_{6-3b} 成立，H_{6-3c} 和 H_{6-3d} 不成立。

在参照群体影响维度，社会认同在信息性影响对新生代农民工炫耀性消费的影响中起到显著地负调节作用 $\beta = -0.162$，$P < 0.001$，即当新生代农民工具有较高社会认同的时候，信息性影响对新生代农民工炫耀性消费行为的影响更弱。社会认同在功利性影响对新生代农民工炫耀性消费的影响中起到显著地负调节作用 $\beta = -0.087$，$P < 0.010$，即当新生代农民工具有较高社会认同的时候，功利性影响对新生代农民工炫耀性消费行为的影响更弱。但是，社会认同在价值表达性影响对新生代农民工炫耀性消费行为的影响中的调节作用不显著。以上分析证明 H_{6-4a} 和 H_{6-4b} 成立，H_{6-4c} 不成立（见表6-5）。

表6-5　调节效应检验结果

变量		模型1		模型2	
		β	t值	β	t值
个人价值观	谦让守分	-0.077	-2.658**	-0.147	-5.137**
	克勤克俭	-0.273	-9.348**	-0.267	-10.251**
	物质主义	0.086	3.187**	0.083	3.435**
	自我实现	0.239	10.009**	0.176	7.939**
参照群体影响	信息性影响	0.152	5.572**	0.157	5.986**
	功利性影响	0.137	5.862**	0.094	4.646**
	价值表达性影响	0.077	3.201**	0.107	4.980**

续表

变量	模型 1		模型 2	
	β	t 值	β	t 值
社会认同	-0.173	-6.931**	-0.123	-5.496**
谦让守分 × 社会认同			-0.105	-3.046**
克勤克俭 × 社会认同			-0.217	-4.970**
物质主义 × 社会认同			0.143	1.274
自我实现 × 社会认同			0.040	1.336
信息性影响 × 社会认同			-0.162	-4.587**
功利性影响 × 社会认同			-0.087	-2.961**
价值表达性影响 × 社会认同			-0.010	-0.324
R^2	0.371		0.441	
调整 R^2	0.367		0.437	
F 统计量	248.124**		206.496**	
ΔR^2	0.070			

注：** 表示在 0.01 的水平上显著。
资料来源：本书整理。

（四）分析讨论

本书针对新生代农民工的个人价值观、参照群体影响、社会认同和炫耀性消费行为关系模型提出了假设。通过实证分析和假设检验得出，个人价值观和参照群体影响都对新生代农民工的炫耀性消费行为产生了显著的作用，其中，传统价值观谦让守分和克勤克俭对新生代农民工的炫耀性消费行为有负向影响，现代价值观物质主义和自我实现对新生代农民工的炫耀性消费行为有正向影响。社会认同对上述部分影响关系起到了调节作用，其中新生代农民工的社会认同越低时，谦让守分和克勤克俭价值观对新生代农民工炫耀性消费行为的负向影响就越弱。但在物质主义和自我实现价值观对新生代农民工炫耀性消费行为的正向影响中，社会认同并没有起到显著的调节作用。而随着社会认同的降低，信息性影响和功利性影响对新生代农民工炫耀性消费行为的正向影响作用都显著增强，但价值表达性影响对新生代农民工炫耀性消费行为的正向影响没有受到社会认同的调节作用。下面我们将针对本书的实证研究和假设检验结果分别进行讨论。

(1) 个人价值观对新生代农民工炫耀性消费行为的影响。本书提出的第一个假设为 H_{6-1}：个人价值观会影响新生代农民工的炫耀性消费行为。其中个人价值观可以分为传统价值观（谦让守分和克勤克俭）和现代价值观（物质主义和自我实现）两个方面。通过统计分析发现谦让守分和克勤克俭价值观对新生代农民工的炫耀性消费行为具有显著的负向影响。可见中国传统价值观从古至今对中国人的价值取向和行为规范都产生了极其深远的影响，以中庸思想为代表的儒家经典更是潜移默化的根植于中国人的伦理规范和价值系统之中。中国传统思想的儒家伦理中，在家族方面强调长幼有序、顺从长辈，在团体方面强调和谐和遵守规范，在工作取向方面强调工作勤奋和生活节俭，在性格气质方面强调谦虚自制（杨国枢，2004）。这些自律和节制的价值取向和生活作风千百年来在中国大地一代代传承和发扬，被视作高尚的个人操守。而在信息闭塞、思想保守的农村，新生代农民工自幼受到这样价值观念的教育和熏陶，在这些传统价值观作用下必然会抑制外显和张扬，尤其是在一些年长者眼中甚至可谓"出格"的炫耀性消费行为。从而谦让守分和克勤克俭价值观对新生代农民工的炫耀性消费行为起了显著的抑制作用。

同时我们发现克勤克俭对新生代农民工炫耀性消费行为的负向影响要大于谦让守分的负向影响。从本书的视角，一方面，我们认为这可以理解为对于自幼生长在农村的新生代农民工来说，百姓们代代相传的勤俭节约生活作风要比深邃儒家经典的中庸和自律思想影响更为深远。另一方面，从存在决定意识的唯物主义哲学思想来说，新生代农民工的收入水平较低，用于维持在城市的各种生活开支已经捉襟见肘，在这种情况下，"俭朴"和"节约"也许是新生代农民工别无他法的选择，因而，"克勤克俭"要比"谦让守分"更加能够抑制炫耀性的消费。

现代价值观中物质主义和自我实现价值观对新生代农民工的炫耀性消费行为具有显著的正向影响。新生代农民工的价值体系是一个多元化的复杂体系，这在许多学者的研究中都得到了验证。更高的教育水平、更高的工作生活期望值和更高的"城市化"愿望，使新生代农民工在相当大的程度上受到了城市里现代新兴价值观的影响。如果说传统价值观中的"谦让守分"和"克勤克俭"是操作性价值观，那么现代价值观中的"物质主义"和"自我实现"则可以看作是终极性价值观。作为现代价值观的两个重要维度，物质主义和自我实现从不同层面表达了对理想和人生目标的追求。物质主义强调将物质占有作为美好生活的象征和人生追求的目标，倾向于通过消费来实现对欲望的满足，将消费作为获取成功和生活乐趣的重要渠道。自我实现价值观则是希望通过自身价值的展现而达到更加满意的生活状态（Alan，1998），并且这种自我价值的展现也往往需要通过消费得以实现。炫耀性消费行为既能迎合物质主义价值观的消费者对于财富和物质的追求，同时又能为消费者实现自我价值的展示和精神上的愉悦与满足（Campbell，1987），可以说炫耀性消费行为是物质主义和自我实现价值观的重要表现形式和释放途径。因此，物质主义和自我实现价值观对炫耀性消费行为起了显著的促进作用。

拟合系数结果显示自我实现对新生代农民工炫耀性消费行为的促进作用大于物质主义的促进作用。这个结论对于新生代农民工来说也是合乎情理的。新生代农民工是一个朝气蓬勃的年轻群体，他们满怀着对新生活的憧憬和希望来到城市，有着强烈的融入城市社会、开创事业和实现人生理想的抱负和愿望。通过深度访谈过程中与新生代农民工的交流，我们不难发现在现阶段他们对展现自身价值的渴望要远远超出对物质享乐的追求。因此，"自我实现"价值观对新生代农民工炫耀性消费行为的影响要大于"物质主义"价值观。

（2）参照群体影响对新生代农民工炫耀性消费行为的影响。本书提出的第二个假设为 H_{6-2}：参照群体影响对新生代农民工的炫耀性消费行为有正向影响。参照群体影响具有三个维度（信息性影响、功利性影响和价值表达性影响）。统计分析结果发现参照群体影响的三个维度信息性影响、功利性影响和价值表达性影响都对新生代农民工的炫耀性消费行为具有显著的正向影响。这说明本节所提出的子假设 H_{6-2a}（信息性影响对新生代农民工的炫耀性消费行为有正向影响）、H_{6-2b}（功利性影响对新生代农民工的炫耀性消费行为有正向影响）和 H_{6-2c}（价值表达性影响对新生代农民工的炫耀性消费行为有正向影响）都得到了验证。

炫耀性消费行为总是要通过公开的展示和消费能够向他人炫示的商品以达到对社会地位的强化和提升，凡勃伦认为炫耀性消费行为具有"向下渗透"模式，即处于下一层次的社会群体总是要去效仿上一层次的社会群体的消费行为，因此具有示范效应（凡勃伦，1899）。从这个意义上讲，参照群体影响必然会对炫耀性消费行为产生显著的促进作用（O'Cass，2002）。参照群体既是炫耀性消费者获取炫示商品信息的主要来源，也是炫耀性消费行为的展示对象，因为只有这样通过消费向更高层次的社会群体"趋同"，才能获得更高层次的社会群体的接纳和肯定，也才能借此传达出更加与渴望群体相近的自我价值。

对于新生代农民工来说，城市居民已成为其最主要的参照群体和模仿对象，甚至在某种程度上，城市居民已经成为其消费行为和价值判断的标准。在我们与新生代农民工的访谈过程中，经常可以听到这样的表述："城里的年轻人都在用/穿……""和城里人用/穿一样的……才有面子""将来我也要买城里人那样的……"，等等。从诸如此类的言语之间，我们不难体会到新生代农民工在生活习惯、价值取向、消费方式等各个方面模仿城市居民，因此可以说参照群体影响对于新生代农民工的炫耀性消费行为的作用是巨大的。

从模型的拟合系数值可以看出（见表6-5），在参照群体影响的三个维度中，信息性影响对新生代农民工的炫耀性消费行为的作用最强，系数为 0.152；其次是功利性影响，系数为 0.137；最后是价值表达性影响，系数为 0.077。在新生代农民工通过消费进行城市化的过程中，对商品信息的了解和获得，对商品价值和可炫耀性的甄别和判断，主要来自参照群体的信息性影响。而这样做的目的，则是为了迎合城市居民群体，以期能够获得该群体的肯定，这恰恰是参照群体功利性影响的体现。因而信息性影响和功利性影响对于渴望融入城市，渴望得到城市居民肯定和接纳的新生代农民工来说显得尤为重要。

（3）社会认同对个人价值观与炫耀性消费行为关系的调节作用。本书通过分层回归模型检验社会认同变量对个人价值观与炫耀性消费行为关系的调节作用，即本书提出的第三个假设 H_{6-3}：社会认同调节个人价值观对新生代农民工炫耀性消费行为的影响。其中的子假设包括 H_{6-3a}（社会认同越低，谦让守分价值观对新生代农民工炫耀性消费行为的负向影响越弱），H_{6-3b}（社会认同越低，克勤克俭价值观对新生代农民工炫耀性消费行为的负向影响越弱），H_{6-3c}（社会认同越低，物质主义价值观对新生代农民工炫耀性消费行为的正向影响越强）和 H_{6-3d}（社会认同越低，自我实现价值观对新生代农民工炫耀性消费行为的正向影响越强）。从对模型交互效应的检验结果可以看出，子假设 H_{6-3a} 和 H_{6-3b} 得到了验证，而子假设 H_{6-3c} 和 H_{6-3d} 则被拒绝。也就是说，社会认同越低，谦让守分和克勤克俭价值观对新生代农民工炫耀性消费行为的负向影响越弱。而在物质主义与自我实现价值观对新生代农民工炫耀性消费行为的正向影响过程中，社会认同不能起到显著的调节作用。

我们认为这与新生代农民工在城市的生存状态有着直接的关联。农民工在迁徙、居住、工作和求学等社会权利方面受到长期歧视，他们定居城市、获得就业和接受教育的权利和机会遭到排斥和剥夺（王春光，2010）。长期处于被歧视地位的新生代农民工，极其缺乏社会认同感。在我们与新生代农民工交流的过程中，不难发现他们对融入城市生活有着热切的渴望，但是作为徘徊在城市边缘的"特殊群体"，他们面临着与城市居民相"区隔"的尴尬境地。在这种情况下，外显的炫耀性消费行为则成为新生代农民工拉近距离、摆脱歧视的最直接最便捷的途径。在访谈中，我们也能够察觉到即使是持有"谦让守分"和"克勤克俭"等价值观的新生代农民工，在他们还没有完全融入城市社会的时期内，通过对手机、服饰、装扮等外在商品和服务的消费来提升形象和获得尊重，在他们看来也是必要的。因此，社会认同的调节作用下，谦让守分和克勤克俭价值观对新生代农民工炫耀性消费行为的作用在减弱。

本书通过对模型交互效应的检验发现，子假设 H_{6-3c} 和 H_{6-3d} 则被拒绝。即社会认同在物质主义与自我实现价值观对新生代农民工炫耀性消费行为的正向影响过程中，没有起到显著的调节作用。我们认为可能的原因是，对于那些本身就具有"物质主义"和"自我实现"价值观的新生代农民工来说，他们或者是将对物质的占有作为美好生活的象征和人生追求的目标，或者有着强烈的成功愿望，希望通过自身价值的展现而达到更加满意的生活状态。因此，他们早已潜移默化地成了炫耀性消费行为坚定的支持者和执行者，无论是处于被歧视、被排斥的低地位状态，还是真正获得"市民权"而实现城市化，他们都将继续这种公开的炫示消费来获得人生的乐趣和追求。因此，无论具有较高或较低的社会认同，持有"物质主义"和"自我实现"价值观的新生代农民工都会进行炫耀性消费行为。

（4）社会认同对参照群体影响与炫耀性消费行为关系的调节作用。本书通过分层回归模型继续检验了社会认同变量对参照群体影响与炫耀性消费行为关系的调节作用，即本书提出的第三个假设 H_{6-4}：社会认同调节参照群体影响对新生代农民工炫耀性消费行为的影响。其中的子假设包括 H_{6-4a}（社会认同越低，信息性影响对新生代农民工炫耀性消费行为的正向影响越强），H_{6-4b}（社会认同越低，功利性影响对新生代农民工炫耀性消费行为的正向影响越强），H_{6-4c}（社会认同越低，价值表达性影响对新生代农民工炫耀性消费行为的正向影响越强）。从对模型交互效应的检验结果可以看出，子假设 H_{6-4a} 和 H_{6-4b} 得到了验证，而子假设 H_{6-4c} 则被拒绝。也就是说，社会认同越低，信息性影响和功利性影响对新生代农民工炫耀性消费行为的正向影响越强，而社会认同在价值表达性影响对新生代农民工炫耀性消费行为的正向影响过程中，没有起到显著的调节作用。

消费者在进行消费行为时，往往会从他们认为具备相应资格和能力的人那里搜寻信息（Childers & Rao, 1992）。正如本书在前面阐述的那样，为了真正实现"城市化"，城市居民已成为新生代农民工最主要的参照群体。在我们的访谈中，我们深切感受到城市居民作为参照群体对新生代农民工的炫耀性消费行为产生了重要影响，为了最大限度避免歧视，获得尊重，新生代农民工希望从城市居民那里获得商品和服务的相关信息，希望通过外在炫耀性消费行为来迎合城市居民，并希望与其拉近距离甚至融入其中。而所有这些都与参照群体的信息性影响和功利性影响充分契合。也就是说，在新生代农民工处于低社会认同的状态下，信息性影响和功利性影响对新生代农民工炫耀性消费行为的作用更加明显地体现出来。

而本书的模型交互效应检验结果说明子假设 H_{6-4c} 被拒绝，社会认同在价值表达性影响对新生代农民工炫耀性消费行为的正向影响过程中没有起到显著的调节作用。我们认为可能的原因是，参照群体的价值表达性影响更倾向于强调消费者对参照群体的信念和价值观的遵从，甚至在无须奖惩的情况下，也会自觉遵循参照群体的价值和规范。而对于具有低社会认同感的新生代农民工来说，他们的炫耀性消费行为在更多情况下是为了求得尊重和接纳，是具有功利性的，或者说是期望得到参照群体的"奖励"的。因而，本节认为新生代农民工从仿照参照群体的消费行为来表现自我的角度，会进行公开的展示性的炫耀性消费行为，即参照群体的价值表达性影响对炫耀性消费行为具有正向影响，然而基于此角度进行的炫耀性消费行为与社会认同的相关度较低，或者说社会认同在价值表达性影响对炫耀性消费行为的促进过程中不能起到显著的调节作用。

第四节　研究结论与研究贡献

一、研究结论

本书在诸多学者的研究基础上，基于社会认同为调节变量，进行了个人价值观和参照群体影响对新生代农民工炫耀性消费行为影响机理的实证分析，并对所提出的假设进行了分析和检验，得出了如下结论：

第一，个人价值观能够影响新生代农民工炫耀性消费行为。我们在深度访谈和问卷调查中发现，许多新生代农民工依然恪守安守本分、与人无争的谦让守分价值观和工作勤奋、生活节俭的克勤克俭价值观，"谦让守分"和"克勤克俭"价值观推崇自律和节制的理念，新生代农民工在这些传统价值观的作用下，必然会抑制外显和张扬的，甚至在一些人眼中可谓"出格"的炫耀性消费行为。因此，谦让守分和克勤克俭价值观对新生代农民工的炫耀性消费行为起了显著的抑制作用。还有一些新生代农民工将对物质的占有作为美好生活的象征和人生追求的目标，或者有着强烈的成功愿望，希望通过自身价值的展现而达到更加满意的生活状态。"物质主义"和"自我实现"价值观倡导炫示和张扬，新生代农民工在这些现代价值观的作用下，会更加崇尚炫耀性的消费方式，因此，物质主义和自我实现价值观对新生代农民工的炫耀性消费行为有显著的促进作用。

第二，参照群体能够影响新生代农民工炫耀性消费行为。炫耀性消费行为具有"向下渗透"模式，即上层社会群体通过示范效应，使下层社会群体模仿其消费行为，从而参照群体影响必然会对炫耀性消费行为产生显著的促进作用。参照群体能为消费者提供可供炫耀的商品信息，如哪些类型、品牌和价格的商品可以实现消费者强化和提升社会地位的目的，达到"趋同"或"示差"的效果。城市居民作为新生代农民工最主要的参照群体，已经成为其消费行为的重要商品信息来源。因此,参照群体的信息性影响对新生代农民工的炫耀性消费行为有正向影响。参照群体的功利性影响是新生代农民工为了迎合城市居民群体,以期能够获得城市居民的肯定和接纳,免受歧视,新生代农民工会在消费选择或决策中被迫遵从城市居民的某些消费规范和标准。因此,参照群体的功利性影响对新生代农民工的炫耀性消费行为也具有正向影响。参照群体的价值表达性影响是新生代农民工通过仿照城市居民的某些行为来表现自我,实现自我提升,使其更加接近理想中的自我。而炫耀性商品作为一种符号可以简明而有效的标识一个人的社会形象,成为身份和地位的直接表达。从这个角度说,参照群体的价值表达性影响对新生代农民工的炫耀性消费行为具有促进作用。

第三,社会认同对个人价值观与炫耀性消费行为的关系具有部分调节作用。我们通过深度访谈和问卷调查发现,大多数新生代农民工对于农民身份具有排斥或者回避的态度,而且绝大部分的被访者不接受"农民工"的称谓,然而面对城市居民的排斥和冷漠,以及在迁徙、居住、工作和求学等方面受到长期的制度性歧视,使得许多新生代农民工具有极低的社会认同感。即使是持有谦让守分和克勤克俭等价值观的新生代农民工,在缺乏社会认同感的情况下,也需要通过外在商品和服务的消费来提升形象和获得尊重。因此,社会认同的调节作用下,谦让守分和克勤克俭价值观对新生代农民工炫耀性消费行为的作用在减弱。对于那些本身就具有物质主义和自我实现价值观的新生代农民工,将公开的炫示消费作为获得人生的乐趣和追求的途径。因此,本节认为无论具有较高或较低的社会认同,持有物质主义和自我实现价值观的新生代农民工都会进行炫耀性消费行为,即社会认同在物质主义与自我实现价值观对新生代农民工炫耀性消费行为的正向影响过程中,没有起到显著的调节作用。

第四,社会认同对参照群体影响与炫耀性消费行为关系具有部分调节作用。本书的检验结果表明,城市居民作为新生代农民工的主要参照群体,对新生代农民工的炫耀性消费行为产生了重要影响。对于具有低社会认同感的新生代农民工来说,参照群体是获得商品和服务的相关信息的重要渠道,而他们的炫耀性消费行为在更多情况下也是为了求得尊重和接纳。因此,在新生代农民工处于低社会认同的状态下,信息性影响和功利性影响对新生代农民工炫耀性消费行为的作用更加明显地体现出来。

本书认为参照群体的价值表达性影响更倾向于强调消费者在无须奖惩的情况下对参照群体的信念和价值观的遵从。新生代农民工会从仿照参照群体来表现自我价值的角度进行炫耀性的消费,然而出于这种动机所进行的炫耀性消费行为与社会认同的相关度较低,即社会认同在价值表达性影响对炫耀性消费行为的促进过程中没有起到显著的调节作用。

二、研究贡献

本书基于社会认同的视角,从内在的个人价值观和外在的参照群体影响两个方面对新生代农民工炫耀性消费行为的问题予以深入研究,通过模型拟合和假设检验验证了各变量间的作用机理和影响关系,具有一定的理论贡献和较强的实践意义。

(一) 理论贡献

我们将从传统和现代价值观的不同研究视角、新生代农民工炫耀性消费行为模型的构建以及社会认同的调节作用等方面对本书的理论贡献进行阐述:

(1) 从传统价值观和现代价值观两个角度研究新生代农民工的炫耀性消费行为。已有很多学者研究了价值观对消费行为的影响,并且获得了较为丰硕的研究成果。王新新和陈润奇 (2010) 认为价值观对消费行为的影响是一种内生的、根本性的影响,对消费者存在巨大的消费导向作用,是消费者行为的最终决定因素。大多数学者都是从我国传统文化价值观的角度研究价值观与消费行为之间的关系,如张梦霞 (2005) 认为以儒家、道家和佛家为代表的中国传统文化价值观对中国女性消费者购买行为有较大影响。刘力钢等 (2010) 也发现儒家、道家和佛家文化价值观能够对消费者的炫耀性消费行为产生重要影响。但是较少有学者同时从传统价值观和现代价值观两个角度研究两种不同价值观对于消费者消费行为的作用。社会现代化进程的不断发展将使得社会的表现特征和价值观都将越来越相似 (Myer et al., 1975),中国正处在社会现代化飞速发展的时期,人们的价值观念也正在从传统价值观向现代价值观过渡。杨国枢 (2004) 对新旧价值观的更替和重叠进行了探讨,认为传统性价值观与现代性价值观是两套不同的心理成分,能够实现长时期的并存。这就使得仅从传统价值观或仅从现代价值观的单一角度对消费行为进行研究难免有失偏颇,尤其是针对处于复杂环境中,同时受到新旧价值观冲击的新生代农民工来说,从两种不同价值观共同研究其炫耀性消费行为才能更加全面地洞悉和探究新生代农民工炫耀性消费行为的深层心理因素。本书从传统价值观和现代价值观两个角度研究新生代农民工的炫耀性消费行为,丰富了价值观影响消费行为的理论研究视角。

(2) 构建了个人价值观、参照群体影响与炫耀性消费行为的关系模型。诸多学者从不同角度对消费者的消费行为进行了较为深入的探索。其中,既有学者从价值观的角度来研究消费者的炫耀性消费行为,如张梦霞 (2005)、孙多山 (2008)、安美玲 (2009) 和刘力钢等 (2010) 等学者研究了中国传统文化价值观对消费者的影响,坎贝尔(Campbell,1987)、鲍德里亚(Baudrillard,1988)、林志坚(2007)以及徐华春、郑涌和黄希庭(2008)等学者研究了西方新兴价值观对消费者行为的作用;也有学者从参照群体影响的角度对消费者的炫耀性消费行为进行探讨,如穆蒂尼奥(Moutinho,1987)、蔡尔德斯和拉奥(Childers & Rao,1992)、海格(Hayg,1996)、姜凌等(2009)以及郑玉香和袁少锋(2009)等从参照群体影响的角度探讨了消费者的消费选择和决策问题。这些研究或从内部因素或外部影响来研究消费者的消费行为,但是将内外两种因素结合起来共同探讨消费行为的研究成果尚鲜有见到。因此,本书构建了个人价值观、参照群体影响与炫耀性消费行为的关系模型,将个人价值观与参照群体影响两个变量共同作为自变量进一步探索在内外两种因素对炫耀性消费行为的影响机理,以获得更为全面的研究结论。

（3）将社会认同作为调节变量研究个人价值观和参照群体影响对炫耀性消费行为的影响关系。社会认同最早源自社会心理学,泰弗尔(1978)提出社会认同是个人对自身所属社会群体的认识,此后许多研究者在此基础上对社会认同的相关理论予以进一步地深入探讨。国内学者对于社会认同的研究尚处于起步阶段,研究者们大多从社会认同理论发展以及不同群体的社会认同现状等方面对社会认同问题予以探索。如张莹瑞和佐斌(2006)对社会认同理论产生的背景,社会认同理论的发展以及主要观点给予了详细的阐释和梳理。王春光(2001)、彭远春(2007)、周晶(2007)、方志(2007)和王兴梅(2010)等对农民工的社会认同问题进行了研究,发现通常情况下农民工的社会认同较低,并呈现出模糊化和矛盾性。从营销学角度将社会认同与消费行为联系起来的研究成果尚不多见,我们认为炫耀性消费行为是一种力求向上层社会群体"趋同"以及向下层社会群体"示差"的消费,这其中必然涉及群体间的社会认同问题。我们的实证结果也表明,社会认同的确在个人价值观和参照群体影响对炫耀性消费行为的影响关系中起了一定程度的调节作用。因此,我们认为从社会认同的视角来研究个人价值观和参照群体对炫耀性消费行为的影响,能够更为全面的挖掘出新生代农民工群体的深层消费动机,并能更加清晰的识别和厘定个人价值观和参照群体影响的现实作用机制,也能为炫耀性消费行为相关领域的研究提供有益的补充。

（二）实践意义

新生代农民工的炫耀性消费行为,不仅涉及企业管理层面的营销策略制定,还涉及国家社会经济管理层面的制度调整和完善,因此,这里将从微观和宏观两个视角分别探讨本书的实践意义。

（1）从微观层面来看:随着社会的发展和人们收入水平的不断提高,消费者对于商品和服务的需求已经不仅局限于商品的功能性价值，而更加希望借助商品和服务的符号价值和象征意义来迎合参照群体的期望，从而使自己获得心理需求上的满足。新生代农民工规模庞大，人数众多，这无疑是一个巨大的消费群体，而新生代农民工通过外在商品的炫耀消费行为赢得城市居民尊重和接纳的迫切心理需求，为企业提供了难得的商机。我们在研究中发现，许多新生代农民工开始向城市居民的消费习惯和消费方式靠拢，不仅注重商品的实用性，还更加注重商品的款式、时尚度和品牌等象征性因素。因此，对于企业管理者来说，一方面应该发觉和捕捉新生代农民工这些潜在的需求，注重商品和服务的外显性和符号象征意义等可炫耀成分，将这些因素在商品和服务中着重地体现出来，并在企业的营销传播过程中对商品和服务的可炫耀性予以强化。另一方面从企业的长期发展角度看，应该更加注重品牌的培育，使企业在研发、定位、宣传、渠道等方面加强对商品和品牌的象征性和炫耀性的建构。企业可以在产品差异化方面加大投入力度，在对原有品牌进行维护和新品牌建设方面都能够契合新生代农民工的心理需求，从而真正赢得新生代农民工消费群体的青睐。

（2）从宏观层面来看：第一，从新生代农民工的炫耀性消费行为透视其生存状态和城市化的阻碍。炫耀性消费行为曾一度被认为是上层社会的专利。凡勃伦（1899）在《有闲阶级论》指出权贵阶层"仅仅拥有财富或者权力尚未足够，只有对所拥有的财富或者权力给予充分的证明，方可得到相应的尊荣"。炫耀性消费行为则恰好是证明其拥有权力和财富的必要途径。然而继凡勃伦之后，许多学者对炫耀性消费行为的主体进行了拓展，认为炫耀性消费行为的目的在于向外界展示消费者自身的身份和地位，以取得周围人对自己的尊重和好感。因此可以说在实际生活中，几乎所有家庭都有不同程度的炫耀性消费行为（厉以宁，1999）。每个阶层都追求和模仿更高层人们的消费方式，炫耀性消费行为不一定要超出本人的财力状况，而对于我国许多家庭而言，在穿着打扮、招待客人、婚丧嫁娶等方面的消费都在一定程度上带有炫耀性消费行为的性质（郑玉香等，2008；Charles，2009；梁彩花等，2010），所以炫耀性消费行为是具有普适性的。炫耀性消费行为仅仅是罩在社会现实问题上的一层神秘面纱，而本书将研究对象着眼于新生代农民工这样一个特殊的社会群体，正是希望能够透过这层面纱来揭示出新生代农民工炫耀性消费行为表象背后所反映出的新生代农民工真实生存状态和境遇。我国新生代农民工群体规模庞大，总数已经超过一亿人，占农民工总数的60%以上。同时，新生代农民工与第一代农民工在年龄、教育水平、务农经历、外出动机、生活期望和未来归属等方面都有着显著的差别。新生代农民工对城市生活有着热切的渴望和期盼，然而城市社会对农民工的公开社会歧视和"污名化"，使得农民工不得不忍受着冷漠、排斥和尊严的丧失。炫耀性消费行为成为新生代农民工免遭歧视、获取尊严最直接的途径，也是对城市社会冷漠和排斥的一种无声抗争。然而，这种"表面的风光"并不能从根本上解决新生代农民工所面临的一系列社会问题。在城市居民的冷漠和蔑视的背后，高昂的生活成本、低微的收入水平以及种种严苛的社会制度使得新生代农民工的"城市化"步履维艰。新生代农民工的收入水平较低，被拖欠现象严重，而且还要承担较高的生活费用。以新生代农民工普遍的收入水平，他们没有在城市购买住房的能力，虽然城市的低收入群体的收入水平与新生代农民工相差无几，但是他们能够享受政府提供的廉租房和房屋补贴。而新生代农民工无法享有相同的待遇和权利，只能租住低矮破陋的"城中村"。不仅如此，新生代农民工还缺乏相对稳定的就业权利和保障，许多农民工不得不忍受同工不同酬，而且调查显示有43%以上的农民工不能享有8小时工作制的权利，甚至一部分农民工处于超强度劳动状态，有27%以上的农民工每周很少休息甚至没有休息日（王春光，2010）。此外，享受社会保障权利是农民工在城市社会融入程度的重要标志之一，然而到目前为止新生代农民工中参加失业保险、医疗保险、工伤保险的比例只有4.14%、12.10%和18.21%。户籍制度的制约和影响，也使新生代农民工虽然在城市工作和生活，但却不能取得合法的市民身份，更不能享受城市居民的各种社会福利。这些因素的存在，严重制约着新生代农民工向市民转变的"城市化"进程，为新生代农民工向城市迈进的路途中设置了一道道无形的制度门槛，使得新生代农民工成为生活在城市与农村缝隙间的"边缘人"。第二，新生代农民工由消费行为透视出生存状态问题的根源和对策。新生代农民工的生存状态和城市化的阻碍，究其根源，我们认为这其中既有新生代农民工自身的因素，也是相关制度不健全的结果。

（3）从自身因素来看，新生代农民工的思想意识和价值观念已悄然发生了变化，他们以城市居民作为参照群体，实现着生活方式和消费方式的转变。他们更易于接受新鲜事物，更容易受到城市同龄人示范性消费的影响，渴望通过外在商品和服务的符号性消费来传达他们对城市生活的认同和赢得城市居民的接纳。这种对美好生活的追求和向往本身并无可厚非，但一些新生代农民工缺乏第一代农民工的吃苦耐劳精神，对生活条件和工作环境要求较高，却由于教育程度与城市居民相比仍然较低，也缺乏相应的劳动技能，使得新生代农民工的职业选择范围相对狭窄，收入水平也相对较低，他们的实际经济条件和支付能力与过高的生活期望之间形成较大的落差，这导致部分新生代农民工在崇尚享受和相互攀比的不良风气影响下出现了"月光族"，甚至有人为此走上了犯罪的道路。

（4）从社会制度层面来看，政府和企业缺乏对农民工的相应职业技能培训，根据课题组的大样本调查数据，显示46.35%的农民工没有参加过任何职业技能培训，除了一些农民工参加了自费培训之外，只有2.65%的农民工免费享受过政府提供的培训。这与城市职工享受的职业培训，无论是覆盖程度，还是培训质量都存在巨大差距。农民工社会保障制度不完善，并且缺乏管理的连续性，社会保障的转移和接续机制缺失，造成流动性更为频繁的新生代农民工社会保障的"碎片化"，很难享受到连续有效的社会保障（王春光，2010）。长期以来形成的城乡分割的二元社会户籍制度，使新生代农民工面临较高的迁移落户门槛，增加了新生代农民工真正实现"城市化"的难度，这不仅使农民工需要付出高昂的流动成本用以来回奔波于城乡之间，还有可能使得农村土地闲置造成资源浪费。面对新生代农民工"城市化"进程中所出现的上述问题，政府及相关社会单位应采取有效措施继续推进和完善体制改革，促进新生代农民工的城市化；进一步提高新生代农民工的收入水平，实现同工同酬；加强对新生代农民工的职业培训和教育工作，提升其就业竞争力。

第七章

基于社会排斥应对的新生代农民工消费行为分析

第一节 问题提出与主要内容

一、研究背景与研究意义

(一)研究背景

炫耀性消费行为是诸多学科的学者们感兴趣的研究内容,目前国内外许多学者均从不同的切入视角对炫耀性消费进行了研究,并得出了有益的结论,继凡勃伦提出炫耀性消费之后,1981年,学者梅逊(Mason)对凡勃伦及其之后学者的炫耀性消费理论进行了研究,开创性地从个人虚荣心及经济条件出发来对炫耀性消费进行补充研究。目前,国内对于农民工炫耀性消费行为的研究成果也逐渐丰富。厉以宁(1999)、梁彩花(2010)和田姗(2013)等指出我国农民工在不同程度上均存在炫耀性消费行为。袁绍峰(2008)对新生代农民工炫耀性消费行为进行研究时,指出新生代农民工将城市的同龄人作为其消费的参照群体,这一参照群体会刺激新生代农民工进行更多的炫耀性消费。闫超(2012)则探讨了新旧价值观对新生代农民工炫耀性消费行为的不同影响。而崔宏静（2013）在进行新生代农民工炫耀性消费行为的研究时，发现了新生代农民工与第一代农民工相比在构建新的社会认同时，更倾向于采取炫耀性消费的方式。但是目前从社会排斥的角度来探讨新生代农民工炫耀性消费行为的研究还比较少见，而通过与新生代农民工的深入交谈以及对相关文献的研究，我们发现，社会排斥是新生代农民工进行炫耀性消费的一个重要的前因变量。

因此，本书将在借鉴国内外学者对于炫耀性消费行为研究的基础上，以社会排斥为自变量探索新生代农民工的炫耀性消费行为，并在此基础上引入自尊和城市融入意愿两个变量，以自尊作为中介变量，以城市融入意愿作为调节变量，进一步分析新生代农民工的炫耀性消费的作用机制，以期能够为现有研究提供有益的补充。

（二）研究意义

从理论上来看，首先，本书将社会排斥作为影响新生代农民工炫耀性消费行为的前因变量。目前，国内外对于社会排斥的研究更多地聚焦在社会学及社会心理学领域，而从营销学角度来探讨社会排斥的研究还鲜有见到。虽然已有不少学者认为社会排斥对其经济行为的变化具有重要作用，但相关的实证研究还比较少。因此，本书从营销学角度出发，采用实证研究的方法来探讨社会排斥对新生代农民工炫耀性消费行为的影响，不再将研究局限于对消费者消费行为的归纳，而是细致探究炫耀性消费行为背后的社会因素、个人因素等，这将会对现有研究作出有益补充。其次，本书以自尊作为中介变量，探讨其对炫耀性消费行为的影响。自尊作为人格的基础和核心，在个体的行为过程中发挥了重要作用。自尊作为心理学中的一个概念，引入本书中，形成了多学科交叉的研究范式，这对于炫耀性消费行为的研究有重要意义。本书探究了社会排斥对炫耀性消费行为的直接作用之后，又引入了自尊这一变量，其主要依据是社会排斥这种外在因素除了会直接作用于个体的行为，一般还会对个体的内部特质产生影响，通过这一中介的传导作用于个体的行为。基于此，本书引入了自尊这一中介变量，以期能够对这一作用机制进行有效的探讨与验证。最后，本书以城市融入意愿作为调节变量，探讨其对炫耀性消费的影响。城市融入意愿作为新生代农民工的一种心理需求，定会对其行为产生影响。本书研究主体——新生代农民工对城市有着较高的认同，他们融入城市的意愿强烈，因此他们会通过选择外在炫耀性消费的方式达到融入城市的目的。基于此，本书认为在社会排斥作用于炫耀性消费行为的过程中，新生代农民工的这种主观意愿肯定会对这一作用机制产生影响，进而在研究中引入了城市融入意愿这一调节变量，以期构建系统的研究框架。

从实践上来看，就企业层面而言，由于人们物质生活水平的提高和消费结构的改善，商品和服务的使用价值已经不能满足人们的需求，商品和服务的象征性意义引起了人们更多的关注，并且人们希望通过产品的符号价值来满足其心理需求。企业面对新生代农民工这一规模庞大的消费群体，面对该群体新的消费心理，应该给予足够的重视。目前市场上将新生代农民工作为目标群体，专门为其设计研发产品的企业还尚未出现，这为欲涉足其中的企业提供了巨大的商机。因此，企业应该针对目标群体的这一消费特征，延伸自己的产业链，开发合适的产品，从而有效满足目标客户的需求。本书得出的结论可以帮助企业深入了解影响新生代农民工炫耀性消费的因素，以制定有效的品牌战略、市场开发战略和营销推广战略，为赢得市场提供有效的依据。就社会层面而言，农民工是我国社会主义现代化建设的重要参与者与实践者，推动农民工市民化进程，帮助农民工在城市实现稳定就业，对于"三农"问题的解决以及推动我国经济健康发展具有重要意义。本书着眼于新生代农民工这样一个特殊的社会群体，从社会排斥的角度探讨其对炫耀性消费行为的影响，进一步挖掘隐藏在炫耀性消费表象背后的社会认同危机、社会融入难等问题，深刻地反映出了新生代农民工真实的生存状况和他们不合理的消费方式及其深层原因，并为解决这些问题以及为农民工树立正确的消费观和推进城镇化进程提出了相应的对策。

二、研究目的与研究内容

（一）研究目的

本书从社会排斥的研究视角出发，引入自尊和城市融入意愿两个变量，通过实证分析的方法，深入探究新生代农民工炫耀性消费的内在机理及作用机制，以期能够得出有益的结论，并为新生代农民工的市民化提出合理建议。

首先，本书将分析社会排斥对炫耀性消费的作用机理。新生代农民工脱离家乡这种熟悉的生存环境，来到陌生的城市中，由于城乡二元户籍制度以及他们在受教育程度、经济地位等方面与城市人的差异，不可避免地会遭受来自城市人的排斥，这种被排斥的感觉会对新生代农民工的心理和情感产生消极的影响，会使其为了保持良好的自我评价而进行炫耀性消费。因此，本书首先构建了社会排斥与炫耀性消费行为的关系模型，以期对现有理论有所补充。

其次，本书将探讨自尊在社会排斥和炫耀性消费行为之间所起的中介作用。自尊是个体在进行自我评价之后所产生的一种自爱、自重，并且要求受到他人、集体和社会尊重的情感体验。社会排斥必然会对农民工的自尊产生影响，而内在自尊心理的变化大多通过外在的消费形式得以体现，即炫耀性消费行为。因此，本书构建了社会排斥、自尊与炫耀性消费行为的关系模型，将自尊作为中介变量研究社会排斥对炫耀性消费行为的影响机理，将细化对本书研究路径的探究。

最后，本书将探讨城市融入意愿在社会排斥和炫耀性消费行为之间的调节作用。虽然新生代农民工有着强烈的融入城市的意愿，但是由于种种社会制约，他们在城市中遭受着各种不平等的待遇，遭受着城市人的歧视与排斥。在这个过程中，他们采用炫耀性消费行为的方式，从吃穿住行等方面模仿城市人，向城市人趋同，希望以此来获得尊重和认可。可见，社会排斥对炫耀性消费的作用必然会受到城市融入意愿的影响。因此，在本书中，将进一步识别城市融入意愿在社会排斥影响新生代农民工炫耀性消费行为过程中的调节作用。

（二）研究内容

根据上述研究目的的设计，本书从社会排斥出发，加入自尊和城市融入意愿的作用，以期对新生代农民工的炫耀性消费行为作更深一步的解析。

（1）社会排斥与新生代农民工炫耀性消费行为。在有关心理学的研究中，社会排斥被定义为个体在社会互动的过程中，因得不到其他人或者社团组织的接纳和认可，从而不能与他人建立良好的关系，归属需求得不到满足的现象和过程。社会排斥存在于人与人之间的交往中并且有多种表现形式。人们在面对社会排斥时，无论其行为还是心理都会产生强烈的反应。国外对社会排斥的研究起步比较早，从国外的研究结论中，可以看出社会排斥对个体产生了极大的影响，个体在遭遇到社会排斥后，其认知方式、行为方式等都会有所变化，并且社会排斥对个人身心也会造成严重的伤害。在中国，新生代农民工由于其农民身份、受教育水平较低以及社会资本缺乏等因素，往往会受到城市居民的歧视与排斥。为了减少这种被排斥感，获得城市居民的认可，他们会选择在消费过程中以城市居民作为参照，遵从他们的某些消费标准，更多地进行炫耀性消费（闫超，2012）。由此，本书首先将从社会排斥的视角出发研究新生代农民工的炫耀性消费行为。

（2）自尊的中介作用。本书要探讨的是自尊在社会排斥对炫耀性消费行为的影响中所发挥的中介作用，因此对自尊概念的界定是一个比较关键的问题。本书将自尊定义为：个体认可自我、看重自我的程度或个体对自身价值、重要性的整体评价。学术界对于自尊的研究更多地出现在社会心理学中，诸如自尊与幸福感的研究，而将其作为中介变量探究其对消费行为的影响的研究则比较少见。国外曾经有学者针对青少年自尊对消费行为的影响进行研究，得出结论：不同自尊水平的青少年在对待不良习惯时其反应是不一样的。比如，有着较低自尊水平的青少年会更容易酗酒。随着自尊在消费行为方面研究的深入，逐渐有学者开始关注自尊对于名牌、高端商品消费的影响。如西瓦纳森（Sivanathan）等在 2010 年采用实验法探究自尊对消费行为的影响。通过在实验中采取某种手段影响消费者的自尊,得出拥有较低水平自尊的消费者愿意支付更高的价格购买象征高地位的商品的研究结论。由此可见,消费者的消费决策会受到其自尊的影响,因此本书在探讨社会排斥影响炫耀性消费行为的过程中,加入了自尊这一变量,以期能够探讨出两者之间的新作用机制。

(3) 城市融入意愿的调节作用。本书为了对新生代农民工城市融入意愿进行全方位的研究,首先对其概念进行了界定:即新生代农民工进入城市后,在市民化的过程中,其在经济、文化、心理等方面主动融入城市社会生活的愿望。新生代农民工进入城市务工,有着强烈的融入城市的意愿,在城市的生活中,他们从经济、文化、心理等各方面都在积极地与城市人趋同,接受、内化城市文化,扩大与城市人的交往,希望获得他们的认同。虽然,他们在城市的生活中可能会遇到种种阻碍与限制,使得他们的市民化过程困难而又艰辛。但是他们想要融入城市生活的意愿没有改变,他们希望采取有效的方式来实现自己的目的,而炫耀性消费则恰好成了他们实现目的的有效手段。因此本书将深入研究城市融入意愿在新生代农民工的炫耀性消费行为中所起到的调节作用。

第二节 理论回顾与文献综述

一、社会排斥的研究综述

(一) 社会排斥的概念

近30年来,社会学者、社会政策研究者对社会排斥的概念产生了浓厚的兴趣,并且对其进行了深入研究。社会排斥是一种复杂的社会现象,是一个多维度的概念,它是政治、经济、文化等多种因素的综合体现,它的背后所反映的是贫穷、困苦和不平等的社会现象。

目前,社会学领域的学者对社会排斥的概念厘定划分为三种不同的观点。第一种观点认为社会排斥是一个动态过程。持有这种观点的学者通过分析指出,社会排斥是指个人或者群体被排除在其他群体之外,不能够进行充分的社会参与,或指某些个人、家庭或社群被边缘化,不能够参与一些社会普遍认同的活动。这个动态过程会导致被排斥者在人力资本、社会资本、文化资本、心理资本等方面的长期匮乏。第二种观点则更注重社会排斥的形成过程，侧重该观点的学者透过分析，认为形成社会排斥的根源是游戏规则的不平等，要想改变这种状况，就应该重新修订游戏规则，使其尽可能地惠及至每一个社会成员。第三种观点则聚焦于伴随社会排斥而出现的现象，持有该观点的学者认为伴随着社会排斥可能会导致失业、收入低下、家庭破裂、心理失衡、罪案高发等现象。

社会心理学领域的学者更倾向于将社会排斥与社会接纳做比较，他们认为社会排斥与社会接纳相对立。鲍迈斯特和泰斯（Baumeister & Tice, 1990）在对社会排斥的研究中认为，社会排斥是指个体未对从属的团体做出必要和足够的贡献，或是违反团体的行为规则，或是由于自身形象不佳，或其性格不被人欢迎，而导致其不被团体接纳，而被排斥、驱逐的现象。特文格（Twenge, 2001）认为社会排斥是指个体被排斥在家庭成员、同伴或者某一社会团体这些关系之外，得不到他们的认可，致使个体的归属需求受到阻碍的社会现象。麦克唐纳和理锐（MacDonald & Leary, 2005）则认为，社会排斥发生在社会互动的过程中，是指个体想要与他人或团体建立社会关系却被拒绝，导致他所渴望得到的关系或归属需求无法实现的现象。

本书采用了心理学对社会排斥的定义，即个体在社会互动的过程中，因得不到其他人或者社团组织的接纳和认可，从而不能与他人建立良好的关系，归属需求得不到满足的现象和过程。

（二）社会排斥对自尊的影响

自尊能够帮助人们对所遭遇到的自我威胁做出反应。而社会排斥是自我威胁的一种表现形式，当人们在遭遇到社会排斥以后，其归属需求就会得不到满足，而自尊水平的高低则会对人们如何应对这种自我威胁产生影响。理锐（1995）认为自尊是个体在遭受到社会排斥以后，影响其行为的最重要的因素，而个体的后续行为的目的都是为了提升其自尊。威廉姆斯（Williams, 2001）在研究社会排斥的过程中，发现了社会排斥会降低四种需要：归属感、控制感、自尊和存在感。薛黎明（2014）在研究社会排斥对自尊的影响中，指出当个体在遭遇到社会排斥时，自尊作为反应中枢会立刻产生反应，并向个体发出讯息，促使个体采取相应的措施去解决问题。在该研究中，他还得出了女大学生宿舍内的社会排斥会导致个体社交自尊及内隐自尊降低的结论。

（三）社会排斥对消费行为的影响

当个体在遭遇到社会排斥之后，会在心理上产生一系列变化，而这种变化又会使人们的态度和行为发生改变。社会排斥分为不同的种类，其结果也会使人产生不同的态度和行为变化。最近有关消费者行为的研究表明，受到社会排斥的消费者通过趋同消费来尝试重新建立社会联结（Mead et al., 2011），并且通过购买怀旧的产品来加强与过去的关系（Loveland, Smeesters & Mandel, 2010）。这些发现与威廉姆斯（2005）的研究结果是一致的，表明社会排斥总体上会增加人们的亲社会行为。达尔顿（Dalton, 2008）在其实验中发现，那些在智力测验上失败的消费者在其消费过程中更愿意选择高价的产品，这是因为昂贵的价格具有一定的象征意义，它在一定程度上可以弥补智力测验失败带来的自我价值感知的威胁。锡瓦纳坦和佩蒂特（Sivanathan & Pettit, 2010）则更明确地提出，当自我在遭受到社会排斥等威胁之后，人们愿意花费更多的金钱来购买能够象征身份地位的产品。闫超（2012）指出在中国，新生代农民工在城市就业、消费等方面受到了排斥，而为了减少这种被排斥感，获得城市居民的认可，他们会选择在消费过程中以城市居民作为参照，遵从他们的某些消费标准，更多地进行炫耀性消费。

二、自尊的研究综述

（一）自尊的概念

罗森堡（Rosenberg, 1965）是较早对自尊进行研究的学者，在其研究中他将自尊定义为个体对于自我价值的一种稳定的感觉。库珀史密斯（Coopersmith, 1968）在之后的研究中对自尊提出自己的见解，他认为自尊是个体看待自我评价的态度，自尊是由自己决定的，不受外界影响。布兰登（Branden, 1984）对自尊进行了概念界定，认为自尊是人类的基本需求，是与个体思维、感觉与行动体验相关的，是对自我评价的一种稳定感觉。此后，学者们对自尊的研究不断深入，1995年罗森堡等对自尊的内涵进行了完善，他们认为应该将自尊进行区分，分为总体自尊（个体对自我的整体评价）和具体自尊（个体对自身某一具体部分的评价）。通过进一步的研究，他们发现与个体心理健康密切相关的是总体自尊，而具体自尊则是与个体行为更为密切相关。目前学术界对自尊的研究大都关注的是整体自尊，即个体是如何看待自我的以及个体对自我持有怎样的态度。鲍迈斯特（2003）等学者对整体自尊进行了进一步研究，得出结论：不同自尊水平的人对自我价值的评价是不同的，高自尊的人对自我的评价是积极的，而低自尊的人则恰恰相反，低自尊的人对自我的评价是消极的。

目前，学术界对于自尊的研究大体可以分为三类：一是将自尊作为比较归属的标准，即自尊水平可以帮助个体确定归属于哪一社会群体，并且确定在该群体中所处的位置；二是将自尊作为社会交往的监视器，即自尊体现的是在社会互动中，一个人得到他人认可，被当作伙伴的程度如何；三是将自尊作为对自我实现的评价标尺，即自尊反映的是个体对于自己能否有所作为，能否成为有价值的人的满意程度。尽管这三种理论所表现出来的是对于自尊不同的观点，但是他们却都表达了同样一种信念，即个体自尊水平的高低取决于个体是否确信自己有别人看重的品质。

在与自尊有关的研究中，大都采用总体自尊的概念。本书也不例外，并且在本书依然延续以往对自尊的界定，将自尊定义为：个体认可自我、看重自我的程度或个体对自身价值、重要性的整体评价。

（二）自尊与消费行为之间的关系

自尊作为人格的基础和核心，在个体的行为过程中发挥了重要作用。目前，对于自尊的研究国内外已有不少成果，但是大多数学者研究的都是自尊对人格、幸福、学业成就、工作绩效、抽烟和喝酒等方面影响。

具体到自尊对消费行为的影响方面，目前的研究成果相对来说还是较少。国外曾经有学者针对青少年自尊对消费行为的影响进行研究，得出结论：不同自尊水平的青少年在对待不良习惯时其反应是不一样的。比如，有着较低自尊水平的青少年会更容易酗酒。随着自尊在消费行为方面研究的深入，逐渐有学者开始关注自尊对于名牌、高端商品消费的影响。如西瓦纳森等在 2010 年采用实验法探究自尊对消费行为的影响。通过在实验中采取某种手段影响消费者的自尊，得出低自尊水平的消费者愿意支付更高的价格购买象征高地位商品的结论。在我国，林磊（2013）研究了不同自尊水平的消费者进行炫耀性消费的倾向，结果发现相比较高自尊者，低自尊者的炫耀性消费倾向更明显。朱海燕（2013）在研究炫耀性消费的自我提升作用及其自尊差异时表明，相比高自尊者，低自尊者通过借助炫耀性消费来提升面子的倾向更显著，最后达到使自尊提升的愿望更强烈。

三、城市融入意愿的研究综述

（一）城市融入意愿的概念

西方的"移民潮"带来了融入理论，随着中国大规模人口流动，融入理论开始引入中国。农民工作为人口流动的主力军，其城市融入问题受到诸多学者的关注。江立华（2003）从城市的角度探讨农民工的城市适应问题，他在研究中指出城市与农村有着不同的生活方式、消费方式和交往方式，城市的生活节奏快，人际关系也更加复杂多样，农民工对于这种变化的适应其实是一种不自主的选择，表现为两种形式：一是融入城市，将城市居民作为自己生活的参照，在生活方式、消费习惯等方面与城市人趋同，不断加强与城市人的交往，内化城市的价值观、文化观等，从而建立新的生活方式与社会联结。二是在城市中再现农村社区，在农民工聚居地，按照原有的生活方式、交往方式等建立自己的社区。这一选择既是个人观念及行为方式的体现，又是城市排斥的结果。魏晨（2007）在对新生代农民工城市融入研究时，表明城市融入是从生产方式融入生活方式融入再到价值观、身份认同的一种渐进过程。虽然新生代农民工主观上已对城市融入产生了强烈的愿望，并且也采取了相应的行动，但是由于种种限制收效甚微，只有对相关制度进行变革才能使农民工真正融入城市。卢海洋（2014）提出农民工的城市融入是农民工与城市居民在经济、文化、心理等方面不断缩小差距，从而达到与社会相互融合、相互渗透的过程。

（二）新生代农民工城市融入意愿的研究现状

伴随着新生代农民工这一群体的出现，有关于其城市融入意愿一系列表征现象的研究也逐渐成为热点，具体来看，主要可分为以下几个方面：

（1）农民工融入现状分析。李涛（2009）基于新老农民工的对比研究发现，新生代农民工倾向于留在城市，渴望改变自我身份，融入城市；许传新（2007）通过对新生代农民工的分层研究，提出农民工在城市的生活呈现"经济接纳、社会排斥"的矛盾现象，一方面，其在城市中的经济支出，消费档次呈现中等水平；另一方面，在生活福利、基础设施、人际网络构建等方面依然游离于城市生活边缘，"社会隔离"现象依然存在。王春光（2001）鉴于新生代农民工的双重身份，提出农民工的城市融入依然是亟待解决的民生问题，农民工普遍处于主观上的"想扎根"与客观上的"难扎根"的被动局面之中。

（2）农民工融入制约因素分析。李强（2000）认为，城乡分割的户籍制度是农民工融入难的根本原因，身份的差异造成城市融入难的问题；许传新（2007）从显性制度之外的隐性制度出发，认为文化制度、社会观念等制约农民工的城市融入，农民工在城市普遍不能享受到城市福利措施等，并常常遭受社会歧视等；何绍辉（2008）基于农民工的"社会网络"视角，认为其个人因素也是其城市融入难的制约因素之一，新生代农民工普遍文化程度低，思想观念相对落后，且受乡村人际交往观念模式影响严重。

（3）城市融入的多学科视角分析。王春光（2006）从人口流动学的研究视角出发，提出新生代农民工的"半城市化"融入状态，所谓"半城市化"，即是处于城市与农村的中间地带，一方面，其生活在城市，在经济、生活习惯这类外显性消费层面趋同于城市群体；另一方面，鉴于消费理念、社会制度限制等因素，其并未在一些内隐性方面嵌入城市生活；童星（2008）从社会学的视角提出"二元社区"的概念，其通过城市居民和新生代农民工五个层次的对比，进而提出，两大群体是在城市兼容的不同系统；李飞（2011）基于社会排斥的视角，提出城市融入的维度包括：经济、社会、制度、文化和心理融入；杨菊华（2010）从经济学、社会学和营销学的交叉学科视角入手，构建城市融入四维度：资源整合、文化接受、行为调整和身份认同，四维度呈递进状态。

（4）农民工城市融入的评价与测量。刘传江（2008）依据农民工个人素质、自我认同、经济地位和务工年限四个指标来测试农民工的城市融入。杨菊华（2010）认为应从经济地位、生活方式适应、文化适应和身份认同四个方面按照依次递进的关系来建构流动人口城市融入的测量指标。

（三）城市融入意愿与消费行为之间的关系

目前，鲜有看到国内对于城市融入意愿与消费行为之间的影响的研究，但是也不乏有的学者经过研究得出了一些结论。纪江明等（2013）认为，农民工由于处在农村与城市的中间地带，其消费的方式也呈现出了农村与城市特征并存的特点。卢海洋（2015）在对农民工的城市融入及其对经济行为的影响的研究中，通过实证检验表明，渴望在城市定居的新生代农民工的消费行为更容易受到城市居民的影响，并且其消费倾向更具有现代化。农民工家庭在食品支出中所占的比例会随城市融入度的提高而降低，并且城市融入度的提高有利于改善农民工家庭消费结构层级。在对食品、衣着等基本消费与社保、娱乐等高层次的消费进行比较时，可以得出城市融入对高层次的消费影响更显著。郑欣（2016）的研究表明，新生代农民工通过对符号价值的消费式占有，来抗争在现实处境中的不平等的身份和地位，进而推动自己在日常生活中的城市融入与文化适应。

第三节 理论推演与研究假设

一、社会排斥对新生代农民工炫耀性消费的影响

社会排斥是指个体在社会互动的过程中，因得不到其他人或社团组织的接纳和认可，从而不能与他人建立良好的关系，归属需求得不到满足的现象和过程。社会排斥导致个体心理缺失，并且在个体的消费过程中社会排斥会对个体做出的决策产

生影响。关于社会排斥的现有研究成果表明人们会采取一系列行为来应对他们所遭遇到的社会排斥。这一研究结论同样适用于新生代农民工的消费决策。新生代农民工进城务工，他们在城市居住生存，他们渴望得到与城市居民相同的待遇，他们希望被接纳、被认可。但是由于城乡二元户籍制度、农民工制度、社会资本的缺乏以及与城市居民不同的生活方式等问题，农民工很多时候遭受着城市居民的歧视与排斥。米德（Mead，2011）在研究中指出，受到他人排斥的消费者会通过消费具有成员身份象征的产品来重新建立归属感。闫超（2012）指出，在中国，新生代农民工在就业、消费等方面受到歧视与排斥，而为了减少这种被排斥感，获得城市居民的认可，他们会选择在消费过程中以城市居民作为参照，遵从他们的某些消费标准，更多地进行炫耀性消费。新生代农民工在城市生活，与城市居民的接触不断加深，无论是在情感上还是在生活上，他们都希望得到城市居民的接纳和认同，但是由于种种原因，他们的这种被尊重被认可的需求得不到满足。为了改善这种被排斥的状态，获得他人的尊重和认可，新生代农民工会选择通过消费某些具有象征意义的炫耀性产品或服务来实现其目的。基于以上论述，本书提出假设1：

H_{7-1}：社会排斥对新生代农民工炫耀性消费意愿具有正向影响。

二、自尊在社会排斥与新生代农民工炫耀性消费意愿之间的中介作用

已有的研究表明，社会排斥会对个体的身体和心理产生消极的影响，并且会严重影响被排斥者的认知、情绪、行为、人际关系和自尊等。理锐（1999）在其研究中提出了自尊的社会计量器理论，该理论认为自尊反映的是个体在社会互动与交往中，得到其他人或者其他群体接受或认可的程度，并且理锐（1999）在其研究中指出社会排斥能够影响自尊，个体的自尊水平会因受到社会排斥而降低。威廉姆斯（2005）在其研究中得出了与理锐（1999）一致的结论，即社会排斥降低了自尊。耶贝尔和惠勒（Gerber & Wheeler，2009）的分析也表明遭受到排斥的个体自尊降低了。新生代农民工进入到城镇务工，在城市里生存，他们有着强烈的归属欲望，想极力融入城市社会，想要与城市人保有积极的人际关系，但是由于其在经济、文化和心理等方面与城市居民还有着较大的不同，使得他们仍然遭受着城市居民的排斥。新生代农民工无论是在工作还是生活中都享受不到城市居民相同的待遇，他们被视作是一个特殊群体，处于城市和农村的边缘，虽然想融入城市社会，但得不到城市居民的认可，他们的这种被排斥的状态，使得其心灵受到伤害，自我评价降低，自尊降低。基于此，本书提出假设2：

H_{7-2}：社会排斥对新生代农民工的自尊具有负向影响。

自尊是个体对自我赞许、看重的程度或个体对自我价值、重要性的总体情感评价。自尊作为人格的基础和核心，是个体在社会交往中逐渐形成的，在个体成长的过程中，自尊受到来自家庭、学校以及社会等各种因素的影响。自尊对于个体适应社会产生了重要的作用。所罗门（Solomon，1986）曾指出，自尊其实是一种心理机制，它是个体对社会文化环境的适应，通过自尊可以引发个体的行为，它调节人与人、人与环境之间关系，并在人际交往中发挥着重要作用。国外现有研究成果显示，自尊水平越低的消费者进行炫耀性消费的倾向越强烈。锡瓦纳坦和佩蒂特（Sivanathan & Pettit，2010）在实证研究中发现，个体的自尊水平会影响其消费决策，自尊水平不同的人其消费方式也是不同的，自尊水平低的人更可能公开地进行炫耀性消费，为的就是弥补自尊，实现自我肯定。而在中国文化背景下，林磊（2012）通过内隐测验的实验方法对消费者进行了研究，得出了低自尊感的消费者炫耀性消费倾向更强烈，这是因为拥有较低自尊水平的消费者在日常生活中会感受到较低的自尊体验，所以他们更愿意采用炫耀性消费的方式来弥补自尊的不足。新生代农民工离开了熟悉的地方，熟悉的人群，来到陌生的城市中求职、生存。他们作为一个特殊的群体，在面对城市人群的时候，他们感受到了不同，这种不同体现的是城市人的优越感，这导致了新生代农民工在日常的生活中处于一种低地位、低自尊感的状态，但是为了能够更好地融入城市，得到认可，弥补自尊，提高自己的身份地位，他们会选择进行炫耀性消费，以期通过这种方式实现自己弥补自尊缺失的目标。基于以上论述，本书提出假设3：

H_{7-3}：新生代农民工的自尊对其炫耀性消费意愿行为具有负向影响。

结合前面对社会排斥、自尊和炫耀性消费行为的文献梳理及对它们之间作用关系的探讨，本书提出，自尊在社会排斥与新生代农民工炫耀性消费行为之间发挥部分中介作用，即社会排斥会降低新生代农民工的自尊，而自尊的降低会使他们采取某种行为去弥补，而炫耀性消费因其所承载的符号意义和可见性成为新生代农民工现阶段的主要选择，他们通过炫耀性消费向外界展示自己的身份和地位，以期能够获得认同和尊重。基于以上论述，本书提出假设4：

H_{7-4}：自尊在社会排斥与新生代农民工炫耀性消费意愿之间起部分中介作用。

三、城市融入意愿的调节作用

本书将新生代农民工城市融入意愿定义为：新生代农民工进入城市后，在其市民化的过程中，他们所表现出的在经济、文化、心理等方面主动融入城市社会生活的主观愿望和心理倾向。社会排斥是指个体在社会互动的过程中，因得不到其他人或者社团组织的接纳和认可，从而不能与他人建立良好的关系，归属需求得不到满足的现象和过程。新生代农民工进入城镇务工，有着强烈的意愿想要融入城市。因此，在其长期居住城市的过程中，他们会在经济、文化和心理等方面积极地与城市人趋同，他们会扩大与城市人的交往，增加与他们的联系，认可城市文化，接受并且内化城市文化，希望通过这样的方式来获得他们的认同。但是，由于城乡二元户籍制度、教育水平的差异以及与城市居民不同的生活方式、消费方式等问题，一些农民工遭受着城市居民的歧视与排斥，他们得不到认可和尊重，理想与现实之间存在巨大的差距，他们的市民化过程困难而又艰辛。杜建政（2008）在其研究中指出，个体都有强烈的归属感，可以将自己归属于某一社会团体并且得到该团体的接纳和认可，这是人类最基本、最普遍的需求之一。他在研究中还指出个体都渴望在社会交往的过程中可以与他人形成积极稳定的关系。个体与他人及团体的关系在很大程度上会影响个体的健康、幸福以及社会关系等。因此，当人们在生活中感受到社会排斥的存在时，人们的心理、行为都会对此做出反应以应对这一状况。李飞（2011）基于社会排斥的视角定性探讨农民工城市融入问题，将社会排斥具体为功能性社会排斥和结构性社会排斥，并据此提出，社会排斥是农民工城市融入意愿被制约的触发因素，而为了建构社会认同，其通常选择外在化的消费行为以期展示融入城市生活的意愿。由此可以看出，城市融入意愿是炫耀性消费行为的触发机制，新生代农民工这种受排斥的现状与想要融入城市的主观愿望之间的矛盾，使得他们倾向于选择外在化的炫耀性消费，即通过一种表象消费行为，达到减少社会排斥并最终融入城市的目的。基于以上论述，本书提出假设5：

H_{7-5}：新生代农民工的城市融入意愿在社会排斥与其炫耀性之间发挥显著的正向调节作用，即城市融入意愿越高的新生代农民社会排斥对其炫耀性消费意愿的正向影响越强，城市融入意愿越低的新生代农民工社会排斥对其炫耀性消费意愿的正向影响越弱。

第四节　研究设计与研究结果

一、研究设计

（一）样本选择与数据收集

本书通过专业软件制作问卷，问卷的发放形式以实地发放纸质问卷为主，并辅以网络问卷的方式。在调查问卷发放的过程中，选取了长春市、大连市、北京市、烟台市、广州市等地的建筑工人、饭店的服务员、制造公司的流水线操作工人、超市的安保人员及保洁人员等，研究对象分布于多个城市，并且职业也是不尽相同，这使得选取的样本具有较好的代表性，能够更恰当地反映新生代农民工的消费情况。本书总共发放纸质问卷和网络问卷450份，① 剔除其中有信息漏填的问卷以及未认真填写的问卷，得到有效问卷378份，问卷有效率为84%，样本构成的描述统计结果如表7-1所示。

表7-1　　　　　　　　　样本描述性统计结果

变量	特征	频次	百分比（%）
性别	男	186	49.2
	女	192	50.8
年龄	20~25岁	62	16.4
	26~30岁	258	68.3
	30岁以上	58	15.3
学历	小学	18	4.8
	初中	54	14.3
	高中	246	65.1
	专科院校	60	15.9
月平均收入	1 000元以下	4	1.1
	1 001~3 000元	226	59.8
	3 001~5 000元	103	27.2
	5 001元以上	45	11.9

资料来源：本书整理。

（二）变量测量

（1）社会排斥。由国外学者杰霍尔·吉斯贝尔斯和弗鲁曼（Jehoel - Gijsbers & Vrooman, 2007）开发的社会排斥量表是研究社会排斥最常使用的量表，量表由物质匮乏（material deprivation）、社会权利（social rights）、社会参与（social participation）和文化融合（cultural integration）四个维度共计35个题项构成。鉴于

---

① 这里所发放的450份问卷与第1篇和第2篇发放问卷5 000份的数量不同的原因在于，第3篇的每一章是针对新生代农民工特异性消费行为而展开的研究，因此需要针对这些特异性消费行为发放"量表型问卷"，发放的问卷数量也要依据所研究具体问题的需要来进行。

该量表的跨文化适用性问题，本书借鉴孟颖颖（2011）和李贵成（2013）对新生代农民工社会排斥状况的理论分析，选取其中12道符合中国新生代农民工的实际生活状况的题项，由三名分别来自社会学和管理学的博士生翻译，并进行本土化表述。选取152名新生代农民工作为样本进行前测，进行信度分析发现总量表的Cronbach's α值为0.937，其中物质匮乏维度的Cronbach's α值为0.972，社会权利维度的Cronbach's α值为0.811，社会参与维度的Cronbach's α值为0.955，文化融合维度的Cronbach's α值为0.970。使用验证性因子分析建立二阶因子模型，模型的拟合度指标分别为 $\chi^2/df = 1.236$，CFI = 0.996，NNFI = 0.995，GFI = 0.982，RMSEA = 0.035，说明修订后的社会排斥量表具有良好的信度和效度。具体题目内容和因子负载结果如表7-2所示：

表7-2　　　　　　　　　社会排斥各题项因子负载

题项	因子载荷	Cronbach's α	拟合度指标
物质匮乏维度	0.667（二阶）	0.972	
我经常担心自己的经济状况	0.980		
我很难负担自己的生活支出	0.964		
这个城市的消费水平对于我来说太高	0.938		
社会权利维度	0.568（二阶）	0.811	$\chi^2/df = 1.236$ CFI = 0.996 NNFI = 0.995 GFI = 0.982 RMSEA = 0.035 Cronbach's α = 0.955
我得不到应得的福利待遇	0.859		
我去公务机构办事的时候会遇到很大的阻碍	0.970		
我享受不到很多应得的社会服务	0.922		
社会参与维度	0.873（二阶）	0.955	
我与社会之间的互动很少	0.894		
我感觉自己被这个社会孤立	0.966		
我缺乏在这个城市的社会交往	0.950		
文化融合维度	0.824（二阶）	0.970	
我的生活方式与本地人具有重大差距	0.944		
我们难找到有共同语言的人	0.930		
这个城市让我感觉到孤独不安	0.987		

资料来源：本书整理。

(2) 炫耀性消费行为。马库斯（Marcoux，1995）开发的炫耀性消费行为量表是最常使用研究炫耀性消费的工具，国内学者闫超（2012）对其进行了翻译和修订，共包含10个题项，并将其用于测量新生代农民工的炫耀性消费行为，结果证明具有良好的信度和效度，因此，本书直接使用闫超（2010）修订的量表作为研究工具。其中1代表完全不符合，2代表基本不符合，3代表介于符合与不符合之间，4代表基本符合，5代表完全符合。

(3) 自尊。罗森伯格（Rosenberg，1965）开发的自尊量表，是测量自尊使用频率最高的量表，共有10个题项，本书使用该量表对新生代农民工的自尊进行测量。其中1代表完全不符合，2代表基本不符合，3代表介于符合与不符合之间，4代表基本符合，5代表完全符合。

本书使用郭蒙蒙（2015）编制的新生代农民工城市融入意愿问卷对新生代农民工的城市融入意愿进行测量，问卷共包含10个题项。其中1代表完全不符合，2代表基本不符合，3代表介于符合与不符合之间，4代表基本符合，5代表完全符合。

(4) 控制变量。由于新生代农民工的炫耀性消费可能受到人口统计学变量的影响，因此本书选取性别（男性=1；女性=0）、年龄（20~25岁=1；26~30岁=2；30岁以上=3）、学历（小学=1；初中=2；高中=3；专科=4）、月平均收入（1 000元以下=1；1 001~3 000元=2；3 001~5 001元=3；5 001元以上=4）作为控制变量，以便更准确地分析变量之间的关系。

二、研究结果

（一）信度和效度检验

由于本书数据采集自同一个来源，因此可能存在共同方法偏差问题，Harman的单因子检验法，对全部构念题项进行探索性因子分析，结果发现未旋转第一因子的方差解释率为32.1%，小于50%，说明数据的共同方法偏差问题较小。

进行信度分析发现各构念题项的Cronbach's α系数和组合信度值均高于0.9，证明研究工具的信度非常好（见表7-3）。进一步使用验证性因子分析（CFA）对本书所涉及的四个构念整体的测量模型进行效度验证，并参照安德斯（Enders，2005）的建议，使用Bollen-Stine Bootstrap方法进行5 000次有放回抽样的模型校正，得到模型的拟合指数如下：$\chi^2/df = 1.222$，CFI = 0.992，NNFI = 0.992，GFI = 0.958，RMSEA = 0.024，测量模型表现出较好的拟合度，并且所有构念AVE的平方根均大于构念之间的相关系数（见表7-4），说明测量模型具有良好的结构效度。

表7-3 各变量信度分析的结果

变量	题项	Cronbach's α	AVE	组合信度
社会排斥	12	0.861	0.681	0.862
自尊	10	0.840	0.617	0.841
城市融入意愿	10	0.823	0.546	0.823
炫耀性消费意愿	10	0.854	0.678	0.855

资料来源：本书整理。

表7-4 构念的描述性统计

变量	均值	标准差	社会排斥	自尊	城市融入意愿	炫耀性消费
社会排斥	2.54	0.965	(0.825)			
自尊	3.11	0.864	-0.277***	(0.785)		
城市融入意愿	2.83	0.711	0.303***	-0.203***	(0.748)	
炫耀性消费	2.58	0.904	0.362***	-0.290***	0.249***	(0.823)

注：*** 表示差异显著性 $P < 0.001$。

资料来源：本书整理。

（二）假设检验

（1）社会排斥对新生代农民工炫耀性消费的影响。为了检验社会排斥对新生代农民工炫耀性消费的总效应和中介作用，本书采用分层多多元回归建立了四个回归模型。模型1分析了控制变量的作用，结果发现学历对炫耀性消费具有负向影响，月收入对炫耀性消费具有正向影响；模型2分析了社会排斥对炫耀性消费的总效应，结果发现社会排斥对炫耀性消费具有正向影响（$\beta = 0.223$，$P < 0.001$），这说明新生代农民工受到的社会排斥程度越高，炫耀性消费行为越明显，假设1得到了验证；模型3分析了社会排斥对自尊的作用，结果发现社会排斥对自尊具有负向影响（$\beta = -0.236$，$P < 0.001$），这说明新生代农民工受到的社会排斥程度越高，自尊越低；模型4分析了社会排斥对炫耀性消费的直接作用，以及中介作用中自尊对炫耀性消费的影响，结果发现自尊对炫耀向消费具有负向影响（$\beta = -0.236$，$P < 0.001$），社会排斥的直接作用显著（$\beta = 0.167$，$P < 0.001$），这说明自尊在社会排斥对新生代农民工炫耀性消费的影响中起部分中介作用，即新生代农民工受到的社会排斥越强，自尊越低，炫耀性消费行为越明显，假设2得到了验证（见表7-5）。

表 7－5　　　　　社会排斥对炫耀性消费分层多元回归结果

因变量	模型1 炫耀性消费	模型2 炫耀性消费	模型3 自尊	模型4 炫耀性消费
性别	－0.002	－0.006	－0.062	－0.021
年龄	0.031	0.016	0.483***	0.130*
学历	－0.145*	－0.185**	0.242***	－0.128*
月收入	0.413***	0.297***	－0.046	0.286***
社会排斥		0.223***	－0.236***	0.167***
自尊				－0.236***
R^2	0.228	0.337	0.342	0.441
ΔF	27.60***	18.87***	21.16***	22.02***
调整后 R^2	0.220	0.256	0.252	0.296
F 值	27.60***	26.92***	26.43***	27.37***

注：* 表示差异显著性 P＜0.05，** 表示差异显著性 P＜0.01，*** 表示差异显著性 P＜0.001。

资料来源：本书整理。

（2）城市融入意愿的调节作用检验。为了检验城市融入意愿的调节作用，采用分层多元回归的方法进行调节变量分析。模型1分析了控制变量的作用；模型2在模型1的基础上分析了自变量和调节变量对因变量的作用；模型3在模型2的基础上分析了自变量社会排斥和调节变量城市融入意愿的交互项，对所有变量进行了中心化处理，从而降低多重共线性问题。结果发现模型3交互项的系数显著（β＝0.949，P＜0.001），并且与模型2相比的 R^2 增量显著（P＜0.001），这说明城市融入意愿在社会排斥对新生代农民工炫耀性消费的影响中起正调节作用，与城市融入意愿低的新生代农民工相比，城市融入意愿高的新生代农民工社会排斥对炫耀性消费行为的影响更强，假设3得到了验证（见表7－6）。

表 7－6　　　　　城市融入意愿调节作用分层多元回归结果

因变量	模型1 炫耀性消费	模型2 炫耀性消费	模型3 炫耀性消费
性别	－0.002	0.004	0.002
年龄	0.031	0.031	－0.025
学历	－0.145*	－0.179	－0.180**
月收入	0.413***	0.275***	0.221***

续表

因变量	模型 1 炫耀性消费	模型 2 炫耀性消费	模型 3 炫耀性消费
社会排斥		0.206 ***	－0.529 **
城市融入意愿		0.090	－0.264 *
社会排斥×城市融入意愿			0.949 ***
R^2	0.228	0.344	0.428
ΔF	27.60 ***	11.22 ***	14.94 ***
调整后 R^2	0.220	0.261	0.287
F 值	27.60 ***	23.149 ***	22.723 ***

注：* 表示差异显著性 $P<0.05$，** 表示差异显著性 $P<0.01$，*** 表示差异显著性 $P<0.001$。

资料来源：本书整理。

第五节 研究结论与启示

一、研究结论

本书从社会排斥出发，构建了新生代农民工炫耀性消费意愿形成模型，同时提出自尊的中介作用以及城市融入意愿的调节作用。通过对农民工进行深度访谈和问卷调查，我们对所构建的模型和提出的假设进行了实证检验，得出如下结论：

（1）社会排斥能够正向影响新生代农民工的炫耀性消费意愿。许多新生代农民工在进入到城市生活以后，由于受教育程度、经济地位和社会资本等方面的影响而与城市人存在较大的不同，他们的生活与工作得不到城市居民的认同，并且农民工在享受医疗、就业、社会公共服务等方面也处于劣势，辛苦的工作、糟糕的住房环境、交往范围的局限性都使得他们与城市居民的生活格格不入。他们遭受着城市居民的歧视与排斥，虽然这对他们的心理产生了极大的冲击和震撼，但是他们依然想融入城市的生活当中，想要得到城市居民的认同，而炫耀性消费行为因其所具有的象征性意义及其炫示性成为新生代农民工融入城市的主要选择。通过炫耀性消费，他们向外界展示自身价值，拉近与城市的距离，获得外界的认可和尊重。因此，社会排斥对新生代农民工炫耀性消费意愿具有显著的正向影响。

（2）自尊在社会排斥与新生代农民工炫耀性消费意愿中起部分中介作用。消费者的消费行为是在个人心理与社会环境的共同作用下产生的。在中国，当人们在受到排斥时，人们直觉到的不只是表面上别人的不认可，更是深层次对自尊的伤害，而为了维护自己的自尊心，个体即便付出相当大的代价，也要采取补救措施。新生代农民工在城市的生活正是面临着这样一种境况。新生代农民工进城务工以后，他们强烈地感受到城市文化与乡村文化的巨大差异，这对他们的心理产生了极大的冲击和震撼，并且由于城市相比于农村这种天然的优越感，使得他们在生活中经常遭到歧视与排斥，这对他们的自尊产生了极为消极的影响，而新生代农民工为了弥补受伤的自尊，为了能够更好地融入城市，与城市人建立良好的关系，他们会选择进行炫耀性消费。通过这种方式来展示自身价值，减少排斥，获得尊重。

（3）城市融入意愿正向调节社会排斥与炫耀性消费意愿的关系。在对新生代农民工进行炫耀性消费的研究中，发现新生代农民工进行炫耀性消费的表象背后所体现的是城市融入意愿这一心理因素。伴随新生代农民工在城市居住时间的增长和见识的增多，他们对城市生活越加向往。这种向往表现为对于外在的城市生活条件的追求以及对于内在的城市居民这一角色的渴望，这对新生代农民工的消费方式产生了重要影响。在这两者的共同作用下，新生代农民工表现出了更强烈的城市融入意愿，这种融入不单单包括对于城市环境的适应与接纳，更多地表现为对于城市群体的融入。但是新生代农民工作为外来群体，他们遭受着城市居民的排斥，得不到城市居民的认同，然而他们的这种强烈融入城市的意愿与渴望得到城市居民接纳与尊重的心理，使得他们更倾向于选择趋同于城市人的消费方式，于是效仿城市人的消费范式而选择炫耀性消费。因此，本书在参考相关文献的基础上，提出并验证了新生代农民工的城市融入意愿在社会排斥与其炫耀性消费意愿之间发挥显著的正向调节作用。这一研究结论不仅阐明了新生代农民工城市融入意愿对于其炫耀性消费的影响，而且有助于城市融入意愿这一概念在农民工问题研究中的应用与拓展。

二、贡献与启示

（一）理论贡献

本书在借鉴国内外学者对炫耀性消费行为理论研究的基础上，以新生代农民工边缘化和双重化的社会人群作为研究对象，一方面是对中国情境下的炫耀性消费理论的丰富，另一方面是对新生代农民工研究理论的补充。具体包括：

（1）目前，国内外对于社会排斥的研究还多集中于社会学、心理学等领域，从营销学角度来探讨社会排斥的研究还比较少见。虽然已有不少学者认为社会排斥对其经济行为的变化具有重要作用，但大部分学者在研究中大多是从理论上阐释其关系，但缺少必要的实证研究。因此，本书在总结国内外现有研究的基础上，采用实证研究的方法，以社会排斥作为影响新生代农民工炫耀性消费行为的前因变量，研究所得出的结论必将对现有研究有所补充。

（2）本书在营销学视角下，引入自尊作为中介变量，探讨其在社会排斥对炫耀性消费行为影响过程中所起的作用。目前，国内对于自尊与消费行为关系的研究还比较少见，尤其针对新生代农民工这个新兴群体的相关研究，更是鲜有见到。本书在搜索了现有理论、文献支撑的基础上，引入自尊作为中介变量，加深了社会学、心理学和营销学等领域的交叉融合，丰富了自尊在行为领域的研究，对现有理论进行了补充，并且将其与新生代农民工群体相结合，得出了有益的结论。

（3）城市融入意愿作为新生代农民工的一种显著心理特征，对其行为产生了重要的影响。但是目前国内对于农民工城市融入的研究还多集中于市民化的过程和影响因素等，对于将其和消费行为联系起来的研究还屈指可数。因此，本书将城市融入意愿作为探讨社会排斥对新生代农民工炫耀性消费行为影响的调节变量，必将会对消费者行为领域的内容有所丰富，对现有的关于新生代农民工城市融入意愿的研究有所补充。

（4）本书丰富了国内对于农民工炫耀性消费的研究。炫耀性消费是社会因素与个人因素相互交叉的衍生品。当前学术界对于炫耀性消费的研究视角也不尽相同，有的学者从心理补偿、自我赠礼等心理学视角，有的学者从社会排斥、社会认同等社会学视角，而有的学者则是从品牌象征性等营销学视角，研究视角的多元化彰显了该现象背后的社会成因的多样化。而本书聚焦于营销学和社会心理学的交叉研究视角构建炫耀性消费的研究模型，会对炫耀性消费行为的理论有所补充。

（二）相关启示

首先，新生代农民工这一群体应该引起企业足够的重视。新生代农民工庞大的规模以及潜在的消费能力势必会成为企业新的利润增长点。但是目前鲜有企业将这一群体作为目标客户，开发合适的产品。因此，对于有意愿将这一群体作为目标客户的企业而言，市场的空白为其创造了有利的竞争条件，企业应该投入资源开发满足农民工需求的产品，并不断刺激其消费潜力。

其次，企业应该针对农民工新的心理诉求从产品设计、品牌定位、营销推广等方面积极引入城市元素。从本书可以看出新生代农民工的城市认同及城市融入意愿都非常强烈，他们通过消费带有"符号化"意义的商品与城市居民趋同。基于这一点，对于企业来说，应该针对新生代农民工这一新的消费群体的消费心理，从研发、生产、宣传和销售等一系列环节突出对农民工新需求的满足，进而提升农民工对产品的感知价值和购买意愿，推动产品在农民工群体中的良好的品牌形象。

最后，本书的重点是希望企业承担更多的社会责任，引导农民工树立正确的消费观念，在其收入允许的基础上进行合理消费。企业在追逐利益的同时，应该更好地塑造社会形象，积极投入到城市的基础设施建设中来，为农民工在城市中的生存提供更多的便利与关心。

第八章

基于社会地位获取的新生代农民工消费行为分析

第一节 问题提出与主要内容

一、研究背景

伴随着中国经济的发展，整个社会都呈现出历史新篇章的全新面貌。在农民工这一群体中，新生代农民工作为社会化进程的产物，在我国城市化的过程中发挥着极其重要的作用。区别于第一代农民工，作为流动于城市与农村的第三类新型群体，其消费特点、行为模式、消费心理等都带有该群体的独特烙印，具体表现为：社会认同感低、自尊感强烈、城市融入困难、消费与个人身份或收入呈悖反现象等。综观来看，国内学者从经济学、心理学、营销学、社会学等各学科的不同视角切入，对其进行了深入探讨。这些研究主要集中在新生代农民工的权益维护、资源流动、社区参与、社会保障、市民化进程等方面，并已取得相当丰富的研究成果。唐有才（2009）的研究表明，新生代农民工的消费现状背后带有双重矛盾的消费心理：一方面，他们积极在城市进行自我消费，以期通过外在消费模式的改变实现城市人对其身份的认可，最终达到对城市的主观融入；另一方面，典型的农村储蓄消费观念又会导致他们把一部分收入留存并寄回老家。另外，他们对于城市—农村的去留态度也呈现出很大的矛盾性，城市生活条件的优越与基础设施的完备吸引着他们愿意在城市扎根，而农村生活的慢节奏和舒适感对其而言又具有极大的诱惑，他们倾向于在定居农村与城市之间徘徊。谢培熙、朱艳（2011）认为新生代农民工的消费之所以呈现复杂性，很大程度可能受到农村与城市"空间隔离"的影响，一方面农村的消费观念以及储蓄习惯促使其进行基本的保守消费，选择汇钱回家这一方式保持与农村家庭的联系，另一方面又尽量通过城市消费重造个人的主体性，借以达到城市融入。

新生代农民工作为连接城市与农村的第三元群体，其不可避免地受到市民与农民工双重身份以及边缘地位的影响，这些社会化因素内化为心理因素，进而体现在其消费心理、消费行为方面。具体来看，新生代农民工作为农民工群体中的"先进部分"，主观认知和生活习性导致其有着极高的城市认同，并在此主观认知下，有着较强的城市融入意愿，但是主观与客观条件的矛盾性在于：第一，其社会身份的边缘性和双重性会导致其社会认同危机；第二，受城市参照群体的影响和对社会比较信息的关注度，其常常产生强烈的向上靠齐的愿望，从而促使其塑造新的社会身份，而内在身份的重新塑造多体现为外在消费模式的改变，即通过对商品的外在消费来表现主体的个性、财富、身份、地位，借以融入城市。身处消费社会之中，消费不再仅仅是一种物质上的需求满足，其更多的带有符号意义，新生代农民工自然而然地选择了通过符号消费来实现自身的社会认同。张兆伟（2008）通过对新生代农民工进行实证研究，认为符号消费在一定程度上是农民工获取社会认同的一种有效方式。严慧、夏辛萍（2006）研究了农民工消费行为的城市性，崔宏静（2014）则从新生代农民工金玉其外的悖反消费现象着手，探究了其社会认同与炫耀性消费的内在关系，认为新生代农民工炫耀性消费的行为模式是基于消费"示同"与"示差"的社会目的。示同的目的在于模糊自我与城市居民的主观身份界限，强化自我城市居民身份定位，获取市民对其身份的认可，示差的目的则在于弱化自我农民身份。同炫耀性消费的外在炫耀机理不同，本书的主题是地位消费，一方面注重外在地位形式的获取，另一方面更多的是一种内在社会认同的提升。

新生代农民工作为社会化进程中不可忽视的一类社会群体，研究其地位消费意义重大。在新生代农民工盲目消费、冲动消费与悖反性消费并存的状态下，对其地位消费的研究一方面可以填补学术研究领域的空白，另一方面也对其消费现象背后的成因进行实证分析，进一步探究其内在心理机制。由此，本书选取从城市认同的研究视角出发，按照以下两条作用途径探讨城市认同与地位消费之间的关系：其一，引入城市融入意愿作为中介变量，其二，引入社会比较信息关注度作为调节变量。通过"内"和"外"的两条路径来研究新生代农民工的地位消费。

二、研究内容

本书从城市认同的视阈出发，深入研究新生代农民工的地位消费，通过实证研究旨在探究其地位消费的内在形成机制和运行机理。由此本书选择城市认同、城市融入意愿、社会比较信息关注度和地位消费这四个变量，通过两个方面对其关系进行论述。具体的研究内容如下：

（1）构建城市认同与地位消费的研究框架。其一，通过国内外文献阅读，笔者发现针对新生代农民工这一群体的炫耀性消费的研究比较广泛，而地位消费的研究则较少，如前所述，"地位消费"区别于单纯的"炫耀性消费"，是炫耀性消费更为深化的一种消费模式，所以，本书选取地位消费作为研究的主题，在炫耀性消费的研究基础上寻求"炫耀性消费"与"地位消费"的理论契合点，进而深化新生代农民工外在悖反消费现象背后的成因研究。其二，鉴于新生代农民工边缘身份的二重性，其对于城市的认同导致较高的城市融入意愿，而该城市融入意愿一方面受外在参照群体的影响，另一方面受内在社会比较信息关注度的影响，两者交互作用于地位消费这一外显消费行为。所以，依托于外显化的地位消费行为，进而针对新生代农民工这一特殊群体的特殊心理的作用机制进行探究，具有良好的开拓意义。

（2）引入城市融入意愿作为中介变量，解构新生代农民工城市认同到地位消费的作用路径。本书通过文献归纳发现，城市认同到地位消费之间并不是直接的作用机制，较高的城市认同往往导致较高的城市融入意愿，较高的城市融入意愿即意味着新生代农民工在经济、社会、文化方面向城市居民看齐的强烈意愿，而鉴于新生代农民工整体价值观、购物理念的不成熟，其更多地会选择地位消费这一外在消费模式进行身份重塑，获取群体认同。故本书通过探讨城市融入意愿的中介作用，进一步探究其地位消费的内在心理机制。

（3）研究社会比较信息关注度在城市融入意愿与地位消费关系中的调节作用。新生代农民工作为社会人，社会比较是一种较为常见的心理变量，而受城乡二元体制的影响，新生代农民工对自我身份、个体地位的主观认识大多处于模糊状态，所以，与城市居民的比较即为其消费行为决策的重大依据。而鉴于社会比较信息的关注度受个人特质、心理因素的影响，故研究社会比较信息关注度在城市融入意愿和地位消费之间的调节作用很有现实意义。

三、研究意义

(一) 理论意义

首先,本书以城市认同为纵向切入点,探究新生代农民工城市认同对地位消费行为的影响机理。城市认同是社会学的基本变量,而目前国内外对于地位消费行为的研究大多集中于外在化的现象归因与质性探究,很少学者从营销学的视角深入浅出地探究二者之间的关系,由此,本书可以弥补该领域研究的空白。新生代农民工作为一种边缘化和双重化的社会群体,无疑其地位消费行为背后隐藏着很多社会成因和个体成因,而城市认同则作为其社会认同、身份认同、地域认同的一个缩影,对其地位消费背后的成因做了很好的归纳。由此,本书以定量化的研究方法,不再仅仅局限于个性化的消费者行为的归纳,而聚焦于总体化的社会心理运行机制,细致探究地位消费行为背后的社会因素、个人因素等。

其次,从社会学的角度引入城市融入意愿这一中介变量,细化城市认同影响地位消费行为的内在机制。这一机制遵循典型的因果行为模式,在较高的城市认同的主观认知下,新生代农民工融入城市意愿强烈,进而选择外在地位消费行为达到融入城市的目的,由此可见,城市融入意愿这一中介变量的引入,具化了由城市认同到地位消费行为的路径阐述。

最后,本书引入社会比较信息关注度为调节变量。社会比较起源于心理学,这种多学科交叉的研究范式对于地位消费行为的研究意义重大。目前,大量学者往往聚焦于地位消费行为的外在社会成因,从社会学的研究视角将其归因为社会认同、自我认同、身份再塑等,而本书认为,新生代农民工作为社会人,难以脱离人的社会属性,个人的认知差异、定位模糊以及模仿行为大多来自社会比较,而对于社会比较信息关注度的不同则诱发不同程度的地位消费行为。由此,本书从社会比较视角探究社会比较信息关注度在城市融入意愿和地位消费行为这一关系中的调节路径。

(二) 实践意义

首先,从企业层面而言,新生代农民工作为农民群体中的主力,其消费水平的提升、品牌化认知的深化、符号价值的追求等昭示着其已然成为消费群体中的"蓝海市场",面对目前"红海市场"的恶性竞争,该群体的目标市场定位、目标客户群的开发、特定品牌客户群的涉入等都为企业的发展战略提供了可供选择的方向。本书从城市认同的角度探究地位消费行为,从城市融入意愿的中介路径和社会比较信息关注度的调节路径进一步深化地位消费行为的研究,为企业的品牌战略、市场开发、营销推广提供了合理化的建议。

其次,从个体层面而言,新生代农民工作为城市中的边缘群体,其身份认同、自我认知常处于一种模糊边界,其主观幸福感较低,各种围绕自身的认同危机层出不穷。本书通过社会比较信息关注度的引入,深入探讨了其地位消费行为背后的心理成因,对于认知自我心理、塑造良好心态、引导其正确积极消费均具有重大意义。

最后,从社会层面而言,"三农"问题一直是中国经济社会发展中的重要问题,而本书选取当下热点群体"新生代农民工",探究其悖反性消费现象背后的成因,对于促进三农问题的解决有很大的参考意义。具体而言,本书通过城市认同探究新生代农民工的地位消费,并进一步挖掘隐藏在地位消费表象背后的社会认同危机、社会融入难等问题。该群体的社会属性的模糊,社会身份的尴尬等导致其对自我身份的不认同,进而选择地位消费这一行为达到对自我身份的一种内在和外在肯定,进而达到融入城市群体的目的。由此,新生代农民工群体福利待遇的改善、城市化身份的规划、社会保障的全覆盖等都将在一定程度上得到解决。这些问题的研究都将有利于加快新生代农民工更好、更快地融入社会,促进社会和谐、有序发展。

第二节 理论回顾与文献综述

本书既涉及新生代农民工的城市认同及城市融入意愿,也涉及地位消费、社会比较信息关注度等关键性概念,但由于城市认同及城市融入意愿相关文献综述在之前的章节中已经阐明,在此不再赘述。

一、地位获取与地位消费意愿

(一)地位获取与地位消费的概念厘定

在商品同质化的21世纪,符号消费、炫耀性消费现象已屡见不鲜,产品附属价值的追求已然成为广大消费者消费动机的来源。究其本质,相比于产品的功能性需求,消费者更多的关注点是其附属性需求,包括产品所带来的自尊获取、社会认同、等级群体划分、社会地位等。本书的地位消费将从地位获取的消费动机入手展开相关文献的回溯。

地位是他人给予个体在社会群体中所占位置的评价。亚卡瓦（Hayakawa, 1963）认为地位的获取主要有三种形式：第一，通过既定的社会分类形成原始地位，例如，贵族与贫民的地位差异；第二，通过后天的不同成就状态获取地位，比如，农村学生通过后天努力成为大学生，地位提升至中等或中等偏下一点的社会群体状态；第三，通过消费获取地位。在个体收入水平、名望等级等社会因素不易被察觉时，消费者更多的是通过产品所代表的显性地位来达到对自身隐形地位的明化，抑或是通过产品的符号意义来提升自我的地位等级。有关于地位消费的研究最早起源于经济学，利本施泰因（Liebenstein, 1950）提出三种影响消费者地位消费现象的外部机制——凡勃仑效应，即商品价格作为消费者商品消费的重要参考标准，高价格被作为高地位的一种显性象征手段；虚荣效应，即物品的稀缺性会定向刺激消费者对于商品的购买，由此满足其追求地位外显的虚荣心理；攀比效应，即目标社群的物品消费会定向刺激想融入该社群的个体，该外部效应多表现为个体外在身份的重构。马克斯·韦伯（1997）从社会学的研究视角切入，应用符号消费理论、社会分层理论等深化了个体层次消费者地位消费的运行机制。指出财富、权利和地位是社会分层的重要参考，而在这种标准化的群体分类方式中，大多数个体对于自我群体归类处于排斥状态，此时，相比于较难实现的财富和权力获取，其倾向于通过对地位产品的消费获取一种符号价值，进而达到对现属群体归类的分离，对理想群体归类的靠近。伊斯曼（Eastman, 1997）在上述两位学者的研究基础上，将地位消费的研究扩充到消费者行为领域，通过对发展中国家跨文化的定量研究，发现地位获取是此类群体消费的隐形动机。综上所述，本书采用伊斯曼（1999）关于地位消费的理论界定，认为其是消费者以提升自我地位为目的、消费地位相关产品，从而标示自我身份的一种消费方式。

当然，作为地位消费的重要对象，地位产品的内涵界定有着弥足重要的意义。赫氏（Hirsch, 1977）首次提出地位产品的概念，认为人们在满足个体基本生活消费的前提下，会倾向于增加非物质性消费的比重，其将地位产品的特性归纳为两点：第一，能带来物质产品不能带来的精神愉悦；第二，其是社会稀缺资源，不具有社会普适性。格罗斯曼（Grossman, 1988）依据普通产品与地位产品的差异性，认为地位产品是普遍产品之外的能给个体带来外在和内在愉悦的品牌产品。弗兰克（Frank, 1995）在以上研究的基础上，明晰了地位产品的相对性，即具体的地位产品是不确定的，其受多种外在因素的影响（人际关系、社会比较、企业营销等），其理论界定不能仅仅参考固有的物理属性。综上所述，本书认为地位产品应有如下特征：首先，精神上的愉悦性，即地位产品的消费是内在地位获取的重要手段，其消费更注重的是内在精神化的愉悦感；其次，地位产品的概念是相对的，受各种主观和客观因素的影响，不能一成不变的用定向化的思维习惯去定义地位产品；最后，地位产品不局限于高价格产品，也不局限于奢侈品，其侧重于稀缺性给消费者带来的符号价值。

针对新生代农民工这一特殊群体，鉴于其地位的特殊性，地位消费倾向的研究则不可或缺。其一，作为城市流动群体，个体身份的尴尬性、外在的城市生活、市民的消费观念多方交织共同成为其地位消费的外向驱动力，其常常以城市群体为参照群体，通过消费特定品牌产品达到其市民身份的"示同"和农民身份的"示差"，从而展示自我概念，获取身份认同。其二，双重性的身份特征，促使新生代农民工有着强烈的地位关注意向，该地位关注意向内在促进其对地位产品的消费。

（二）地位消费、炫耀性消费的辩证关系

凡勃伦（1899）在《有闲阶级论》中最早提出炫耀性消费，认为内在社会条件的富足和外在社会流动性的强化，共同促进个体选择展示财富以获取地位。凡勃伦（1899）侧重于炫耀性消费行为模式的研究，发现个体购买奢侈品这一表象行为，最终目的是其所代表的地位意义。朱晓辉（2006）通过深化奢侈品的研究，发现其消费动机较大程度上来源于社会因素，包括炫富、标榜差异化、身份标示等。苏勇（2007）也提出奢侈品的动机包括炫耀、自我享受、自我赠礼、品质保证。而如上节所阐述，地位消费是通过炫耀性消费这一消费形式，达到地位获取、地位提升的目的。由此可以看出，两者的概念界定是互为交织的，多数学者将两者视为同一概念，本书认为应从以下两个方面加以区分。

一方面，从表现形式上看：地位消费的内在目的是地位获取，其主体内容是消费地位产品，从而获取地位，该行为模式的消费目的有"明示"和"暗示"，"明示"即为社会群体对其地位的认可，获取社会支持，"暗示"即个体对于自我身份的认可，获取自我尊重。正如特茹昂（Truong，2008）提出地位消费大多表现为个体拥有地位产品的主观愿望，包含"对外展示"和"对内展示"两种形式。而炫耀性消费的个体大多通过公开展示个体财富的方式获取地位，其侧重于向社会他人明示自身社会地位的目的，更多层次是一种社会认可度的表现形式，正如梅逊（Mason，1984）炫耀性消费大多数通过可视化的消费形式外露个人财富，主要目标在于炫富。在此层面上，可以说炫耀性消费是地位消费的一种外在表现机制。

另一方面，从社会效应上看，莱本施泰因（Leibenstein，1950）将消费需求分为功能需求和附属性需求，功能需求即与产品相关的系列需求，而附属性需求

主要涵盖以从众效应、虚荣效应和凡勃仑效应为代表的表征需求。从众效应即消费者跟随社会大众潮流消费的模式，虚荣效应即消费者对于产品象征意义和附加意义的追逐，凡勃仑效应即消费者的购买意愿随价格上升而提高的社会矛盾现象。由此可以看出，地位消费侧重于从众与虚荣效应，而炫耀性消费基于其"炫耀性"的消费现象特征则是上述三种效应的集合。

二、社会比较信息关注度

（一）社会比较与社会比较信息关注度的概念厘定

费斯廷格（Festinger, 1954）首次提出社会比较的概念，认为人作为一种社会化生物，不可避免地会定向评价自身能力与观点，而当主体世界缺乏一项客观评价标准的时候，个人就会通过与他人的比较进而得知有关自身的真实信息，该理论被称之为"经典社会比较理论"。沙赫特（Schachter, 1959）从情绪领域的视角进一步对社会比较的发生机理进行了解释，认为鉴于社会环境的复杂性，人通常处于一种模糊的情绪状态，该状态的无处归因最终会促使个人通过社会化的视角与他人进行比较，以寻求归因。克鲁格兰斯基和美莱斯（Kruglanski & Maylesess, 1990）通过对奢侈品的消费研究，认为社会比较主要来源于社会刺激。吉尔伯特（Gilbert, 1995）将社会比较的研究从意识层次扩展到非意识层次，认为社会比较是人自动的、不需任何主观努力的与他人进行地位与身份比较的过程。伍德（Wood, 1996）在吉尔伯特（1995）的研究基础上认为个人自发性的社会比较主要来源于对社会化信息的应对，社会比较的过程就是获取社会信息、思索社会信息、并对社会信息做出有效反应的过程。邢淑芬和俞国良（2005）认为社会比较的内容是多方面的，不仅仅涉及个人的身份地位，还包括能力、学历、观点等，个体社会比较倾向受到自尊、认知、情感等因素的影响。

社会比较信息关注度，顾名思义，即针对社会比较信息的关注程度，更侧重于个体心理特质的测量。比尔登和罗斯（Bearden & Rose, 1990）提出，社会比较信息关注度能显著调节顾客的消费行为，社会比较信息关注度高的个体倾向于重视别人的评价，进而调整自我行为以迎合别人评价，其通常与自尊、认同等水平有紧密联系。伍德（Wood, 1996）具化了社会比较信息关注度，从过程视角提出，社会比较信息关注度即是个体对社会比较信息关注的动态过程，包括获取社会比较信息、思索社会比较信息、对社会比较信息做出回应三个层面。

从社会比较信息关注度的概念起源与演变过程来看，其依托于社会比较，更注重的是心理领域的一种推演。而新生代农民工这一消费群体，从客观现实层面而言，受教育程度、专业技能的限制，与社会主流城市生活呈现出较大程度上的不匹配；从主观融入意愿层面而言，作为区别于第一代农民工的"新群体"，其自我发展、渴望被认同、渴望城市归属感的愿望十分强烈；从群体特性层面而言，新生代农民工大多处于成长阶段，特殊的时代体制和认同现状，导致其往往对自我农民身份不认同，对自我角色定位处于一种灰色地带，个体性格带有强烈的自卑色彩和敏感特征。而上述现状之间不可调和的矛盾会引起其心理上的强大落差，进而触发其对于社会比较信息的关注度。

（二）社会比较信息关注度与消费行为的关系

社会比较信息关注度，简而言之，即是社会比较的心理具化名词，社会比较的过程在一定程度上即是社会比较信息关注度的作用过程。归纳而言，社会比较主要有"平行比较""上行比较""下行比较"三种方式，并依次完成其自我评价、自我改善、自我满足的心理诉求，进而针对性地作用于其消费行为模式。三种作用路径如下：

（1）平行比较即是通过与自我类似的群体对比，进而得知自我真实评价。费斯廷格（Festinger，1954）的"相似性假说"验证了上述理论，其认为当个体无法通过社会客观标准评价自我时，其会主观形成一种思维捷径，着眼于与自身观点和能力相似的群体，自我即是该群体心理特征的一个缩影。达利（Darley，1977）将群体相似属性的内涵进一步扩展，提出了"相关属性假说"，认为个体所选取的参照群体不是与自己行为特征相似的人，而是与自己行为特征背后的特定属性相似的人。马丁（Martin，2000）从心理预期的角度提出了"代表比较模型"，认为类似群体的任务执行情况对自我来说是一种客观标准，可以据此对自我的行为表现形成一个大体的预期。因此，该作用机制下类似群体的参照形成个体的自我评价，进而产生的专属性靠拢行为引发其类似的消费模式，比如"第一代农民工"的节省消费。

（2）上行比较即是通过与比自我层次高的群体对比，进而达到改善自我的目的。典型的"社会等级论"认为社会情况的复杂性必然会隐形作用于社会群体，进而形成社会群体，而低收入群体的个体有向高收入群体靠拢的驱动力，以此改变自身等级状况。该理论应用比较丰富的是奢侈品消费以及近年来兴起的新生代农民工的炫耀性消费，向上比较的行为会对个体形成一种心理预期，进而形成同化效应，个体更多的消费模式的选择是模仿，从而获取社会认同和主观幸福感（崔宏静，2013）。

（3）下行比较即是通过与比自我层次低的群体对比，从而达到自我满足。该理论主要运用于个体遭受威胁的情境下。哈克米勒（Hakmiller，1962）运用等级评定范式发现个体的失败会引发个体向下比较,威尔斯(Wills,1981)提出更加系统化的 DC 理论,该理论认为:一方面,当个体遭受失败、身份认同危机、地位威胁等一系列消极境况时,个体的自尊水平会极度下降,而个体均有维护自身评价的心理诉求,所以当个体的自我积极概念受到威胁时,个体倾向于调节自我行为导向,采取向下比较,以实现自我自尊的维护;另一方面,该理论提出向下比较倾向的程度因人而异,除却消极境况的外界因素之外,个体的自尊水平、个人经历等都不同程度的作用于下行比较倾向。

而本书的主体新生代农民工,一方面鉴于其时代性和发展性的属性特征,有着强烈的建构自身身份认同,实现社会认同的心理诉求,另一方面作为心智、认知都处于正在发展阶段的青年群体,"赶时髦""盲目跟风"的消费价值观占据主流地位。所以,大多数新生代农民工在消费过程中,更多的愿意进行上行比较信息的关注,具体表现形式为跟随城市主流消费群体的消费层次,从而在个体心理层次上达到虚拟的身份认同。

第三节 理论推演与研究假设

一、城市认同与新生代农民工地位消费意愿

地位消费作为有悖于新生代农民工社会地位的新型消费现象,对其的研究必然不是单纯的现象研究,而是聚焦于该消费现象背后的心理成因、社会机制等。国内外学者基于心理学、社会学和营销学的交叉学科背景,从城市认同这一视角切入,深度剖析了两者之间的关联。贵永霞(2010)提出城市认同即城市居住人群对城市的环境、福利、交通等一系列情况的总体感知,其本质在于融入城市,并在此基础上,结合农民工的时代特征,将此概念具化到农民工这一研究群体,将农民工的城市认同定义为:农民工对城市生活、城市群体的客观感知和主观融入意愿;雷特兹(Reitzes,1985)基于符号交互学的研究视角,提出城市认同主要包含两大过程:其一基于个人与环境的交互,对城市情境、城市文化、个人定位的主观认知过程,侧重于城市现象的外在感悟;其二基于城市参照群体的标杆效应,将自我融入城市情境的过程,侧重于自我外在概念的内在深化。认为城市认同不是仅仅局限于认同的一个静态过程,而是一个动态的接受和主观修正的社会化过程。蔡禾和曹志刚(2009)在雷特兹(1985)的基础上,深化城市认同

的两大过程，提出农民工的城市认同包括空间认同和身份认同，空间认同，即是对城市客观生活情境的主观认同，身份认同即是对自我农民工身份的主观态度感知，并据此将城市认同定义为适应城市环境和主观融入城市的一个动态过程。王天新（2010）基于雷特兹（1985）的社会认同两过程模型，从营销学的视角出发，通过对新生代农民工炫耀性消费行为内在机理的深层次探究，将其界定为：新生代农民工对城市地域、自我身份的主观感知以及客观意义。

（一）地方认同与地位消费意愿

詹森（Jansson，2003）认为，城市作为商业集聚地的中心，一方面基础设施的完善是其区别于农村生活的重点；另一方面城市的消费文化、生活习惯、福利保障均对新生代农民工产生强大的吸引力，促使其产生强烈的留城意愿，注重自我内在和外在城市居民化的同化。扈海鹏（2012）基于打工青年的理论分析研究，发现城市青年对于留城存在模糊的矛盾心理，一方面其接受城市生活，渴望融入城市，另一方面外在的社会排斥、个人经济、文化的限制又导致其害怕融入城市，这种矛盾心理促使其更多的通过外在消费形式给予排解，即通过外在的地位消费行为模式建立起脆弱的认同心理基础。

（二）身份认同与地位消费意愿

阿胡维亚（Ahuvia，2005）提出，消费者会主观赋予物品基本价值之外的各种附加价值，包括身份的象征、社会地位的重塑、目标群体的趋同、自我形象的重构等，而对该附加价值的追求涉及自我身份的定位与感知，即自我身份的认知影响对理想自我与真实自我的重新分类，进而通过外在消费模式的改变进行个体身份重构。余晓敏与潘毅（2008）聚焦于城市打工妹这一群体，以其作为新生代农民工群体的一个缩影，研究发现，打工妹倾向于以购买高档化妆品、衣服、修饰自我外在形象等形式，达到自我身份的重塑，以期向城市居民靠拢，更好地融入城市生活。闫超（2012）从社会认同的视角切入，研究新生代农民工的炫耀性消费行为，构建个人价值观、参照群体、社会认同和炫耀性消费的理论框架，研究发现新生代农民工的炫耀性消费行为对内受个人价值观的影响，对外受参照群体的作用，而社会认同不同程度的调节三者之间的作用。崔宏静（2015）运用实验法研究了身份认同对地位消费的影响机制研究，其外在地位消费模式的内在目的是"示同"和"示差"。

综上所述，任何一种外在的消费模式都有表象背后的深层次原因，而新生代农民工作为城市中的"异类"，城市生活设施的完备、福利制度的健全、信息沟通渠道的便利等均导致其有着较高的城市认同，但矛盾的是其边缘地位与双重身份无疑会对其身份认知产生冲击，产生自我农民身份的不认同，城市身份的认同，进而选择地位消费模式构筑外在自我身份。故提出假设：

H_{8-1}：城市认同对地位消费意愿有正向影响。

H_{8-1a}：地方认同对地位消费意愿有正向影响。

H_{8-1b}：身份认同对地位消费意愿有正向影响。

二、城市认同与融入意愿的中介作用

有关于融入理论的研究最早起源于西方的"移民潮"，安东尼·吉登斯（1995）从社会学的研究视角将融入定义为：少数个体改变自我已有生活习性，以期融合于新的社会群体之中，成为新型社会网络和群体社区的一员。由于中国国情的特殊化、制度差异等新生代农民工又具有强烈的中国色彩，国内学者卢海洋（2014）提出农民工的城市融入是农民工与城市居民群体在经济、文化、心理等方面不断缩小差距，从而达到与社会相互融合、相互渗透的过程；刘保军（2012）基于西方移民潮的大背景，认为农民工融入难的根源在于社会资源流动的惰性，即社会流动与社会资源分配表现出不匹配、不同步的滞后现象，提出城市融入意愿即农民工在城市流动过程中，逐步适应城市生活，获取市民认同、享受城市制度保障的融入过程。借鉴国内外相关研究，并综合新生代农民工群体属性，本书借鉴赵立（2014）对新生代农民工城市融入意愿的定义：即新生代农民工在市民化过程中，在经济、文化和心理层面融入城市的主观意愿。其中，经济融入意愿指在衣食住行、消费等经济指标方面趋同于城市的主观倾向；文化融入意愿指融入当地价值观念、生活方式、文化习俗等隐性方面的倾向；心理融入意愿是基于马斯洛需求等级最高层次的需求，指其在身份认同、城市归属感建立的意愿。

城市认同与城市融入意愿之间遵循普遍的因果关系，即个体主观层次的认同是城市融入意愿的引发机制，城市融入意愿的前因变量之一为城市认同。池艳艳（2013）通过聚焦于少数民族的城市认同问题研究，提出城市认同是个体基于已有和现有的现实差异，继而产生的对城市各方面的主观感知和综合评价，其最终落脚点在于城市融入，辩证地提出了城市认同最终引发城市融入。李艳（2008）立足于农民工城市认同感缺失的现状，论证了其"城市过客现象"背后的心理机制，即较低的城市认同度引发较低的城市融入意愿，从反面论证了城市认同正向影响城市融入意愿。刘俊彦（2009）从社会记忆的角度深度剖析了农民工城市融入意愿低的社会现象，其认为农民工的认同困境来源于对乡土文化的记忆，记忆的延续导致乡土认同的强化，记忆的重新塑造困境导致城市认同的弱化，进而导致较低的城市融入意愿。曹志刚（2009）通过对珠江三角洲农民工城市认同的实证研究提出，农民工的城市认同是其城市化意愿的潜在心理刺激源。李飞（2011）从社会排斥的视角提出，农民工主观融入城市的倾向受社会排斥因素的制约，在各种经济、文化、心理因素的制约条件下，新生代农民工的城市认同度较低，进而处于"主观融入城市"和"被动排斥城市"的尴尬局面中。具体至新生代农民工，一方面，鉴于其时代性与发展性的群体属性，其往往对城市生活、城市消费模式、城市环境，城市群体等产生较高的认同度，进而触发其产生城市归属感，其主观融入城市的意愿强烈；另一方面，鉴于身份上的双重性和边缘性，其常常游离于城市和农村生活的边缘，对于个体身份状态的认知通常处于模糊状态，而该模糊状态的具体行为表现则多为对城市群体的接纳与融入以及自我身份认同危机，继而产生较强的城市融入意愿。故提出假设：

H_{8-2}：城市认同对城市融入意愿有正向影响。

H_{8-2a}：地方认同对城市融入意愿有正向影响。

H_{8-2b}：身份认同对城市融入意愿有正向影响。

闫超（2012）从社会认同的视角出发，认为新生代农民工炫耀性消费的内在动因是获取社会认同，构建社会身份。而这一目的的来源则是通过社会比较感知到的城乡身份差异、社会身份的不融入等，即城市融入意愿导致其通过外显化的消费模式得以展现。刘保军（2012）在对城市融入问题的性质研究中，提出城市融入的四维度：经济融入、社会融入、制度融入、文化心理融入，其中社会融入即多表现为对市民生活方式的认可与模仿，所以，出于对市民群体的示同，其多选择有悖于主观身份的客观地位消费模式。朱晓辉（2006）通过对中国消费者奢侈品消费动机的研究，发现其中一个很显著的动机就是身份象征，借此表达自我社会地位，以此达到自我城市融入的目的。李飞（2011）基于社会排斥的视角定性探讨农民工城市融入问题，将其细化为功能性社会排斥和结构性社会排斥，并据此提出，社会排斥是农民工城市融入意愿被制约的触发因素，而为了建构社会认同，其通常选择外在化的消费行为以期融入城市生活，即地位消费。由此，可以看到，鉴于新生代农民工的时代特殊性，城市融入意愿是其地位消费行为的触发机制。其出于城市认同，有着较强的城市融入意愿，而对于城市融入的多维度融入选择，其倾向于选择外在化的地位消费，即是通过一种表象消费行为，达到与城市居民群体趋近的目的，最终达到自我的社会认同以及身份认同，即地位消费是其城市融入的一种建构路径选择。故提出假设：

H_{8-3}：城市融入意愿在新生代农民工的城市认同与地位消费中起中介作用。

H_{8-3a}：城市融入意愿在新生代农民工的地方认同与地位消费中起中介作用。

H_{8-3b}：城市融入意愿在新生代农民工的身份认同与地位消费中起中介作用。

三、社会比较信息关注度的调节作用

社会比较信息关注度,顾名思义,即针对社会比较信息的关注程度,更侧重于个体心理特质的测量。比尔登和罗斯(Bearden & Rose,1990)提出,社会比较信息关注度能显著调节顾客的消费行为,社会比较信息关注度高的个体倾向于重视别人的评价,进而调整自我行为以迎合别人评价,通常与自尊、认同等水平有紧密联系。伍德(1996)具化了社会比较信息关注度,从过程视角提出,社会比较信息关注度即个体对社会比较信息关注的动态过程,包括获取社会比较信息、思索社会比较信息、对社会比较信息做出回应三个层面。从社会比较信息关注度的概念起源与演变过程来看,其依托于社会比较,更注重的是心理领域的一种推演。而新生代农民工这一消费群体,从客观现实层面而言,受教育程度、专业技能的限制,与社会主流城市生活呈现出较大程度上的不匹配;从主观融入意愿层面而言,作为区别于第一代农民工的"新新群体",其自我发展、渴望被认同、渴望城市归属感的愿望十分强烈;从群体特性层面而言,新生代农民工大多处于成长阶段,特殊的时代体制和认同现状,导致其往往对自我农民身份不认同,对自我角色定位处于一种灰色地带,个体性格带有强烈的自卑色彩和敏感特征。而上述现状之间不可调和的矛盾会引起其心理上的强大落差,进而触发其对于社会比较信息的关注度。

郑晓莹、彭泗清、戴珊姗(2014)从心理补偿的视角出发研究炫耀性消费,认为个体炫耀性消费行为一方面来源于外在的财富比较,另一方面来源于潜在的能力象征比较,此时,为了弥补由于社会比较而产生的自我否定,消费者会选择炫耀性消费模式,以此达到补偿自我和建构自信的心理需求。因此,社会比较信息关注度较高的人,地位消费意愿越高;张春芳(2011)从群际情境研究了社会比较对个体评价的影响,其认为基于泰弗尔(Tajfel,1978)的社会认同理论,社会比较不仅发生在个体层次还发生在群体层次,布鲁尔(Brewer,1994)认为群际比较是指个体主观上把内群体和外群体进行比较,进而达到对自我的清晰认知与评价,最终为了维护自我评价或重塑自我认知而采取特定的消费行为。艾克(Aaker,1990)指出个体的行为是个体身份定位、隐性影响和自我表达需要三者交织作用的结果,因此消费时会时时关注社会比较信息,进而针对性地选择相应的消费行为。伦诺克斯(Lennox,1984)认为个体的社会比较信息关注度越高,其对于外界评价与认知越敏感,并倾向与通过外显化的消费模式获取理想群体的认同,以期趋同于目标群体。王成璋(2009)通过奢侈品牌与大众品牌消费决策的对比研究,探究了社会比较信息关注度对于消费行为的影响机理。消费者可以通过社会比较获得信息，增加对产品或服务的了解，此外，消费者可能试图通过采取与比较群体一致的消费行为来迎合这一群体，获得群体的肯定或避免惩罚，或者借此提升自我形象，拉近与目标群体的关系，增加归属感等。具体至新生代农民工，一方面，区别于第一代农民工和城市群体，作为第三类独立群体而存在，更倾向于通过与城市群体的上行比较，和与第一代农民工的下行比较，从而达到自我对内外群的明确界定，即通过社会比较来达到与城市群体的"示同"效用和与第一代农民工的"示差"效用；另一方面，鉴于其处于第一代农民工与城市化居民的边缘角色地带，社会认同度极低，所以，经由社会比较，其改变自身社会地位，提升自我社会形象、获取社会认同的愿望极其强烈，而地位消费则是相应的最有效的方式，其往往对于社会比较信息有着较强的关注度。故提出假设：

H_{8-4}：社会比较信息关注度越高，城市融入意愿对新生代农民工地位消费的影响越强。

第四节 研究设计与研究结果

一、研究设计

（一）样本选择与数据收集

本书参照之前给出的关于新生代农民工的定义，选取 1980 年以后出生，目前已进入到城市务工，农村户籍，在农村长大，在进城务工之前的持续教育经历中没有接受过高等教育的人群作为研究对象。本书通过专业软件制作问卷，问卷的发放形式以实地发放纸质问卷为主，并辅以网络问卷的方式，调研的方法采用便利抽样的方法。在调查问卷发放的过程中，选取了长春市、大连市、北京市、烟台市、广州市等城市，调研对象从事行业涉及餐饮业、酒店业、服务业等，通过行业的广泛性保证样本的多元化和涵盖度。本书共发放问卷 320 份，有效问卷 295 份，问卷失效率为 8%[①]，在可控范围之内。样本构成的描述统计结果如表 8-1 所示。

[①] 这里所发放的 450 份问卷与第 1 篇和第 2 篇发放问卷 5 000 份的数量不同的原因在于，第 3 篇的每一章是针对新生代农民工特异性消费行为而展开的研究，因此需要针对这些特异性消费行为发放"量表型问卷"，发放的问卷数量也要依据所研究具体问题的需要来进行。

表 8-1　　　　　　　　　　样本描述性统计结果

变量	特征	频次（人数）	百分比（%）
性别	男	140	47.5
	女	155	52.5
年龄	16~20 岁	10	3.4
	21~25 岁	5	1.7
	26~30 岁	210	71.2
	31~36 岁	70	23.7
学历	小学及以下	55	18.6
	初中	55	18.6
	高中/职高	60	20.3
	中专	125	42.5
月平均收入	800 元以下	40	13.6
	801~1 500 元	5	1.7
	1 501~2 000 元	20	6.8
	2 001~3 000 元	60	20.3
	3 001 元以上	170	57.6

资料来源：本书整理。

（二）变量测量

本书涉及的四大变量：城市认同、城市融入意愿、地位消费意愿、社会比较信息关注度，现对各变量的测量加以具化说明。本书的城市认同应主要包含两个方面：其一，农民工对城市生活、城市居民群体的认知与肯定，侧重地域认同；其二，农民工对于自我在城市中客观地位的主观认知，即侧重身份认同。由此，本书采取吉达尔（Guidtal，2012）针对中国特殊国情开发的农民工城市认同量表，包括"城市认同—地方认同""城市认同—身份认同"两个子量表，采用李克特五点计分，其中，1 代表非常不同意，2 代表不同意，3 代表不确定，4 代表同意，5 代表非常同意；城市融入意愿即新生代农民工在市民化过程中，在经济、文化和心理层面融入城市的主观意愿，它的测量使用梁建（2013）借鉴布朗和利（Brown & Leigh，1996）和梅等（May et al.，2004）开发的量表，问卷题项涵盖经济、文化、心理融入等，具有较高的效度；地位消费意愿的测量借鉴伊斯曼等（Eastman et al., 1999）基于奢侈品消费开发的 SCS 量表，其原始量表共5个题项，中国学者针对新生代农民工地位消费行为的一系列探索研究中，将其净化为4个题项，且具有较高的信度和效度；社会比较信息关注度的测量依托社会比较，采用伦纳克斯和沃尔夫（Lennax & Wolfe, 1984）开发的量表。

二、研究结果

（一）信度和效度检验

研究中各构念的测量均是借助量表间接得以实现，由此，量表的可靠性与真实性对研究结论弥足重要。而量表的信度主要考察问卷测量的稳定性和可信性程度。目前国内外学者普遍采用的测量指标是 Cronbach's α 系数。具体而言，信度的衡量标准是：当 Cronbach's α 值大于 0.7 时，则被视为是高信度的；当 Cronbach's α 值介于 0.5~0.7 之间时，则被认为量表的信度是可以接受的；而当 α 值小于 0.35 时，则被认为是低信度，不予采用。由表 8-2 可知，各变量的信度均大于 0.89，信度较高。

表 8-2 各变量信度分析的结果

变量	题项	均值	Cronbach's α	AVE	CR
地方认同	7	3.562	0.896	0.692	0.897
身份认同	13	3.746	0.935	0.558	0.936
城市融入意愿	11	3.613	0.915	0.748	0.917
地位消费意愿	4	3.391	0.917	0.746	0.922
社会比较信息关注度	13	3.511	0.956	0.634	0.957

资料来源：本书整理。

效度，即有效性，代表着客观事物被主观反映的程度。大多数学者从内容效度和建构效度两大角度对量表进行有效性分析。鉴于本节经由文献分析所选的量表均为成熟量表，已经过国内外学者的广泛检验，并且在正式量表形成前，从主观和客观的角度针对新生代农民工的语言习惯对问卷题项表达进行了修改完善，因此可保证量表具有较高的内容效度；而建构效度的测量又可分为聚合效度和区分效度，聚合效度是指测量同一变量或是维度的题项应具有显著相关性，通常通过 AVE 值（平均变异数抽取量）和 CR 值（组合信度）加以判定，具体的判定标准为 AVE 值大于 0.5，CR 值大于 0.7，值越大，说明聚合效度越好，经过数据分析之后，结果显示所有变量 AVE 的数值均大于 0.5，CR 的值均大于 0.7，因此本节认为变量的聚合效度符合标准，具备良好的聚合效度；区分效度是指不同测量变量或是维度之间的不相关的程度，通常通过 AVE 的平方根和不同测量构念之间的相关系数加以判定，具体判定标准为 AVE 的平方根大于其他测量变量或是构念的相关系数，则表明该量表有着较高的区分效度。由表 8－3 可以看出，所有构念 AVE 的平方根均大于构念之间的相关系数，说明测量模型具有良好的区分效度。

表 8－3　　　　　　　　　构念的描述性统计

变量	地方认同	身份认同	城市融入意愿	社会比较信息关注度	地位消费
地方认同	(0.832)				
身份认同	0.633**	(0.747)			
城市融入意愿	0.739**	0.566**	(0.865)		
社会比较信息关注度	0.613**	0.505**	0.767**	(0.864)	
地位消费	0.561**	0.392**	0.703**	0.711**	(0.796)

注：** 表示差异显著性 $P<0.01$。

资料来源：本书整理。

（二）假设检验

（1）城市认同对新生代农民工地位消费的影响。为了检验地方认同对新生代农民工地位消费的总效应和中介作用，本书采用分层多元回归建立了三个回归模型。模型 1 分析了地方认同对地位消费的总效应，结果发现地方认同对地位消费具有正向影响（$\beta=0.392$，$P<0.001$），这说明新生代农民工受到的地方认同程度越高，地位消费行为越明显，假设 H_{8-1a} 得到了验证；模型 2 分析了地方认同对城市融入意愿的作用，结果发现地方认同对城市融入意愿具有正向影响（$\beta=0.566$，$P<0.001$），这说明新生代农民工受到的地方认同程度越高，城市融入意愿越强烈，假设 H_{8-2a} 得到验证；模型 3 分析了地方认同对地位消费影响的过程中城市融入意愿所起到的中介作用，结果发现城市融入意愿对地位消费具有正向影响（$\beta=0.709$，$P<0.001$），地方认同的直接作用系数变为不显著（$\beta=0.009$，$P>0.1$），这说明城市融入意愿在地方认同与新生代农民工地位消费的关系中起到完全中介的作用，即新生代农民工受到的地方认同越强，城市融入意愿越高，地位消费行为越明显，即地方认同对于地位消费的作用完全通过城市融入意愿来实现，假设 H_{8-3a} 得到了验证（见表 8-4）。

表 8-4　　　　　地方认同对地位消费分层多元回归结果

变量	模型 1	模型 2	模型 3
因变量	地位消费	城市融入意愿	地位消费
地方认同	0.392***	0.566***	0.009
城市融入意愿			0.709***
调整后 R^2	0.146	0.314	0.486
F 值	21.032***	54.558***	56.351***

注：*** 表示差异显著性 P < 0.001。
资料来源：本书整理。

为了检验身份认同对新生代农民工地位消费的总效应和中介作用，本书采用分层多元回归建立了三个回归模型。模型 1 分析了身份认同对地位消费的总效应，结果发现身份认同对地位消费具有正向影响（β = 0.561，P < 0.001），这说明新生代农民工受到的身份认同程度越高，地位消费行为越明显，假设 H_{8-1b} 得到了验证；模型 2 分析了身份认同对城市融入意愿的作用，结果发现身份认同对城市融入意愿具有正向影响（β = 0.739，P < 0.001），这说明新生代农民工受到的身份认同程度越高，城市融入意愿越强烈，假设 H_{8-2b} 得到验证；模型 3 分析了身份认同对地位消费影响的过程中城市融入意愿所起到的中介作用，结果发现城市融入意愿对地位消费具有正向影响（β = 0.637，P < 0.001），身份认同的直接作用系数变为不显著（β = 0.090，P > 0.1），这说明城市融入意愿在身份认同与新生代农民工地位消费的关系中起到完全中介的作用，即新生代农民工受到的身份认同越强，城市融入意愿越高，地位消费行为越明显，即身份认同对于地位消费的作用完全通过城市融入意愿来实现，假设 H_{8-3b} 得到了验证（见表 8-5）。

表 8-5　　　　　身份认同对地位消费分层多元回归结果

变量	模型 1	模型 2	模型 3
因变量	地位消费	城市融入意愿	地位消费
身份认同	0.561***	0.739***	0.090
城市融入意愿			0.637***

续表

变量	模型 1	模型 2	模型 3
因变量	地位消费	城市融入意愿	地位消费
调整后 R^2	0.309	0.542	0.590
F 值	33.198***	49.48***	57.176***

注：*** 表示差异显著性 $P<0.001$。

资料来源：本书整理。

(2) 社会比较信息关注度的调节作用检验。为了检验社会比较信息关注度的调节作用，采用分层多元回归的方法进行调节变量分析。调节作用的检验结果见表 8-6 与表 8-7。表 8-6 中，模型 1 分析了地方认同对于地位消费的直接作用；模型 2 在模型 1 的基础上分析并验证了自变量与因变量之间存在的中介作用；模型 3 在模型 2 的基础上检验了社会比较信息关注度对于城市融入意愿与地位消费之间关系的调节作用。在对假设进行检验之前首先将所有变量进行了中心化处理，从而降低多重共线性问题。结果发现模型 3 交互项的系数显著（$\beta = 0.156$，$P<0.01$），并且与模型 2 相比的 R^2 增量显著（$\Delta R^2 = 0.104$，$P<0.01$），这说明社会比较信息关注度在城市融入意愿与地位消费之间起到正向调节作用。换言之，地方认同通过城市融入意愿影响地位消费，而且城市融入意愿的中介作用要受到社会比较信息关注度的调节，社会比较信息关注度越高，城市融入意愿则会更加提升地位消费，反之亦然。因此，假设 H_{8-4} 得到了验证。

表 8-6　　　城市融入意愿调节作用分层多元回归结果

变量	模型 1	模型 2	模型 3
因变量	地位消费	地位消费	地位消费
地方认同	0.392***	0.009	0.248
城市融入意愿		0.709***	0.552*
社会排斥 × 城市融入意愿			0.156**
调整后 R^2	0.371	0.464	0.568
F 值	27.60***	33.149***	38.667***

注：* 表示差异显著性 $P<0.05$，** 表示差异显著性 $P<0.01$，*** 表示差异显著性 $P<0.001$。

资料来源：本书整理。

与表 8-6 中显示的结果类似，表 8-7 中的模型 1 分析了新生代农民工身份认同对其地位消费意愿的直接作用；模型 2 在模型 1 的基础上加入了城市融入意愿这一变量，并且验证了它在新生代农民工身份认同与地位消费意愿两者关系间的中介作用；模型 3 在模型 2 的基础上检验了社会比较信息关注度对于城市融入意愿与地位消费意愿之间关系的调节作用。在对假设进行检验之前对所有变量的数据进行了中心化处理，以减少多重共线性的问题。结果表明，模型 3 中的交互项显著（$\beta = 0.137$），并且与模型 2 相比，模型 3 的 R^2 增量显著（$\Delta R^2 = 0.205$，$P = 0.002$）。这说明，在新生代农民工城市融入意愿与地位消费意愿之间，社会比较信息关注度起到正向调节作用。换句话说，新生代农民工身份认同通过城市融入意愿影响地位消费意愿，而且其城市融入意愿的中介作用要受到社会比较信息关注度的调节，社会比较信息关注度越高，城市融入意愿越能提升其地位消费意愿，反之则相反。因此，假设 H_{8-4} 得到了验证。

表 8-7　　　　　　身份认同的分层多元回归结果

变量	模型 1 地位消费意愿	模型 2 地位消费意愿	模型 3 地位消费意愿
身份认同	0.561*** （0.198）	0.090 （0.113）	0.0220 （0.145）
城市融入意愿	—	0.637** （0.053）	0.210** （0.134）
社会比较信息关注度 × 城市融入意愿	—	—	0.137** （0.213）
调整后 R^2	0.339	0.494	0.699
F 值	19.53***	27.149***	41.826***

注：*** 表示在 0.001 的水平上显著，** 表示在 0.01 的水平上显著。
资料来源：本书整理。

第五节　研究结论与启示

一、研究结论

伴随着新生代农民工这一群体的日益壮大，其消费模式、消费观念、消费心理等日益受到学术界的重视，地位消费行为更是近年来这一群体消费主张的主流代名词。本书从城市认同出发，构建了新生代农民工地位消费意愿形成模型，同时提出城市融入意愿的中介作用以及社会比较信息关注度的调节作用。通过对新生代农民工进行深度访谈和问卷调查，我们对所构建的模型和提出的假设进行了实证检验，得出如下结论：

（1）城市认同能够显著影响新生代农民工地位消费意愿。所谓新生代农民工的地位消费中的"地位"是其追逐的本质，外在的"消费"模式是其获取内在"地位"的一种形式，其地位消费行为带有一定的社会背景以及特殊社会进程所引发的心理烙印。本书选择城市认同的研究视角，通过定量分析，可以看到城市认同可分为地方认同和身份认同，相应的城市认同对于地位消费的主路径研究可具化为地方认同—地位消费、身份认同—地位消费这两条亚路径研究，经由本书的假设检验，可以看到两条亚路径假设均显著，一方面，新生代农民工作为城市的常年流动群体，其生活习性、主观认知、消费主张均一定程度上呈现出"半城市群体"的消费特质，往往对城市处于一种向往认同状态，而贴合城市的消费即成为其融入城市的方式；另一方面，依托于城市生活，主观与客观认知的差异，其往往更倾向于被称之为"城市人"，而对"农民工"这一称呼表现出排斥倾向，由此，对于城市群体的身份认同，促使其向该群体的消费主张、消费模式等靠拢。

（2）城市融入意愿在城市认同影响地位消费这一作用机制中发挥中介作用。地位消费这一现象背后充斥以下诉求：其一，对内而言，正如马斯洛需求理论所揭示的个体需求层次一样，当个体在满足基本物质需求之后，常常面临着更高层次被满足的需求，即社会需求和自尊需求，新生代农民工作为城市的务工群体，基本的物质生活已然得到满足，所以其关注度更多的在于与社会的连接，自我尊重的实现等，而地位消费作为彰显地位的一种消费模式，使其高层次需求的心理诉求得以满足；其二，对外而言，个体作为社会群体连接的初级单元，对于社会影响、群体特质表现出追逐效应，社会群体的行为会明显影响个体的行为表现，具体至新生代农民工，充斥于城市的生活环境中，城市群体的生活方式、消费观念无疑成为其消费的参考系，继而影响消费行为与消费心理。而从社会认同的视角出发，无论是社会认同—地方认同，抑或是社会认同—身份认同这两个子维度，都彰显出农民工群体对于城市的主观态度，该认同态度更深层次的作用于其城市融入意愿，即外在的城市生活条件的向往与内在城市居民这一角色的渴望，两者相互作用，共同促使新生代农民工融入城市，而对于城市的融入，不单单包括对于城市环境的适应与接纳，更多地表现为对于城市群体的融入，当然，在如今的"人人都是连接单元"的高效信息时代，每个人都是个体行为的参考系，在农民工角色定位产生矛盾的背景下，模仿城市居民消费模式以期向这一群体靠近是最简单的途径。由此，通过城市融入意愿的引入，使得城市认同到地位消费的作用机制得以完善，具化了两者之间的路径阐述。

社会比较信息关注度正向调节城市融入意愿与地位消费意愿之间的关系。具体而言，新生代农民工作为社会人，难以脱离人的社会属性，社会比较是其获取社会信息、连接社会的重要形式。新生代农民工的社会比较包括两种层次的对比：其一，同类农民工群体间的对比，根深蒂固的农村生活背景，该群体倾向于进行横向的比较，而该类比较对其消费多表现为反向抑制作用，即对农民工普遍拥有的物品表现出排斥，以期达到"示差"效应；其二，与城市居民的对比，常年的城市流动生活，城市群体对于农民工而言是上游群体，其渴望在消费主张、生活模式、行为方式等方面趋同于城市群体，该类比较对其消费多表现为正向促进作用，即对城市群体拥有的物品表现出认同，以期达到"示同"目的。而个体特质存在差异，个体对于社会比较信息的关注度呈现出高低区分，个人的认知差异、定位模糊以及模仿行为大多来自社会比较，而对于社会比较信息关注度的不同则诱发不同程度的地位消费行为。具体而言，对于社会比较信息关注度较高的群体，其城市融入意愿越强，地位消费的意愿越强烈。

二、相关启示

首先，企业应充分认识该群体的消费潜力，拓展企业目标客户群。伴随着企业同质化竞争日益激烈的当下，新型目标客户群的开发就意味着新型市场的开拓，而反观当下的各行各业的市场竞争，均处于一个恶性"红海竞争"中，新生代农民工则作为一块亟待开垦的市场而逐渐浮现。对企业而言，一方面对新生代农民工这一群体的关注度不够，鲜有企业以其作为目标市场，开发适合该群体的商品，该群体的专属性产品消费在市场的存在度几乎为零。企业应将该群体纳入考虑范围之内，深化对该群体的市场调研，将其作为一个独立客户单元，将企业产品有限分层，开发出适应农民工群体消费的商品。

其次，企业应该在产品设计和后期推广上积极引入城市元素。本书发现城市认同是地位消费行为的有效刺激源，可见，伴随着新生代农民工对城市生活理念、生活方式的接纳，越来越多的农民工的消费形式带有"符号化"的意义，所以，依托于现有的城市融入难现象，通过对农民工群体的市场调研，企业可以将城市的主体元素融入产品的设计中，在提供产品实用价值的同时，满足其对符号意义的追逐。另外，在公司产品的推广方面，可以结合城市主体元素进行线上线下推广，开展"情怀营销"等，以此吸引该群体对目标产品的热捧。

最后，企业也应承担其社会责任，在追逐企业利益的同时，引导农民工群体积极健康的消费。可以在企业产品设计中融入积极正面的城市元素，帮助社会大众更正确的认识农民工群体，从而更好地帮助该群体树立自信以及自我肯定，健康理性消费。亦可以通过开展关爱该群体消费现状的讲座和公益活动，呼吁全民参与达到对农民工群体现状认知的改观。

第九章

基于面子意识诉求的新生代农民工消费行为分析

第一节 问题提出与主要内容

一、研究背景与研究意义

（一）研究背景

进入 21 世纪，全球经济的快速发展，居民的个人财富也逐年提高，当人们的基本生活需求得到满足之后，炫耀性消费作为彰显个性的典型特征之一也已经成为一种全球性的普发现象。尽管我国消费者炫耀性消费行为与西方社会的消费者有着一定的共性，但是不同个体的特点和不同情境下，这一炫耀性消费会演绎出错综复杂的形式，尤其是在营销学领域表现得更为突出，所以对于我国消费者炫耀性消费行为意愿背后的形成机理进行研究就兼具理论意义和现实意义。

从传统意义上来看，人们所关注的炫耀性消费行为的群体多锁定在富裕阶层或中产阶层，然而，在我国消费者炫耀性消费行为这一领域近年形成了一个重要的新的分支——新生代农民工的炫耀性消费逐渐成为消费者行为领域一个具有浓厚本土化特征的独特问题。随着中国经济的快速发展，社会各行各业显现一片欣欣向荣的景象，而反观占据我国社会群体很大一部分的新生代农民工的消费行为，会发现其呈现出与社会发展的悖反现象（金晓彤，2013）。新生代农民工在中国社会化进程过程中发挥着不可低估的作用，但他们的思维、价值观等又有别于第一代农民工。他们的消费观念更加开放，更加注重享乐性消费、发展性消费、攀比性消费以及炫耀性消费等。而在新生代农民工的炫耀性消费中有一个非常普遍的现象，就是新生代农民工在从城市回到家乡的时候进行的炫耀性消费行为，本书即是研究新生代农民工的返乡炫耀性消费，主要针对新生代农民工返乡的炫耀性消费意愿形成的原因及其背后的机理展开深入研究。

此外，由于炫耀性消费的特点与地位消费的特点有某些方面的类似之处，在很多研究中出现了概念混用的状况，一些学者认为两个概念描述的是同一种消费现象。事实上，虽然二者之间有着很多重合之处，但它们确实属于不同的概念，在本书中也对这两种不同的消费现象进行了理论辨析，并从面子意识视角探讨新生代农民工返乡消费的炫耀性消费行为，深入探究炫耀性消费现象，为营销领域的研究者与实战家深入理解炫耀性消费提供了一个有益的视角。

（二）研究意义

1. 理论意义

首先，本书从面子意识为切入点，并引入地位需求作为中介变量，探究新生代农民工面子意识对返乡炫耀性消费意愿的影响机理。面子意识、地位需求、炫耀性消费属于社会学、心理学、营销学的交叉领域的学术概念，故本书将社会学、心理学与营销学等学科进行学科交叉研究，深入探究面子意识与炫耀性消费意愿之间的关系，该研究有效的填补这些领域的研究空白。新生代农民工作为一种同时具有边缘化和双重性的社会群体，炫耀性消费背后隐藏很多社会原因及个体原因，而面子意识无论是从中国人的民族性、社会性、还是群体性等方面都对新生代农民工炫耀性消费意愿与行为做出了很好的解释。本书通过定量化的研究方法去试图探究新生代农民工返乡炫耀性消费行为背后的社会文化因素以及个人因素等。

其次，从新生代农民工群体对于社会地位的一种渴望引入地位需求这一中介变量，深化面子意识对新生代农民工返乡炫耀性消费行为影响的内在机制。新生代农民工在面子意识的作用下返乡时会去选择其所能感知到彰显出社会地位的炫耀性商品，从而满足内心对于社会地位的需要，进而获得其在故乡人面前的面子需求，由此可见地位需求这一中介变量的引入，具化了由新生代农民工面子意识到返乡炫耀性消费意愿的路径分析，这样不仅从科学研究的角度上对新生代农民工返乡炫耀性消费行为做出了很好的解释，也是对影响特定群体炫耀性消费意愿研究的有益补充。

最后，本书从霍夫斯泰德文化价值观理论得到启发，引入权力距离作为新生代农民工面子意识对地位需求影响的调节变量。权力距离来源于霍夫斯泰德于20世纪末提出的文化框架理论，该理论主要用于跨国别、跨地域的文化价值观研究，在这里我们认为权力距离同样适用于新生代农民工群体，当新生代农民工群体的权力距离较高时，其面子意识对地位需求的正向影响增强；当新生代农民工群体的权力距离较低时，其面子意识对地位需求的正向影响减弱。这样就为新生代农民工群体面子意识与地位需求之间的关系做出了边界限制并增加了新的理解视角。

2. 实践意义

首先，对于个体而言，新生代农民工群体在城市工作生活期间，他们作为城市生活的边缘群体，主观幸福感较低，虚荣心较难得到满足，而通过返乡炫耀性消费可以向村民显示自己在城市赚到了钱，生活还不错，不仅获得了社会地位，满足了地位需求的心理感知，也使得他们的面子或者虚荣心得到了极大的满足。本书引入地位需求这一心理学变量去深入探究新生代农民工在面子意识作用下选择炫耀性商品的内在机制，对于其深入认知自我心理，塑造正确的消费观念和态度有着重大的现实意义。

其次，对于企业而言，新生代农民工是农民工群体消费的主力军，其消费能力的快速增长对于企业来说无疑会有巨大的利好，本书的研究结果表明，企业针对农民工群体可以在其商品中添加能使这一群体感知到社会地位的元素，可以有效提高其购买意愿。企业也可以针对春节期间新生代农民工返乡高峰期拓展产品线，开发出针对返乡新生代农民工的独特富含炫耀性元素的商品。结合本书的权力距离高低不同，因面子意识对社会地位需求的不同，可以通过不同的产品设计来满足不同个体的偏好。

最后，对于政府而言，新生代农民工是社会主义现代化建设的重要推动者，是这个社会发展的一股不可忽视的力量，与此同时农民工的存在也是中国"城乡二元户籍制度"带来的一种必然结果，对于此带来的一些问题，政府应当统筹兼顾，重点问题，重点分析，妥善处理。对于新生代农民工不合理的消费观念、消费习惯，政府应当积极引导，努力促进新生代农民工提升自身基本工作技能和科学文化水平，推行一些有益的规章制度，并加大社会宣传力度，帮助新生代农民工树立正确的融入城市群体的观念以及正确的社会等级观，促使其正确地对待面子意识和地位需求，形成合理的消费观念和消费习惯，推进社会主义和谐社会的建设。

二、研究内容与研究方法

（一）研究内容

本书从面子意识的视角出发，对新生代农民工返乡炫耀性消费意愿进行深入的研究，通过量化研究分析，目的在于探究新生代农民工返乡时炫耀性消费的内在机制。由此本书选择面子意识、地位需求、炫耀性消费意愿、权力距离这四个变量，通过三条路径来对其关系进行论述，具体如下：

（1）构建新生代农民工面子意识与其返乡炫耀性消费意愿之间的关系路径。本书通过对国内外有关炫耀性消费以及地位消费文献的研究整理，从面子意识的视角深入探讨新生代农民工返乡炫耀性消费的动机，揭示除了主导性的炫耀性彰显意愿之外，还存在着某些文化因素比如面子意识，驱动其进行炫耀性消费。

（2）寻求面子意识影响新生代农民工返乡炫耀性消费的内在机制。个体在面子意识的影响下所带来的后续影响有很多，是什么因素驱使新生代农民工选择炫耀性商品来满足自己的面子意识。本书从新生代农民工内心对于社会地位的需要入手引入地位需求这一中介变量，进而从满足新生代农民工的面子意识的角度，深入揭示新生代农民工面子意识对其返乡炫耀性消费行为的影响。

（3）新生代农民工在面子意识的作用下行为表现有所不同，有的会去努力避免丢面子，努力地追求更高的社会地位，而有的则显示出漠不关心的状态，究竟是什么因素导致他们不同的反应呢？本书引入霍夫斯泰德文化价值理论中的权力距离这一构念作为调节变量，进一步去探究不同权力距离的新生代农民工群体的面子意识与地位需求之间的关系。

（二）研究方法

1. 文献分析

本书采用文献分析的方法，在对国内外相关文献进行系统查阅和仔细分析的基础上，本书梳理总结了新生代农民工、面子意识、地位需求、权力距离，炫耀性消费等研究的主要学术理论成果，评述了现有研究的参考价值与不足之处，进而提出本节研究框架以及与之对应的研究假设。

2. 问卷调查

选择与本书中四个构念相对应的以往专家学者开发认可的成熟题项，并在这些成熟的题项基础上编制本书的调查问卷。在正式发放本书的问卷之前会预先进行测试，之后对预先测试的数据结果进行分析，广泛听取专家的建议，修改问卷内容，净化测量题项，最终形成该研究的正式问卷。随后对正式问卷进行发放，收集问卷并运用 SPSS18.0 数理统计软件对收集来的有效数据进行分析。通过描述性统计分析、数据的信度效度分析、一元回归分析、二元回归分析等来验证所涉及变量间的关系，深入探究本书理论模型背后的路径机制。

第二节 理论回顾与文献综述

农民工是中国城乡二元结构中的独特产物，同时这是近十年出现的新词汇，农民工不仅在社会各界引起极大的关注，而且也引起学术界极大的研究兴趣。广义上认为农民工是指在城镇务工，并且具有农村户籍的公民。近些年来农民工群体代际转换明显，一批批年轻的农民工逐渐替代年老的农民工变为当代农民工的新生力量。经过对以往国内外文献的查阅发现新一代农民工相比第一代农民工主要表现出以下几方面不同特征：

（1）文化程度相对较高。第一代的农民工受教育水平较低，普遍是小学学历或者根本没有受过教育，甚至初中学历的农民工都为数不多，新生代的农民工与之不同，新生代农民工是普遍接受了九年的义务教育，也有一些人接受了一些职业教育，这就让新生代的农民工具有了一定程度的知识文化水平，其学习能力比第一代农民工群体有了巨大的提升，并且具有更容易的去接受新鲜事物的能力和意愿，能够通过书籍、互联网等获得大量的信息。这也在一定程度上决定了新生代农民工的文化水平和眼界会逐步提高。

（2）生活方式差别较大。第一代农民工普遍接受的是中国乡土文化的熏陶，已经形成一定的生活习惯之后再去城镇务工，其自身的生活方式与城市群体相比有较大差别，与城市群体成员的生活方式也有着明显的差别。而新生代农民工从年轻时代就大量接触城市的大众文化，这就决定了新生代农民工的衣食、娱乐活动、行为习惯等会与城市人更加接近，其受城市群体的影响也会更多，生活方式，生活观念也会更接近城市群体。

（3）对于家乡的归属感较弱。第一代农民工普遍具有很强的故土情结，一般具有"落叶归根"的坚定信念，他们中的大部分愿意在老年时期结束城市务工生活回到生养自己的家乡去安度晚年，而对于新生代农民工来说，他们中的大多数喜欢城市的繁华与便利，愿意通过自己的努力去尽力融入城市生活，在城市定居，从而对于回归家乡的想法没有老一辈农民工强烈，对于家乡的归属感也相对较弱。

(4) 消费观念更加开放。第一代农民工进城务工更多的是为了养家糊口，他们需要努力工作去贴补家用，这就决定了他们生活比较简朴，一般消费仅限于衣食住行，很少进行娱乐性消费，返乡消费也多集中在实用性消费，比如盖房，改善生活条件等，并且第一代农民工热衷于把挣到的辛苦钱存起来，储蓄率较高。而新生代农民工则会有所不同，他们会把很多费用花在诸如电脑、手机、网络等娱乐性较强的方面，受城市消费观念影响，新生代农民工消费水平有了极大的提高，但由于其薪资水平没有随着消费水平的提高而增长很多，所以与第一代农民工相比其储蓄率会低很多。

本书在借鉴前人研究基础之上，从社会学、营销学与心理学的交叉视角下，并在中国本土化研究热点的启示下，针对新生代农民工返乡炫耀性消费这一普遍现象，梳理面子意识、地位需求、权力距离等对返乡炫耀性消费意愿的关系，并深入探究新生代农民工面子意识对返乡炫耀性消费的影响机理。

一、面子意识

(一) 面子意识的概念界定

面子是指个体期望他人予以其自我社会价值认同的一种需求感，本质上是个体内心的一种需求。面子意识就是人们对面子的感知。中国人好面子，讲究面子算得上中华民族的一大特色。一些外国的专家学者对于中国人的这一显著特点给予了较多的关注与研究。《中国人气质》一书是西方世界最早的有关于中国人面子的专著，其作者史密斯认为对于中国人来说，"面子"的内涵是极其丰富的，其所包含的含义比能描述出来的更多（史密斯，1894）。

戈夫曼（Goffman，1967）是西方探讨面子的代表性人物，他认为面子存在于特定的社会交往中，不仅个体会尽力地向其他人寻求面子，而且需要被其他人认为是个体应该获得的社会正向价值，面子是一种被描绘的自我意象，并拥有被认可的社会属性。如果作为个体没能全面地表现出他的自我意象，他就会采取挽回面子威胁的行动，也就是我们所说的"面子功夫"。丁-托米（Ting-Toomey，1988）是美国的一位华裔心理学家，他采用霍夫斯泰德文化框架下个体主义—集体主义这一价值差异维度为研究的理论框架提出了面子磋商模型，该理论认为面子指在某种关系情境中，个体所渴求的一种积极的社会自我意象，并认为面子受到特定关系情境的影响。

最近几十年来，国内学者对面子意识的研究也有很多，比如鲁迅先生对中国国民劣根性进行鞭挞时指出，面子是"中国精神的纲领"，中国人尤其是"上等人"无论在什么事情中都很爱面子，怕丢面子。林语堂先生在《吾国与吾民》中也讲到，面子虽然"抽象而不可捉摸，但它却是规范中国人行为的最微妙的标准"。① 近些年，海峡两岸的专家学者也对面子问题进行了很多深入的探究。比如，香港大学的何友晖（1976）运用逆向思维，从"面子不是什么"的角度对面子概念进行了澄清；中国台湾地区学者黄光国则以"面子"和"人情"为工具，探讨了支配中国社会运行的潜规则等（黄光国，2004）；而翟学伟（2011，2013）的研究中对面子的内涵和本质、面子产生的心理和社会动因、人际交往的运作规律进行了充分的讨论，由此将国内学者对于面子意识的研究推向了前所未有的高度。王铁楠（2005）从自尊这一心理学角度入手对面子进行了细致入微的研究，张新安（2012）在研究中国人的面子与炫耀性奢侈品消费行为之间关系时，将消费者的面子观区分为"想要面子"和"怕丢面子"两个维度，还为之开发了相应的量表，这一量表对之后的面子研究产生了深远的影响，被很多专家学者用来对面子意识进行实证研究。

目前而言，学术界对于面子的研究主要集中在以下几个方面：语言学、社会学、社会心理学、管理学、营销学领域等。不同的领域研究的侧重点不同，根据心理驱动行为的逻辑，可以将研究划分为消费者面子意识来源、消费者对面子的认知及态度、消费态度的具体实践等。

（二）面子意识与炫耀性消费之间的关系

面子是一种需求感，指个体希望他人对其自我价值的认同，面子意识就是个体对面子的感知。集体主义自古以来就是中华文化传统，在此背景下中国人通常认为自我是"关系自我"，而不是独立自我。通俗来讲一个中国女人会把自己看作女儿、姐妹、妻子、母亲，并不仅仅是她自己。而且中国人通常会在很多场合顾及周围人的面子，而不仅仅是自己的面子。这样的面子意识会把社会关系与消费意愿连接起来。阿胡维亚等（Ahuvia et al., 1998）研究发现，在面子意识的作用下，普遍会导致东南亚国家的消费者偏好公众可见的消费品，而欧美国家的消费者对于公众可见的消费品偏爱程度明显较低。进一步，面子意识会使一些消费者去购买中高档名牌产品等炫耀性商品的意愿更加强烈，以此来彰显更高的社会地位。

袁少锋（2009）运用实证研究的方法，从炫耀性消费的四个维度——地位展示、群体归属交流、物质享乐主义、人际关系调节来说明面子意识与炫耀性消费

---

① 林语堂：《吾国与吾民》，陕西师范大学出版社2006年版。

意愿正相关，表明面子意识在炫耀性消费行为动机的形成中起到重要作用，并且证明了中国消费者的炫耀性消费意愿与行为被其独特的面子意识所支配。张圣亮（2015）将影响个体炫耀性消费意愿的因素分为外部因素和内部因素，并用深度访谈的方式证明了个体炫耀性消费意愿的一个重要影响因素是其自身所具有的面子意识。杜伟宇（2014）指出在中国文化情境之下面子意识是权力与炫耀性产品购买意愿之间关系的中介变量，个体的权力感越高，面子意识就会越强烈，内心也就会越愿意去购买那些炫耀性的商品。由此可见，研究国人面子意识与炫耀性消费意愿之间的关系是极具中国特色的选题，具有明显的理论价值与社会意义。

二、地位需求

（一）地位需求概念界定

地位需求顾名思义即个体对于社会地位的需要，这是一种个体内心的需求。地位需求被广泛用在解释消费者的地位消费决策，消费者对于高地位的追求促使其进行地位相关的消费行为（Dubois David, Derek D. Rucker & Adam D. Galinsky, 2012；Han, Nunes & Dreże, 2010）。与低权力距离的消费者相比，高权力距离的消费者对于社会阶层的强调使得在其内心中觉得社会地位更加重要，并且他们也更加渴求追求更高的社会地位（Swait & Valenzuela, 2006; Hofstede, 2001; Mattila, 1999）。拉瓦尼等（Lalwani et al., 2014）认为高权力距离的消费者被内心更高的社会地位需求所激励，因此会对彰显社会地位的或者奢侈性的品牌有较强的偏好。王洋和卢章（Wang Yang & Lu Zhang, 2016）将地位需求用作消费者对于奢侈酒店提价行为反应的条件变量，并指出对于高地位需求的消费者来说，他们对于奢侈型酒店通过折扣网站进行促销持有消极态度，并且有较低的再次入住意愿；而对于低地位需求的消费者来说，他们较少的被奢侈型酒店通过折扣网站进行促销所影响。高华超（Huachao Gao, 2016）通过实验验证了当其他人的社会地位没有更高时，地位需求和信号有效性同时对权力距离与地位消费之间的关系起到中介作用，而当其他人的社会地位更高时，只有信号有效性在权力距离对于地位消费的影响中起到中介作用，在这里高华超将信号有效性定义为消费者感知到的商品显示出社会地位的程度。

尽管国外有很多对地位需求进行研究的文章，但是检索国内文献发现对其直接研究的文章很少，一般在地位消费或者炫耀性消费的文献中能看到消费者的地位需求，崔宏静等（2016）对地位消费研究综述一文中介绍地位商品的消费是因为消费者为了保持、提高甚至是确认自己的社会地位，并且以此来向周围的人传达所获得的社会地位和社会层次，这背后其实就是消费者的地位需求的激励。袁少锋（2011）研究发现地位对个体的自尊和炫耀性消费倾向有显著的积极效应，与此同时，他从经济地位、对社会地位操纵、权力控制等方面说明地位对消费者炫耀性消费意愿的影响，这也从一个侧面反映出消费者内心的地位需求。

（二）地位需求与炫耀性消费之间的关系

虽然直观的感觉是地位需求与地位消费的关系要比地位需求与炫耀性消费之间的关系更加密切，但是在营销学界，地位消费与炫耀性消费之间的重合度很高，这也是很多国内外专家学者将其混用的原因。但事实上，与地位消费相比，炫耀性消费关注的更多是在外人面前的可视化的产品的对外展示或者对商品的公开化拥有，以此来获取他人对产品购买者社会地位的尊重、承认以及羡慕。而追求地位消费的消费者更多地表现出对于获得那些承载地位含义的产品以及品牌的愿望。而进行地位消费的消费者更加注重其拥有地位商品的个人属性，这样的一种消费行为既可以当众进行展示，也可以不用去当众展示，具有对内和对外的双重动机。从这个角度来看，再结合新生代农民工的地位需求以及其返乡的消费行为来看，其进行返乡炫耀性消费主要是为了向外展示自我财富，并且期望从同乡人的羡慕认可中获得尊重，获得其"应有的"社会地位，以满足其内心对于社会地位的需求。

三、权力距离

（一）权力距离概念界定

20世纪60～70年代，荷兰心理学家霍夫斯泰德（Hofstede）在其所任职的美国IBM公司进行了一次调研，调查对象是公司全球范围内几十个国家中的十几万员工，这次调研发现了文化价值观的五个重要维度：个人主义与集体主义、权力距离、不确定性规避、男性气概与女性气概、短期导向与长期导向，这也是后来霍夫斯泰德提出的跨国别跨地域文化框架的基础。霍夫斯泰德的这一文化价值观一经推出便受到国际学术界的广泛好评，其中个人主义与集体主义被研究者关注的最多（Erdem & Swait, 2006），通常来讲权力距离被看作是东西方社会文化差异的一个重要方面，国内对于权力距离与企业管理、员工绩效方面的研究也有不少，比如谢俊（2012）在探究效忠主管对工作绩效的影响中将权力距离作为效忠主管与中介变量反馈寻求行为之间的调节变量，而对于将权力距离与消费者行为之间关系进行研究的文献还相对较少，比如王晓玉和丁晨虹（2017）在探究消费者的权力距离对原产国效应的影响中，通过两次实验发现不同权力距离消费者个体对原产国效应有不同的作用。

在霍夫斯泰德的文化框架理论中认为权力距离是"一个国家的机构和组织中，弱势成员对于权力分配不平等的期待和接纳程度"，高权力距离的社会被认为：权力是社会的基础；权力拥有者具有特殊权利，而且应尽力地促使权力最大化；通过罢免当权者可以对社会体制进行变革；强势群体成员与弱势群体成员在本质上来看是相互冲突对立的，并且弱势群体成员互相之间难以取得信任，这一群体是社会中很难进行合作的群体。低权力距离的社会认为：所有个体都是相互的，而且拥有相同的权力状态；社会等级或者权力等级只是作用的不同，下级把上级看作和自己一样的个体；能通过对权力进行重新分配来达到对社会体制进行变革的目的；不同层次的人几乎感受不到威胁，并尽力去相信他人；本质上弱势群体与强势群体之间的关系是和谐的，这两个群体能愉快相处，而弱势群体成员间也会建立稳固的合作关系。而在本书中主要关注于个人层面不同权力距离对新生代农民工面子意识与其内心对于社会地位需求之间的关系，及由此引发的不同返乡炫耀性消费意愿。张和基姆（Zhang & Kim, 2014）的研究中发现权力距离倾向越高，对奢侈品的偏好越强烈。李·安东纳基斯（Lee Antonakis, 2014）认为权力距离对不同权力角色个体的行为做出了不同的限定，并会对个体自由决策的水平产生巨大影响。唐苏和奥沙瓦（Donthu & Yoo, 1998）提出，与低权力距离顾客相比，高权力距离顾客具有更低的服务质量期望（包括响应性和可靠性），并通过实证结果支持了假设等。

在此，我们将高权力距离与低权力距离的主要区别列于表9-1，以便为后续研究打下基础。

表9-1　　　　　　高权力距离与低权力距离的主要区别

低权力距离	高权力距离
社会阶层不是我们需要的等级制度	社会阶层是我们需要的等级制度
我们不需要顺从权威	我们需要顺从权威
人人生而平等	人有高低贵贱之分
社会等级制度不应该存在	社会等级制度应该存在
地位低的人不一定要顺从	地位低的人适当地顺从是必要的

续表

低权力距离	高权力距离
维持社会等级制度不重要	维持社会等级制度很重要
即使权力分配不均,平等仍然是很重要的	即使权力分配不均,维持社会等级也是很重要的
在课堂上,学生不必要听从老师	在课堂上,学生必须听从老师的
在一个组织中,人们是平等的	在每一个组织中,人的地位有高有低
社会平等是必需的	权力分配不等是维持等级的需要

资料来源:Zhang. Y. L, Winterich. K. P. and Mittal V. ,Power – Distance Belief and Impulsive Buying,2010。

(二)权力距离与炫耀性消费之间的关系

权力距离来源于文化价值观层面,主要用来研究跨文化跨国别方面的内容,同时在企业绩效方面也有较多的研究,在消费者行为学领域对于权力距离的研究相对较少,而对于权力距离与炫耀性消费之间关系的文章更是少之又少。朱静(2016)通过实验法探究个人权力感和权力距离对于地位消费的影响,发现在高权力距离的影响之下,权力感高的消费者对地位相关商品的购买意愿更高,而对与地位不相关的商品则在购买倾向上没有影响,而在低权力距离倾向下,权力距离感低的消费者对地位相关产品购买意愿较高,这对于我们研究权力距离与炫耀性消费间的关系有一定的启示意义。我们认为不同权力距离的个体对炫耀性消费意愿影响会有不同,对于低权力距离个体而言,他们认为人与人之间是平等的,没有社会地位的差别,因此他们对社会地位的需求没有那么强烈,他们炫耀性消费意愿自然而然也不会非常强烈;对于高权力距离个体而言,他们觉得这个社会上本就存在等级的差异,人与人之间的不平等在他们看来是合理的,其对于社会地位的需求较为强烈,进而其炫耀性消费意愿相较而言会更加强烈。

四、炫耀性消费

检索现有文献会发现关于炫耀性消费的研究有着悠长的历史,而这一概念较早由加拿大社会学和经济学家莱(Rae)在1834年提出,他试图从虚荣心角度去解释炫耀性商品的功能和性质,但形成的社会影响力却很有限。直到1899年,美国著名经济学家托斯丹·本德·凡勃伦(Thorstein B. Veblen,1857~1929)在其《有闲阶级论》一书中对炫耀性消费进行详细而系统的描述,才使得学术界对于炫耀性消费的研究进入快车道。他在该书中认为，消费者的个人偏好是由他的社会地位决定的，消费者总是模仿处于比自己高的社会地位的人们的消费方式，调控人们模仿的社会标准随着经济的发展而改变，社会组织也相应发生变化。直到 20 世纪 50 年代，经济学家莱本施泰因（1950）发表了《消费需求理论中的从众、势利和凡勃伦效应》，此文对之后炫耀性消费理论研究奠定了重要基础。戴维斯（Davis，1944）指出，凡勃伦对于炫耀性消费观点中的社会地位符号作用的提出是其对于该问题研究的最大贡献，并指出在阶层会自由流动的情况下，人们可以通过购买奢侈品或者价格高昂的产品来提高其社会地位，戴维斯（1944）还认为凡勃伦的这一观点存在明显的理论缺陷，因为凡勃伦忽视了消费文化价值的功能。莱本施泰因（1950）在理论实践上对个体消费者独立于其他消费者的经典假设进行的宽范围的限制，对于个体的消费行为从人机互动的角度进行详细阐述。该学者还提出并运用边际外部效应递减原理，对产品的三个非功能需求，即跟潮效应（bandwagon effect）、逆势效应（snob effect）和凡勃伦效应（veblen effect）进行聚焦性的研究。

对炫耀性消费专门进行研究的学者当数戴维斯和坎贝尔。戴维斯（1944）指出，凡勃伦提出的炫耀性消费理论最大的贡献便是消费的社会地位符号的作用，并指出在阶层流动的情况下，人们通过购买高价商品或奢侈品来提高社会地位；不过也存在一定的理论缺陷，即忽视了消费文化的价值功能。在炫耀性消费行为的研究领域中，坎贝尔的相关研究和观点被认为是最系统的。在坎贝尔看来，学界对于凡勃伦的炫耀性消费理论进行了广泛地推广，但是鲜有专家学者对其理论进行批判，同时对该理论的实证检验也不够充分，坎贝尔（1995）认为之所以会造成该现象的原因是对炫耀性消费现象定义的困难性，以及对炫耀性消费的认知模糊，坎贝尔基于以往大量研究的基础对凡勃伦的炫耀性消费理论进行了批判性界定，认为炫耀性消费是一种动机、意图，甚至是一种本能，与此同时，炫耀性消费也有其功能，是一种结果的呈现。

国内也有很多学者对炫耀性消费进行了深入的研究，李时华和龚志民（2005）从经济学视角，分析认为炫耀性消费在我国具有负面效应。戴俐秋和邓晓辉（2005）从博弈论和信息经济学的角度总结出了炫耀性消费理论的最新研究进展。卢丽、范秀成、郑玉香（2006）从营销学视角分析炫耀性消费的理论渊源，并从营销学领域对炫耀性消费的研究现状作出评述，认为目前我国学者对这一消费现象的研究还处于探索阶段，研究成果较少，缺乏系统性。梁小民（2007）从意识形态方面，借助手表这一商品的消费行为进行分析，批判我国炫耀性消费的不正常现象。王新丽（2010）从营销角度实证研究，考察参照群体影响的三个维度对农民群体炫耀性消费动机的影响关系，她指出与其他影响维度相比，功利性影响对农民炫耀性消费动机更加显著。金晓彤（2014）从不同学科视域下对炫耀性消费进行研究，认为炫耀性消费行为涵盖了炫耀性消费的心理性、经济性和社会性等层面，是一种符号意义消费，同时也是自我实现性消费。

与此同时，在学术界还有学者针对炫耀性消费与地位消费的区别展开讨论，聂盼盼（2016）从表现形式和社会效应两方面做出区分：在表现形式上，地位消费的内在目的是获取地位，在该行为模式上区分为"明示"和"暗示"，其中"暗示"指获得自我尊重，个体对自我身份的认可，"明示"则是个体获得社会支持，社会群体对个体地位的认可。炫耀性消费个体较多的通过显示个人财富的形式去获得社会地位，更多的是社会认可度的一种表现形式，在此层面上可以说炫耀性消费是地位消费的一种表现形式。在社会效应上，以从众效应、虚荣效应、凡勃仑效应入手研究两者的关系，从众效应指广大消费者"随波逐流"的一种消费模式，虚荣效应指消费者对产品的象征意义以及附加意义而不是实用意义的追求，凡勃仑效应描述一种社会矛盾现象，具体而言就是消费者购买意愿随着商品价格上升而提高。麦埃文和奥卡斯（Mc Ewen & O'Cass，2004）在理论上对炫耀性消费和地位消费进行区分，他们认为这是两个不同的构念，并运用实证检验的方法进行了检验，具体而言，进行地位消费的个体，购买消费的高地位产品必须被他人或者自己认可，并且能从中获得他人的尊重以及一定程度的社会地位，所以地位消费强调拥有地位商品的个人方面属性；炫耀性消费更多的是在自我膨胀的驱使下对个人所拥有的财富进行对外展示，炫耀性消费更倾向于对个人拥有产品的对外炫耀展示属性。由此我们可以看到，炫耀性消费的动机是对外的，或者说炫耀性消费一定要对外展示出来，而对于地位消费既可以对外展示，也可以不对外展示，因为它既有对外的动机也有对内的动机，对内动机包括自我确认和肯定，也包括补偿性动机。当个体在社会上与他人比较时如果处于劣势地位时，那么个体会有维护自我面子与自尊的动机。金晓彤和崔宏静（2016）认为地位消费与炫耀性消费正相关，并且地位消费对炫耀性消费有正向影响，炫耀性消费实际上是地位消费衍生出来的外向型特征，不过炫耀性消费并不是地位消费的一个普遍性特征，她们进一步认为不应当对地位消费过分地强调外在炫示特征。

第三节 理论推演与研究假设

本书通过对面子意识、地位需求、炫耀性消费以及权力距离有关的国内外文献进行研究总结,深入探讨了新生代农民工面子意识与其返乡炫耀性消费之间的关系,进一步研究了地位需求在面子意识与炫耀性消费之间的中介作用,同时引入了权力距离概念的高权力距离和低权力距离对面子意识与炫耀性消费关系的调节作用。那么,这些变量之间存在着怎样的一种关系呢?对此将在下面逐步展开:

1. 新生代农民工面子意识对返乡炫耀性消费意愿的影响

对于奢侈品或者炫耀性商品的消费东亚儒家文化国家与西方国家相比有显著的区别,中国消费者的奢侈品消费里,炫耀攀比的成分显著多于西方国家。新生代农民工群体作为深受儒家思想影响的群体,其返乡炫耀性消费这一现象也是值得深入思考的。已有研究表明,中国消费者的面子意识与其炫耀性消费行为呈正相关。施卓敏(2012)对奢侈品广告中产品的购买意愿的研究中发现相较面子需要强度低的消费者而言,面子需要强度高的消费者会有更高的奢侈品购买意愿。杜伟宇(2014)认为面子是个体在与他人的社会交往中积极的印象管理,这是一种社会性问题。张新安(2012)率先通过定量的方法来探索消费者的面子观与炫耀性消费行为之间的关系,他将面子划分为两个维度"想要面子"和"怕丢面子",并从"想要面子"和"怕丢面子"这两个维度考察面子观对炫耀性奢侈品消费行为的影响程度,发现在炫耀性奢侈消费行为方面,这两个维度都具有较强的预测能力。而返乡炫耀性消费是新生代农民工获得面子,满足其面子意识的重要途径,由此我们提出假设1:

H_{9-1}:新生代农民工面子意识对其返乡炫耀性消费有显著的正向影响。

2. 地位需求对新生代农民工面子意识与返乡炫耀性消费意愿的关系的影响

凡勃仑(1899)指出如果消费者感知到商品的符号性可以标示更高社会地位的价值或功能时,他们就会消费这些地位商品,之前我们已经对地位消费与炫耀性消费做出了区分,发现炫耀性消费个体较多的通过显示个人财富的形式去获得社会地位,更多的是社会认可度的一种表现形式,在此层面上可以说炫耀性消费是地位消费的一种表现形式。高华超(Huachao Gao,2016)的研究发现在不同参照群体的不同的社会地位影响下高权力距离个体与低权力距离个体的地位消费意愿不同,当其他人的社会地位相似或者更低时,高权力距离的消费者比低权力距离的消费者更可能进行地位消费,然而,当其他人的社会地位更高时,高权力距离的消费者会相对更少的进行地位消费,地位需求在他人地位状态没有更高的时候,权力距离在地位消费影响的作用机制中起到中介作用。在这里,地位需求指的是消费者内心对社会地位的一种渴望和需要。

新生代农民工的面子意识与其返乡炫耀性消费意愿之间的关系就像是一个黑箱,需要深入探究其内在机制,在这里我们引入地位需求这一构念,当新生代农民工在返乡炫耀性消费时，其从所消费的炫耀性商品中感知到更高的社会地位，满足其内心对于社会地位的需要，当他们从同乡人羡慕的目光中得到了想要的社会地位时，他们的面子也会因此得到满足。而当新生代农民工无法从其所消费的商品中得到同乡人的羡慕和认可，无法获得高于同乡人的社会地位时，即使在面子意识的作用下也很难引起他们返乡时对那些商品的消费意愿。由此我们提出假设2：

H_{9-2}：地位需求在新生代农民工面子意识与返乡炫耀性消费之间起到中介作用。

3. 权力距离的调节作用

霍夫斯泰德在1980年提出权力距离这一构念，它指个体在面对权力分配不平等时期望与接受的程度。虽然权力距离多用于不同社会价值观领域的研究，但是也有很多研究将权力距离用于个体，在这里我们也将权力距离应用到个体。高权力距离个体认为权力是社会的基础，认为社会阶层是存在的，不同个体地位状态的不平等是合理的，而低权力距离个体则认为人人都是独立自主的，具有同等的权力，个体间不应当有地位状态的不平等，社会阶层也是不应该存在的。按照这样的逻辑，对于高权力距离新生代农民工来说，其在城市工作取得收入后，为了体现自己的高权力状态，为了体现自己能力强，为了与同乡人显示出差别，其在面子意识的作用下对于社会地位的需求会比较高。而对于低权力距离的新生代农民工，在城镇工作取得收入后，并不会觉得自己的权力状态与同乡人有太大差别，也不会觉得自己取得了收入就会在同乡人面前"高人一等"，所以在面子意识的作用下低权力距离的新生代农民工群体对于社会地位的需求也不会那么强烈。因此，我们提出假设3：

H_{9-3}：权力距离在新生代农民工面子意识与地位需求的关系中起到调节作用。

具体而言，相较低权力距离的新生代农民工，高权力距离的新生代农民工其面子意识对地位需求的正向影响增强；相较高权力距离的新生代农民工，低权力距离的新生代农民工其面子意识对地位需求的正向影响减弱。

第四节 研究设计与方法选择

一、模型中各变量的测量

经过前面文献综述的阐释可见本书有五个变量：面子意识、信号有效性、权力距离、自我建构、炫耀性消费意愿等。需要选择成熟的量表来实现变量测量的信度和效度，并进行验证性因子分析，根据数据处理结果排除与本书不符合的题项，形成最终的研究变量测量量表。本书选择已有的成熟量表进行问卷设计，现对各变量的测量进行说明：

对于面子意识变量的测量，特斯（Tse，1996）在对中国人消费心理进行研究时，开创性地设计出了面子意识的量表，而李（Li，2007）在其研究基础上添加他人导向性的具有差异性的语句，用于补充刻画人的面子意识。本书在访谈及参考上述面子意识量表的基础上，确定五个测量题项。对于地位需求变量的测量，本书主要参考高华超（2016）在研究其他人的权力状态如何影响权力距离对地位消费的效应中所用到的量表，该量表包括四个测量题项。对于炫耀性消费意愿的测量，虽然有很多的实证研究，但是并没有被学者普遍公认的测量工具，其中较多的研究将其作为多维度结构进行研究，而在多维度结构进行炫耀性消费新的研究中，用到较多的是马库斯和塞隆（Marcoux & Cberon，1997）所提出的炫耀性消费的五个维度：炫耀特征、社会地位展示、物质享乐主义、群体交流、人际互动干预等，因此马库斯（1995）所开发的炫耀性消费意愿测量量表得到了广泛的验证，并得到了较多地使用。本书即选用这一测量量表对炫耀性消费意愿进行测量。对于权力距离变量的测量，本书采用多夫曼和豪厄尔（Dorfman & Howell，1988）开发的一维量表，该量表包含五个语项，量表的 Cronbach's α 系数为 0.74，较为理想，因此得到了广泛的认可和使用。

本书所有变量测量都采用李克特五点计分法，这五点分别为：1 表示非常不同意，2 表示不同意，3 表示不确定，4 表示同意，5 表示非常同意。

二、问卷设计

首先，本书的量表选择都是国内外成熟量表，在此基础上，根据本书的研究对象和研究情景以及研究目的，对量表进行调整，最终形成本书调查问卷的各个测量题项。其次，在本书的初始问卷编制完成后，为了使调查问卷具有较高的信度和效度，因此广泛听取了市场营销的专家的意见，在课题组内进行了深入的研究，结合这些意见与讨论结果对初始问卷进行修订，并形成了本书最终的调查问卷。

本书的调查问卷主要包括卷首语、问卷主体、个人基本信息三部分内容。其中卷首语主要介绍本书的研究目的，问卷主体是对本书变量的测量，包括面子意识、地位需求、权力距离、炫耀性消费意愿等，个人基本信息主要包括性别、年龄、文化水平、月收入水平等。

本书正式问卷的发放包括两种形式：线上与线下。线上通过问卷星网络平台在全国范围发放问卷，这样能突破地理界限获取更加多样的调查数据；线下则是选择吉林省长春市的新生代农民工群体发放纸质调查问卷，调查对象涉及建筑业、服装业、食品加工业等，以此突破行业的限制获取到涵盖面更广的新生代农民工群体的问卷调查数据。所有线上线下调查问卷都会给予被调查者相应的报酬奖励，以提高问卷调查数据的合理性与有效性。该研究共发放问卷322份，其中线下收集到问卷130份，线上收集到问卷192份，有效问卷共300份，问卷有效率为93%①，在可控制范围内，符合问卷调查研究要求。

三、预测试

在正式问卷发放之前为减少无效工作，确保正式问卷发放的有效性，该研究首先选择在长春市某建筑工地发放问卷进行小规模的预测试，以此来净化问卷题项，共发放问卷42份，其中有效问卷39份。本书应用SPSS18.0数量统计分析软件对各个变量进行信度分析，应用修正条款总相关系数（corrected-item total correlation）小于0.3，并且在删除之后Cronbach's α值显著增加为标准，修改问卷中各变量量表中的测量题项，数据分析结果如表9-2、表9-3、表9-4和表9-5，从以下各分析中能明显地看到各个变量的量表中测量题项具有较好的代表性，所以不用删除。

表9-2　　　　　　　　面子意识的CITC和信度

变量	题项编号	CITC	删除该项后的Cronbach's α值	Cronbach's α值
面子意识	A1	0.658	0.821	0.849
	A2	0.659	0.823	
	A3	0.601	0.833	
	A4	0.649	0.821	
	A5	0.751	0.793	

资料来源：本书整理。

---

① 这里所发放的322份问卷与第1篇和第2篇发放问卷5000份数量不同的原因在于，第3篇的每一章是针对新生代农民工特异性消费行为而展开的研究，因此需要针对这些特异性消费行为发放"量表型问卷"，发放的问卷数量也要依据所研究具体问题的需要来进行。

表9-3 地位需求的 CITC 和信度

变量	题项编号	CITC	删除该项后的 Cronbach's α 值	Cronbach's α 值
地位需求	B1	0.677	0.805	0.845
	B2	0.649	0.825	
	B3	0.703	0.796	
	B4	0.715	0.788	

资料来源：本书整理。

表9-4 权力距离的 CITC 和信度

变量	题项编号	CITC	删除该项后的 Cronbach's α 值	Cronbach's α 值
权力距离	C1	0.787	0.874	0.901
	C2	0.792	0.873	
	C3	0.713	0.888	
	C4	0.712	0.889	
	C5	0.784	0.873	

资料来源：本书整理。

表9-5 炫耀性消费意愿的 CITC 和信度

变量	题项编号	CITC	删除该项后的 Cronbach's α 值	Cronbach's α 值
炫耀性消费意愿	D1	0.682	0.895	0.905
	D2	0.666	0.896	
	D3	0.669	0.895	
	D4	0.671	0.895	
	D5	0.542	0.903	
	D6	0.657	0.896	
	D7	0.646	0.897	
	D8	0.674	0.895	
	D9	0.673	0.895	
	D10	0.756	0.890	

资料来源：本书整理。

第五节　数据分析与假设检验

一、描述性统计分析

在表9-6中可以看到本书研究样本为新生代农民工群体，这些新生代农民工群体来自全国各地，问卷中对受访者的性别、年龄、文化程度、月收入水平等进行了统计。其中在性别上男性与女性的比例适当，女性共有148人，占比49.30%，男性共有152人，占比50.70%，这样就能保证本文的研究不会受到性别差异的影响。从年龄结构可以看到，在21~25岁与26~30岁的新生代农民工比例适当且占据主要百分比，其之和达到近90%，在16~20岁的新生代农民工群体占比最少，达到4.70%，而31岁及以上的新生代农民工群体占比为7.00%。在文化程度来看初中毕业的新生代农民工占比最多，达到60.30%，与以往相比我们发现出现了本科生农民工群体，不过占比较小，只有1.00%，而小学毕业、高中（含职高）毕业、大专毕业的新生代农民工群体占比分别为8.30%、18.00%、12.30%。月收入水平与以往统计结果也有差异，月收入2 001~3 000元的新生代农民工群体占比最多，超半数群体达到了这一水平，占比为52.70%，月收入3 001~4 000元的新生代农民工群体占比次之，达到了37.70%，月收入2 000元及以下的群体占比2.30%，月收入4 001~5 000元的群体有6.70%，月收入达到5 001元以上的"高收入"农民工群体只有0.70%，由此可见随着中国经济的飞速发展新生代农民工群体的收入也"水涨船高"。综上所述，本书的调查群体无论是在性别、年龄、文化水平，还是月收入状况都能很好地代表该群体的特征，故能很好地服务于本研究，代表性很强（见表9-6）。

表9-6　　　　　　　　描述性统计分析

人口统计变量	特征	频次	百分比（%）
性别	女	148	49.30
	男	152	50.70

续表

人口统计变量	特征	频次	百分比（%）
年龄	16～20 岁	14	4.70
	21～25 岁	128	42.70
	26～30 岁	137	45.70
	31 岁以上	21	7.00
文化程度	小学	25	8.30
	初中	181	60.30
	高中（含职高）	54	18.00
	大专	37	12.30
	本科	3	1.00
月收入水平	2 000 元及以下	7	2.30
	2 001～3 000 元	158	52.70
	3 001～4 000 元	113	37.70
	4 001～5 000 元	20	6.70
	5 001 元以上	2	0.70

资料来源：本书整理。

二、量表的信度与效度分析

（一）信度分析

信度是可信程度，用来检测被测的内部一致性，如果测试结果有较高的一致性、可靠性以及稳定性，我们就说被测信度较高。本书中的各个构念都有其成熟的量表，并通过量表对其进行测量，所以各个量表的真实程度与可靠程度对于本书的结果结论来说具有重大的意义。问卷的可信性与稳定性程度主要由构念量表的信度来描述，采用 Cronbach's α 对问卷中量表的信度进行描述。量表高信度的衡量标准是 Cronbach's α 的值要大于 0.7，量表低信度的衡量标准为 Cronbach's α 的值小于 0.35，此时的量表不能很好地衡量待测构念，不能用该量表进行科学研究，当量表的 Cronbach's α 值介于 0.35～0.7 的时候，我们认为对于该量表的信度是可以接受的。根据表9-7的统计结果发现，地位需求的Cronbach's α 值最小为0.845，明显大于0.7，因此本书各变量的量表均有较高的信度。

表9-7　　　　　　　研究中各变量信度统计分析数据

变量	题项数量	Cronbach's α 值
面子意识	5	0.849
地位需求	4	0.845
权力距离	5	0.901
炫耀性消费意愿	10	0.905

资料来源：本书整理。

（二）效度分析

顾名思义，效度即指有效性，普遍意义认为效度代表着主观反映客观事物的程度，是测量工具、测量手段能正确的测量出待测事物的准确程度。效度的测量一般包括三部分：收敛效度测量、内容效度测量以及区别效度的测量，本书结合这三部分运用AMOS统计软件来对各个变量的效度进行测量。内容效度指的是测量内容的相符程度以及适当程度，本书涉及的构念的量表都是借鉴国内外研究中使用的成熟量表，在问卷的形成过程中针对新生代农民工群体的语言表达习惯对问卷的题项内容进行细致入微的调整，最后形成了正式问卷，因此在内容效度方面，问卷中的各个量表效度较高，符合研究需求。收敛效度指的是同一个变量或者变量的同一个维度应当有显著的相关性。一般通过平均变异抽取量（AVE）和组合信度（CR）对其进行判断，当AVE大于0.5，而CR大于0.7时，我们就说变量与其题项间的关系越密切，并且值越大收敛效度越高。区分效度指的是同一研究中不同的变量或维度之间的不相关性，通常对AVE开平方的值与其对应变量的相关系数进行大小比较来验证，如果两变量的相关系数小于AVE的平方根，说明该变量的量表具有很好地区分效度。由表9-8到表9-11可见，面子意识量表、地位需求量表、权力距离量表、炫耀性消费意愿量表的AVE值都大于0.5，而CR值也都大于0.7，收敛效度明显较高。表9-12统计结果显示各个变量量表的区分效度也都比较高。

表 9-8　　面子意识量表验证性因子分析

变量	题项	标准因子载荷	AVE	CR
面子意识	A1	0.708	0.538	0.8527
	A2	0.742		
	A3	0.676		
	A4	0.691		
	A5	0.839		

资料来源：本书整理。

表 9-9　　地位需求量表验证信因子分析

变量	题项	标准因子载荷	AVE	CR
地位需求	B1	0.776	0.5832	0.8481
	B2	0.699		
	B3	0.798		
	B4	0.778		

资料来源：本书整理。

表 9-10　　权力距离量表验证信因子分析

变量	题项	标准因子载荷	AVE	CR
权力距离	C1	0.835	0.6525	0.9036
	C2	0.842		
	C3	0.762		
	C4	0.754		
	C5	0.841		

资料来源：本书整理。

表 9-11　　　炫耀性消费意愿量表验证信因子分析

变量	题项	标准因子载荷	AVE	CR
炫耀性消费意愿	D1	0.725	0.5067	0.9111
	D2	0.693		
	D3	0.716		
	D4	0.715		
	D5	0.675		
	D6	0.699		
	D7	0.681		
	D8	0.713		
	D9	0.692		
	D10	0.801		

资料来源：本书整理。

表 9-12　　　　各个量表区分效度统计分析

	面子意识	地位需求	权力距离	炫耀性消费
面子意识	0.733			
地位需求	0.310**	0.764		
权力距离	0.272**	0.359**	0.808	
炫耀性消费	0.482**	0.361**	0.257**	0.712

注：** 表示显著性水平为 0.01，对角线数据为各变量 AVE 值的平方根，对角线以下的数据为变量间的相关系数值。

资料来源：本书整理。

三、假设检验

（一）面子意识与新生代农民工返乡炫耀性消费意愿的关系

如表 9-13 所示，以面子意识为自变量，新生代农民工返乡炫耀性消费意愿为因变量构建回归方程。其中，面子意识对新生代农民工返乡炫耀性消费意愿的回归系数为 0.482，P 值小于 0.001，回归系数显著，即假设 H_{9-1} 成立，也即是新生代农民工面子意识对其返乡炫耀性消费有显著的正向影响。

表 9-13　面子意识对新生代农民工返乡炫耀性消费意愿的回归分析

因变量	自变量	β	t 值	P	F 值
炫耀性消费	面子意识	0.482	9.484	0.000	89.955

资料来源：本书整理。

（二）地位需求的中介效应检验

如表 9-14 所示，以面子意识为自变量，新生代农民工返乡炫耀性消费意愿为因变量构建回归方程，其回归方程系数为 0.482，P 值小于 0.001，其回归方程系数显著；再以面子意识为自变量，新生代农民工的地位需求为因变量构建第二个回归方程，其回归系数为 0.310，P 值小于 0.001，回归系数显著；最后以面子意识和地位需求为自变量，新生代农民工返乡炫耀性消费意愿为因变量，构建二元回归方程，得到面子意识对新生代农民工返乡炫耀性消费意愿的回归系数为 0.409，P 值小于 0.001，回归系数显著，地位需求对新生代农民工返乡炫耀性消费意愿的回归系数为 0.235，P 值小于 0.001，回归系数同样显著。将一元回归方程系数与二元回归方程的系数进行对比发现二元回归方程的回归系数明显变小，由此，可以得出地位需求在新生代农民工面子意识与返乡炫耀性消费意愿之间起着部分中介的作用，即假设 H_{9-2} 成立，也即地位需求在新生代农民工面子意识与返乡炫耀性消费之间起到中介作用。

表 9-14　地位需求在面子意识与新生代农民工返乡炫耀性消费间的中介效应分析

因变量	自变量	β	t 值	P	F 值
炫耀性消费	面子意识	0.482***	9.484	0.000	89.955
地位需求	面子意识	0.310***	5.624	0.000	31.626
炫耀性消费	面子意识	0.409***	7.904	0.000	58.233
	地位需求	0.235***	4.538	0.000	

注：*** 代表差异性显著 P 小于 0.001。
资料来源：本书整理。

(三) 权力距离对新生代农民工面子意识与地位需求之间关系的调节效应检验

如表9-15所示，首先以新生代农民工群体的面子意识、权力距离为自变量，地位需求为因变量建立二元一次方程，构建模型1；之后再以新生代农民工群体的面子意识、权利距离及其两个变量的交互项为自变量，地位需求为因变量建立三元一次方程，构建模型2。一般用R^2和变量的交互项显著与否来判断调节效用是否存在。从表9-15中可以看到，模型1中的R^2值为0.178，模型2中的R^2值为0.234，对比两模型中的R^2值可以得到ΔR^2值为0.056，两个模型中的F值都在0.001水平下显著，与此同时，模型中的变量交互项系数在0.001水平下显著，所以可以得出调节作用存在的结论，并且交互项的系数为正，因此权力距离在新生代农民工面子意识与地位需求的关系中起到调节作用。具体而言，相较低权力距离，高权力距离的新生代农民工其面子意识对地位需求的正向影响增强；相较高权力距离，低权力距离的新生代农民工其面子意识对地位需求的正向影响减弱。也即是假设H_{9-3}成立。

表9-15　　　　　　　　　调节效应检验模型汇总

变量	模型1			模型2		
	β	t值	P值	β	t值	P值
面子意识	0.229	4.191***	0.000	0.110	0.875	0.204
权力距离	0.297	5.427***	0.000	0.272	5.112***	0.000
面子意识×权力距离				0.270	4.676***	0.000
R^2	0.178			0.234		
调整R^2	0.172			0.226		
F值	32.048***			30.155***		
ΔR2	0.056					

注：*** 表示差异显著性 P<0.001。
资料来源：本书整理。

四、假设检验结果汇总

结合以上论述，将本书的假设检验的结果汇总到表9-16中。

表 9-16　　　　　　　　　假设检验结果

假设条目	假设内容	检验结果
H_{9-1}	新生代农民工面子意识对其返乡炫耀性消费有显著的正向影响	成立
H_{9-2}	地位需求在新生代农民工面子意识与返乡炫耀性消费之间起到中介作用	成立
H_{9-3}	权力距离在新生代农民工面子意识与地位需求的关系中起到调节作用	成立

资料来源：本书整理。

第六节　研究结论与探讨

一、研究结论

本书采用实证分析的研究方法，运用问卷调查法对所提出的理论假设进行检验与分析。其中本书的研究对象为新生代农民工，自变量为面子意识，中介变量为地位需求，因变量为新生代农民工返乡炫耀性消费意愿，面子意识与地位需求之间关系的调节变量为权力距离，通过问卷调查所获得的数据进行的实证研究，本书结论如下：

（1）面子意识正向影响新生代农民工返乡炫耀性消费意愿。进入 21 世纪以来世界大环境趋于和平稳定，各行各业一片欣欣向荣，人们的物质文化水平也得到了极大地提高，炫耀性消费这一现象在社会上也愈加常见。近年来，一些专家学者对于炫耀性消费行为的研究也日渐增多，其中尤以营销学界为典型，消费者炫耀性消费意愿的探究成为营销学界近年来的一大研究热点。本书从中国本土文化特色的面子意识这一变量为切入点来试图解释新生代农民工返乡炫耀性消费意愿的形成机理，通过小组访谈与问卷调查发现，新生代农民工受中国传统文化影响，普遍具有想要面子、怕丢面子的特征，他们从小生活在农村，在农村接受教育，等到成年的时候甚至未成年的时候就进入到城市谋生。他们的受教育程度、经济收入能力等与城市群体有较大差异，但是他们自身学习能力较第一代农民工强，对于城市认同感强烈，渴望融入城市群体，希望得到城市群体的认可而不是被"看不起"。他们为了积极融入城市群体，会模仿城市群体的消费行为，希望以此拉近与城市群体的距离，而在返乡时他们内心抵触自己出身农村群体这一事实，会通过购买那些价格远超其实用价值的商品来显示自己的财富实力，彰显自己相较农村群体更高的社会地位。可见，面子意识正向影响新生代农民工返乡炫耀性消费意愿。

（2）地位需求在面子意识影响新生代农民工返乡炫耀性消费中发挥中介作用。本书通过对调查问卷收集来的数据进行回归分析，验证了地位需求在新生代农民工面子意识与返乡炫耀性消费之间起的中介作用这一理论假设。地位需求这一中介变量的引入，使得面子意识对新生代农民工返乡炫耀性消费意愿的作用机制更加完善，为两者之间的关系架起一座桥梁。面子意识会使新生代农民工的地位需求增强，而其内心较强的地位需求又会引起新生代农民工更强的返乡炫耀性消费意愿，新生代农民工希望以此来获得更高的社会地位，满足其渴望融入城市群体的心理诉求。

对于新生代农民工来说他们从小生活在农村，等到长大了在城市中工作和生活，城市群体的生活状态对他们造成巨大的冲击，他们渴望像城市群体一样工作生活，希望自己成为"城市人"，积极融入城市群体。在内心中认为城市群体的社会地位要高于农村群体，他们抗拒自己来自农村群体。在面子意识的作用下他们会觉得名牌产品、高档商品能彰显更高的社会地位，有助于他们更快和更好地融入城市群体，也即这些名牌产品、高档商品能满足他们内心对于社会地位的需求。当他们返乡时在想要面子、怕丢面子的面子意识作用下，会从一些价格远高于实用价值的商品（如，iphone X、大的品牌 Logo、名牌商品）中感知到更高的社会地位，进而在地位需求的驱动下这些新生代农民工会有更强烈的炫耀性消费意愿，更多地进行炫耀性消费。因此，地位需求具化了面子意识对新生代农民工返乡炫新消费意愿影响的路径，在这一作用机制中起到中介作用。

（3）权力距离在新生代农民工面子意识与地位需求之间关系中起到调节作用。本书在探究面子意识对新生代农民工返乡炫耀性消费意愿影响的研究中发现，并非所有新生代农民工在面子意识的作用下都会有较强烈的社会地位的需求，其返乡炫耀性消费意愿也并非都会那样强烈。本书发现权力距离是新生代农民工面子意识与其地位需求两者关系的一个边界条件。

有关权力距离的研究发现，高权利距离的新生代农民工认为城市群体与农村群体存在着天然的差别，他们认为城市群体的社会地位要高于农村群体，他们在面子意识的作用下会有更高的地位需求，以及更高的炫耀性消费意愿，以期更好地融入城市群体，获得更高的社会地位；低权力距离的新生代农民工认为城市群体与农村群体同属于一个社会等级，甚至认为这个社会不存在等级的划分，他们并没有觉得城市群体的社会地位比农村群体高,因此在面子意识的作用下他们对于社会地位的需求相较而言并没有那么高,其返乡炫耀性意愿也没有那么多强烈,因为他们认为没有必要去追求更高的社会地位。

因此,通过本书可以验证权力距离对新生代农民工面子意识与地位需求之间的关系起到调节作用。

二、理论贡献

首先,对于面子意识这一社会学变量在消费领域的研究,在国内外都没有形成一个系统的研究,并且面子意识是中华文化的传统,对其进行研究是当前国际化视野下的中国本土化研究的热点问题。本书在借鉴前人研究基础上,引入面子意识对炫耀性消费意愿的影响,并从现象入手将该研究放在新生代农民工返乡消费这一特定情境下,不仅是对炫耀性消费行为研究的拓展,也是对于深入探究新生代农民工群体消费行为的有益补充。

其次,本书从心理学视角引入地位需求这一中介变量,研究面子意识对新生代农民工返乡炫耀性消费影响的内在运行机制。根据文献检索结果发现,国内直接对于地位需求的研究几乎是空白,而国外对于地位需求的研究也很少见,本书不仅将地位需求作为中介变量进行研究,而且针对新生代农民工这一群体进行研究,具有较好的开创性,并在一定程度上加深了从社会学、心理学与营销学等多学科交叉的视角对炫耀性消费行为的研究,对新生代农民工消费行为研究,以及炫耀性消费行为研究均具有深刻的启发意义。

再次,本书从文化价值观层面引入权力距离作为新生代农民工面子意识对其地位需求影响的调节变量。本书由现象入手发现,并非所有的新生代农民工返乡时都会为了追求更高的社会地位而进行炫耀性消费,从面子意识属于文化价值观层面来看,深入发掘面子意识对新生代农民工返乡地位需求的边界条件,进而发现权力距离的高低对其关系的调节路径。为新生代农民工返乡炫耀性消费构建完整的理论研究模型提供坚实的理论基础,并为后续类似或者更加深入的研究提供不同的研究视角。

最后,本书从中国本土化研究视角入手,聚焦研究群体的特定消费情境,深入细致地分析新生代农民工返乡炫耀性消费这一现象的形成机理,该研究成果对于新生代农民工消费行为研究、炫耀性消费行为研究都是有益补充,对于后来者进行情景化的细化研究均具有深刻的启发意义。

三、相关启示

首先，随着社会主义现代化的推进，新生代农民工群体的数量不断增加，其收入也随着经济的发展而不断增加，随之而来的消费水平和消费潜力应当引起企业的足够重视。新生代农民工时时关注潮流信息，效仿城市群体消费行为和消费习惯，企业不仅应当把城市群体作为目标客户，而且应当将新生代农民工作为目标客户，开发满足新生代农民工需求的产品，为企业找到新的盈利点。

其次，企业应从新生代农民工想要面子、怕丢面子入手，并将他们想从商品中感知到更高的社会地位作为前提条件，从产品定位、产品理念、产品设计以及产品营销等多方面投入资源进行适合新生代农民工消费特点产品的生产。根据本书的结论，在春节等新生代农民工返乡高峰期，企业应当向市场推出能显示出其财富实力，显示出其与农村群体相比更高社会地位的商品，在这里也可借鉴符号消费研究的结论，为产品增加特定的消费性符号，以此满足新生代农民工的面子意识需求，以及强烈的社会地位需求。进而使得企业在新生代农民工群体消费市场中占有更大的市场份额，获得更高额的利润回报。

最后，尽管企业的本质是逐利，但是在我国经济的发展过程中，企业也要承担起相应的社会责任。企业应当结合新生代农民工群体的收入特点，积极引导新生代农民工树立正确的消费观念，只有这样才能更好地树立企业的品牌形象，让社会觉得这样的企业才是负责任、有担当的企业，也只有这样企业才能获得持续性的发展和长期性的回报。

附录

附录 A 基于社会认同需要的新生代农民工消费行为分析调查问卷

尊敬的先生/女士：

您好！我们在进行一项有关消费的调查，欲收集信息以做研究，内容绝不外泄，您的合作将给予我们极大的帮助。本问卷共 3 页，请您在相应的位置打"√"，非常感谢您的帮助和支持！祝您一切顺利！

第一部分：

表格 1：在以下所列商品当中，请在您购买过商品后的（   ）内画"√"。

名牌服饰：阿迪达斯、耐克、李宁、安踏、美特斯邦威、特步、班尼路等（包括仿冒品）	（ ）
名牌手机：苹果、诺基亚、三星、摩托罗拉、索爱、OPPO、LG 等（包括仿冒品）	（ ）
MP3、MP4、MP5、数码相机、电脑等时尚电子产品	（ ）

若以上没有，请写出您购买过的其他名牌商品_____。

表格 2：

这里把您在上一问题中勾选和填写的商品用"××"来代替，请仔细阅读下面每个题目的叙述内容，并在合适答案方框内的数字上画"√"（其中 1 代表非常不同意，2 代表比较不同意，3 代表一般，4 代表比较同意，5 代表非常同意）。

问项	非常不同意	比较不同意	一般	比较同意	非常同意
购买××能够提升自身价值	1	2	3	4	5
购买××是因为它很时尚	1	2	3	4	5
通过使用××可以向他人示好	1	2	3	4	5
购买××是因为身边的人都有	1	2	3	4	5
购买××可以引起他人的注意	1	2	3	4	5
购买××是因为它能带给我成就感	1	2	3	4	5
购买××是因为它比其他商品昂贵	1	2	3	4	5
购买××可以提升自己在他人眼中的价值	1	2	3	4	5
与其他人相比，使用××的人更有吸引力	1	2	3	4	5
购买××能够获得他人的尊重	1	2	3	4	5
在我能力的范围内，我还会购买类似于××这样的名牌商品	1	2	3	4	5

表格3：

问项	非常不同意	比较不同意	一般	比较同意	非常同意
谦逊是一个人重要的品质	1	2	3	4	5
人不应该自负	1	2	3	4	5
人们应该互谦互让	1	2	3	4	5
"凡事不偏不倚，温和而有节制"是正确的为人处事原则	1	2	3	4	5
牺牲小我，成全大我	1	2	3	4	5
与人无争对于我来讲很重要	1	2	3	4	5

表格 4：

问项	非常不同意	比较不同意	一般	比较同意	非常同意
在消费上应该量入为出	1	2	3	4	5
经常是这样，很多东西还能用，我们就把它换新的了	1	2	3	4	5
少花钱、多办事给我的感觉很好	1	2	3	4	5
我在消费支出上很小心	1	2	3	4	5
储蓄在生活中是很重要的	1	2	3	4	5

表格 5：

问项	非常不同意	比较不同意	一般	比较同意	非常同意
物质生活对于我来讲是非常重要的	1	2	3	4	5
我希望我的财富能够使我购买任何我想要的东西	1	2	3	4	5
如果我能买得起更多东西，我将非常开心	1	2	3	4	5
当我没有能力购买我想要的东西，我将非常懊恼	1	2	3	4	5
往往拥有更多的金钱也就拥有了更多的幸福	1	2	3	4	5
人们总是过于看重物质的东西	1	2	3	4	5

表格 6：

问项	非常不同意	比较不同意	一般	比较同意	非常同意
人就应该善待自己	1	2	3	4	5
通常我把自己打造成我应该成为的那种人	1	2	3	4	5
购物时，我通常百里挑一，争取选购到最好的商品	1	2	3	4	5
生活中的我争取做到尽善尽美	1	2	3	4	5
我生活追求的一切都是为了满足自身的各种欲望	1	2	3	4	5

表格 7：

问项	非常不同意	比较不同意	一般	比较同意	非常同意
为了购买和选用合适的品牌，我经常观察别人的购买和使用情况	1	2	3	4	5
如果我不熟悉某种商品，我会先向别人询问一些相关信息	1	2	3	4	5
我购物时会咨询别人以便在同类商品中做出更好的选择	1	2	3	4	5
我通常在购买商品前从别人那里搜集有关该商品的信息	1	2	3	4	5

表格 8：

问项	非常不同意	比较不同意	一般	比较同意	非常同意
有些时候我购买一件商品仅仅是因为我的朋友都买了	1	2	3	4	5
我通常会购买一些别人看得见并期望我购买的商品	1	2	3	4	5
通过购买与某群体使用的相同产品和品牌，我能够获得一种归属感	1	2	3	4	5
如果我想效仿城里人，我会选择他们所使用的品牌	1	2	3	4	5

表格 9：

问项	非常不同意	比较不同意	一般	比较同意	非常同意
购买名牌商品能显得自己与众不同	1	2	3	4	5
在得到别人的认可和赞同的情况下，我会购买名牌商品	1	2	3	4	5
购买商品时我通常会选择我认为别人也会认可的品牌	1	2	3	4	5
我愿意知道什么样的商品和品牌会给其别人留下良好印象	1	2	3	4	5

表格 10：

问项	非常不同意	比较不同意	一般	比较同意	非常同意
我认为作为一名农民没有什么可值得骄傲的	1	2	3	4	5
我对农民印象很好	1	2	3	4	5
我认为农民不被人尊敬	1	2	3	4	5
我不愿意让别人知道我来自农村	1	2	3	4	5
我对其他农民有认同感	1	2	3	4	5
我与其他农民没有太大区别	1	2	3	4	5
作为一名农民可以很好地反映我是一个什么样的人	1	2	3	4	5
我愿意继续做一名农民	1	2	3	4	5
我不喜欢做一名农民	1	2	3	4	5
我更希望自己是城市居民	1	2	3	4	5

第二部分：调查您的基本信息，请在最符合的方框内画"√"。

1. 您的性别： □ 男　　　　　　　　　　□ 女
2. 您的年龄： □ 20 岁以下　　　　　　□ 21~25 岁
　　　　　　　□ 26~30 岁　　　　　　□ 30 岁以上
3. 您的文化程度： □ 小学　　　　　　　□ 初中
　　　　　　　　　□ 高中（含中专、职高）　□ 大专及以上
4. 您目前月收入： □ 500 元以下　　　　□ 501~1 000 元
　　　　　　　　　□ 1 001~3 000 元　　□ 3 001~5 000 元
　　　　　　　　　□ 5 001 元以上

附录 B 基于社会排斥应对的新生代农民工消费行为分析调查问卷

您好！我们在做一项调查研究，请根据您的自身情况回答您在下列问题上的态度，并在相应的数字上画"√"（其中 1 代表非常不同意，2 代表比较不同意，3 代表一般，4 代表比较同意，5 代表非常同意）。

第一部分：

表格 1

问项	非常不同意	比较不同意	一般	比较同意	非常同意
我经常担心自己的财务状况	1	2	3	4	5
我负担固定支出是非常困难的	1	2	3	4	5
我获得贷款是有困难的	1	2	3	4	5
我得不到应得的福利待遇	1	2	3	4	5
我与公共机构打交道时经常遇到困难	1	2	3	4	5
我得不到银行或者保险公司的商业服务	1	2	3	4	5
我与邻居之间的联系很少	1	2	3	4	5
我的邻居是比较吵闹的	1	2	3	4	5
我单独在家时会感到孤独不安全	1	2	3	4	5
我感觉自己脱离社会	1	2	3	4	5
我缺乏社会交往的经历	1	2	3	4	5
我几乎没有人可以交谈隐私的问题	1	2	3	4	5
空闲时，我穿的和城市人一样	1	2	3	4	5
城市说话很讲究	1	2	3	4	5

表格 2

问项	非常不同意	比较不同意	一般	比较同意	非常同意
我认为自己是个有价值的人,至少与别人不相上下	1	2	3	4	5
我觉得我有许多优点	1	2	3	4	5
总的来说,我倾向于认为自己是一个失败者	1	2	3	4	5
我做事可以和大多数人一样好	1	2	3	4	5
我觉得自己没有什么值得自豪的地方	1	2	3	4	5
我对自己持有一种肯定的态度	1	2	3	4	5
整体而言,我对自己是满意的	1	2	3	4	5
我要是能更看得起自己就好了	1	2	3	4	5
有时我感到自己的确很没用	1	2	3	4	5
有时我觉得自己一无是处	1	2	3	4	5

表格 3

问项	非常不同意	比较不同意	一般	比较同意	非常同意
我愿意找城里人作为配偶	1	2	3	4	5
我希望自己的孩子能享受到与城里孩子同等的教育资源或条件	1	2	3	4	5
与老家相比,我更愿意把这里当成家	1	2	3	4	5
我想通过学历教育或职业技能培训提升自己,以改善工作和居住条件	1	2	3	4	5
我希望能享受到与同城里人同等的社会保障与权益,如医疗保险、养老保险、政治参与等	1	2	3	4	5
业余时间,我会采用城里人常用的休闲娱乐方式打发时间,如看电影、逛街、打球、K歌等	1	2	3	4	5
我希望能享受到与城里人同等的住房优惠政策,有机会申请廉租房或经济适用房等	1	2	3	4	5

续表

问项	非常不同意	比较不同意	一般	比较同意	非常同意
我要是能更看得起自己就好了	1	2	3	4	5
如果遇到困难，我愿意向社区寻求帮助	1	2	3	4	5
我愿意了解并且接受城里人在某些方面的价值观念，如饮食习惯、消费观念、婚姻和择偶观念等	1	2	3	4	5

表格 4

请您选择最近一次消费的项目：
□ 服装鞋包　□ 手表、首饰　□ 化妆品　□ 电子产品（如电脑、手机、相机等）□ 家用电器（如电视、冰箱、洗衣机等）　□ 烟酒　□ 朋友聚会（如聚餐、K 歌、看电影、泡吧等）　□ 旅游　□ 其他

请您根据上一题的选择，填写所购商品的品牌或者娱乐活动的地点：_____

把您在上一题中勾选的商品或填写的品牌用 ** 代替，仔细阅读以下每条叙述，在符合的答案数字上画"√"（其中 1 代表非常不同意，2 代表比较不同意，3 代表一般，4 代表比较同意，5 代表非常同意）。

	非常不同意	比较不同意	一般	比较同意	非常同意
购买 ** 产品能够提升我的价值	1	2	3	4	5
购买 ** 产品是因为它很时尚	1	2	3	4	5
通过使用 ** 产品可以向他人示好	1	2	3	4	5
购买 ** 产品是因为周边的人都有	1	2	3	4	5
购买 ** 产品可以引起他人的注意	1	2	3	4	5
购买 ** 产品能够让自己快乐	1	2	3	4	5
购买 ** 产品可以提升自己在他人眼中的价值	1	2	3	4	5
购买 ** 产品能够获得他人的尊重	1	2	3	4	5
购买 ** 产品能够获得他人的尊重	1	2	3	4	5
在我的能力范围内，我还会购买更多的 ** 产品	1	2	3	4	5

附录 C 基于社会地位获取的新生代农民工消费行为分析调查问卷

您好！感谢您参与本次调查，此次问卷调查主要用于学术研究，采用匿名形式填答，请您放心作答。再次感谢您的参与！祝您工作顺利！生活愉快！

第一部分：欲调查您在城市生活和消费的总体感受，请在最符合的数字上画"√"（其中 1 代表非常不同意，2 代表比较不同意，3 代表一般，4 代表比较同意，5 代表非常同意）。

表格 1

问项	非常不同意	比较不同意	一般	比较同意	非常同意
城市比较热闹、好玩	1	2	3	4	5
城市发展的好，有很多让人激动的建筑	1	2	3	4	5
城市人更有见识一些	1	2	3	4	5
城市人更时髦一些	1	2	3	4	5
城市人有钱，生活得好，穿戴很漂亮	1	2	3	4	5
城市人说话很讲究	1	2	3	4	5
城市人思想观念比较开放，农村相对比较保守	1	2	3	4	5
我会向外地人介绍我所在的城市有多好	1	2	3	4	5
农村的发展应该以城市建设为榜样	1	2	3	4	5
我希望我的家能和城市人的家一样	1	2	3	4	5
当我在市区街道散步时，我觉得我属于这里	1	2	3	4	5

续表

问项	非常不同意	比较不同意	一般	比较同意	非常同意
在城市,我有家的感觉	1	2	3	4	5
我会主动向城市人学习很多东西	1	2	3	4	5
空闲时,我穿的和城市人一样	1	2	3	4	5
我很注意自己的言行,好使自己看起来更像个城市人	1	2	3	4	5
我会向别人介绍我所在这个城里人群的优点	1	2	3	4	5
我希望自己能变得和城市人没有两样	1	2	3	4	5
现在,我大体上可以算个城市人了	1	2	3	4	5
当有人夸城市人时,我觉得就像夸我一样	1	2	3	4	5
我和很多城市居民没什么不一样	1	2	3	4	5

表格 2

问项	非常不同意	比较不同意	一般	比较同意	非常同意
我想通过学历教育或者职业技能培训提升自己,以改善在城市的居住条件	1	2	3	4	5
我想要在城市获得一份长久稳定的工作	1	2	3	4	5
我想在城市拥有一份稳定的收入	1	2	3	4	5
我积极参与城市社区组织的活动	1	2	3	4	5
我积极学习城市市民行为规范	1	2	3	4	5
如果遇到困难,我愿意向社区寻求帮助	1	2	3	4	5
我愿意和社区居民保持亲密的关系	1	2	3	4	5
我在城市居住感到很舒适	1	2	3	4	5
我认同所在城市的文化	1	2	3	4	5
我认同所在城市市民的行为方式	1	2	3	4	5
与老家相比,我更愿意把城市当成自己的家	1	2	3	4	5

表格 3

问项	非常不同意	比较不同意	一般	比较同意	非常同意
我会因为产品能够体现社会地位而购买它	1	2	3	4	5
我对能体现社会地位的产品有兴趣	1	2	3	4	5
我愿多付钱买那些能体现社会地位的产品	1	2	3	4	5
能体现社会地位的产品对我更有吸引力	1	2	3	4	5

表格 4

问项	非常不同意	比较不同意	一般	比较同意	非常同意
如果群体中每个人的行为都按照某种方式，那么我的行为也需要按照这种方式	1	2	3	4	5
我不会穿过时的服装	1	2	3	4	5
在聚会，我通常尝试采取行动来适应群体	1	2	3	4	5
当我不知道如何行动时，我通常参照其他人的行为	1	2	3	4	5
为避免孤立，我通常关注其他人的反应	1	2	3	4	5
我发现我通常将从别人那里学到的话，化为己用	1	2	3	4	5
我通常关注别人都在穿什么样的衣服	1	2	3	4	5
在面对别人对我的异议时，我都会尝试改变我的行为	1	2	3	4	5
能融入城市青年群体对我非常重要	1	2	3	4	5
我的行为通常依靠的是他人期望我如何表现	1	2	3	4	5
如果我不确定如何行动，我会关注其他人作为线索	1	2	3	4	5
我通常以看到他人的穿着作为我紧跟潮流的方法	1	2	3	4	5
我尝试着脱离农民工群体，并用适合我的情绪表现出	1	2	3	4	5

第二部分：调查您的基本信息，请在最符合的方框内画"√"。

1. 您的性别： □ 男 □ 女
2. 您的年龄： □ 16~20 岁 □ 21~25 岁
   □ 26~30 岁 □ 31 岁以上
3. 文化程度： □ 小学 □ 初中
   □ 高中（含职高） □ 中专
4. 月收入水平： □ 800 元以下 □ 801~1 500 元
   □ 1 501~2 000 元 □ 2 001~3 000 元
   □ 3 001 元以上

附录 D 基于面子意识诉求的新生代农民工消费行为分析调查问卷

您好！非常感谢您参与此次问卷调查，该问卷采用匿名形式填答，主要用于学术研究，请您放心作答。愿您生活愉快，工作顺利！

第一部分：

欲调查您在从城市返乡时的生活与消费的总体感受，请在最符合的数字上画"√"（其中1代表非常不同意，2代表比较不同意，3代表一般，4代表比较同意，5代表非常同意）。

表格1

问项	非常不同意	比较不同意	一般	比较同意	非常同意
我会买那些别人会喜欢的产品	1	2	3	4	5
有时候，我买一件产品仅仅是因为我的朋友买了	1	2	3	4	5
购买名牌产品会让我觉得与众不同	1	2	3	4	5
购买名牌产品会让我产生一种有声望的感觉	1	2	3	4	5
如果我为我的朋友购买了一件便宜的礼物，这会让我们都很没面子	1	2	3	4	5

表格 2

问项	非常不同意	比较不同意	一般	比较同意	非常同意
我渴望提升自己在社会等级中的地位	1	2	3	4	5
与其他人相比，我想提高自己的社会地位	1	2	3	4	5
努力获得更高的社会地位是我的首要任务	1	2	3	4	5
我希望比其他人拥有更高的社会地位	1	2	3	4	5

表格 3

问项	非常不同意	比较不同意	一般	比较同意	非常同意
地位较高的人在做大多数决定时都不需要征求地位较低的人的意见	1	2	3	4	5
地位较高的人不应太过频繁的征询地位较低的人的意见	1	2	3	4	5
地位较高的人应该避免与地位较低的人进行交往	1	2	3	4	5
地位较低的人应与地位较高的人的决定保持一致	1	2	3	4	5
地位较高的人不应把重要的任务委派给地位较低的人	1	2	3	4	5

表格 4

（1）请您选择最近一次回家乡时购买的项目，请在最符合的方框内画"√"：

□ 服装鞋包　□ 手表、首饰　□ 化妆品　□ 电子产品（如电脑、手机、相机等）　□ 家用电器（如电视、冰箱、洗衣机等）　□ 烟酒　□ 朋友聚会（如聚餐、K 歌、看电影、泡吧等）　□ 旅游　□ 其他

（2）请您根据上一题的选择，填写所购商品的品牌或者娱乐活动的地点：_____。

请把您在上题中勾选的商品或填写的品牌用**代替，仔细阅读以下每条叙述，请在最符合的数字上画√（其中1代表非常不同意，2代表比较不同意，3代表一般，4代表比较同意，5代表非常同意）。	非常不同意	比较不同意	一般	比较同意	非常同意
购买**产品能够提升我的价值	1	2	3	4	5
购买**产品是因为它很时尚	1	2	3	4	5
通过使用**产品可以向他人示好	1	2	3	4	5
购买**产品是因为周边的人都有	1	2	3	4	5
购买**产品可以引起他人的注意	1	2	3	4	5
购买**产品能够让自己快乐	1	2	3	4	5
购买**产品可以提升自己在他人眼中的价值	1	2	3	4	5
与他人比，使用**产品的人更有吸引力	1	2	3	4	5
购买**产品能够获得他人的尊重	1	2	3	4	5
在我的能力范围内，我还会购买更多的**产品	1	2	3	4	5

第二部分：调查您的基本信息，请在最符合的方框内画"√"。

1. 您的性别：　　□ 男　　　　　　　　□ 女
2. 您的年龄：　　□ 16~20 岁　　　　　□ 21~25 岁
　　　　　　　　□ 26~30 岁　　　　　□ 31 岁以上
3. 文化程度：　　□ 小学　　　　　　　□ 初中
　　　　　　　　□ 高中（含职高）　　□ 大专
　　　　　　　　□ 本科
4. 月收入水平：　□ 2 000 元及以下　　□ 2 001~3 000 元
　　　　　　　　□ 3 001~4 000 元　　□ 4 001~5 000 元
　　　　　　　　□ 5 001 元以上

参考文献

[1] 安海燕、钱文荣:《农民工人力资本、社会资本投资行为影响因素分析》,载于《农业现代化研究》2005年第2期,第219~224页。

[2] 安美玲:《传统价值观对消费者购买奢侈品偏好影响的实证研究》,吉林大学硕士学位论文,2009年。

[3] 白菊红:《农村人力资本积累与农民收入分配机理研究》,浙江大学博士学位论文,2002年。

[4] 白南生、李靖:《农民工就业流动性研究》,载于《管理世界》2008年第7期,第70~76页。

[5] 包福存、张海军:《建筑业青年农民工的社会认同》,载于《沈阳大学学报》2007年第1期,第21~23页。

[6] 鲍德里亚著,刘成富等译:《消费社会》,南京大学出版社2000年版。

[7] 边燕杰:《城市居民社会资本的来源及作用:网络观点与调查发现》,载于《中国社会科学》2004年第3期,第30~36页。

[8] 蔡禾、曹志刚:《农民工的城市认同及其影响因素——来自珠三角的实证分析》,载于《中山大学学报(社会科学版)》2009年第1期,第148~158页。

[9] 曹俊文:《精神文化消费统计指标体系的探讨》,载于《上海统计》2002年第4期,第42~43页。

[10] 陈成文、王修晓:《人力资本、社会资本对城市农民工就业的影响——来自长沙市的一项实证研究》,载于《学海》2004年第6期,第70~75页。

[11] 陈浩天:《城乡人口流动背景下农村地区人情消费的行为逻辑》,载于《财经问题研究》2011年第7期,第117~121页。

[12] 陈思:《构建和谐社会应坚持对农民工实施"文化扶贫"》,载于《重庆行政(公共论坛)》2010年第6期,第109~111页。

[13] 陈文江、江波:《文化消费与当代人的文化价值观:研究的目的,意义和方法》,载于《兰州学刊》1995年第1期,第38~40页。

[14] 陈艺妮、金晓彤、田敏：《我国新生代农民工消费问题的研究述评与展望》，载于《消费经济》2014年第3期，第93~96页。

[15] 陈云云、方芳、张一弛：《人力资源管理实践与企业绩效：基于动态环境的实证研究》，载于《管理学报》2011年第7期，第990~996页。

[16] 成志明、沈蕾：《新生代农民工消费特征研究》，载于《商业时代》2013年第31期，第25~26页。

[17] 程恩富：《文化经济学》，中国经济出版社1993年版。

[18] 程洪海、薛华：《我国文化消费问题研究》，载于《企业家天地》2006年第4期，第147~148页。

[19] 崔宏静、金晓彤、王天新：《地位消费研究述评与展望》，载于《消费经济》2016年第3期，第50~56页。

[20] 戴维·格伦斯基编，李国武译：《社会分层》（中译本），华夏出版社2005年出版。

[21] 戴元光、邱宝林：《当代文化消费与先进文化发展》，上海人民出版社2009年版。

[22] 邓晓辉、戴俐秋：《炫耀性消费理论及其最新进展》，载于《外国经济与管理》2005年第4期，第2~9页。

[23] 丁冬、傅晋华、郑风田：《社会资本、民间借贷与新生代农民工创业》，载于《华南农业大学学报》（社会科学版）2013年第3期，第45~49页。

[24] 董海军、风笑天：《城乡家庭人力资本投资差异的原因辨析》，载于《岭南学刊》2003年第5期，第62~65页。

[25] 杜建政、夏冰丽：《心理学视野中的社会排斥》，载于《心理科学进展》2008年第6期，第981~986页。

[26] 杜森贝利：《所得、储蓄与消费者行为之理论》，台湾银行经济研究室1968年版。

[27] 杜书云、张广宇：《农民工代际差异问题调查与思考》，载于《农村经济》2008年第2期，第100~104页。

[28] 杜伟宇、许伟清：《中国情境下权力对炫耀性产品购买意愿的影响：面子意识的中介效》，载于《南开管理评论》2014年第17期，第83~90页。

[29] 段成荣、马学阳：《我国农民工的代际差异状况分析》，载于《劳动经济评论》2011年第4期，第34~53页。

[30] 凡勃伦著，蔡受百译：《有闲阶级论——关于制度的经济学研究》，商务印书馆1899年版。

[31] 方志：《两代流动人口的社会认同研究》，首都经济贸易大学硕士学位

论文，2007年。

[32] 傅红春、罗文英：《上海居民收入满足度的测定与分析》，载于《管理世界》2004年第11期，第62~67页。

[33] 富永健一：《经济社会学》，南开大学出版社1984年版。

[34] 高素英、赵曙明、张艳丽：《人力资源管理实践与企业绩效：基于动态环境的实证研究》，载于《管理学报》2011年第7期，第990~996页。

[35] 关刘柱：《移民精英的炫耀性消费——以安徽N村流动人口消费的实证研究为例》，载于《攀枝花学院学报》2011年第2期，第48~51页。

[36] 郭维家、蒋晓平、雷洪：《社会资本与新生代农民工市民化——对成都市两个新生代农民工的个案分析》，载于《青年探索》2008年第2期，第50~53页。

[37] 郭星华、李飞：《漂泊与寻根：农民工社会认同的二重性》，载于《人口研究》2009年第6期，第74~84页。

[38] 韩靓、原新：《我国农民工收入增长因素的实证分析》，载于《人口学刊》2009年第1期，第37~43页。

[39] 何明洁：《工作：自我转换的平台——服务业青年女性农民工日常工作研究》，载于《青年研究》2008年第2期，第1~9页。

[40] 何绍辉：《在"扎根"与"归根"之间：新生代农民工社会适应问题研究》，载于《青年研究》2008年第11期，第9~14页。

[41] 何晓群、刘文卿：《浅谈加权最小二乘法及其残差图——兼答孙小素副教授》，载于《统计研究》2006年第4期，第24~29页。

[42] 何晓群：《应用回归分析》，中国人民大学出版社2011年版。

[43] 何亦名：《成长效用视角下新生代农民工的人力资本投资行为研究》，载于《中国人口科学》2014年第4期，第69、127页。

[44] 贺霞旭：《农民工工资变化的宏观影响因素研究（1986~2010年）》，载于《华南农业大学学报》（社会科学版）2013年第1期，第35~44页。

[45] 洪名勇、钱龙：《欠发达地区农民工留城倾向的影响因素分析》，载于《西北农林科技大学学报》（社会科学版）2015年第2期，第56~61、68页。

[46] 胡宏伟、曹杨、吕伟：《心理压力、城市适应、倾诉渠道与性别差异——女性并不比男性新生代农民工心理问题更严重》，载于《青年研究》2011年第5期，第76~86、96页。

[47] 扈海鹏：《关于大众文化中的市民心态的研究》，载于《浙江学刊》1999年第2期，第68~71页。

[48] 华豫民：《基于顾客价值理论的农民工手机购买行为分析》，载于《中国农村经济》2010年第9期，第82~90、96页。

[49] 黄光国、胡先缙：《面子——中国人的权力游戏》，中国人民大学出版社2004年版。

[50] 黄乾：《工作转换对城市农民工收入增长的影响》，载于《中国农村经济》2010年第9期，第28~37、47页。

[51] 黄日华、段颀：《城市流迁就业新格局下的农民工收入问题思考——基于主观感知视角的实证研究》，载于《经济研究导刊》2014年第2期，第26~28页。

[52] 惠源、胡宏伟：《第二代农民工劳动收入影响因素——基于OLS与Multinominal Regression方法》，载于《河北理工大学学报》（社会科学版）2010年第2期，第12~16页。

[53] 纪江明、陈振营、赵毅：《新生代农民工"二元化"消费方式与身份认同研究——基于2010年上海市外来农民工的调查》，载于《人口与发展》2013年第2期，第2~9页。

[54] 加里·贝克尔著，梁小民译：《人力资本》，北京大学出版社1987年版。

[55] 贾鹤、王永贵、刘佳媛、马剑虹：《参照群体对消费决策影响研究述评》，载于《外国经济与管理》2008年第6期，第51~58页。

[56] 姜凌、王成璋、姜楠：《奢侈与大众：参照群体影响下的自我－品牌联系》，载于《商业经济与管理》2009年第9期，第73~80页。

[57] 姜凌、周庭锐、王成璋：《奢侈品牌消费中参照群体影响研究》，载于《管理科学》2009年第5期，第81~91页。

[58] 蒋万胜、张凤珠：《我国农民工收入状况及其成因》，载于《资本论》研究会论文集，2011年。

[59] 焦克源、张彦雄：《农民工收入地域差异对留守老人养老保障的影响》，载于《西北人口》2011年第2期，第56~60页。

[60] 金盛华、郑建君、辛志勇：《当代中国人价值观的结构与特点》，载于《心理学报》2009年第10期，第1000~1014页。

[61] 金晓彤、陈艺妮：《我国农村居民人情消费的动机分析》，载于《消费经济》2008年第5期，第51~54页。

[62] 金晓彤、崔宏静、李苿：《新生代农民工教育型文化消费对务工收入的逆向作用机制分析——基于全国31省份4268份调查问卷》，载于《农业技术经济》2014年第9期，第79~88页。

[63] 金晓彤、崔宏静：《新生代农民工成就动机与主观幸福感的关系探析——基于社会支持、社会比较倾向的调节作用》，载于《中国农村观察》2013年第1期，第69~77、92~93页。

[64] 金晓彤、崔宏静:《新生代农民工社会认同建构与炫耀性消费的悖反性思考》,载于《社会科学研究》2013年第4期,第104~110页。

[65] 金晓彤、杨潇:《新生代农民工与同龄城市青年发展型消费的比较分析》,载于《中国农村经济》2016年第6期,第13~22页。

[66] 凯恩斯:《就业,利息和货币通论》,商务印书馆1999年版。

[67] 亢晓莉、陈理宣:《试论家庭文化资本对个体发展的影响》,载于《内江师范学院学报》2013年第3期,第118~121页。

[68] 孔荣、王欣:《关于农民工收入质量内涵的思考》,载于《农业经济问题》2013年第6期,第55~60、111页。

[69] 孔祥利、粟娟:《我国农民工消费影响因素分析——基于全国28省区1860个样本调查数据》,载于《陕西师范大学学报》(哲学社会科学版)2013年第1期,第118~121页。

[70] 孔祥利、张欣丽:《城镇化进程中农民工二元性收入及差距对其消费的影响》,载于《财政研究》2014年第12期,第58~61页。

[71] 李宝库:《中国农村居民消费模式及消费行为特征研究——基于海尔冰箱农村市场营销调查与策略的研究》,载于《管理世界》2005年第4期,第85~98页。

[72] 李春玲:《当代中国社会的声望分层——职业声望与社会经济地位指数测量》,载于《社会学研究》2005年第2期,第74~102、244页。

[73] 李达娜:《中国奢侈品购买动机研究——以香水为例》,厦门大学硕士学位论文,2008年。

[74] 李丹、李玉凤:《新生代农民工市民化问题探析——基于生活满意度视角》,载于《中国人口·资源与环境》2012年第7期,第151~155页。

[75] 李飞:《社会排斥视角下农民工城市融入问题研究》,山东大学硕士学位论文,2011年。

[76] 李贵成:《社会排斥视域下的新生代农民工城市融入问题研究》,载于《理论探讨》2013年第2期,第155~158页。

[77] 李培林、田丰:《中国新生代农民工:社会态度和行为选择》,载于《社会》2011年第3期,第1~23页。

[78] 李培林:《流动民工的社会网络和社会地位》,载于《社会学研究》1996年第4期,第42~52页。

[79] 李强:《我国城市农民工的劳动力市场》,载于《大连民族学院学报》2000年第3期,第47~54页。

[80] 李睿、田明:《进城农民工工作稳定性对收入变化的影响》,载于《北

京师范大学学报》(社会科学版) 2013 年第 5 期,第 124~132 页。

[81] 李时华、龚志民:《从可持续发展战略看炫耀性消费》,载于《消费经济》2005 年第 1 期,第 65~68 页。

[82] 李树茁、杨绪松、任义科、靳小怡:《农民工的社会网络与职业阶层和收入:来自深圳调查的发现》,载于《当代经济科学》2007 年第 1 期,第 25~33、124~125 页。

[83] 李涛:《新生代农民工市民化问题的社会学分析》,载于《长春理工大学学报》(社会科学版) 2009 年第 5 期,第 729~731 页。

[84] 李小玉:《当前我国农民工收入现状及提升路径》,载于《企业经济》2012 年第 12 期,第 148~152 页。

[85] 厉以宁:《经济学的伦理问题》,生活·读书·新知三联书店 1999 年版。

[86] 梁彩花、周金衢、张琼:《返乡农民工炫耀性消费行为的社会心理分析》,载于《广西民族研究》2010 年第 4 期,第 170~174 页。

[87] 梁库、金晓彤、佟金昱:《我国新生代农民工春节返乡消费特征分析——以冀北横河村"90 后"群体为例》,载于《经济视角(上旬刊)》2014 年第 8 期,第 1~3 页。

[88] 林磊:《炫耀性消费的自我提升作用及其自尊差异》,云南师范大学硕士学位论文,2013 年。

[89] 林语堂:《吾国与吾民》,陕西师范大学出版社 2006 年版。

[90] 林志坚:《基于消费行为分析的奢侈品营销管理研究——以 E 公司为例》,华中农业大学硕士学位论文,2007 年。

[91] 刘保军:《新生代农民工城市融入研究——分析框架建构及应用》,山东大学硕士学位论文,2012 年。

[92] 刘传江、程建林:《第二代农民工市民化:现状分析与进程测度》,载于《人口研究》2008 年第 5 期,第 48~57 页。

[93] 刘飞:《从生产主义到消费主义:炫耀性消费研究述评》,载于《社会》2007 年第 4 期,第 136~209 页。

[94] 刘辉武:《文化资本与农民工的城市融入》,载于《农村经济》2007 年第 1 期,第 122~125 页。

[95] 刘俊彦、胡献忠:《新一代农民工发展状况研究报告》,载于《中国青年研究》2009 年第 1 期,第 49~57 页。

[96] 刘俊彦:《青年人口流动态势分析》,载于《中国青年研究》2007 年第 5 期,第 64~67 页。

[97] 刘力钢、袁少锋、高英:《炫耀性消费倾向的传统文化价值观诠释》,

载于《经济经纬》2010 年第 6 期，第 72~75 页。

[98] 刘林平、王茁：《新生代农民工的特征及其形成机制——80 后农民工与 80 前农民工之比较》，载于《中山大学学报》（社会科学版）2013 年第 5 期，第 136~150 页。

[99] 刘林平、张春泥：《农民工工资：人力资本、社会资本、企业制度还是社会环境？——珠江三角洲农民工工资的决定模型》，载于《社会学研究》2007 年第 6 期，第 114~137、244 页。

[100] 刘世雄：《基于文化价值的中国消费区域差异实证研究》，载于《中山大学学报》（社会科学版）2005 年第 5 期，第 99~103 页。

[101] 刘艺：《论农村人情消费》，载于《湖南社会科学》2008 年第 5 期，第 198~201 页。

[102] 卢锋：《中国农民工工资走势：1979—2010》，载于《中国社会科学》2012 年第 7 期，第 47~67、204 页。

[103] 卢丽、范秀成、郑玉香、梁文宾：《炫耀性消费的营销理论》，载于《经济管理》2006 年第 15 期，第 54~56 页。

[104] 卢泰宏、刘世雄：《区域差异的消费行为研究：路径与方法》，载于《中山大学学报》（社会科学版）2004 年第 2 期，第 18~23 页。

[105] 卢小军、孟娜：《代际差异视角下农民工社会融入研究——基于大连市的调查》，载于《西北农林科技大学学报》（社会科学版）2014 年第 1 期，第 36~40、46 页。

[106] 卢志刚、宋顺锋：《农民工收入微观影响因素统计分析》，载于《现代财经》（天津财经大学学报）2006 年第 10 期，第 77~81 页。

[107] 陆璐：《农民工收入的性别差异实证研究》，载于《农业经济》2013 年第 12 期，第 100~104 页。

[108] 陆人：《在传统与现代的十字架前》，西安交通大学出版社 1988 年版。

[109] 吕晓兰：《作转换、流动与农民工收入增长》，载于《农业经济问题》2013 年第 12 期，第 40~49、111 页。

[110] 罗锋、黄丽：《人力资本因素对新生代农民工非农收入水平的影响——来自珠江三角洲的经验证据》，载于《中国农村观察》2011 年第 1 期，第 10~19、96 页。

[111] 罗竖元、李萍：《社会资本对新生代农民工择业行为影响调研》，载于《广东行政学院学报》2011 年第 2 期，第 38~41 页。

[112] 马金平、周勇：《不同层次培训对农民工收入影响的差异性：人力资本的中介作用》，载于《武汉科技大学学报》（社会科学版）2013 年第 3 期，第

250~253页。

[113] 马克思、恩格斯:《马克思恩格斯文集》,人民出版社2009年版。

[114] 马克斯·韦伯:《经济与社会》,商务印书馆1997年版。

[115] 马骊、孙敬水:《我国居民消费与收入关系的空间自回归模型研究》,载于《管理世界》2008年第1期,第167~168页。

[116] 迈克尔·A.豪格、多米尼克·阿布拉姆斯著,高明华译:《社会认同过程》,中国人民大学出版社2001年版。

[117] [英]安迪·班尼特、基斯·哈恩—哈里斯著,中国青年政治学院青年文化译介小组编:《亚文化之后:对于当代青年文化的批判研究》,中国青年出版社2011年版。

[118] 孟慧:《农民工的消费方式和身份认同分析——以苏北H镇外出农民工为例》,吉林大学硕士学位论文,2007年。

[119] 孟洁、张河川:《物质主义与"传统价值观"对大学生心理健康的影响》,载于《经济研究导刊》2010年第5期,第214~216页。

[120] 孟颖颖、邓大松:《农民工城市融合中的"收入悖论"——以湖北省武汉市为例》,载于《中国人口科学》2011年第1期,第74~82、112页。

[121] 孟颖颖:《新生代农民工城市融合障碍构成原因探析——基于社会排斥理论的视阈》,载于《西北人口》2011年第3期,第11~16、22页。

[122] 聂盼盼:《城市认同对新生代农民工地位消费意愿的影响机理研究》,吉林大学硕士学位论文,2016年。

[123] 潘洪涛、陆林:《农民工消费的影响因素分析》,载于《中国市场》2008年第9期,第31~32页。

[124] 彭国胜:《人力资本与青年农民工的就业质量——基于长沙市的实证调查》,载于《湖北社会科学》2009年第10期,第102~105页。

[125] 彭清华、蔡秀玲:《包容性发展视角下"准市民"收入增长模式的转变研究——以农民工为例》,载于《江西农业大学学报》(社会科学版)2013年第4期,第486~492页。

[126] 彭远春:《论农民工身份认同及其影响因素——对武汉市杨园社区餐饮服务员的调查分析》,载于《人口研究》2007年第2期,第81~90页。

[127] 皮埃尔·布迪厄著,包亚明译:《文化资本与社会炼金术》,上海人民出版社1997年版。

[128] 钱玮、吕巍、金振宇:《思维聚焦对发展型文化消费产品购买意愿的影响》,载于《心理科学》2015年第1期,第185~190页。

[129] 钱文荣、李宝值:《不确定性视角下农民工消费影响因素分析——基

于全国 2 679 个农民工的调查数据》，载于《中国农村经济》2013 年第 11 期，第 57~71 页。

[130] 钱雪飞：《新生代农民工收入及影响因素的实证分析——基于代际差异的视角》，载于《江海纵横》2010 年第 3 期，第 46~49 页。

[131] 钱雪飞：《新生代农民工收入情况及影响因素》，载于《当代青年研究》2010 年第 3 期，第 15~21 页。

[132] 钱正武：《农民工面临的困境及其对社会稳定的影响》，载于《调研世界》2005 年第 12 期，第 29~31 页。

[133] 任锋、杜海峰：《社会关系再构建、职业阶层与农民工收入》，载于《人口与发展》2011 年第 5 期，第 14~23、64 页。

[134] 任国强：《人力资本对农民非农就业与非农收入的影响研究——基于天津的考察》，载于《南开经济研究》2004 年第 3 期，第 3~10 页。

[135] 沈蕾、田敬杰：《上海新生代农民工消费结构分析》，载于《消费经济》2012 年第 4 期，第 48~52 页。

[136] 沈渝：《城市融入中的社会性别研究》，载于《统计与决策》2010 年第 8 期，第 84~87 页。

[137] 施卓敏、范丽洁、叶锦锋：《中国人的脸面观及其对消费者解读奢侈品广告的影响研究》，载于《南开管理评论》2012 年第 1 期，第 151~160 页。

[138] 舒尔茨著，吴珠华等译：《论人力资本投资》，北京经济学院出版社 1990 年版。

[139] 苏群、周春芳：《农民工人力资本对外出打工收入影响研究——江苏省的实证分析》，载于《农村经济》2005 年第 7 期，第 115~118 页。

[140] 孙超骥、郭兴方：《新生代农民工的消费行为研究》，载于《价格月刊》2010 年第 11 期，第 85~88 页。

[141] 孙多山：《基于文化价值观的奢侈品消费动机和行为研究》，首都经济贸易大学硕士学位论文，2008 年。

[142] 孙立、仝时：《人力资本对新生代农民工收入影响的研究》，载于《江苏科技信息》2011 年第 10 期，第 16~18 页。

[143] 孙小素：《加权最小二乘法残差图问题探讨——与何晓群教授商榷》，载于《统计研究》2005 年第 11 期，第 18~20 页。

[144] 谭深：《家庭策略，还是个人自主？——农村劳动力外出决策模式的性别分析》，载于《浙江学刊》2004 年第 5 期，第 210~214 页。

[145] 唐有财：《新生代农民工消费研究》，载于《学习与实践》2009 年第 12 期，第 102~107 页。

[146] 陶树果:《新生代来沪农民工家庭消费结构的二元性研究——对普陀区 X 街道非正规就业人员的个案研究》,华东师范大学硕士学位论文,2008 年。

[147] 田丰:《城市工人与农民工的收入差距研究》,载于《社会学研究》2010 年第 2 期,第 87~105、244 页。

[148] 田青、马健、高铁梅:《我国城镇居民消费影响因素的区域差异分析》,载于《管理世界》2008 年第 7 期,第 27~33 页。

[149] 田姗、夏晶、王其和:《新生代农民工炫耀性消费行为动机研究》,载于《湖北工业大学学报》2013 年第 6 期,第 26~29 页。

[150] 田圣炳、陈森:《新生代农民工消费密码》,载于《销售与市场》2011 年第 6 期,第 64~66 页。

[151] 童星、马西恒:《"敦睦他者"与"化整为零"——城市新移民的社区融合》,载于《社会科学研究》2008 年第 1 期,第 64~67 页。

[152] 汪佳佳:《城乡二元体制下农民工消费行为"两栖性"探究》,载于《青年与社会》2013 年第 7 期,第 240~241 页。

[153] 汪丽萍:《融入社会视角下的新生代农民工消费行为——市民化消费和炫耀性消费》,载于《农村经济》2013 年第 6 期,第 126~129 页。

[154] 王春超、周先波:《社会资本能影响农民工收入吗?——基于有序响应收入模型的估计和检验》,载于《管理世界》2013 年第 9 期,第 55~68、101、187 页。

[155] 王春光:《新生代农村流动人口的社会认同与城乡融合的关系》,载于《社会学研究》2001 年第 3 期,第 63~76 页。

[156] 王春光:《新生代农民工城市融入进程及问题的社会学分析》,载于《青年探索》2010 年第 3 期,第 5~15 页。

[157] 王贺峰:《中国情境下炫耀性消费行为的符号意义建构与实证研究》,吉林大学博士学位论文,2011 年。

[158] 王劲松:《关于农民工消费行为的社会学思考》,载于《商场现代化》2007 年第 31 期,第 57~58 页。

[159] 王李:《教育投资对"新生代农民工"非农收入的影响研究》,载于《中国劳动关系学院学报》2012 年第 3 期,第 46~49 页。

[160] 王丽:《江苏新生代农民工收入差异的个体因素分析》,载于《统计科学与实践》2013 年第 11 期,第 27~29 页。

[161] 王美艳:《新生代农民工的消费水平与消费结构:与上一代农民工的比较》,载于《劳动经济研究》2017 年第 6 期,第 10~126 页。

[162] 王萌、赵小璐、王松:《入京农民工文化消费调研报告》,载于《经

济视角（中旬）》2011年第1期，第167~169页。

[163] 王梦怡、姚兆余：《新生代农民工消费行为及其影响因素——基于南京市783份调查问卷》，载于《湖南农业大学学报》（社会科学版）2014年第1期，第43~48页。

[164] 王宁、严霞：《两栖消费与两栖认同——对广州市J工业区服务业打工妹身体消费的质性研究》，载于《江苏社会科学》2011年第4期，第90~100页。

[165] 王宁：《传统消费行为与消费方式的转型——关于扩大内需的一个社会学视角》，载于《广东社会科学》2003年第2期，第148~153页。

[166] 王宁：《消费社会学》，社会科学文献出版社2005年版。

[167] 王宁：《消费与认同——对消费社会学的一个分析框架的探索》，载于《社会学研究》2001年第1期，第4~14页。

[168] 王宁：《炫耀性消费——竞争策略还是规范遵从》，载于《广东社会科学》2011年第4期，第196~209页。

[169] 王卫东：《中国社会文化背景下社会网络资本的测量》，载于《社会》2009年第3期，第25~32页。

[170] 王文松：《新生代农民工的特征、心理特点及应对措施》，载于《农村经济与科技》2010年第5期，第55~56页。

[171] 王新丽：《参照群体对我国农村居民炫耀性消费动机的影响研究》，吉林大学硕士学位论文，2010年。

[172] 王新新、陈润奇：《价值观及其对消费者行为和品牌管理的影响研究综述》，载于《未来与发展》2010年第1期，第54~58页。

[173] 王兴梅：《新生代农民工的社会认同研究——以山东省农民工的实证研究为例》，山东大学硕士学位论文，2010年。

[174] 王艳华：《新生代农民工市民化的社会学分析》，载于《中国青年研究》2007年第5期，第38~41页。

[175] 王轶楠、杨中芳：《中西方面子研究综述》，载于《心理科学》2005年第2期，第398~401页。

[176] 王雨磊：《工人还是农民——消费对于农民工身份认同的影响分析》，载于《南方人口》2012年第4期，第39~45页。

[177] 尉建文、赵延东：《权力还是声望？——社会资本测量的争论与验证》，载于《社会学研究》2011年第3期，第51~57页。

[178] 魏晨：《新生代农民工的城市社会融入研究》，载于《湖北广播电视大学学报》2007年第2期，第66~67页。

[179] 魏后凯、苏红键：《中国农业转移人口市民化进程研究》，载于《中

国人口科学》2013年第5期，第21~29、126页。

[180] 温忠麟、张雷、侯杰泰：《有中介的调节变量和有调节的中介变量》，载于《心理学报》2006年第3期，第448~452页。

[181] 文崇一：《中国人的价值观》，东大图书公司1989年版。

[182] 文敏、甘怡群、蒋海飞、杜婉婉、杨向荣、陈怡廷、郑晶晶、龚新玲：《成就动机与学业倦怠、学业投入：未来取向应对的纵向中介作用》，载于《北京大学学报》（自然科学版）2014年第2期，第388~396页。

[183] 吴江霖：《社会心理学》，广州高等教育出版社2000年版。

[184] 吴祁：《新生代农民工消费行为的实证研究》，载于《南京人口管理干部学院学报》2012年第3期，第23~28页。

[185] 吴维平、王汉生：《寄居大都市：京沪两地流动人口住房现状分析》，载于《社会学研究》2002年第3期，第92~110页。

[186] 伍庆：《消费社会与消费认同》，社会科学文献出版社2009年版。

[187] 夏四平：《农民工社会认同的特点研究》，西南大学硕士学位论文，2008年。

[188] 向书坚、李芳芝、李超：《区域分割下农民工收入差距的回归分解》，载于《统计研究》2014年第2期，第49~54页。

[189] 晓玉、丁晨虹：《消费者的权力距离对原产国效应的极化作用》，载于《营销科学学报》2017年第1期，第41~54页。

[190] 肖金平：《"新生代农民工"消费行为浅析》，载于《现代商业》2010年第26期，第277~278页。

[191] 肖伟：《农民工消费观念的变迁》，湖南师范大学硕士学位论文，2008年。

[192] 谢俊、储小平、汪林：《效忠主管与员工工作绩效的关系：反馈寻求行为和权力距离的影响》，载于《南开管理评论》2012年第2期，第31~38页。

[193] 谢培熙、朱艳：《新生代农民工消费研究述评》，载于《河海大学学报》（哲学社会科学版）2011年第4期，第59~62、91页。

[194] 邢春冰：《农民工与城镇职工的收入差距》，载于《管理世界》2008年第5期，第55~64页。

[195] 邢淑芬、俞国良：《社会比较研究的现状与发展趋势心理科学进展》，载于《心理科学进展》2015年第1期，第78~84页。

[196] 徐淳厚：《关于文化消费的几个问题》，载于《北京商学院学报》1997年第4期，第46~49页。

[197] 徐华春、郑涌、黄希庭：《中国青年人生价值观初探》，载于《西南

大学学报》（社会科学版）2008年第5期，第35~39页。

［198］徐建役、姜励卿、谢海江：《心理资本与农民工工资收入的相互影响——以浙江省为例》，载于《浙江社会科学》2012年第9期，第83~90、157~158页。

［199］许传新：《"落地未生根"——新生代农民工城市社会适应研究》，载于《南方人口》2007年第4期，第52~59页。

［200］许传新：《农民工的进城方式与职业流动——两代农民工的比较分析》，载于《青年研究》2010年第3期，第1~12、94页。

［201］薛黎明：《宿舍内社会排斥对女大学生社交自尊、内隐自尊的影响及干预研究》，沈阳师范大学硕士学位论文，2014年。

［202］闫超：《基于社会认同视角的新生代农民工炫耀性消费行为影响机理研究》，吉林大学博士学位论文，2012年。

［203］［英］约翰·穆勒著，朱泱等译：《政治经济学原理》（上卷），商务印书馆1991年版。

［204］严翅君：《长三角城市农民工消费方式的转型－对长三角江苏八城市农民工消费的调查研究》，载于《江苏社会科学》2007年第3期，第224~230页。

［205］严慧、夏辛萍：《农民工消费行为考察——与下岗职工消费行为比较》，载于《消费导刊》2006年第11期，第30~31页。

［206］杨国枢：《中国人的心理与行为：本土化研究》，中国人民大学出版社2004年版。

［207］杨菊华：《从隔离、选择性融入到融合：流动人口社会融入问题的理论思考》，载于《人口研究》2009年第1期，第17~29页。

［208］杨魁：《消费文化：从现代到后现代》，中国社会科学出版社2003年版。

［209］杨嫚：《消费与身份构建：一项关于武汉新生代农民工手机使用的研究》，载于《新闻与传播研究》2011年第6期，第65~74、110~111页。

［210］杨善华、朱伟志：《2006手机：全球化背景下的"主动"选择——珠三角地区农民工手机消费的文化和心态解读》，载于《广东社会科学》2006年第2期，第168~173页。

［211］杨宜音：《新生代农民工过渡性身份认同及其特征》，载于《云南师范大学学报（哲学社会科学版）》2013年第5期，第76~85页。

［212］姚建平：《消费认同》，社会科学文献出版社2006年版。

［213］姚俊：《"路在何方"：新生代农民工发展取向研究——兼与老一代农民工的比较分析》，载于《青年研究》2010年第6期，第31~38、94~95页。

[214] 姚植夫、薛建宏：《新生代农民工市民化意愿影响因素分析》，载于《人口学刊》2014年第3期，第107~112页。

[215] 叶静怡、王琼：《农民工的自雇佣选择及其收入》，载于《财经研究》2013年第1期，第93~102页。

[216] 叶静怡、杨洋：《农民工收入和满意感：2008年以来的变化》，载于《学习与探索》2014年第9期，第131~137页。

[217] 叶静怡、周晔馨：《社会资本转换与农民工收入——来自北京农民工调查的证据》，载于《管理世界》2010年第10期，第38~44页。

[218] 易丹辉、尹德光：《居民消费统计学》，中国人民大学出版社1994年版。

[219] 于丽敏、王国顺：《农民工收入与消费问题的实证分析——以东莞为例》，载于《税务与经济》2009年第5期，第64~67页。

[220] 于丽敏：《农民工消费行为影响因素研究——以东莞为例》，中南大学博士学位论文，2010年。

[221] 余晓敏、潘毅：《消费社会与"新生代打工妹"主体性再造》，载于《社会学研究》2008年第3期，第143~171、245页。

[222] 鱼鸿杰：《中国消费行为地区差异的实证研究——对扩内需的启示》，载于《企业经济》2013年第5期，第134~137页。

[223] 俞玲：《农民工低收入的经济学解析》，载于《经济论坛》2012年第1期，第104~106页。

[224] 袁少锋：《参照群体对炫耀性消费行为影响机制实证研究》，辽宁大学硕士学位论文，2008年。

[225] 苑会娜：《进城农民工的健康与收入——来自北京市农民工调查的证据》，载于《管理世界》2009年第5期，第56~66页。

[226] 臧旭恒、裴春霞：《转轨时期中国城乡居民消费行为比较研究》，载于《数量经济技术经济研究》2007年第1期，第40~45页。

[227] 翟学伟：《中国人的脸面观——形式主义的心理动因与社会表征》，北京大学出版2011年版。

[228] 占足平：《浅论文化消费的正负效益及其引导》，载于《广东行政学院学报》2002年第25期，第87~90页。

[229] 张春芳：《重塑公民：当代中国农民公民身份的考察与反思》，载于《理论导刊》2011年第4期，第54~56页。

[230] 张春泥、谢宇：《同乡的力量：同乡聚集对农民工工资收入的影响》，载于《社会》2013年第1期，第113~135页。

[231] 张冬平、白菊红：《农民收入水平与受教育水平的关系》，载于《经济研究参考》2003年第31期，第28页。

[232] 张斐：《新生代农民工市民化现状及影响因素分析》，载于《人口研究》2011年第6期，第100~109页。

[233] 张斐男：《职业分化：农民市民化的必然选择》，载于《开放导报》2012年第1期，第37~40页。

[234] 张梦霞：《象征型购买行为的儒家文化价值观诠释——概念界定，度量，建模和营销策略研究》，载于《中国工业经济》2005年第3期，第106~112页。

[235] 张娜、雷怀英：《新生代农民工收入影响因素研究——基于天津市的调查》，载于《农业技术经济》2013年第7期，第45~52页。

[236] 张圣亮、陶能明：《中国情景下炫耀性消费影响因素实证研究》，载于《现代财经》2015年第4期，第60~70页。

[237] 张晓秋、冉茂盛、徐磊：《教育投资对中国经济增长的影响机理研究》，载于《科技管理研究》2009年第6期，第82~84、94页。

[238] 张笑秋：《基于参照点依赖的新生代农民工"民工荒"成因分析》，载于《福建论坛》（人文社会科学版）2011年第2期，第157~160页。

[239] 张新岭、赵永乐、林竹、宋成一：《农民工就业：人力资本和社会资本的耦合分析》，载于《农村经济》2007年第12期，第117~120页。

[240] 张银、李燕萍：《农民人力资本、农民学习及其绩效实证研究》，载于《管理世界》2010年第2期，第50~57页。

[241] 张莹瑞、佐斌：《社会认同理论及其发展》，载于《心理科学进展》2006年第3期，第475~480页。

[242] 张兆伟：《新生代农民工的符号消费与社会认同研究——基于某高校外来务工群体的个案研究》，山东大学硕士学位论文，2008年。

[243] 赵立、郭蒙蒙：《新生代农民工城市融入意愿分析》，载于《杭州师范大学学报》（自然科学版）2015年第2期，第138~144页。

[244] 赵立：《新生代农民工的市民化心理适应——对浙江省904个样本的调查与分析》，载于《管理世界》2014年第11期，第180~181页。

[245] 赵利梅：《消费认同视角下新生代农民工市民化的消费行为和影响机理》，载于《农村经济》2013年第3期，第127~129页。

[246] 赵霞、杨筱柏：《理性文化消费与农村人力资本投资关系探讨》，载于《商业时代》2011年第3期，第18~19页。

[247] 赵延东、王奋宇：《城乡流动人口的经济地位获得及决定因素》，载

于《中国人口科学》2002 年第 4 期，第 34~40 页。

[248] 赵延东：《再就业中的社会资本：效用与局限》，载于《社会学研究》2002 年第 4 期，第 21~28 页。

[249] 赵耀辉：《中国农村劳动力流动及教育在其中的作用——以四川省为基础的研究》，载于《经济研究》1997 年第 2 期，第 37~42、73 页。

[250] 赵振华：《前促进农民工就业的若干思考》，载于《学习论坛》2009 年第 10 期，第 44~45 页。

[251] 郑方辉、隆晓兰：《基于绩效评价的收入满意度的实证研究——以 2007 年广东省为例》，载于《武汉大学学报》（哲学社会科学版）2008 年第 4 期，第 585~591 页。

[252] 郑杭生：《农民市民化：当代中国社会学的重要研究主题》，载于《甘肃社会科学》2005 年第 4 期，第 4~8 页。

[253] 郑晓莹、彭泗清、戴珊姗：《社会比较对炫耀性消费的影响：心理补偿的视角》，载于《营销科学学报》2014 年第 3 期，第 19~31 页。

[254] 郑欣：《媒介的延伸：新生代农民工城市适应研究的传播学探索》，载于《西南民族大学学报》（人文社科版）2016 年第 6 期，第 142~148 页。

[255] 郑玉香、袁少锋、高英：《基于 SMC 的炫耀性消费行为影响因素实证研究》，载于《经济经纬》2008 年第 2 期，第 136~139 页。

[256] 郑玉香、袁少锋：《中国消费者炫耀性购买行为的特征与形成机理——基于参照群体视角的探索性实证研究》，载于《经济经纬》2009 年第 2 期，第 115~119 页。

[257] 周晶：《从公共选择理论视角分析民工子女义务教育的不平等现象》，载于《产业与科技论坛》2007 年第 12 期，第 25~26 页。

[258] 周井娟：《不同行业农民工收入影响因素比较》，载于《统计与决策》2008 年第 2 期，第 98~100 页。

[259] 周林刚：《地位结构、制度身份与农民工集体消费——基于深圳市的实证分析》，载于《中国人口科学》2007 年第 4 期，第 88~94、96 页。

[260] 周明宝：《城市滞留型青年农民工的文化适应与身份认同》，载于《社会》2004 年第 5 期，第 4~11、23 页。

[261] 周晔馨：《社会资本是穷人的资本吗？——基于中国农户收入的经验证据》，载于《管理世界》2012 年第 7 期，第 32~38 页。

[262] 周芸：《山寨手机与青年农民工群体的城市身份建构——来自文化视角的分析》，载于《兰州学刊》2010 年第 1 期，第 77~81 页。

[263] 周兆透：《大学教师成就动机与工作绩效关系的实证研究》，载于

《现代大学教育》2008年第4期，第80~85、113页。

[264] 朱静：《个人权力感和权力距离对地位消费的影响》，载于《现代商业》2016年第9期，第185~187页。

[265] 朱晓辉：《中国消费者奢侈品消费动机的实证研究》，载于《商业经济与管理》2006年第7期，第42~48页。

[266] 朱信凯：《中国农户位置消费行为研究》，载于《统计研究》2001年第12期，第15~19页。

[267] 祝伟：《从消费动员到消费约束——新生代农民工的消费行为与身份认同》，载于《中国工人》2012年第3期，第27~30页。

[268] Ahuvia A. C., Beyond the Extended Self: Loved Objects and Consumers' Identity Narratives. Journal of Consumer Research, 2005, 32 (1): 171-184.

[269] Alan G., Self-Fulfillment. Princeton University Press, 1998.

[270] Bagwell L. S., Bernheim B. D. Veblen., Effects in a Theory of Conspicuous Consumption. American Economic Review, 1996, 86: 349-373.

[271] Baudrillard J. Jean Baudrillard, Selected Writings. Edited by Mark Poster, Stanford, Calif: Stanford University Press, 1988.

[272] Baumeister R. F, Tice D. M., Anxiety and Social Exclusion. Journal of Social and Clinical Psychology, 1990, 9 (2): 165-195.

[273] Baumeister R. F., Campbell J. D., Krueger J. I., Vohs K. D., Does high self-esteem cause better performance, interpersonal success, happiness, or healthier lifestyles?. Psychological Science in the Public Interest, 2003, 4: 1-44.

[274] Bearden W. O., Etzel M. J., Reference Group Influence on Product and Brand Purchase Decisions. Journal of Consumer Research, 1982, 9: 183-194.

[275] Bearden W. O., Netemeyer R. G., Teel J. E., Measurement of Consumer Susceptibility to Interpersonal Influence. Journal of Consumer Research, 1989, 15: 473-481.

[276] Bearden W. O., Rose R. L., Attention to Social Comparison Information: An Individual Difference Factor Affecting Consumer Conformity. Journal of Consumer Research, 1990, 16 (4): 461-471.

[277] Behrman J. R., The Action of Human Resources and Poverty on One another. Washington DC: The World Bank, 1900.

[278] Behrman J. and Wolfe B., The Socioeconomic Impact of Schooling in a Developing Country. Review of Economics and Statistics, 1984, 66 (2): 296-303.

[279] Bourdieu P., Handbook of Theory and Research for the sociology of Edu-

cation. New York: Greenwood Press, 1986.

［280］Branden N. , In defense of self. Association for Humanistic Psychology, 1984, 4: 12 – 13.

［281］Brinberg D. , Plimpton L. , Self – Monitoring and Product Conspicuousness on Reference Group Influence. Advances in Consumer Research, 1986, 13: 297 – 300.

［282］Brockmann H. , Delhey J. and Welzel C. , The China puzzle: falling happiness in a rising economy. Journal of Happiness Studies, 2009, 10（4）: 387 – 405.

［283］Bryan S. K. , Kim D. R. Atkinson. , Peggy H. Y. , The Asian Values Scale: Development, Factor Analysis, Validation and Reliability. Journal of Counseling Psychology, 1999, 46（3）: 342 – 352.

［284］Burnkrant R. E. , Cousineau A. , Informational and Normative Social Influence in Buyer Behavior. Journal of Consumer Research, 1975, 2: 206 – 215.

［285］Campbell C. , Conspicuous Confusion? A Critique of Veblen's Theory of Conspicuous Consumption. Sociological Theory, 1995, 13（1）: 37 – 47.

［286］Campbell C. , The Romantic Ethic and the Spirit of Modern Consumerism. Oxford, London: Basil Blackwell, 1987.

［287］Charles K. K. , Erik H. , Nikolai R. , Conspicuous Consumption and Race. Quarterly Journal of Economics, 2009, 124（2）: 425 – 467.

［288］Chen Y. S. , Chang C. H. , Utilize Structural Equation Modeling（SEM）to Explore the Influence of Corporate Environmental Ethics: the Mediation Effect of Green Human Capital. Quality and Quantity, 2013, 47（1）: 79 – 95.

［289］Childers T. L. , Rao A. R. , The Influence of Familial and Peer – Based Reference Groups on Consumer Decisions. Journal of Consumer Research, 1992, 19: 198 – 211.

［290］Coopersmith S. , Studies in Self – Esteem. Scientific American, 1968, 218（2）: 96 – 106.

［291］Dalton A. N. , Look on the Bright Side: Self – Expressive Consumption and Consumer Self – Worth. Duke University, 2008.

［292］Della Valle P. A. , Oguchi N. , Distributional, the Aggregate Consumption Function, and the Level of Economic Development: Some Cross – Country Results. Journal of Political Economy, 1976, 84（6）: 1325 – 1334.

［293］Djomo J. M. N. , Sikod F. , The Effects of Human Capital on Agricultural Productivity and Farmer's Income in Cameroon. International Business Research, 2012,

5（4）：149－156.

［294］Donthu.，Naveen.，Yoo.，Boonghee.，Cultural Influences on Service Quality Expectations. Journal of Service Research，1998，2（2）：178－186.

［295］Dorfman P. W.，Howell J. P.，Dimension of National Culture and Effective Leadership Patterns：Hofstede Revisited. Advances in International Comparative Management，1988，3：127－150.

［296］Dubois D.，Rucker D. D.，Galinsky A. D.，Super Size Me：Product Size as a Signal of Status. Journal of Consumer Research，2012，38（6）：1047－1062.

［297］Eastman J. K.，Goldsmith R. E.，Flynn L. R.，Status Consumption in Consumer Behavior：Scale Development and Validation. Journal of Marketing Theory and Practice，1999：41－52.

［298］Ellemers N.，Kortekaas P.，Ouwerkerk J. W.，Self－Categorisation，Commitment to the Group and Group Self－Esteem as Related but Distinct Aspects of Social Identity. European Journal of Social Psychology，1999，29：371－389.

［299］Erdem T.，Swait J.，Valenzuela A.，Brands as Signals：A Cross－Country Validation Study. Journal of Marketing，2006，70（1）：34－49.

［300］Escalas J. E.，Bettman J. R.，Self－Construal，Reference Group，and Brand Meaning. Journal of Consumer Research，2005，32（12）：378－389.

［301］Festinger L.，A Theory of Social Comparison Processes. Human relations，1954，7（2）：117－140.

［302］Frank J. D.，The Demand for Unobservable and Other Non－oppositional Goods. American Economic Review，1985，75：101－116.

［303］Friedman M.，A Theory of the Consumption Function. Princeton：Princeton University Press，1957.

［304］Gao H. C.，Winterich K. P.，Zhang Y. L.，All That Glitters Is Not Gold：How Others' Status Influences the Effect of Power Distance Belief on Status Consumption. Social Science Electronic Publishing，2016，43（2）：265－281.

［305］Gerber J，Wheeler L.，On being Rejected：A Meta－Analysis of Experimental Research on Rejection. Perspect Psychology Science，2009，4（5）：468－488.

［306］Gibbons F. X.，Buunk B. P.，Individual Differences in Social Comparison：Development of a Scale of Social Comparison Orientation. Journal of personality and social psychology，1999，76（1）：129.

［307］Giddens A.，Living in a Post－traditional Society. In Ulrich Beck et al.， eds. , Reflexive Modernization: Politics, Tradition and Aesthetics in the Modern Social Order. Stanford University Press, 1994.

[308] Gilbert D. T. , Giesler R. B. , Morris K. A. , When Comparisons Arise. Journal of Personality and Social Psychology, 1995, 69 (2): 227 – 236.

[309] Grossman G. M. , Shapiro C. , Foreign Counterfeiting of Status Goods. The Quarterly Journal of Economics, 1988, 103 (1): 79 – 100.

[310] Grossman M. , On the Concept of Health Capital and the Demand for Health. Journal of Political Economy, 1972, 80: 223 – 255.

[311] Hall G. S. , Adolescence: Its Psychology And Its Relations to Relations to Physiology, Anthropology, Sociology, Sex, Crime, Religion and Education. Florida: D. Appleton and Company, 1904.

[312] Han Y. J. , Nunes J. C. , Drèze X. , Signaling Status with Luxury Goods: The Role of Brand Prominence. Journal of Marketing, 2013, 74 (4): 1547 – 7185.

[313] Haslam S. A. , Mcgarty G. , Turner J. C. , Salient Group Memberships and Persuasion: The Role of Social Identity and the Validation of Beliefs. In J. L. Nye, & A. M. Brewer (Eds.), Whats' social about social cognition: Research on socially shared cognition in small groups, Thousand Oaks, CA: Sage, 1996.

[314] Hayakawa S. I. , Symbol, Status, and Personality. NY Harcourt, Brace & World, 1963.

[315] Hayami Y. , Ruttan V. W. , Agricultural Development: An International Perspective. Baltimore: Johns Hopkins University Press, 1971.

[316] Hayes A. F. , An introduction to mediation, moderation, and conditional process analysis: A regression based approach. New York: Guilford Press, 2013.

[317] Hayg O. , Reference Group Influence on Opinion Expression. International Journal of Public Opinion Research, 1996, 8 (4): 335 – 354.

[318] Herche J. , Measuring Social Values: A Multi – Item Adaptation to the list of Values. Cambridge, MA: Marketing Science Institute, 1994: 23 – 25.

[319] Hirsch F. , Social Limits to Growth, 1976. Harvard University Press, 1977.

[320] Hofstede, G. , Culture's Consequences: Comparing Values, Behaviors, Institutions, and Organizations across Nations. Thousand Oaks, CA: Sage, 2001.

[321] Hossain B. , Lamb L. , The Impact of Human and Social Capital on Aboriginal Employment Income in Canada. Economic Papers, 2012, 31 (1): 440 – 450.

[322] Howard J. A. , Buyer Behavior in Marketing Strategy. Prentice – Hall,

1994.

［323］Inglehart R., The Silent Revolution: Changing Values and Political Styles Among Western Publics. Princeton, N. J: Princeton University Press, 1977.

［324］Inkeles A., Exploring Individual Modernity. New York: Columbia University Press, 1983.

［325］Inkeles A., Rossi P. H., National Comparisons of Occupational Prestige. American Journal of Sociology, 1956, 61: 329 – 339.

［326］Inkeles A., Smith D. H., Becoming Modern Cambridge. MA: Harvard University Press, 1974.

［327］Jenkins R., Social Identity. London: Routledge, Publishing Group, 1996.

［328］Jiang K. Ffeng, Lepak D. P., Ju J., Baer J. C., How Does Human Resource Management Influence Organizational Outcomes? A Meta – analytic Investigation of Mediation Mechanisms. Academy of Management, 2012, 55 (6): 1264 – 1294.

［329］John L. L., Lance A., Bettencourt R., Shaw H., Ronald J. K., Lifestyle of the Tight and Frugal: Theory and Measurement. Journal of Consumer Research, 1999, 26 (1): 85 – 98.

［330］Kahl J. A., The Measurement of Modernism: A Study of Values in Brazil and Mexico. Austin, TX: University of Texas Press, 1968.

［331］Kahle L. R., Social Value and Social Change: Adaptation to Life in America. New York: Praeger, 1983.

［332］Kelman H. C., Processes of Opinion Change. Public Opinion Quarterly, 1961, 25: 57 – 78.

［333］Kluckhohn C., Universal Categories of Culture. Anthropology today, Chicago: University of Chicago Press, 1962.

［334］Lalwani A. K., Carlos J., Tordelli., Power Distance Belief and Consumers' Preference for Premium (vs. Generic) Brands: The Role of Consumers' Status and Product Type. working paper, 2014.

［335］Leary M. R., Responses to Social Exclusion: Social Anxiety, Jealousy, Loneliness, Depression, and Low Self – esteem. Journal of Social and Clinical Psychology, 1990, 9 (2): 221 – 229.

［336］Lee Y. T., Antonakis J., When Preference is not Satisfied but the Individual is: How Power Distance Moderates Person – Job Fit. Journal of Management, 2014, 40 (3): 641 – 675.

［337］Lennox R. D., Wolfe R. N., Revision of the Self – Monitoring Scale.

Journal of Personality And Social Psychology, 1984, 46 (6): 1349 –1364.

[338] Li J. J., Su C. T., How Face Influences Consumption – A Comparative Study of American and Chinese Consumers. International Journal of Market Research, 2007, 49 (2): 237 –256.

[339] Loveland K. E., Smeesters D., Mandel N., Still Preoccupied with 1995: The Need to Belong and Preference for Nostalgic Products. Journal of Consumer Research, 2010, 37 (3): 393 –408.

[340] Lucas R. E., On the Mechanics of Economic Development. Journal of Monetary Economics, 1998, 22: 3 –42.

[341] Macdonald G, Leary M. R., Why Does Social Exclusion Hurt? The Relationship Between Social and Physical Pain. Psychological Bulletin, 2005, 131 (2): 202 –223.

[342] Marcous J. S., Filiatrault P., Cheron E., The Attitudes Underlying Preferences of Young Urban Educated Polish Consumers towards Products Made in Western Countries. Journal of international consumer marketing, 1997, 9 (4): 5 –29.

[343] Marcoux., Jean – Sebastien., Filiatrault., The impact of Conspicuous Consumption of Foreign Product on Preferences of Polish Consumer. Annual Conference of the Administrative Sciences Association of Canada, 1995, 6: 89 –98.

[344] Mason R., Conspicuous Consumption: A Literature Review. European Journal of Marketing, 1984, 18 (3): 26 –39.

[345] Mattila A. S., The role of culture and purchase motivation in service encounter evaluations. Journal of Services Marketing, 1999, 13 (4/5): 376 –389.

[346] Mead N. L, Baumeister R. F, Stillman T. F, Rawn C. D, Vohs K. D., Social Exclusion Causes.

[347] Miller D., Material Culture and Mass Consumption. Oxford: Basil Blackwell, 1987.

[348] Mincer J., Schooling, Experience, and Earnings. New York: National Bureau of Economic Research, 1974.

[349] Moore W. E., Industrialization and Social Change. Industrialization and society. Paris: UNESCO, 1963.

[350] Moutinho L., Consumer Behavior in Tourism. European Journal of Marketing, 1987, 21 (10): 5 –9.

[351] Mushkin S. J., Health as an Investment. Journal of Political Economy, 1962, 70: 129 –157.

[352] Myer J., Boli-Bennett J., CHASE-DUNN C., Convergence and Divergence in Development. In Annual Review of Sociology, Palo Alto, CA: Annual Reviews, 1975.

[353] Neagu O., Labour Productivity and Human Capital in the EU Countries: An Empirical Analysis. Annals of University of Oradea, Economic Science Series, 2012, 21 (1): 324–331.

[354] Nicholls J. G., Motivation, In: He Mitzled. Encyclopedia of Education Research (15ed). New York: Macmillian, 1982.

[355] O'Cass A., McEwen H., Exploring consumer status and conspicuous consumption. Journal of Consumer Behaviour, 2004, 4 (1): 25–39.

[356] Park C. W., Lessig V. P., Students and Housewives: Differences in Susceptibility to Reference Group Influence. Journal of Consumer Research, 1977, 4: 102–110.

[357] Preacher K. J., Rucker D. D. and Hayes A. F., Addressing moderated mediation hypotheses: Theory, methods, and prescriptions. Multivariate behavioral research, 2007, 42 (1): 185–227.

[358] Rae J., The Sociolcal Theory of Capital. New York: Macmillan Press, 1834.

[359] Ram R., Social Capital and Income Inequality in the United States. Atlantic Economic Journal, 2013, 41 (1): 1–3.

[360] Reingen P. H., Brian L., Foster J., Johnson B., Stephen B. S., Brand Congruence in Interpersonal Relations: A Social Network Analysis. Journal of Consumer Research, 1984, 11: 771–783.

[361] Richins M. L., Media, Materialism and Human Happiness. Advances in Consumer Research, 1987, 14 (1): 352–356.

[362] Richins M. L., Special Possessions and the Expression of Material Values. Journal of Consumer Research, 1994, 21 (3): 522–533.

[363] Robison L. J., Siles M. E., Social Capital and the Distribution of Household Income in the United States: 1980, 1990 and 2000. The Journal of SocioEconomics, 2011, 40 (5): 538–547.

[364] Rokeach M., The Nature of Human Values. New York, Free Press, 1973.

[365] Rosenberg M., Schooler C., Schoenbach C., Rosenberg F., Global Self-Esteem and Specific Self-Esteem: Different Concepts, Different Outcomes. American

sociological review, 1995, 60 (1): 141-156.

[366] Schachter S., The Psychology of Affiliation. Stanford University Press, 1959.

[367] Schiffman L. G., Leslie L. K., Consumer Behavior. Prentice Hall, Englewood Cliffs, New Jersey, 1994, 325-326.

[368] Schultz T. P., Health and Schooling Investment in Africa. Journal of Economic Perspective, 1999, 13 (3): 67-88.

[369] Schultz W., Investment in Human Capital. American Economic Review, 1961.

[370] Simmel G., The Metropolis and Mental Life. In K. H. Wolee (ed.). The Sociology of Georg Simmel. New York: the Free Press, 1964.

[371] Sivanathan N., Pettit N. C., Protecting the Self through Consumption: Status Goods as Affirmational Commodities. Journal of Experimental Social Psychology, 2010, 46 (3): 564-570.

[372] Solomon Z., Self Acceptance and the Selection of a Marital Partner - An Assessment of the SVR Model of Murstein. Social Behavior and Personality, 1986, 14 (1): 1-6.

[373] Sweetman P., Reflexivity and Habitus: Bourdieu, Body Projects and the Flexible or "Professional" Self. BSA Annual Conference, a Sociological Odyssey. Manchester Metropolitan University, 2001.

[374] Tajfel H., Differentiation Between Social Groups: Studies in the Social Psychology of intergroup Relations. London: Academic Press, 1978.

[375] Tajfel H., Human Groups and Social categories. Cambridge: Cambridge University Press, 1981.

[376] Tajfel H., Human Groups and Social Psychology. Harmondsworth: Penguin, 1981.

[377] Tajfel H., Social Categorization. In S. Moscovici (ed.), Introduction a la psychologie sociale. Paris: Larousse, 1972.

[378] Tajfel H., The Social Identity Theory of Intergroup Behavior. In Worchel S, Austin W. Psychology of Intergroup Relations. (eds). Chicago: Nelson Hall, 1986: 7-24.

[379] Tajfel H., Turner J. C., An Integrative Theory of Intergroup Conflict. In WG Austin and S Worchel (eds), The Social Psychology of Intergroup Relations. Mnterey, Calif.: Brooks-Cole. 1979.

[380] Truong Y., Simmons G., McColl R., Kitchen P. J., Status and Conspicuousness – are They Related? Strategic Marketing Implications for Luxury Brands. Journal of Strategic Marketing, 2008, 16 (3): 189–203.

[381] Twenge J. M, Baumeister R. F, Tice D. M., If You Can't Join Them, Beat Them: Effects of Social Exclusion on Aggressive Behavior. Journal of Personality and Social Psychology, 2001, 81 (6): 1058–1069.

[382] Venkatesan M., Experimental Study of Consumer Conformity and Independence. Journal of Marketing Research, 1966, 3: 384–387.

[383] Wan Y., Lu Z., Anna S., Luxe for Less: How Do Consumers React to Luxury Hotel Price Promotions? The Moderating Role of Consumers' Need for Status. Cornell Hospitality Quarterly, 2016, 57 (1): 82–92.

[384] Warde A., Consumption, Identity – Formation and Uncertainty. Sociology, 1994.

[385] Williams K. D., "Ostracism,". Annual Review of Psychology, 2007, 58 (1): 425–452.

[386] Williams K. D., Lisa Z. Ostracism: The Indiscriminate Early Detection System. New York: Psychology Press, 2005.

[387] Witt R. E., Bruce G. D., Group Influence and Brand Choice Congruence. Journal of Marketing Research, 1972, 9: 440–443.

[388] Wong N. Y, Ahuvia A. C., Personal Taste and Family Face: Luxury Consumption in Confucian and Western Societies. Psychology and Marketing, 1986, 15 (5): 423–441.

[389] Wood J. V., What Is Social Comparison and How Should We Study It?. Personality and Social Psychology Bulletin, 1996, 22 (5): 520–537.

[390] Woods W. A., Psychological Dimensions of Consumer Decision. Journal of Marketing, 1960, 24: 15–19.

[391] Zhang Y. L., Winterich K. P., Mittal V., Power Distance Belief and Impulsive Buying. Social Science Electronic Publishing, 2010, 47 (5): 945–954.

[392] Zhao X., Lynch J. G. and Chen Q., Reconsidering Baron and Kenny: myths and truths about mediation analysis. Journal of Consumer Research, 2010, 37 (2): 197–206.

后 记

2012年我申报的教育部哲学社会科学研究重大课题攻关项目"中国新生代农民工收入状况与消费行为研究"有幸获批。敬献给读者的这本书就是在该项目研究的最终成果的基础上，经过进一步研究、修订而成的。至此掩卷之时，我想起了梁漱溟先生在其著作《中国文化要义》自序中的话"我不是为学问而学问的……而是以活问题和活材料，朝夕窃窥以求之一点心得。"梁漱溟先生的这段话极大地引发了我内心的共鸣，因为本研究同样不是"为学问而学问"的，而是我们课题组全体成员怀揣着关注社会弱势群体的情怀，历时近五年的潜心研究所获得些许研究成果。

回想起研究过程中我们经历的重重困难仍历历在目……让我记忆犹新的是我国国家统计局虽自2008年就开始发布历年《农民工监测报告》，对于农民工的收入水平、消费总量、消费结构、婚育状况等基本生活状况的相关数据也有一些统计，但对于新生代农民工的具体数据却鲜有统计。因此，我们课题组不得不依靠自身的力量去获取研究所需的新生代农民工相关的收入状况、消费倾向、消费行为等相关数据。这其中的辛苦是可想而知的，但是当我们用辛苦换来的数据，产出了得到社会认可的研究成果之时，我们的心中充满了无尽的欣慰与成就感。近五年来，课题组结合经济学、消费者行为学、心理学和社会学等相关学科的理论，紧紧围绕着课题设定的两大主题（中国新生代农民工收入、中国新生代农民工消费行为）、三大部分（中国新生代农民工收入研究、新生代农民工消费的宏观分析与微观实证、中国新生代农民工收入状况与消费行为的关系研究）提炼出该研究的六个子课题：新生代农民工的收入状况与制约因素研究、提升新生代农民工收入的路径研究、新生代农民工消费水平与消费结构及其变动趋势研究、不同区域新生代农民工消费行为差异的比较研究、新生代农民工基于不同消费动机的消费行为实证研究、新生代农民工收入对消费行为影响的实证研究与对策建议。并已经在《中国农村经济》《中国农村观察》《农业技术经济》《经济管理》《吉林大学哲学社会科学学报》和IJMR（SSCI）等国内外有影响的刊物上发表学术论文40余篇，有1篇论文被《中国社会科学文摘》全文转载，并获吉林省社会科学优秀成果一等奖（政府奖），有多篇文章被《人大报刊复印资料》全文转载，产生了广泛的社会影响。

作为教育部哲学社会科学研究重大课题攻关项目的首席专家和本书的主笔，我要由衷地感谢我研究团队的全体成员，参与书稿撰写的主要有崔宏静博士（现为吉林财经大学工商管理学院讲师）、闫超博士（现为吉林大学商学院副教授）、杨潇博士、李杨博士（现为北京工商大学商学院副教授）、李茉博士（现为吉林财经大学国家交流学院讲师）、韩成（现为吉林财经大学工商管理学院讲师）、赵太阳博士（现为吉林大学哲学社会学院师资博士后）、周爽博士（现为华北电力大学国际教育学院讲师），以及我的博士生与硕士生聂盼盼、李俊伟、李允、姚凤、徐尉、黄二帅、翟莹等，他们不仅是我的学生，也是我科研的助手与合作者。此书稿得以如期付梓与他们的辛苦付出息息相关，在此向我的团队成员和优秀的博士生们表示衷心的感谢！同时也对他/她们学术上的提升感到由衷地欣慰！

本书的修改吸纳了教育部哲学社会科学研究重大课题攻关项目结项评审专家提出的中肯意见，由于项目的终评是全匿名的，故我无法历数各位专家的姓名，在此对您们给予我们项目研究成果的充分肯定与到位的点评建议表示衷心的感谢！

在本书的撰写过程中，我的博士生导师——吉林大学经济学院的宋冬林教授给予了很多极具价值的指导，并欣然为本书作序。我的硕士生导师——吉林大学商学院的吕有晨教授也给予了很好的建议。在此对我的学术成长倾注了心血的两位导师表示深谢！

最后，我还要感谢中国财经出版传媒集团经济科学出版社的编辑，他们不厌其烦地帮助校对书中的一些文字与排版方面的疏漏，在此对他们为本书的出版所付出的辛苦劳动表示衷心的感谢。

因本人资质平平，才疏学浅，书中难免存在错误、疏漏和遗憾。恳请各位师长和同仁斧正，以便于在未来的进一步研究中予以弥补和修正。

金晓彤

2019年9月10日于吉林大学

教育部哲学社会科学研究重大课题攻关项目成果出版列表

序号	书 名	首席专家
1	《马克思主义基础理论若干重大问题研究》	陈先达
2	《马克思主义理论学科体系建构与建设研究》	张雷声
3	《马克思主义整体性研究》	逄锦聚
4	《改革开放以来马克思主义在中国的发展》	顾钰民
5	《新时期　新探索　新征程——当代资本主义国家共产党的理论与实践研究》	聂运麟
6	《坚持马克思主义在意识形态领域指导地位研究》	陈先达
7	《当代资本主义新变化的批判性解读》	唐正东
8	《当代中国人精神生活研究》	童世骏
9	《弘扬与培育民族精神研究》	杨叔子
10	《当代科学哲学的发展趋势》	郭贵春
11	《服务型政府建设规律研究》	朱光磊
12	《地方政府改革与深化行政管理体制改革研究》	沈荣华
13	《面向知识表示与推理的自然语言逻辑》	鞠实儿
14	《当代宗教冲突与对话研究》	张志刚
15	《马克思主义文艺理论中国化研究》	朱立元
16	《历史题材文学创作重大问题研究》	童庆炳
17	《现代中西高校公共艺术教育比较研究》	曾繁仁
18	《西方文论中国化与中国文论建设》	王一川
19	《中华民族音乐文化的国际传播与推广》	王耀华
20	《楚地出土戰國簡册［十四種］》	陈伟
21	《近代中国的知识与制度转型》	桑兵
22	《中国抗战在世界反法西斯战争中的历史地位》	胡德坤
23	《近代以来日本对华认识及其行动选择研究》	杨栋梁
24	《京津冀都市圈的崛起与中国经济发展》	周立群
25	《金融市场全球化下的中国监管体系研究》	曹凤岐
26	《中国市场经济发展研究》	刘伟
27	《全球经济调整中的中国经济增长与宏观调控体系研究》	黄达
28	《中国特大都市圈与世界制造业中心研究》	李廉水

序号	书名	首席专家
29	《中国产业竞争力研究》	赵彦云
30	《东北老工业基地资源型城市发展可持续产业问题研究》	宋冬林
31	《转型时期消费需求升级与产业发展研究》	臧旭恒
32	《中国金融国际化中的风险防范与金融安全研究》	刘锡良
33	《全球新型金融危机与中国的外汇储备战略》	陈雨露
34	《全球金融危机与新常态下的中国产业发展》	段文斌
35	《中国民营经济制度创新与发展》	李维安
36	《中国现代服务经济理论与发展战略研究》	陈 宪
37	《中国转型期的社会风险及公共危机管理研究》	丁烈云
38	《人文社会科学研究成果评价体系研究》	刘大椿
39	《中国工业化、城镇化进程中的农村土地问题研究》	曲福田
40	《中国农村社区建设研究》	项继权
41	《东北老工业基地改造与振兴研究》	程 伟
42	《全面建设小康社会进程中的我国就业发展战略研究》	曾湘泉
43	《自主创新战略与国际竞争力研究》	吴贵生
44	《转轨经济中的反行政性垄断与促进竞争政策研究》	于良春
45	《面向公共服务的电子政务管理体系研究》	孙宝文
46	《产权理论比较与中国产权制度变革》	黄少安
47	《中国企业集团成长与重组研究》	蓝海林
48	《我国资源、环境、人口与经济承载能力研究》	邱 东
49	《"病有所医"——目标、路径与战略选择》	高建民
50	《税收对国民收入分配调控作用研究》	郭庆旺
51	《多党合作与中国共产党执政能力建设研究》	周淑真
52	《规范收入分配秩序研究》	杨灿明
53	《中国社会转型中的政府治理模式研究》	娄成武
54	《中国加入区域经济一体化研究》	黄卫平
55	《金融体制改革和货币问题研究》	王广谦
56	《人民币均衡汇率问题研究》	姜波克
57	《我国土地制度与社会经济协调发展研究》	黄祖辉
58	《南水北调工程与中部地区经济社会可持续发展研究》	杨云彦
59	《产业集聚与区域经济协调发展研究》	王 珺

序号	书　名	首席专家
60	《我国货币政策体系与传导机制研究》	刘　伟
61	《我国民法典体系问题研究》	王利明
62	《中国司法制度的基础理论问题研究》	陈光中
63	《多元化纠纷解决机制与和谐社会的构建》	范　愉
64	《中国和平发展的重大前沿国际法律问题研究》	曾令良
65	《中国法制现代化的理论与实践》	徐显明
66	《农村土地问题立法研究》	陈小君
67	《知识产权制度变革与发展研究》	吴汉东
68	《中国能源安全若干法律与政策问题研究》	黄　进
69	《城乡统筹视角下我国城乡双向商贸流通体系研究》	任保平
70	《产权强度、土地流转与农民权益保护》	罗必良
71	《我国建设用地总量控制与差别化管理政策研究》	欧名豪
72	《矿产资源有偿使用制度与生态补偿机制》	李国平
73	《巨灾风险管理制度创新研究》	卓　志
74	《国有资产法律保护机制研究》	李曙光
75	《中国与全球油气资源重点区域合作研究》	王　震
76	《可持续发展的中国新型农村社会养老保险制度研究》	邓大松
77	《农民工权益保护理论与实践研究》	刘林平
78	《大学生就业创业教育研究》	杨晓慧
79	《新能源与可再生能源法律与政策研究》	李艳芳
80	《中国海外投资的风险防范与管控体系研究》	陈菲琼
81	《生活质量的指标构建与现状评价》	周长城
82	《中国公民人文素质研究》	石亚军
83	《城市化进程中的重大社会问题及其对策研究》	李　强
84	《中国农村与农民问题前沿研究》	徐　勇
85	《西部开发中的人口流动与族际交往研究》	马　戎
86	《现代农业发展战略研究》	周应恒
87	《综合交通运输体系研究——认知与建构》	荣朝和
88	《中国独生子女问题研究》	风笑天
89	《我国粮食安全保障体系研究》	胡小平
90	《我国食品安全风险防控研究》	王　硕

序号	书名	首席专家
91	《城市新移民问题及其对策研究》	周大鸣
92	《新农村建设与城镇化推进中农村教育布局调整研究》	史宁中
93	《农村公共产品供给与农村和谐社会建设》	王国华
94	《中国大城市户籍制度改革研究》	彭希哲
95	《国家惠农政策的成效评价与完善研究》	邓大才
96	《以民主促进和谐——和谐社会构建中的基层民主政治建设研究》	徐勇
97	《城市文化与国家治理——当代中国城市建设理论内涵与发展模式建构》	皇甫晓涛
98	《中国边疆治理研究》	周平
99	《边疆多民族地区构建社会主义和谐社会研究》	张先亮
100	《新疆民族文化、民族心理与社会长治久安》	高静文
101	《中国大众媒介的传播效果与公信力研究》	喻国明
102	《媒介素养：理念、认知、参与》	陆晔
103	《创新型国家的知识信息服务体系研究》	胡昌平
104	《数字信息资源规划、管理与利用研究》	马费成
105	《新闻传媒发展与建构和谐社会关系研究》	罗以澄
106	《数字传播技术与媒体产业发展研究》	黄升民
107	《互联网等新媒体对社会舆论影响与利用研究》	谢新洲
108	《网络舆论监测与安全研究》	黄永林
109	《中国文化产业发展战略论》	胡惠林
110	《20世纪中国古代文化经典在域外的传播与影响研究》	张西平
111	《国际传播的理论、现状和发展趋势研究》	吴飞
112	《教育投入、资源配置与人力资本收益》	闵维方
113	《创新人才与教育创新研究》	林崇德
114	《中国农村教育发展指标体系研究》	袁桂林
115	《高校思想政治理论课程建设研究》	顾海良
116	《网络思想政治教育研究》	张再兴
117	《高校招生考试制度改革研究》	刘海峰
118	《基础教育改革与中国教育学理论重建研究》	叶澜
119	《我国研究生教育结构调整问题研究》	袁本涛 王传毅
120	《公共财政框架下公共教育财政制度研究》	王善迈

序号	书名	首席专家
121	《农民工子女问题研究》	袁振国
122	《当代大学生诚信制度建设及加强大学生思想政治工作研究》	黄蓉生
123	《从失衡走向平衡：素质教育课程评价体系研究》	钟启泉 崔允漷
124	《构建城乡一体化的教育体制机制研究》	李 玲
125	《高校思想政治理论课教育教学质量监测体系研究》	张耀灿
126	《处境不利儿童的心理发展现状与教育对策研究》	申继亮
127	《学习过程与机制研究》	莫 雷
128	《青少年心理健康素质调查研究》	沈德立
129	《灾后中小学生心理疏导研究》	林崇德
130	《民族地区教育优先发展研究》	张诗亚
131	《WTO主要成员贸易政策体系与对策研究》	张汉林
132	《中国和平发展的国际环境分析》	叶自成
133	《冷战时期美国重大外交政策案例研究》	沈志华
134	《新时期中非合作关系研究》	刘鸿武
135	《我国的地缘政治及其战略研究》	倪世雄
136	《中国海洋发展战略研究》	徐祥民
137	《深化医药卫生体制改革研究》	孟庆跃
138	《华侨华人在中国软实力建设中的作用研究》	黄 平
139	《我国地方法制建设理论与实践研究》	葛洪义
140	《城市化理论重构与城市化战略研究》	张鸿雁
141	《境外宗教渗透论》	段德智
142	《中部崛起过程中的新型工业化研究》	陈晓红
143	《农村社会保障制度研究》	赵 曼
144	《中国艺术学学科体系建设研究》	黄会林
145	《人工耳蜗术后儿童康复教育的原理与方法》	黄昭鸣
146	《我国少数民族音乐资源的保护与开发研究》	樊祖荫
147	《中国道德文化的传统理念与现代践行研究》	李建华
148	《低碳经济转型下的中国排放权交易体系》	齐绍洲
149	《中国东北亚战略与政策研究》	刘清才
150	《促进经济发展方式转变的地方财税体制改革研究》	钟晓敏
151	《中国—东盟区域经济一体化》	范祚军

序号	书名	首席专家
152	《非传统安全合作与中俄关系》	冯绍雷
153	《外资并购与我国产业安全研究》	李善民
154	《近代汉字术语的生成演变与中西日文化互动研究》	冯天瑜
155	《新时期加强社会组织建设研究》	李友梅
156	《民办学校分类管理政策研究》	周海涛
157	《我国城市住房制度改革研究》	高波
158	《新媒体环境下的危机传播及舆论引导研究》	喻国明
159	《法治国家建设中的司法判例制度研究》	何家弘
160	《中国女性高层次人才发展规律及发展对策研究》	佟新
161	《国际金融中心法制环境研究》	周仲飞
162	《居民收入占国民收入比重统计指标体系研究》	刘扬
163	《中国历代边疆治理研究》	程妮娜
164	《性别视角下的中国文学与文化》	乔以钢
165	《我国公共财政风险评估及其防范对策研究》	吴俊培
166	《中国历代民歌史论》	陈书录
167	《大学生村官成长成才机制研究》	马抗美
168	《完善学校突发事件应急管理机制研究》	马怀德
169	《秦简牍整理与研究》	陈伟
170	《出土简帛与古史再建》	李学勤
171	《民间借贷与非法集资风险防范的法律机制研究》	岳彩申
172	《新时期社会治安防控体系建设研究》	宫志刚
173	《加快发展我国生产服务业研究》	李江帆
174	《基本公共服务均等化研究》	张贤明
175	《职业教育质量评价体系研究》	周志刚
176	《中国大学校长管理专业化研究》	宣勇
177	《"两型社会"建设标准及指标体系研究》	陈晓红
178	《中国与中亚地区国家关系研究》	潘志平
179	《保障我国海上通道安全研究》	吕靖
180	《世界主要国家安全体制机制研究》	刘胜湘
181	《中国流动人口的城市逐梦》	杨菊华
182	《建设人口均衡型社会研究》	刘渝琳
183	《农产品流通体系建设的机制创新与政策体系研究》	夏春玉

序号	书名	首席专家
184	《区域经济一体化中府际合作的法律问题研究》	石佑启
185	《城乡劳动力平等就业研究》	姚先国
186	《20世纪朱子学研究精华集成——从学术思想史的视角》	乐爱国
187	《拔尖创新人才成长规律与培养模式研究》	林崇德
188	《生态文明制度建设研究》	陈晓红
189	《我国城镇住房保障体系及运行机制研究》	虞晓芬
190	《中国战略性新兴产业国际化战略研究》	汪 涛
191	《证据科学论纲》	张保生
192	《要素成本上升背景下我国外贸中长期发展趋势研究》	黄建忠
193	《中国历代长城研究》	段清波
194	《当代技术哲学的发展趋势研究》	吴国林
195	《20世纪中国社会思潮研究》	高瑞泉
196	《中国社会保障制度整合与体系完善重大问题研究》	丁建定
197	《民族地区特殊类型贫困与反贫困研究》	李俊杰
198	《扩大消费需求的长效机制研究》	臧旭恒
199	《我国土地出让制度改革及收益共享机制研究》	石晓平
200	《高等学校分类体系及其设置标准研究》	史秋衡
201	《全面加强学校德育体系建设研究》	杜时忠
202	《生态环境公益诉讼机制研究》	颜运秋
203	《科学研究与高等教育深度融合的知识创新体系建设研究》	杜德斌
204	《女性高层次人才成长规律与发展对策研究》	罗瑾琏
205	《岳麓秦简与秦代法律制度研究》	陈松长
206	《民办教育分类管理政策实施跟踪与评估研究》	周海涛
207	《建立城乡统一的建设用地市场研究》	张安录
208	《迈向高质量发展的经济结构转变研究》	郭熙保
209	《中国社会福利理论与制度构建——以适度普惠社会福利制度为例》	彭华民
210	《提高教育系统廉政文化建设实效性和针对性研究》	罗国振
211	《毒品成瘾及其复吸行为——心理学的研究视角》	沈模卫
212	《英语世界的中国文学译介与研究》	曹顺庆
213	《建立公开规范的住房公积金制度研究》	王先柱

序号	书　名	首席专家
214	《现代归纳逻辑理论及其应用研究》	何向东
215	《时代变迁、技术扩散与教育变革：信息化教育的理论与实践探索》	杨浩
216	《城镇化进程中新生代农民工职业教育与社会融合问题研究》	褚宏启 薛二勇
217	《我国先进制造业发展战略研究》	唐晓华
218	《融合与修正：跨文化交流的逻辑与认知研究》	鞠实儿
219	《中国新生代农民工收入状况与消费行为研究》	金晓彤
……		